构建新时代中国特色哲学社会科学

人民日报理论部◎编

人民日报出版社
北京

图书在版编目（CIP）数据

构建新时代中国特色哲学社会科学 / 人民日报理论部编 . — 北京：人民日报出版社，2022.5

ISBN 978-7-5115-7337-7

Ⅰ. ①构… Ⅱ. ①人… Ⅲ. ①哲学社会科学－中国－文集 Ⅳ. ① C53

中国版本图书馆 CIP 数据核字（2022）第 061075 号

书　　名：构建新时代中国特色哲学社会科学
GOUJIAN XINSHIDAI ZHONGGUO TESE ZHEXUE SHEHUI KEXUE
编　　者：人民日报理论部

出 版 人：刘华新
策 划 人：欧阳辉
责任编辑：曹　腾
装帧设计：元泰书装

出版发行：人民日报出版社
社　　址：北京金台西路 2 号
邮政编码：100733
发行热线：(010) 65369509　65369527　65369846　65369512
邮购热线：(010) 65369530　65363527
编辑热线：(010) 65369523
网　　址：www.peopledailypress.com
经　　销：新华书店
印　　刷：大厂回族自治县彩虹印刷有限公司
法律顾问：北京科宇律师事务所　（010）83622312

开　　本：710mm×1000mm　1/16
字　　数：383 千字
印　　张：25
版次印次：2022 年 5 月第 1 版　　2022 年 5 月第 1 次印刷

书　　号：ISBN 978-7-5115-7337-7
定　　价：59.00 元

出版说明

2016 年 5 月 17 日，习近平总书记主持召开哲学社会科学工作座谈会并发表重要讲话强调：“坚持和发展中国特色社会主义，必须高度重视哲学社会科学，结合中国特色社会主义伟大实践，加快构建中国特色哲学社会科学。”习近平总书记的重要讲话深刻回答了事关我国哲学社会科学长远发展的一系列根本性问题，是指导哲学社会科学工作的纲领性文献。6 年来，广大哲学社会科学工作者坚持用习近平总书记重要讲话精神统一思想和行动，深入把握构建中国特色哲学社会科学这一战略任务，自信自强、守正创新，推出了众多研究成果。

为了深入学习贯彻习近平总书记重要讲话精神，更好反映、积极推动哲学社会科学研究特别是关于学科体系、学术体系、话语体系建设的研究，《人民日报》在学术版开设了“构建中国特色哲学社会科学”专栏，组织刊发了一大批知名专家学者撰写的文章。

2021 年 5 月 12 日，人民日报理论部在京举办“加快构建中国特色哲学社会科学研讨会”。与会专家深入学习习近平总书记关于加快构建中国特色哲学社会科学的重要讲话、重要指示精神，深入学习习近平总书记给《文史哲》编辑部全体编辑人员回信精神，围绕旗帜鲜明坚持以马克思主义为指导、坚持植根中国做学问、推进我国公共管理学科建设、推动高校哲学社会科学高质量发展、加强中国特色新型智库建设、充分发挥高校育人功能和创新优势、构建具有中国特色的法学学科体系、坚定文化自信和增强使命意识、推动中国特色国际关系理论取得更大突破等主题进行了研讨交流。

在哲学社会科学工作座谈会召开6周年之际，我们编辑出版《构建新时代中国特色哲学社会科学》一书，选收“构建中国特色哲学社会科学”栏目刊发的一部分重点文章，力图从一个侧面反映新时代哲学社会科学研究特别是学科体系、学术体系、话语体系研究取得的重要成果。所选文章按照绪论和学科进行分类，每一类中的文章按照刊发时间顺序编排。

人民日报理论部

2022年5月

目　录

绪论篇

哲学篇

经济学·社会学篇

法学篇

政治学篇

历史学篇

绪论篇

加快构建中国特色哲学社会科学

2016 年 5 月 17 日，习近平总书记主持召开哲学社会科学工作座谈会并发表重要讲话，提出加快构建中国特色哲学社会科学的重大战略任务。5 年来，哲学社会科学界深入学习贯彻习近平总书记重要讲话精神，构建中国特色哲学社会科学取得积极进展。为深入学习贯彻习近平总书记重要讲话精神，在新时代新征程上更好推动具有中国特色、中国风格、中国气派的哲学社会科学发展，人民日报理论部 5 月 12 日在京举办“加快构建中国特色哲学社会科学研讨会”，今天摘要刊发部分与会者发言。

——编　者

坚持植根中国做学问

甄占民

深入贯彻落实习近平总书记在哲学社会科学工作座谈会上的重要讲话精神，一个重要方面，就是坚持以我们正在做的事情为中心，从我国改革发展的实践中挖掘新材料、发现新问题、提出新观点、构建新理论，牢牢把握构建中国特色哲学社会科学的着力点、着重点，植根中国做学问，用中国理论构建理论中国，用中国学术构建学术中国。

不断增强植根中国做学问的自觉自信。自觉自信才会自强，才会提出具有主体性、原创性的思想理论，构建中国特色哲学社会科学。习近平总书记指出，哲学社会科学发展水平“反映了一个民族的思维能力、精神品格、文明素质，体现了一个国家的综合国力和国际竞争力”。在当代中国发展进步的伟大进程中，广大哲学社会科学工作者的自觉自信不断强化。这种自觉自信，来源于马克思主义的科学引领，来源于几千年中华文明的深厚积淀，来源于党带领人民进行的伟大实践。党的十八大以来，以习近平同志为核心的党中央推动党和国家事业取得历史性成就、发生历史性变革，哲学社会科学工作者构建中国特色哲学社会科学的意识显著增强，为人类文明贡献中国智慧的底气更为深厚。在这样的历史背景和时代条件下，对哲学社会科学工作者来说，需要进一步增强植根中国做学问的自信心和主动性。

扎实推进马克思主义中国化最新成果的学理化研究阐释。马克思主义是革命性与科学性相统一的理论。我们要不断巩固马克思主义的指导地位，坚持以发展着的马克思主义指导实践。习近平新时代中国特色社会主义思想坚持马克思主义基本原理，勇于回答时代之问和实践之问，以全新的视野深化对共产党执政规律、社会主义建设规律、人类社会发展规律的认识，为更好坚持和发展中国特色社会主义确立了新的思想旗帜，在彰显马克思主义的科学真理性上达到了新的时代高度，是当代中国马克思主义、21 世纪马克思主义。新时代党的创新理论就当代中国和当今世界发展的一系列重大问题作出许多带有本质性、规律性的揭示和回答，提出一系列相互关联、融通中外、具有普遍意义的新思想新理念新论断。推进新时代党的创新理论的学理化研究阐释，需要按照一定的逻辑层次和结构，系统梳理贯穿其中的富有思想引领力、解释力的重要论断和观点，为进行学理提炼和表达奠定坚实基础。要加强哲学社会科学跨学科、跨领域的集中攻关，在理论与实践、历史与现实、国内与国际相结合中阐明新时代党的创新理论“所以然”“所以必然”。

切实加强对中国实践的理论总结和升华。构建中国特色哲学社会科学，需要加强对中国实践的理论总结和升华。要善于进行学术思想的开掘和概括，努力构建具有自身特色的学术框架和话语体系。注重联系党团结带领人民不懈奋斗的百年历史进程，注重从我国改革开放和现代化建设的生动实践中提炼新观点、构建新理论，深刻阐明中国经验的精髓要义，深刻阐明中国奇迹背后的基本道理，深刻阐明中国道路对人类文明发展的独特贡献。强化问题导向，紧密结合开启全面建设社会主义现代化国家新征程的实践要求，加强对经济社会发展全局性、前瞻性、战略性问题的研究，加强对立足新发展阶段、贯彻新发展理念、构建新发展格局、推动高质量发展的研究，为如期实现经济社会发展目标提供理论支撑和有效对策建议。强化以中国需要为导向的研究方向，大力弘扬马克思主义与时俱进的理论品格，勇于推进实践基础上的理论创新，以更多具有原创性、时代性、标识性的哲学社会科学创新成果引领实践创新、制度创新、文化创新以及其他各方面创新，在推动经济社会发展中构建中国特色哲学社会科学。

旗帜鲜明坚持以马克思主义为指导

陈　理

习近平总书记在哲学社会科学工作座谈会上指出："坚持以马克思主义为指导，是当代中国哲学社会科学区别于其他哲学社会科学的根本标志，必须旗帜鲜明加以坚持。"习近平总书记的重要论述，为我们构建中国特色哲学社会科学指明了前进方向、提供了根本遵循。

马克思主义是科学的理论、人民的理论、实践的理论、不断发展的开放的理论，深刻揭示了人类社会发展规律，为人类指明了从必然王国向自由王国飞跃的途径，为人民指明了实现自由和解放的道路；为人民认识世界、改造世界提供了强大精神力量，对人类产生了广泛而深刻的影响，极大推动了人类文明发展进程。马克思主义不仅深刻改变了世界，也深刻改变了中国。中国共产党人以马克思主义为指导思想，把马克思主义基本原理同中国具体实际相结合，指导中国革命、建设、改革取得伟大成就，中华民族迎来了从站起来、富起来到强起来的伟大飞跃。在马克思主义指导下，我国哲学社会科学不断研究和解答中国革命、建设、改革中遇到的各种重大理论和实践问题，取得一系列丰硕成果。构建中国特色哲学社会科学，必须旗帜鲜明坚持以马克思主义为指导。

坚持以马克思主义为指导，首先要解决真懂真信真用的问题。只有真懂真信真用马克思主义，我国哲学社会科学才能有灵魂、有方向，有正确世界观、方法论，才能真正运用马克思主义立场观点方法更好观察和解释自然界、人类社会、人类思维各种现象，揭示蕴含其中的规律，回答好时代提出的各种各样的重大问题。

坚持以马克思主义为指导，关键要解决好为什么人的问题。为什么人的问题是哲学社会科学研究的根本性、原则性问题。马克思主义唯物史观深刻揭示了人类社会发展的一般规律，强调历史活动是群众的活动，人民是历史的创造者。我国哲学社会科学必须坚持以人民为中心的研究导向，坚持人民立场，尊重人民主体地位，聚焦人民实践创造，在回答和解决人民群众关心的重大问题中实现自身发展。

坚持以马克思主义为指导，最终要落实到怎么用上来。恩格斯指出："马克思的整个世界观不是教义，而是方法。它提供的不是现成的教条，而是进一步研究的出发点和供这种研究使用的方法。"要积极运用马克思主义的立场观点方法来观察时代、解读时代、引领时代，把马克思主义基本原理同中国具体实际、历史文化传统、时代要求紧密结合起来，用鲜活丰富的当代中国实践来推动马克思主义发展。

习近平新时代中国特色社会主义思想是当代中国马克思主义、21 世纪马克思主义。我国哲学社会科学坚持以马克思主义为指导，最重要的就是坚持以习近平新时代中国特色社会主义思想为指导。习近平新时代中国特色社会主义思想在引领中国、影响世界发展中愈来愈显示出强大的思想力量和实践力量。当今世界正经历百年未有之大变局，中华民族伟大复兴进入关键时期。我国进入新发展阶段，开启了全面建设社会主义现代化国家新征程，这是前无古人的伟大实践。习近平总书记指出："这是一个需要理论而且一定能够产生理论的时代，这是一个需要思想而且一定能够产生思想的时代。"我国哲学社会科学迎来了历史性发展机遇，广大哲学社会科学工作者要坚持以习近平新时代中国特色社会主义思想为指导，以我们正在做的事情为中心，加强对改革开放和社会主义现代化建设实践经验的系统总结，不断探索时代发展提出的新课题，回应人类社会面临的新挑战，更好担负起时代和历史赋予的光荣使命。

推进公共管理学科建设

江小涓

习近平总书记在哲学社会科学工作座谈会上指出："当代中国正经历着我国历史上最为广泛而深刻的社会变革，也正在进行着人类历史上最为宏大而独特的实践创新。这种前无古人的伟大实践，必将给理论创造、学术繁荣提供强大动力和广阔空间。"推进公共管理学科建设，必须深入学习贯彻习近平总书记重要讲话精神，用好改革开放和社会主义现代化建设这座理论和政策研究的"富矿"，助力国家治理体系和治理能力现代化。

用学术话语讲好"中国之治"。改革开放以来，我们党团结带领全国各族人民创造了世所罕见的经济快速发展奇迹和社会长期稳定奇迹，不仅用实践证明了中国特色社会主义制度和国家治理体系的强大生命力与巨大优越性，而且为学术研究提供了前所未有的多样案例和丰富数据。近些年来，越来越多的国外学者致力于探索解释中国奇迹，期望从政治制度、治理体系等不同角度解释中国奇迹的深层原因。作为中国学者，更应从中国国情出发，深入调研、把握规律，坚持马克思主义立场、观点、方法，致力于构建完备的学术体系，把论文写在祖国大地上，使理论和政策创新充分体现先进性和科学性，用学术话语更好地讲述"中国之治"，阐释中国经验的普遍意义和历史地位。

用学术研究成果推进国家治理体系和治理能力现代化。在全面建设社会主义现代化国家新征程上，国家治理面临新的环境和要求。一是人民群众对美好生活的追求更加广泛多元，不仅对物质文化生活提出了更高要求，在民主、法治、公平、正义、安全、环境等方面的要求也日益增长。二是高质量发展对治理提出新要求，不仅要促进资源要素投入和经济增长，而且要贯彻新发展理念、优化经济结构、提高经济效率。三是随着我国科技发展逐渐进入“并跑”“领跑”时代，我们在一些领域将面临缺乏领军人物、缺少产业链条、没有明确市场需求等新情况，科研活动形态和科技开发模式将出现一些根本性变化。四是数字技术的广泛应用在有力提升国家治理能力的同时，对数字技术负面影响进行有效治理也面临巨大挑战。五是当今世界正经历百年未有之大变局，国际环境更趋复杂，不稳定性不确定性明显增加，新冠肺炎疫情影响广泛深远，对国际治理提出新的挑战和要求。这些方面的变化，都是我国公共管理学科建设面临的重大而紧迫的新课题，需要我们准确把握新的形势、努力跟上时代发展、深入研究治理规律，更好服务国家现代化进程。

用学术交流互鉴促进公共管理学科建设。习近平总书记指出：“文明因多样而交流，因交流而互鉴，因互鉴而发展。”对丰富多彩的世界，我们应该秉持兼容并蓄的态度，虚心学习他人的好东西，在独立自主的基础上把他人的好东西加以消化吸收，化成我们自己的好东西。因此，推进国家治理体系和治理能力现代化，绝不能盲目照抄照搬他国模式，但可以借鉴国外有益经验和吸取相应教训。推进公共管理学科建设，要深入研究其他国家实践效果较好的治理元素，以便学习借鉴。同时要深入研究国家治理所面临的共性问题和矛盾，以便及早防范和应对。我们要进一步坚定理论自信，推动中国公共管理学科建设从以往的“跟跑”为主向“并跑”“领跑”迈进，促进形成具有中国特色和广泛包容性的公共管理学科体系。

推动高校哲学社会科学高质量发展

翁铁慧

习近平总书记在哲学社会科学工作座谈会上的重要讲话，对新时代哲学社会科学更好发挥作用提出殷切期望，为构建中国特色哲学社会科学指明发展方向，对发挥高校哲学社会科学育人功能提出重大要求，具有很强的政治性、思想性、指导性。我们要以习近平总书记关于哲学社会科学工作的重要论述为根本遵循，全力推动高校哲学社会科学高质量发展。

深入学习贯彻习近平总书记重要讲话精神。进一步校准前进方向，以“五个面对”为任务聚焦，以“五个更好发挥作用”为前进方向，努力立时代之潮头、通古今之变化、发思想之先声，从历史和现实、理论和实践相结合的角度深入阐释如何更好坚持中国道路、弘扬中国精神、凝聚中国力量。进一步找准发力重点，在“融通”上下功夫，做到古为今用、洋为中用；在“创新”上做文章，推进知识创新、理论创新、方法创新；在“转化”上出成果，推动知识体系向教材体系、教材体系向教学体系转化，推动政策话语向学术话语、学术话语向大众话语转化。进一步落实根本任务，在科学解释世界、助力改造世界中教育引导学生坚定理想信念、坚定“四个自信”，培育科学思维，努力立大志、明大德、成大才、担大任。

勇担光荣使命、不负伟大时代。高校哲学社会科学工作者要以习近平总书记重要讲话精神为指导，扎根我国宏大而独特的实践创新，讲清楚“中国奇迹”背后的道理学理哲理，讲清楚中国共产党为什么能、马克思主义为什么行、中国特色社会主义为什么好。主动服务国家战略需要，在关系经济社会发展全局的重大课题研究中出“良谋”，在关系千家万户切身利益的重大问题研究中划“金策”。用中国话语解释国际经验和实践，服务于构建人类命运共同体，切实增强中国学术话语的说服力和国际影响力，不断提升国家文化软实力。面向世界讲好中国故事，让世界更好认识中国、了解中国。

进一步明确推动高校哲学社会科学高质量发展的着力点。坚持规划引领为先。教育部正在研制面向2035高校哲学社会科学高质量发展行动计划，以习近平新时代中国特色社会主义思想为指导，构建主动适应国家需求、引领学术发展的学科体系，有效提升国家文化软实力的学术体系，中国特色、世界情怀的话语体系，营造更有创新创造活力的学术生态。坚持立心铸魂为本。推动以习近平新时代中国特色社会主义思想为核心内容的高校思政课课程群建设，推动课程思政和思政课程同向发力、协同育人，及时将“四史”特别是党史研究成果转化为思政课程和课程思政的重要教育教学资源，教育引导广大学生努力成为堪当民族复兴重任的时代新人。坚持科学指导为重。进一步巩固马克思主义理论一级学科基础地位，聚焦学科前沿和重大理论与现实问题建强学术体系，围绕讲好中国故事、传播好中国声音构建话语体系，更好把学习贯彻习近平新时代中国特色社会主义思想转化为清醒的理论自觉、坚定的政治信念、科学的思维方法。坚持改革创新为要。以试点建设文科实验室为契机，促进基础研究和应用研究协调发展；以动态评估为引领，推动高校哲学社会科学重点研究基地整体优化结构；以综合性、跨领域的重大问题研究为导向，实施重大研究专项工程，探索以项目群形式推动集体攻关。坚持队伍建设为基。以培养“大先生”和新时代哲学社会科学家为总牵引布局引领未来人才体系，促进广大高校哲学社会科学工作者做学生为人、为事、为学的示范，更加深入研究“真问题”。

加强中国特色新型智库建设

王灵桂

习近平总书记在哲学社会科学工作座谈会上的重要讲话，深刻阐述了新时代我国哲学社会科学发展的根本原则和方向，体现了高度的文化自觉和文化自信。习近平总书记强调："要建设一批国家亟需、特色鲜明、制度创新、引领发展的高端智库，重点围绕国家重大战略需求开展前瞻性、针对性、储备性政策研究。"中国社会科学院作为首批国家高端智库建设试点单位之一，积极推进中国特色新型智库建设，坚持高质量发展方向，围绕党和国家关心的大事难事急事，推进基础理论研究与应用对策研究融合发展，更好地服务党和国家工作大局。

党的十九届五中全会站在"两个一百年"奋斗目标的历史交汇点上，擘画了我国发展的宏伟蓝图。面对新形势新任务，抓住和用好重要战略机遇期，有效应对前进道路上的各种风险挑战，把握新发展阶段、贯彻新发展理念、构建新发展格局，不断夺取具有许多新的历史特点的伟大斗争新胜利等等，都需要哲学社会科学提供智力支持。建设中国特色新型智库，必须提高政治站位，加强与决策部门的对接和互动，不断开拓视野，改革科研工作管理模式，充分激发各学科、各类人才的创造力。

坚持正确政治方向、价值导向、学术取向。始终坚持党的领导，坚持为人民做学问，自觉围绕中心、服务大局，坚守社会责任，致力于学术报国，坚决维护国家主权、安全、发展利益。坚持高标准定位，以增强研究能力为核心全面提升智库建设质量。把建设高水平应用研究人才队伍作为智库可持续发展的战略任务，建立相对稳定的核心研究团队，发挥好首席专家的领军作用。对建言献策成果与学术论文、专著实行等效评价，增强智库研究人员的荣誉感、责任感、获得感。优化智库发展环境，加强政策扶持、经费支持，打通体制机制堵点，推动形成符合中国特色新型智库发展规律、灵活高效的管理运行体制。

强化问题意识。深入开展战略性研究，强化精、专、深、透的研究理念。注重运用战略思维、历史思维、辩证思维、创新思维、法治思维、底线思维分析问题，从历史与现实、理论与实践、国际与国内的结合上把握规律。注重从经济、政治、文化、社会、生态等多维度思考对策，综合运用多学科知识、工具、方法协同攻关，集中力量、集思广益，不断增强研究成果的科学性。注重夯实基础研究、拓展研究的广度和深度，不断提升应用对策研究的思想分量、建议质量、价值含量。注重前瞻性研究，既着眼党和国家当下所想所急，又着眼党和国家未来所需所谋，形成富有深刻洞见、独特创见、战略远见的应用对策研究成果。

弘扬理论联系实际的学风。把调查研究作为应用对策研究的基本功，深入了解世情国情党情，掌握真实情况、寻求务实对策，使智库研究建立在对实际情况的准确把握之上，确保成果可信可靠可用。创新研究方式，加强对重大专项课题研究的组织策划，强化联合研究、集成创新。坚持专业化方向、整体推进，推动智库走专业化、高精尖发展路子，使各智库结构合理、优势互补、功能齐全，更好适应党和国家工作需要。拓展智库对外合作交流，通过项目合作、学术研讨、人员往来等多种方式，积极参与国际学术组织和国际科学计划，深度参与全球治理研究和政策对话。广泛宣传中国智慧、中国主张、中国方案，在国际舞台上树立中国智库品牌。

发挥高校育人功能和创新优势

刘　伟

习近平总书记在哲学社会科学工作座谈会上的重要讲话，结合中国特色社会主义伟大实践，对加快构建中国特色哲学社会科学进行了全面部署。5年来，我国哲学社会科学界深入学习贯彻习近平总书记重要讲话精神，发挥各自优势，砥砺奋进，推动构建中国特色哲学社会科学取得显著成效。

习近平总书记指出："坚持和发展中国特色社会主义，需要不断在实践和理论上进行探索、用发展着的理论指导发展着的实践。"在这一过程中，哲学社会科学具有不可替代的重要作用。构建中国特色哲学社会科学，必须坚持马克思主义指导地位不动摇，培育和践行社会主义核心价值观，不断筑牢中华民族共同体意识，巩固全党全国各族人民团结奋斗的共同思想基础；准确把握新发展阶段、深入贯彻新发展理念、加快构建新发展格局，在新征程中自觉围绕党和国家重大战略部署和工作大局，强化前瞻性研究；有效应对我国改革进入攻坚期和深水区后出现的矛盾和问题、风险和挑战，为提高改革决策水平、推进国家治理体系和治理能力现代化提供学理支持；在当今世界各种思想文化交融碰撞的新形势下，推动建设社会主义文化强国，着力增强国家文化软实力、增强人民精神力量、展现中国风貌、提升中国对外话语权；立足中华民族伟大复兴战略全局和世界百年未有之大变局，着眼于深入推进全面从严治党，不断推进党的创新理论深入人心，确保党始终成为中国特色社会主义事业的坚强领导核心。

习近平总书记指出："要按照立足中国、借鉴国外，挖掘历史、把握当代，关怀人类、面向未来的思路，着力构建中国特色哲学社会科学"。这为推动中国特色哲学社会科学研究发展、体系构建和科学管理提供了行动指南。构建中国特色哲学社会科学要坚持为人民服务，为我们党治国理政服务，为巩固和发展中国特色社会主义制度服务，为改革开放和社会主义现代化建设服务，为实现中华民族伟大复兴的中国梦提供强大理论支撑。这要求我们坚持以马克思主义为指导，融通古今中外各种资源，坚持“不忘本来、吸收外来、面向未来”，推进学科体系、学术体系、话语体系建设，不断推进知识创新、理论创新、方法创新。加强和改善党对哲学社会科学工作的领导，为繁荣发展我国哲学社会科学事业提供根本保证。各级党委要把哲学社会科学工作摆在重要位置，统筹资源配置，强化部门协同，共同推动加快构建中国特色哲学社会科学。

作为哲学社会科学研究的主力军之一，高校承担着培养德智体美劳全面发展的社会主义建设者和接班人的重任。5 年来，高校哲学社会科学在深入研究和回答我国经济社会发展、我们党执政面临的重大理论和实践问题中推出一大批成果，为坚持和发展中国特色社会主义作出了贡献，为育人育才、立德树人作出了贡献。作为中国共产党亲手创办的第一所新型正规大学，中国人民大学围绕加快构建中国特色哲学社会科学，持续加强马克思主义学科建设，不断推进以创新为主题的学术体系建设，大力建设解读中国经验的话语体系，打造具有中国特色的系列教材，积极探索分类科学合理评价体系，取得了积极成效。

“十四五”时期是我国开启全面建设社会主义现代化国家新征程的第一个五年，我国进入新发展阶段。在新征程上坚持和发展中国特色社会主义，需要高校继续发挥育人功能和创新优势，围绕进一步加快构建中国特色哲学社会科学，扮演更重要的角色、作出新的更大贡献。

构建具有中国特色的法学学科体系

马怀德

习近平总书记指出："要按照立足中国、借鉴国外，挖掘历史、把握当代，关怀人类、面向未来的思路，着力构建中国特色哲学社会科学，在指导思想、学科体系、学术体系、话语体系等方面充分体现中国特色、中国风格、中国气派。"习近平总书记在中国政法大学考察时，从全面推进依法治国、提高党依法治国和依法执政能力的高度，对法学学科体系建设作出重要指示，强调："我们有我们的历史文化，有我们的体制机制，有我们的国情，我们的国家治理有其他国家不可比拟的特殊性和复杂性，也有我们自己长期积累的经验和优势，在法学学科体系建设上要有底气、有自信。"这为我们构建具有中国特色、中国风格、中国气派的法学学科体系指明了方向。

法学学科作为哲学社会科学的重要组成部分，承担着培养法治人才、产出法学成果、服务经济社会发展的重要职责。构建具有中国特色的法学学科体系，需要把握新形势新任务新要求，为坚持和完善中国特色社会主义法治体系、推进国家治理体系和治理能力现代化述学立论、资政育才，为加快建设社会主义法治国家提供学理支撑、智力支持和人才保障。

创新发展中国特色社会主义法治理论。习近平总书记指出："加强法治及其相关领域基础性问题的研究，对复杂现实进行深入分析、作出科学总结，提炼规律性认识，为完善中国特色社会主义法治体系、建设社会主义法治国家提供理论支撑。"构建具有中国特色的法学学科体系，必须在深入学习习近平法治思想核心要义、精神实质、丰富内涵、实践要求的基础上，提炼中国特色社会主义法治理论的标识性概念、重大命题、核心观点，为发展立足中国国情、适应改革开放和社会主义现代化建设需要的法治理论体系作出学术贡献。

回答法治中国建设的重大理论和实践问题。当前，法治中国建设深入推进，如何依靠法治更好回应经济社会发展中出现的新问题，如何有效解决人民群众反映强烈的突出问题，是推动法学学科体系发展的重要着眼点。构建具有中国特色的法学学科体系，就要从研究和回答法治中国建设的重大理论和实践问题出发，传承中华优秀传统法律文化，借鉴国外法治有益成果，把研究成果转化为解决问题的正确思路和有效办法，为推进国家治理体系和治理能力现代化提供学理支撑。

培养高素质法治人才。站在为全面推进依法治国提供人才保障的高度，大力培养信念坚定、德法兼修、明法笃行的高素质法治人才。加强法学学科之间以及法学与其他学科的交叉融合发展，拓展法学学科知识面，实现法治人才培养的多学科共同参与；打破理论教学和法治实践之间的壁垒，将实务部门的优质实践教学资源引入高校，加强涉外法治人才培养；持续推进习近平新时代中国特色社会主义思想、习近平法治思想进教材、进课堂、进头脑，把社会主义核心价值观融入法学教育全过程、各方面。

优化完善法学学科体系。顺应时代发展需要，拓展法学一级学科，扩充法学知识容量。优化法学二级学科，使法学二级学科既包括传统学科和冷门学科，也涵盖前沿学科和新兴学科；既包括理论法学和应用法学，也涉及国内法学和国际法学。促进法学与经济学、教育学、管理学、计算机科学与技术等学科研究交叉融合，推动国家安全法学、党内法规学、数据法学、人工智能法学、监察法学、应急法学、司法鉴定学等交叉研究蓬勃发展，使法学学科体系建设与经济社会发展相适应，更好服务改革开放和社会主义现代化建设。

融通各种资源　取得更大突破

袁　鹏

今天的中国，日益走近世界舞台中央，中国特色国际关系理论发展迎来难得历史机遇。经过长期不懈努力，中国特色国际关系理论建构取得显著进展。面向未来，还需要在学术思想、学术观点、学术话语等方面不断开拓创新，推动中国特色国际关系理论研究、发展取得新的更大突破。

融通理论研究与实践发展。新中国成立以来，我们党科学把握时代潮流、分析全球风云演变，正确处理中国和世界的关系，在不同历史时期形成了一系列重大外交思想和主张。党的十八大以来，以习近平同志为核心的党中央在对外工作上推进一系列重大理论和实践创新，形成了习近平外交思想，开创性推进中国特色大国外交，取得了前所未有的重大成就。构建人类命运共同体理念产生广泛深远国际影响，共建"一带一路"、成立亚洲基础设施投资银行等谱写国际合作新篇章。要深入研究党和国家的重大外交思想和实践，做好学理化阐释、学术性升华，努力将其转化为理论成果、学术成果。以我国外交工作实际为研究基点，着眼于解决自己的问题，提出具有主体性、原创性的理论和学术观点。

融通中国研究与世界研究。经过改革开放40多年的发展，中国已经深度融入世界。中国坚定在维护世界和平中谋求自身发展，又以自身发展维护世界和平，中国与世界紧密相连、密不可分。在世界百年未有之大变局中，中国的发展举世瞩目、牵动全局。研究国际关系理论和国际现象，不能简单孤立分析，要学会在我国与世界的互动关系中看问题，深刻认识中国离不开世界、世界也离不开中国，深入分析世界格局演变中我国的地位和作用，为我国制定对外方针政策提供有力学理支持。

融通国际关系研究与其他领域研究。当今世界，国际环境日趋复杂，不稳定性不确定性明显增强。影响国际关系行为体相互作用、推动各种国际体系运行和演变的因素越来越多元化、复杂化，经济、政治、文化、制度等方面的因素往往相互交织、相互叠加。这对国际问题研究者的知识积累、研究视野、研究方法等提出了更高要求。要打破不同领域、不同学科的界限，综合运用多学科的概念、话语、方法，努力实现对复杂国际现象和国际问题的透彻分析和深刻把握。比如，把国际政治研究和世界经济研究融通起来，从事世界经济研究的学者需要强化国际政治和国际战略思维，从事国际政治研究的学者也可以借鉴经济分析的方法和工具等。又如，将国际关系和国家安全两个学科交叉融通，从大外交、大安全的视角进行理论探索、学术研究、学科建设，更好适应统筹发展和安全的时代需要。

融通学术研究与政策研究。纵观中外历史上那些产生广泛影响的国际关系著述，都既有学术研究的厚重，又关注解决现实问题。这启示我们：学术研究和政策研究不可分割。政策研究如果缺乏学术研究支撑，就会简单苍白；学术研究若不关注、回应时代问题，就容易凌空蹈虚。特别是在国内外环境发生深刻复杂变化的当下，我国继续发展面临的挑战之多之大前所未有，亟须我国哲学社会科学工作者从理论和对策上深入探究应对方案。在中国特色国际关系理论研究中，要紧紧围绕中国特色大国外交面临的突出问题，从学理层面进行归纳、梳理、提升，提出应对之策、破解之道，使研究既有学术的深邃厚重又有强烈的问题意识、现实关怀，为不断开创中国特色大国外交新局面、构建人类命运共同体提供智力支撑和对策支持。

增强主体性原创性

王　博

习近平总书记在哲学社会科学工作座谈会上的重要讲话，从指导思想、学科体系、学术体系、话语体系等方面，提出了加快构建中国特色哲学社会科学的明确要求，为努力谱写当代中国哲学社会科学新篇章提供了根本指针。面向未来，广大哲学社会科学工作者必须坚定文化自信、坚持问题导向、拓宽研究视野、增强使命意识，以我国实际为研究起点，提出具有主体性、原创性的理论观点，构建具有自身特质的学科体系、学术体系、话语体系。

坚定文化自信。文化自信是更基本、更深沉、更持久的力量。中华民族创造了辉煌灿烂的中华文明，形成了独具特色的价值观念、制度体系、社会结构和文化格局，对人类文明作出了重要贡献。在马克思主义指导下，通过创造性转化、创新性发展，传承和发展中华优秀传统文化，创造中华文明的新形态，是当代哲学社会科学工作者的使命和责任。坚定文化自信，要求广大哲学社会科学工作者增强进入新发展阶段的历史自觉。应当意识到，中华民族伟大复兴不仅是一个国家和民族的复兴，更是一个伟大文明的复兴。只有坚定文化自信，哲学社会科学研究才能加强主体性自觉，理论创新才有底气。

坚持问题导向。问题是创新的起点，也是创新的动力源。习近平总书记指出："理论创新的过程就是发现问题、筛选问题、研究问题、解决问题的过程。"马克思主义之所以具有真理性和生命力，就在于发现并回答了属于自己时代的问题，马克思主义中国化的一系列理论创新成果，也都源于不断回应中国各阶段发展面临的历史性课题。习近平总书记强调："历史表明，社会大变革的时代，一定是哲学社会科学大发展的时代。当代中国正经历着我国历史上最为广泛而深刻的社会变革，也正在进行着人类历史上最为宏大而独特的实践创新。这种前无古人的伟大实践，必将给理论创造、学术繁荣提供强大动力和广阔空间。”对于哲学社会科学工作者来说，要以习近平新时代中国特色社会主义思想为指导，扎根中国大地、立足中国实践，深入研究和回答我国发展和我们党执政面临的重大理论和实践问题。

拓宽研究视野。理论创新是一项艰巨的工作，积累和视野都不可或缺。积累再多，如果没有宏阔、全面的视野，也很难有原创性的思想。在现代学术研究中，学科和专业划分越来越细，对世界的理解也越来越具体和深入，专业性成为衡量一个学者的重要向度。但学科和专业细分也在知识之间造成了隔阂甚至鸿沟。仅仅局限在本专业内，就会失去对更广知识领域的好奇心，失去对整体世界认知和把握的能力。因此，哲学社会科学工作者既要有专业的视野，又要有跨专业、跨学科乃至跨文明的视野。这就要求我们做好学科交叉融合工作，既加强基础学科能力培养，又打破学科专业壁垒。在不忘本来的基础上，正确吸收外来，借鉴有益的知识体系和理论观点，更好地回答和解决中国问题、世界性问题。

增强使命意识。自古以来，我国知识分子就有“为天地立心，为生民立命，为往圣继绝学，为万世开太平”的志向和传统。新时代坚持和发展中国特色社会主义，全面建设社会主义现代化国家，对加快构建中国特色哲学社会科学提出迫切要求。哲学社会科学工作者应增强使命意识，把握时代脉搏，聆听时代声音，以守正的定力、创新的能力、持续的知识积累和理论创新，推动我国哲学社会科学形成自己的特色和优势。

《人民日报》（2021 年 05 月 18 日）

哲学篇

当代中国马克思主义研究的使命担当

秦　宣

发展21世纪马克思主义、当代中国马克思主义，是构建中国特色哲学社会科学的重大时代课题。马克思主义自诞生以来的历史经验需要系统总结，马克思主义在当代中国与当代世界的历史使命需要深入思考。习近平总书记在哲学社会科学工作座谈会上指出，我国哲学社会科学的一项重要任务就是继续推进马克思主义中国化、时代化、大众化，继续发展21世纪马克思主义、当代中国马克思主义。在纪念中国共产党成立95周年大会上，习近平总书记再次强调了发展21世纪马克思主义的重要性。深入学习贯彻这些重要讲话精神，必须顺应时代发展要求，紧紧围绕共产党执政规律、社会主义建设规律和人类社会发展规律，深刻认识当代中国马克思主义研究的使命担当。

继续深化对人类社会发展规律的认识

马克思主义是关于自然界、人类社会和人的思维发展规律的科学，是关于工人阶级和人民大众解放与发展的科学。它运用辩证唯物主义和历史唯物主义基本原理，科学揭示了人类社会发展的客观规律。马克思主义是真理，但它并没有终结真理，而是开辟了通向真理的道路。历史证明，马克思主义是随着时代、实践、科学发展而不断发展的开放的理论体系。习近平总书记指出："坚持问题导向是马克思主义的鲜明特点。问题是创新的起点，也是创新的动力源。只有聆听时代的声音，回应时代的呼唤，认真研究解决重大而紧迫的问题，才能真正把握住历史脉络、找到发展规律，推动理论创新。"当代中国马克思主义研究应继续深化对人类社会发展规律的认识，为人类的未来指明方向。为此，需要从以下几个方面努力。

发挥“解释世界”功能，对重大理论和现实问题给予科学合理、有说服力的解释。“时代是思想之母”。我们的思想理论要赶上时代、引领时代，就必须弄清时代性质、时代主题以及当今时代的特征，弄清现时代与马克思主义经典作家在世的时代相比发生了哪些深刻变化，现时代给人们提出了哪些需要从理论上加以说明的重大课题。要利用纪念“十月革命”爆发100周年等重要历史节点，从理论上充分说明应如何认识和评价“十月革命”，如何认识和评价苏联社会主义模式，如何认识和评价苏东剧变。对于2008年的国际金融危机，马克思主义者也要给出明确的说法和解释，讲清楚这次危机的特点是什么、根本原因是什么，对不同类型、不同发展程度、不同性质、不同区域的国家影响有何不同，走出危机的出路何在，谁应该为这次危机承担责任，在未来的发展中如何避免此类危机等一系列问题。

发挥“改造世界”功能，为解决日益严峻的全球性问题拿出可行方案。人类只有一个地球，各国共处于一个世界，都拥有和平发展这个共同的梦想。然而，综观当今世界，危及人类生存和经济社会可持续发展的全球性问题不断凸显，特别是全球发展不平衡加剧、恐怖主义猖獗、局部动荡频繁发生、粮食不足、资源短缺、能源紧张、环境污染、气候异常、人口膨胀、贫困加剧、疾病流行、经济危机等全球性难题日益增多，对人类生存和发展构成严峻威胁。对于这些问题，世界范围的马克思主义者需要拿出可行的解决方案，我国的马克思主义者必须贡献“中国智慧”。

发挥“望远镜”功能，为社会主义和人类未来发展指明方向。社会主义代表着人类的美好未来，这是激励无数社会主义者前行的动力。但苏东剧变以来，世界社会主义处于低潮，一些国家的共产党易名改向，放弃了社会主义、共产主义的奋斗目标。事实上，走资本主义道路的绝大多数发展中国家仍然处于贫穷和落后状态，而发达资本主义国家正在遭受空前的金融危机、经济危机、政治危机和社会危机。当社会主义遭遇挫折、资本主义遭遇危机时，人类对未来发展应作何种选择，有没有好的解决方案？当代中国马克思主义者应研究解答这一重大课题。

科学分析当代资本主义发展的新特点

马克思主义诞生于资本主义自由竞争时期。正是在研究人类社会发展各个时代的生产关系，尤其是着重研究资本主义社会生产关系的基础上，马克思、恩格斯创立了马克思主义政治经济学。马克思的剩余价值学说揭示了资本家剥削工人的秘密，成为马克思主义的基石。马克思论证了资本主义制度下生产社会化和生产资料私人占有之间的矛盾，阐明了资本主义积累的一般规律，得出了资本主义不可避免地要让位于社会主义的科学结论。正因如此，国际金融危机爆发后，不少西方学者开始重新研究马克思主义政治经济学、研究《资本论》，借以反思资本主义的弊端。

但是，现在的资本主义毕竟不同于马克思所处时代的资本主义。正如习近平总书记指出的："今天，时代变化和我国发展的广度和深度远远超出了马克思主义经典作家当时的想象。""资本主义固有的生产社会化和生产资料私人占有之间的矛盾依然存在，但表现形式、存在特点有所不同。"2008年的国际金融危机首先爆发在资本主义国家，最先受其负面影响的也是资本主义国家。因此，危机爆发后西方学者加强了对资本主义的研究。这些研究的内容十分广泛，涉及资本主义的本质特征、发展阶段、基本矛盾、未来命运等问题。人们从资本主义的经济危机中感受到了其制度危机，也试图从社会主义的复兴中找到走出危机的希望。但可以肯定地说，这次金融危机不可能导致资本主义迅速灭亡，当代资本主义还会在新的调整基础上进一步发展；也可以肯定地说，这次危机绝不是资本主义的最后一次危机，在它没有被新的社会制度取代之前，类似的危机还会周期性发生；还可以肯定地说，此次危机使人们看到世界范围社会主义复兴的希望，但它也不可能如人们所愿迅速到来。社会主义社会取代资本主义社会，凭借的是更为先进的生产力和生产方式、更为优越的制度安排，而目前社会主义国家的生产力显然还落后于西方发达资本主义国家。21世纪马克思主义、当代中国马克思主义要与时俱进、开辟新的发展境界，必须加强对当代资本主义的研究。

对当代资本主义进行深入研究，无法回避如下一些问题：在世界多极化、经济全球化、文化多样化、社会信息化的宏观背景下，资本主义到底处于什么发展阶段；这一阶段的资本主义与以往的资本主义，尤其是与马克思主义经典作家所处时代的资本主义相比究竟发生了哪些变化，这些变化呈现什么样的新特征；资本主义的新变化是否意味着其本质发生了变化；资本主义社会的阶级结构发生了哪些变化，工人阶级政党应该如何根据新的阶级结构调整战略策略；资本主义社会变革的动力在哪里，资本主义未来会如何演变；资本主义发展在下一个阶段会走向何方；在构建人类命运共同体的过程中，社会主义国家应如何处理同资本主义国家的关系；等等。这些问题中虽然有不少是老问题，但在新的历史条件下需要得到新的解释。马克思是在批判资本主义这个旧世界中发现共产主义这个未来新世界的。如何在国际金融危机这个大背景下，重新认识资本主义发展的历史进程，准确把握当代资本主义发展的阶段性特征，这既关系人们对资本主义的正确认识，也关系社会主义的历史命运、关系马克思主义的历史命运。

科学把握当代社会主义的前途与命运

2017 年是俄国十月革命胜利 100 周年。近 100 年来，社会主义运动跌宕起伏、热点转换，不断引起人们对社会主义前途与命运的思考。苏联社会主义在 20 世纪末的衰落及其引起的全球震荡，进一步加深了人们对社会主义的思考和忧虑。“实践是理论之源”。1918 年，列宁曾说过这样一段话：“对俄国来说，根据书本争论社会主义纲领的时代也已经过去了，我深信已经一去不复返了。今天只能根据经验来谈论社会主义。”显然，这段话在当前仍然具有十分重要的现实意义。它启示我们，必须根据现实、经验、实践来研究和把握社会主义的前途与命运。

回顾世界社会主义发展历程，不难发现其历史命运与资本主义发展有很强的相关性。资本主义遭遇危机之时，往往是社会主义复兴之机。从一定意义上说，正是资本主义的灾难与困境催生了社会主义的理想和向往。但同以往资本主义危机只在资本主义体系内带来灾难不一样，2008 年的国际金融危机既打击了资本主义国家，也冲击了社会主义国家；既打击了世界各国的右翼，也打击了世界各国的左翼。资本主义国家的左翼受到的打击丝毫不亚于右翼，甚至出现了整体“向右转”的现象。欧洲难民危机以及英国全民公投脱欧，加剧了这一“向右转”的趋势。国际金融危机以来，各国许多政要和学者都在探讨社会主义问题，涉及社会主义的内涵、价值目标、基本特征、制度安排、实现途径等内容，大大深化了对社会主义的讨论。可以相信，随着国际金融危机的深度演化，还会有更多的人从社会主义、共产主义思想理论中寻找克服这次国际金融危机的出路。

但必须清楚的是，西方学者和国外共产党、工人党今天谈论的社会主义与科学社会主义有许多不同。因此，我们需要根据经验加强对社会主义基础理论的研究，进一步研究解答什么是社会主义、怎样建设社会主义这一首要的基本理论问题，继续深化对社会主义建设规律和共产党执政规律的认识；进一步研究解答如何建立比资本主义制度更先进的社会主义制度，如何充分展示社会主义制度优势、不断推进社会主义发展的问题；进一步研究解答如何不断积累社会主义因素、创造向共产主义过渡条件的问题；等等。更为关键的是，必须积极探索如何继续推进中国特色社会主义事业，续写中国特色社会主义新篇章，为人类对更好社会制度的探索提供中国方案。

尤其值得关注的是，目前世界社会主义仍然处于低潮，全球只有中国等少数国家在坚持走社会主义道路。中国共产党拥有 8800 多万党员，是世界历史上人数最多的共产党；当代中国坚持走社会主义道路，是世界上人口最多的社会主义大国。因此，国际范围的社会主义者把社会主义复兴的希望寄托在中国共产党和中国身上，中国特色社会主义成为世界社会主义的一面旗帜。在一定意义上说，中国特色社会主义代表着世界社会主义的未来。因此，对于中国的马克思主义者来说，必须按照习近平总书记要求的那样，以更加宽阔的眼界审视马克思主义在当代发展的现实基础和实践需要，坚持问题导向，坚持以我们正在做的事情为中心，聆听时代声音，更加深入地推动马克思主义同当代中国发展的具体实际相结合，不断开辟 21 世纪马克思主义发展新境界，让当代中国马克思主义放射出更加灿烂的真理光芒。

《人民日报》（2016 年 09 月 12 日）

实践唯物主义的时代价值和创新意义

孙正聿

任何重大理论问题都源于重大现实问题，任何重大现实问题都蕴含着重大理论问题。从重大现实问题中揭示其蕴含的重大理论问题，并把重大理论问题凝炼、升华为具有标识性的哲学概念，从而彰显其作为“时代精神精华”的意义，这是每个时代哲学的首要追求。习近平总书记在哲学社会科学工作座谈会上指出：“要善于提炼标识性概念。”“实践唯物主义”就是当代中国马克思主义哲学从当代中国重大现实问题中提炼的标识性哲学概念。深入阐述实践唯物主义的丰富内涵及其拓展的哲学道路，既是更加自觉地沿着这条哲学道路前进的理论前提，也是事关让世界了解“哲学中的中国”的重大课题。

实践唯物主义是对“现实的历史”的哲学概括

当代中国改革开放的历史性起点，是 1978 年召开的党的十一届三中全会。这次全会恢复了我们党以解放思想、实事求是为鲜明标志的思想路线。这一思想路线的哲学基础，是把实践确立为检验真理的唯一标准；这一思想路线的现实意义，是把人们从“左”的思想禁锢中解放出来，为建设中国特色社会主义开辟道路。正是在这场深刻的思想革命和现实变革中，当代中国马克思主义哲学承担起相辅相成的双重使命：在推进社会变革中实现哲学自身的理念创新，在哲学自身的理念创新中推进社会变革。正是在承担这种双重使命的理论探索中，当代中国马克思主义哲学以马克思“改变世界”的“新世界观”为立足点，以马克思、恩格斯提出的“实践的唯物主义”为灵魂和依据，形成了实践唯物主义的哲学概念，并以此为基础拓展了当代中国马克思主义哲学道路。

以实践观点重新理解和阐释马克思主义哲学，并以实践唯物主义概括马克思主义的哲学革命及其所开辟的哲学道路，不仅关系马克思主义哲学的解释路径问题、关系马克思主义哲学“如何称谓”的问题，而且集中体现了对马克思主义哲学的根本理解，并深刻昭示了应如何在中国特色社会主义伟大实践中丰富和发展马克思主义哲学。从实践唯物主义的立场出发，就能科学回答一系列重大理论和实际问题：马克思主义哲学是以实践的观点还是以旧唯物主义“客体的或者直观的形式”和唯心主义“抽象的”“能动的”观点看待人与世界的关系？马克思主义哲学是恩格斯所确认的“发展着的理论”，还是恩格斯所否定的“必须背得烂熟并机械地加以重复的教条”？马克思主义哲学是“在人的实践中以及对这个实践的理解中”不断发展的，还是离开“人的实践”和“对这个实践的理解”而得以发展的？中国现代化应建立在中国人民独立自主的基础上，还是应照抄照搬现代化的“西方模式”？这些是当代中国和当代世界面临的重大现实问题，也是当代中国和当代世界必须解决的重大理论问题。这表明，以实践为核心范畴的实践唯物主义并不是无的放矢的标新立异，而是对“现实的历史”的哲学概括，是对时代精神的理论升华。这就必然要求以实践观点重新理解和阐释马克思主义哲学，并以此为理论基础推进中国特色社会主义伟大实践，塑造和引导新的时代精神。

实践唯物主义实现了哲学观念和哲学理论变革

实践唯物主义根本的解释原则，就是把哲学视为“关于人与世界之间关系”的理论，并由此重新阐释马克思主义哲学的“新世界观”，从而系统而深刻地实现了哲学观念和哲学理论的变革。

在世界观意义上，实践唯物主义以实践第一的思维方式阐释人与世界的辩证统一关系以及人类合规律性、合目的性的存在方式，并基于“人生在世”“人在途中”的动态实践阐释哲学的世界观理论，从而构成了以实践为核心范畴、唯物论与辩证法相统一的世界观。实践唯物主义沿着马克思开辟的哲学道路，推进了对“客体的或者直观的”旧唯物主义和“抽象能动的”唯心主义世界观的变革，把追究“世界何以可能”的旧哲学变革为探索“全人类的解放何以可能”的新哲学。

在认识论意义上，实践唯物主义以实践第一的思维方式阐释建立在主客体实践关系基础上的认知关系、价值关系和审美关系，揭示了思维与存在、主观与客观、感性与理性、真理与价值、自由与必然之间错综复杂的矛盾关系，突出了主体认识活动选择、反思、批判、建构的能动作用，不仅丰富了马克思主义“能动的反映论”，而且在实践基础上实现了认识论与辩证法、真理论与价值论的有机统一。

在辩证法意义上，实践唯物主义以实践第一的思维方式揭示和阐释人与自然、人与社会、人的身与心无限丰富的矛盾关系，并以当代人类实践活动中的发展问题为主题深入揭示和阐释人与世界的矛盾关系，不仅凸显了辩证法的批判本质和实践智慧，而且深刻体现了列宁关于“辩证法也就是认识论”的辩证法、认识论和逻辑学“三者一致”的哲学思想。在对马克思《资本论》一书中哲学思想的当代阐释中，实践唯物主义进一步推动了马克思主义辩证法研究。

在历史观意义上，实践唯物主义强调从人的历史活动出发理解人类历史发展规律，从人作为历史“前提”和历史“结果”的辩证运动中阐述人类历史发展规律，从人的历史活动“历史”地看待人与环境、人与文化、历史人物与历史结果等错综复杂的矛盾关系。这从根本上改变了把历史规律视为超越于人的历史活动的“自在之物”的看法，实现了历史唯物主义与历史辩证法的统一，凸显了马克思主义哲学对“现实的历史”的深刻洞察力和解释力。

在哲学史研究意义上，实践唯物主义以实践第一的思维方式阐释人类性与民族性、历史性与时代性、群体性与个体性的辩证关系，阐释中外哲学的“同中之异”与“异中之同”，揭示哲学发展进程中“历史性的思想”“思想性的历史”的时代价值和实践意义，从而深化了真正的哲学作为“时代精神的精华”和“文明的活的灵魂”的理论自觉，推进了实践基础上的马克思主义哲学史、中国哲学史、外国哲学史研究。

在部门哲学意义上，实践唯物主义作为以实践为核心范畴的存在论、真理论和价值论相统一的“新世界观”，为伦理学、美学、逻辑学和宗教学等哲学二级学科提供了新的解释原则，并引领这些二级学科以实践第一的思维方式把握和阐释伦理关系、审美关系、思维规律和信仰问题，推进了马克思主义伦理学、美学、逻辑学和宗教学的繁荣发展。同时，作为“新世界观”的实践唯物主义还以实践第一的思维方式对当代经济学、政治学、社会学、人类学、语言学、心理学等进行哲学层面的概括和总结，并在与当代西方科学哲学、政治哲学、社会哲学、文化哲学等的对话中，特别是在与西方马克思主义的对话中，推进了马克思主义部门哲学的构建与发展。

在哲学基本问题意义上，实践唯物主义深刻揭示了思维与存在关系问题的实践内涵，进而阐发了这个基本问题所蕴含的理论与实践的关系问题。马克思、恩格斯所创建的“现代唯物主义”，与他们所批评的“旧哲学”的本质区别就在于，后者不是“在人的实践中以及对这个实践的理解中”去解决思维与存在的关系问题，因而只能是“解释世界”的哲学，并且是“把理论引向神秘主义的神秘东西”。与之相反，“现代唯物主义”是从“全部社会生活在本质上是实践的”这一根本理念出发，“在实践中证明自己思维的真理性”。实践唯物主义正是秉持这一根本理念，以实践第一的思维方式看待人与世界、思维与存在、理想与现实、理论与实践的辩证关系，突出探讨哲学基本问题中所蕴含的理论与实践的关系问题，致力于用现实活化理论、用理论照亮现实，把马克思主义哲学的理论力量转化为“改变世界”的现实力量。

实践唯物主义面对和努力回答的时代问题

实践唯物主义的突出特征在于强烈的问题意识、鲜明的问题导向。从这个意义上说，实践唯物主义就是以理论方式面向现实并回答现实问题的哲学。从当代中国和当代世界发展的大背景出发，实践唯物主义需要着力回答一系列重大时代问题。

理论与实践的关系问题。源于实践的理论不只是对实践经验的概括、总结和升华，而且是对实践经验的反思、规范和引导。实践活动作为追求自己目的的人类历史过程，本身就是人类不断超越自我的过程。理论首先是作为实践活动的新的世界图景，反思、规范和引导人类的实践活动。正如马克思所指出的："光是思想力求成为现实是不够的，现实本身应当力求趋向思想。"建设中国特色社会主义，创建人类文明新形态，既要求我们面向现实、深入实际、大胆实践，又要求我们不断概括和总结实践经验、加强顶层设计、制定规划蓝图，推进人的全面发展和社会全面进步。

发展问题。"发展才是硬道理"，这是中国改革开放和建设中国特色社会主义的基本理念。当前，中国正站在新的历史起点上，这不仅标志着中国社会的巨大进步，而且意味着中国发展面临新的问题和挑战。实践唯物主义以哲学方式面对现实，首先关注的是发展观问题。发展观并不只是对人和社会的存在状态、发展过程的描述，更是对人和社会存在状态、发展过程的评价。它要着力回答何谓发展、实现怎样的发展、怎样实现发展，以及发展中合目的性与合规律性、进步与代价、理想与现实等一系列哲学层面的问题。只有在发展观上实现哲学理念创新，才能真正做到"审大小而图之，酌缓急而布之，连上下而通之，衡内外而施之"，为解决错综复杂的矛盾和问题、推进社会实践作出制度性安排。党的十八届五中全会提出创新、协调、绿色、开放、共享的发展理念，集中回答了"实现什么样的发展、怎样发展"这个根本问题，既是当今中国的发展之道，又为创建人类文明新形态提供了具有世界意义的新发展理念。以新发展理念探索和回答发展中的重大理论问题和重大实践问题，为实践唯物主义开辟了广阔的理论空间，要求我们深入研究新发展理念的内在逻辑与方法论意义，明晰贯彻落实新发展理念与体现社会主义本质要求、培育和弘扬社会主义核心价值观、构建人类命运共同体、促进人的全面发展、创建人类文明新形态之间的内在关系。

现代化问题。实践唯物主义对发展的哲学研究，是同它对现代化的哲学思考密切相关并且相辅相成的。现代化是世界性的历史过程，也就是马克思、恩格斯所阐述的"历史"变为"世界历史"的过程。当代中国在现代化进程中所面对的问题，并不只是中国自身存在的问题，更是人类共同面对的问题。实践唯物主义以"面向世界，面向现代化，面向未来"的时代目光和世界视野，在对发展的哲学研究中思考现代化问题，又在对现代化问题的思考中深化对发展的哲学研究，集中探索了关乎人类命运与人类未来的三大问题：一是推进现代化所面临的严峻而紧迫的可持续发展问题，二是在发展现代市场经济的过程中如何扬弃“以物的依赖性为基础的人的独立性”问题，三是现代化进程中出现的关乎人的生存意义和精神家园的文化危机问题。正是在探索当代人类所面对的这些重大现实问题的过程中，实践唯物主义推进和引领了当代中国的哲学研究：一是重新解读马克思主义哲学经典著作，从人的存在方式和人的历史形态出发，深化对人类历史发展规律的探索，特别是在对《资本论》哲学思想的当代阐释中深入揭示“物和物的关系”所掩盖的“人和人的关系”，从而更加深刻地认识“现实的历史”，回答“现实的历史”所提出的重大现实问题及其所隐含的重大理论问题；二是以“不忘本来、吸收外来、面向未来”的视野和胸怀，在马克思主义哲学与中国哲学、西方哲学的对话中，批判地继承和吸纳中国哲学、西方哲学的“知识智慧和理性思辨”，让当代中国马克思主义哲学“为人类提供正确精神指引”；三是以发展问题为聚焦点，系统总结中国特色社会主义的实践经验，深入探索“历史”变为“世界历史”的人类文明发展进程，让实践唯物主义哲学理念成为推动创建人类文明新形态的哲学智慧和实践智慧。

《人民日报》(2017 年 03 月 20 日)

加快构建中国特色生态哲学

肖显静

党的十九大报告指出，人与自然是生命共同体，人类必须尊重自然、顺应自然、保护自然。纵观人类历史，人与自然的关系经历以自然为中心和以人为中心两个发展阶段，正在进入人与自然和谐共生的第三个阶段。中国特色生态哲学把世界视为自然—人—社会的复合生态系统，蕴含万物相联、包容共生，平衡相安、和谐共融，平等相宜、价值共享，永续相生、真善美圣的生态文化思想，揭示生态系统的有机创造性和内在联系性，是生态文明建设的哲学理论基础。当前，加快构建中国特色生态哲学，对于我们加快生态文明体制改革、建设美丽中国具有重要理论和实践意义。

成绩与进展

我国生态哲学研究始于上世纪 80 年代、发展于上世纪 90 年代、推进于 21 世纪，已经初步形成较为系统的生态哲学体系。党的十八大以来，伴随生态文明建设加快推进，构建中国特色生态哲学取得显著成绩与进展。

建设马克思主义生态哲学理论体系。我国学者注重加强马克思主义生态哲学理论体系建设，不仅系统梳理和研究马克思主义经典作家的生态哲学思想，而且对马克思主义生态哲学的发展如生态马克思主义等进行研究，翻译出版了一大批生态马克思主义著作。生态哲学研究者还把马克思主义生态哲学理论研究成果应用于生态文明建设实践，阐述其对可持续发展、低碳经济、“两型社会”建设的重要意义，注重发挥马克思主义生态哲学的指导和引领作用。

跟踪国外生态哲学研究。近些年，翻译出版了一批生态哲学著作，典型的有《绿色经典文库》《环境哲学译丛》等。注重引进和评介西方生态哲学思想思潮，如美国学者利奥波德的“大地伦理学”、罗尔斯顿的“自然价值论”和挪威学者奈斯的“深层生态学”等。反思和批判某些西方哲学家以及西方哲学传统中不利于生态保护的现代性思想，如笛卡尔的机械论、主体性哲学等。在译介西方环境伦理学著作的基础上，组织关于“人类中心主义”等的大讨论，学界反响强烈。

挖掘我国古代哲学中的生态思想。我国学者系统梳理和解读传统儒家、道家哲学思想，提炼其中的生态哲学思想，并对其代表人物如孔子、孟子、淮南子、嵇康、张载等的生态哲学思想进行深入挖掘研究。梳理和提炼中华传统文化包括少数民族文化中的生态哲学思想，阐明其对生态保护与环境治理的当今价值，努力促进生态文明建设。

问题与不足

构建中国特色生态哲学是一项复杂的系统工程，需要一个长期过程。当前，我国生态哲学研究具有国际影响力的成果还不多，尤其是在形成跨学科研究共同体、夯实学科理论基础等方面还存在短板和不足。

跨学科研究共同体尚未形成。对于什么是生态哲学，目前学术界给出的定义多种多样，而能被大家公认的定义还没有确立。这就导致生态哲学难以找到准确的学科定位，也难以清晰界定研究对象和研究内容，进而以系统、统一的视角展开研究，形成跨学科研究共同体。事实上，生态哲学研究需要对原有哲学进行反思、批判乃至颠覆，树立新的有利于生态保护和人类社会可持续发展的本体论、认识论、方法论、价值论和实践论。这是哲学史上的一次范式转变，对于原先从事哲学二级学科研究的研究者尤其是资深研究者来说并非易事。这种范式转变甚至会造成原有哲学二级学科与相应生态哲学之间的断裂，造成资深哲学研究者与生态哲学研究者之间的隔阂。同时应看到，由于受知识结构和研究兴趣等限制，各小部类生态哲学研究者之间缺乏沟通和交流，这也是阻碍综合生态哲学和跨学科研究共同体形成的重要原因。

学科理论基础还不够扎实。生态哲学是一种新范式哲学，需要进行概念体系和理论框架的转换。构建中国特色生态哲学，要求生态哲学研究者具备扎实的学科基础理论知识，能够根据生态文明建设要求对生态哲学进行反思、批判和扬弃，对新提出的生态哲学研究范式、概念和理论进行辨析和论证。这既需要实证主义的科学思维，也需要思辨论证的分析哲学思维。而我国生态哲学研究者在这两方面大都存在短板，导致对许多重要概念如自然、生态、生态平衡、生物多样性、生态价值等缺少深入细致的辨析，对一些重要研究范式基础如坚持人类中心主义还是生态中心主义、坚持主客二分还是主客同理、坚持自然高于人工还是人工高于自然等缺少深刻全面的论证。

指导生态文明建设还不够有力。生态哲学既是思想哲学也是行动哲学，既是理论生态哲学也是应用生态哲学，应当走向人类生产和生活实践，走向环境保护实践。但从我国生态哲学的现状看，理论生态哲学研究较强，实用生态哲学研究较弱。生态哲学教育在我国还没有广泛开展，生态社会意识还没有在全社会普遍形成，生态哲学的时代精神还没有得到很好体现。这直接影响公众对构建中国特色生态哲学的认识和认同，影响生态哲学在建设生态文明中发挥指导作用。还应看到，保护生态需要科技创新驱动，自然科学尤其是生态学知识理应成为生态哲学研究的重要理论资源。

方向与路径

坚持以马克思主义为指导，是当代中国哲学社会科学区别于其他哲学社会科学的根本标志。构建中国特色生态哲学必须坚持马克思主义指导地位，坚持正确研究方向，明确具体推进路径。

坚持马克思主义指导地位。习近平总书记强调，“不坚持以马克思主义为指导，哲学社会科学就会失去灵魂、迷失方向，最终也不能发挥应有作用”。加快构建中国特色生态哲学必须坚持以马克思主义为指导，真学、真懂、真信、真用马克思主义基本原理和贯穿其中的立场观点方法，用其观察和解释自然界、人类社会、人类思维的各种现象，以清醒的理论自觉、坚定的政治信念、科学的思维方法揭示蕴含其中的规律，结合具体实践不断创新理论。美丽中国是人民群众生于斯、长于斯的家园，良好生态环境是最普惠的民生福祉。加快构建中国特色生态哲学要始终把人民群众的生态福祉摆在首位，不断满足人民群众日益增长的美好生态环境需要。

不断完善研究范式。不同研究范式影响着研究取向和研究问题的选择。当前，生态哲学研究需要厘清自然是什么、人与自然之间的关系究竟为何、自然的经验性或者内在价值是什么、自然有无权利等概念和问题。因为这不仅影响生态哲学的规范化、学科建制以及公众信任，而且影响生态哲学理论的建树。加快构建中国特色生态哲学，需要明确生态哲学的研究对象、主要内容和研究方法，生态哲学与环境哲学、生态学以及生态学哲学的关系，生态哲学与生态文明建设的关系；明确生态哲学是传统哲学的生态应用还是基于生态的哲学反思，是以人类中心主义为基点、以生态中心主义为基点还是以人与自然和谐共生为基点等问题。

加快学科建制化步伐。目前，很多学科都有学者探讨生态哲学和生态问题，但研究对象、问题界定、理论工具和学术脉络存在诸多差异，因而不免自说自话。构建中国特色生态哲学，应突破学科界限，打造多学科交流平台，凝聚共识、融汇思想、整合队伍、集中资源，实现生态哲学相关理论知识精练化、系统化；加强生态哲学与生态学以及各分支生态哲学学科之间的交流、沟通和比较，形成综合的生态哲学理论体系，以适应分析和解决复杂性、系统性问题的需要。有条件的高校和研究院所应集中力量建设跨学科研究和人才培养基地，整合环境科学与生态学、哲学等领域的学术力量，开展系统化教学和研究，逐步打造教学研究一体化的跨学科平台，大力培养中国特色生态哲学学科后备人才和学术梯队。

积极开展国际学术交流。东西方文化差异为生态哲学研究提供了多元视角。充分挖掘跨文化生态思想资源，构建具有中国风格的生态哲学思想体系，是我国学者的优势所在、责任所系。这就需要勇于打破学科壁垒，将中华文化资源有机融入生态哲学研究。可以预期，如果能将生态哲学研究的前沿问题转化为具有中华文化内涵的哲学问题，就很有可能推出原创性成果，为世界生态哲学研究贡献中国智慧。构建中国特色生态哲学，还应充分融入国际学术交流语境，积极参与学术争鸣。应鼓励青年学者勇于探索、敢于发声，不断提升在国际期刊发表论文的影响力，提高中国学者在国际学界的学术声誉。与此同时，打造具有国际影响的中国期刊和出版园地，有组织地推介中国学者的优秀成果，力争在一些特色领域掌握学术话语权。

大力普及生态哲学知识。整合优质资源，打造共享平台，对青年学生从国情世情、科技知识、生命价值、自然情感、经济模式以及消费观念、行为方式等多方面进行系统教育，努力让他们知晓今昔变化、明了中外差异，理性认识环境、自觉担当责任。构建中国特色生态哲学，还应着力培育学生知行合一精神，引导他们从日常生活开始、从身边小事做起，积极参与美丽校园建设，充分发挥绿岛效应；支持学生开展生态文明专题调研和社会服务实践，培育“知中国、服务中国”的家国情怀和主人翁意识。要把尊重自然、顺应自然、保护自然的生态文明理念贯彻到学生培养的方方面面，涵养其精神、培养其素质、引导其行动，使之成长为具有生态文明精神品格和实践能力的一代新人。

《人民日报》（2017 年 11 月 27 日）

构建强起来的中国哲学

孙来斌

习近平同志指出："坚持和发展中国特色社会主义，需要不断在实践和理论上进行探索、用发展着的理论指导发展着的实践。在这个过程中，哲学社会科学具有不可替代的重要地位，哲学社会科学工作者具有不可替代的重要作用。"中国特色社会主义进入新时代，强起来的新时代呼唤强起来的中国哲学。构建强起来的中国哲学，任务艰巨、使命光荣，需要广大哲学社会科学工作者努力携手前行、共赴时代之约。

扣准强起来的新时代脉搏

任何真正的哲学都是自己时代精神的精华，既是时代的产儿，又是时代的指针。回顾历史，人类社会每一次重大进步，人类文明每一次重大发展，都离不开哲学领域的知识变革和思想先导。履行好新时代中国共产党的历史使命，离不开新时代中国哲学的科学构建和理论支撑。

紧紧扣住新时代提出的重大问题。哲学具有反思与引领的双重功能，既要做黄昏中起飞的猫头鹰，又要做黎明时鸣唱的雄鸡。新时代中国哲学既要深入历史深处、高度凝练历史经验，又要准确把握时代脉动、回应时代问题。马克思指出："问题就是时代的口号，是它表现自己精神状态的最实际的呼声。"扣住时代脉搏，就要把握时代提出的重大问题。面对新时代坚持和发展什么样的中国特色社会主义、怎样坚持和发展中国特色社会主义这个重大时代问题，如何作出科学回答，迫切需要新时代中国哲学更好发挥作用；面对新时代我国社会主要矛盾的转化，如何深切把握、合理解决人民日益增长的美好生活需要和不平衡不充分的发展之间的矛盾，迫切需要新时代中国哲学更好发挥作用；面对社会思想观念和价值取向日趋活跃、社会思潮纷纭激荡的新形势，如何巩固马克思主义在意识形态领域的指导地位、培育和践行社会主义核心价值观、巩固全党全国各族人民团结奋斗的共同思想基础，迫切需要新时代中国哲学更好发挥作用；面对日益突出的环境问题、日益紧张的人与自然关系、日益艰巨的生态系统保护任务，如何树立和践行社会主义生态文明观，迫切需要新时代中国哲学更好发挥作用。构建强起来的中国哲学，离不开对这些问题的深入分析和积极回应。

紧紧跟上新时代的前进步伐。改革开放特别是党的十八大以来，我国哲学学科建设取得重大进展，但与形势发展和人民期待相比，还存在一些亟待解决的问题。比如，学科发展战略仍不十分明确，学科体系、学术体系、话语体系建设水平总体不高，学术原创能力还不强，人才队伍总体素质亟待提高等。总的来看，我国哲学领域还处于有数量缺质量、有高原缺高峰、有专家缺大师的状况，作用还没有充分发挥出来。改变这种状况，需要广大哲学工作者加倍努力。我们身处强起来的新时代，当代中国正经历着我国历史上最为广泛而深刻的社会变革，也正在进行着人类历史上最为宏大而独特的实践创新。这种前无古人的伟大实践，必将给理论创造、学术繁荣提供强大动力和广阔空间。新时代中国哲学如果不能紧跟时代步伐，不能对当代中国的发展道路和社会变革作出科学解释，不能为中国发展提供学术支撑，那么，其知识价值和学科地位就无法得到承认，中国发展道路的正当性和合理性也会缺失哲学理论的阐释，结果很可能是中国哲学在实践中失语、国际话语权削弱。新时代中国哲学工作者必须增强紧迫感，自觉承担起历史使命，努力通过知识生产和思想创新，为中国强起来提供有力哲学支持。

积极回应新时代的精神诉求

作为研究人与世界关系的学问，哲学必须关注人本身。放眼古今中外，一切先进哲学莫不具有关心人民的情结和追求。中国古代哲学历来有重民、安民、惠民的传统，如《尚书》写道：“知人则哲，能官人；安民则惠，黎民怀之。”在德国哲学家费希特看来，“每个人都必须真正运用自己的文化来造福社会”。作为为无产阶级和全人类谋解放的学说，马克思主义哲学具有鲜明的人民性。构建强起来的中国哲学，必须彰显马克思主义哲学的这一理论品格。

坚持以人民为中心的研究导向。我是谁、为了谁、依靠谁，是各门学科应该首先搞清楚的问题。同样，哲学工作者为谁著书、为谁立说，是满足个人兴趣还是回应社会需要，是为少数人服务还是为绝大多数人服务，这些问题也应该首先搞清楚。事实上，世界上没有纯而又纯的哲学社会科学，伟大的哲学社会科学成果都是在回答和解决人与社会面临的重大问题中创造出来的。研究者生活在现实社会，研究什么、主张什么，都会打上社会烙印。我国哲学社会科学要有所作为，就必须坚持以人民为中心的研究导向。是否始终站在最广大人民的立场上，是否切实尊重人民的主体地位和首创精神，是区分唯物史观与唯心史观的分水岭，也是判断真假马克思主义的试金石。我国广大哲学社会科学工作者要坚持人民是历史创造者的观点，树立为人民做学问的理想，尊重人民主体地位，聚焦人民实践创造，自觉把个人学术追求同国家和民族发展紧紧联系在一起，努力多出经得起实践、人民、历史检验的研究成果。

自觉回应人民的精神诉求。真正的哲学研究从来不是坐而论道的冥思苦想、自说自话，思想的火花、思维的灵感往往来源于火热的生活、生动的实践。哲学研究者只有将个人情感体验融入人民生活，才能产出精品力作，否则只能发无力的叹息、作虚玄的空想。列宁指出：“没有‘人的感情’，就从来没有也不可能有人对于真理的追求。”当前，我国社会取得长足的发展进步，但也遭遇传统、现代、后现代等“时空压缩”、多期叠加的矛盾，思想文化领域面临着传统与现代、中国与外国、富裕与贫困等的碰撞与冲突。社会有凝聚价值共识的诉求，人民有过上更丰富的精神文化生活的渴望，新时代中国哲学应当找准站位、积极回应。就表述方式而言，哲学天然具有反思性、抽象性。即便如此，理性认识也需要感性表达。新时代中国哲学既要有形上之思又要有形下之基，既要有阳春白雪又要有下里巴人。艾思奇的《大众哲学》采用生动通俗的语言阐述马克思主义哲学原理，激励无数青年走上革命道路、投身建设实践，这方面的成功经验值得学习借鉴。新时代中国哲学必须推出新时代的大众哲学，自觉回应人民精神诉求。

正确处理本来、外来、未来的关系

泰山不让土壤，故能成其大；河海不择细流，故能就其深。构建强起来的中国哲学，使之在指导思想和学科体系、学术体系、话语体系等方面充分体现中国特色、中国风格、中国气派，必须有海纳百川的胸襟和放眼未来的眼光。

不忘本来，扎根中华优秀传统文化的沃土。历史是过去的现实，现实是未来的历史。对待传统文化要避免文化保守主义和文化虚无主义两种偏执，坚持辩证的方法、理性的态度。站在新时代的历史节点来看，中华优秀传统文化中的诸多因素值得大力倡导。诸如天人合一、内圣外王的精神境界，自强不息、厚德载物的人生态度，己所不欲、勿施于人的道德原则，天下兴亡、匹夫有责的爱国情怀，和而不同、和实生物的价值追求，天下为公、大同之世的社会理想等，凝聚了千百年来中华民族的生活经验、生存智慧，已融入中华民族的血脉之中，包含着中华民族最强大的精神基因。不忘本来才能开辟未来，善于继承才能更好创新。新时代中国哲学只有以优秀传统文化为根基并推动其创造性转化、创新性发展，才能做到树大根深、枝繁叶茂。

吸收外来，借鉴外来文明的有益成果。习近平同志指出："中华民族是一个兼容并蓄、海纳百川的民族，在漫长历史进程中，不断学习他人的好东西，把他人的好东西化成我们自己的东西，这才形成我们的民族特色。"构建强起来的中国哲学，应当善于吸收外部思想资源，兼容并蓄、博采众长。我国是哲学社会科学大国，在研究队伍、论文数量、政府投入等方面有自己的优势，但在学术命题、学术思想、学术观点、学术标准、学术话语方面还存在短板。西方国家较早进入现代社会，较早遭遇现代化问题、反思现代化焦虑，并催生了实用主义、存在主义、结构主义、后现代主义等哲学流派，既深刻影响着西方社会，也产生了较大国际影响。我们在对自身现代化道路进行哲学反思时可以借鉴其中的有益成果，为我所用。当然，构建强起来的中国哲学，"言必称尧舜"不可取，"言必称希腊"亦不可取。要力戒以洋为尊、以洋为美、唯洋是从，坚持古为今用、洋为中用，融通各种资源，不断推进知识创新、理论创新、方法创新。

面向未来，树立关怀人类命运的长远眼光。超越个体、关怀人类，超越当下、关怀未来，是先进哲学应有的品格。只有回看走过的路、比较别人的路、远眺前行的路，才能更好地走稳新时代的路。要回看、比较、远眺，自然少不了反思、鉴照、前瞻。在此过程中，新时代中国哲学决不能缺席。当前，我们既遭遇生态危机、核武危机、科技异化等全球性问题，也面临中国强起来过程中如何与其他国家和谐相处、良性互动、共赢发展的独特性难题，新时代中国哲学理应对此作出深刻思考和有力回答。就前者而言，2018 年 1 月 25 日，美国《原子科学家公报》提出将象征核战威胁的“末日时钟”拨快 30 秒，调至冷战以来最接近世界末日的时刻——距离午夜只剩下 2 分钟。对此，我们是置之一笑，还是深刻思考？当然，哲学不是预测学、不出“推背图”，但对关乎人类命运的重大问题应当给予充分关注。对后者来说，纵观 15 世纪以来的世界历史，崛起大国大多通过暴力方式改变既有国际秩序。那么，强起来的中国如何避免落入“修昔底德陷阱”，如何讲好和平发展的中国故事？习近平同志明确提出并深刻阐发的构建人类命运共同体理念，准确把握中国与世界关系的战略走向，深刻反映人类前途命运和时代发展趋势，既让世界发展成为中国的机遇、又让中国发展成为世界的机遇，引起国际社会高度关注、广泛讨论，为开辟人类更加美好的发展前景指明了方向、明确了路径、鼓舞了斗志。新时代中国哲学理应将之作为重点研究内容，从马克思主义的“自由人联合体”与中华优秀传统文化的天下观、和文化等思想维度进行深入研究和阐发。

《人民日报》（2018 年 02 月 12 日）

构建新时代的战略哲学

辛 鸣

习近平总书记指出，战略问题是一个政党、一个国家的根本性问题。真正搞清楚和运用好战略，不仅要研究它的基本内涵、具体形态、内在规律等传统战略学的内容，而且要探讨、审视、反思战略与时代演进、国家发展、世界变化以及人的全面发展、社会全面进步等的关系，作出哲学判断和哲学阐释。从战略到战略学再到战略哲学，是战略学理逻辑的自然展开，也是战略实践逻辑的客观要求。构建新时代战略哲学，旨在为当代中国的战略构建、战略合作、战略创新提供哲学支持、贡献哲学智慧、涵养哲学功夫。

把握战略本质：为战略构建提供哲学支持

透过纷纭变化的战略现象把握战略本质，讲清时代与战略的关系，为战略构建提供哲学支持，是战略哲学认识论的主要任务。

战略是一种历史现象，也是一种历史实践。人类社会对战略的认识和运用，可上溯至中国春秋战国时期、西方古希腊罗马时期。但从本质上讲，战略更是一个时代课题和一种时代实践，是对其所处时代重大问题系统研判和谋划应对的集中体现。随着社会发展、时代演进，政治和治国之道的内容越来越广泛，战略的话语和形态也在不断丰富发展。从战略到大战略，再到国家战略、国际战略，其背后是时代主题的变化。从战争到和平、从对抗到合作、从传统到现代，时代主题发生变化，战略的内容和形式也相应发生变化。说到底，一个国家、一个社会的战略构建是对时代主题的回应和解答。对时代脉搏把握越准确、越深刻，战略构建就越科学、越管用。

中国特色社会主义进入新时代，实现社会主义现代化愈发凸显为时代的最强音，新时代的战略构建自然要围绕它展开。党的十九大以来，我们党明确把坚持和发展中国特色社会主义、全面建成社会主义现代化强国、实现中华民族伟大复兴的中国梦作为战略目标提了出来，并围绕这一战略目标统筹推进“五位一体”总体布局、协调推进“四个全面”战略布局，作出“两步走”战略安排，这正是对时代主题的深刻洞察和自觉顺应。

时代转换影响战略目标的选择和战略布局的内涵。此前，我国提出的“三步走”战略目标是到本世纪中叶基本实现现代化，而党的十九大将这一目标的实现提前到2035年，到2050年则提出了一个更高的目标：全面建成社会主义现代化强国。从基本实现现代化到全面建成社会主义现代化强国，是新时代让中国有了这样的底气，让一个更为宏伟的战略目标成为可能。也正是在新时代，“四个全面”战略布局紧紧围绕社会主义现代化展开：通过全面建成小康社会，为全面建成社会主义现代化强国奠定坚实基础；通过全面深化改革，完善和发展中国特色社会主义制度，推进国家治理体系和治理能力现代化；通过全面依法治国，建设一个现代化的社会主义法治国家，为全面建成社会主义现代化强国提供法治保障；通过全面从严治党，打造领导社会主义现代化建设、领导中华民族伟大复兴的主心骨、定盘星。

战略构建要有战略遵循，这就是习近平新时代中国特色社会主义思想。从制定战略目标、确立战略遵循到构建战略布局、谋划战略步骤，科学的战略构建不仅要赶上时代，还要引领时代；不仅要遵循战略运行规律，还要遵循社会发展规律；不仅要回答构建什么样的战略、如何构建战略的问题，还要回答为什么要构建这样的战略、这样的战略何以可能的问题。这一切都需要战略哲学的引领和支持。

塑造战略价值：为战略合作贡献哲学智慧

推动战略合作，赢得战略认同，是新时代中国战略实践的必选项。但实现战略合作并非易事。从人类社会战略演进的历史实践看，战略对抗、征服、遏制近乎常态，而战略合作尤其是国际范围内、长时间段的战略合作则不多见。新时代中国倡导的战略合作何以可能，需要从战略哲学层面作出有说服力的回答，用战略哲学的价值观为新时代的战略塑造魂魄。

战略不是一些具体行为模式和行动方案的简单组合，战略方案背后矗立的是世界观和价值观，不同的世界观和价值观造就不同的战略选择。习近平总书记指出："要跟上时代前进步伐，就不能身体已进入21世纪，而脑袋还停留在过去，停留在殖民扩张的旧时代里，停留在冷战思维、零和博弈老框框内。"这告诉世人，对于战略和战略之间的关系，人类社会应该有也可以有全新的理解。

拿经济全球化来说，不同的世界观、价值观可以造就不同的经济全球化。为什么传统西方资本主义主导的经济全球化越来越难以为继，甚至连昔日的主导者、得利者都开始退缩收手？就是因为那种把世界分成中心与外围、主宰与依附，进而涸泽而渔、焚林而猎的发展模式必然是饮鸩止渴、引火烧身。相反，如果经济全球化能及时反映国际经济发展格局新变化，不断增强代表性和包容性，让大国与小国、穷国与富国、不同社会阶层和社会群体的发展更加平衡，各国及其人民就没有理由反对。这也正是中国的"一带一路"倡议为什么能得到100多个国家和国际组织认同、支持和参与的原因所在。从这个意义上讲，"一带一路"已成为21世纪经济全球化的新样态，以此为标识的一种全球范围的战略合作已然成型并不断扩大。

这种战略合作的价值观，来自对时代特征的深刻把握。随着世界多极化、经济全球化、社会信息化、文化多样化深入发展，各国相互联系和依存日益加深，国际力量对比更趋平衡，以合作取代对抗成为人心所向。这种战略合作的价值观，也来自对中华文明智慧的深刻感悟。"大道之行也，天下为公""和羹之美，在于合异""和实生物，同则不继""以武止戈，止戈为武"，对这些理念的创造性转化和创新性发展为新时代战略合作提供了深厚底蕴。这种战略合作的价值观，还来自中国自觉为人类作出更大贡献的责任意识。乐于让世界搭乘中国发展快车、便车的大国担当，努力让世界各国人民的梦想各美其美、美美与共的天下情怀，是这种战略合作的现实支撑。

新时代的战略哲学不仅要致力于构建这样的战略价值观，还要致力于构建支持这一价值观的新世界观，这就是已经越来越为世界所认同和接受的以人类命运共同体为核心理念的世界观。当然，这样一种世界观将会造就一个什么样的世界，将对世界战略的发展演化产生什么样的影响？其从理念构想到现实行动的理论逻辑和实践逻辑是什么？应该如何在与其他世界观的比较中形成竞争优势？对这些问题的回应和解答，需要经验理性的洞察，更需要哲学智慧的启迪。

提升战略能力：为战略创新涵养哲学功夫

战略创新是战略实践的最高层面，也是现代战略发展最鲜明的特征。战略构建要更加科学管用，战略合作要更好实现，都需要不断的战略创新。研究新时代中国社会的战略创新何以实现，需要什么样的能力要求、外在条件，如何提升战略能力、增强战略本领，是战略哲学功夫论的着力点。

培育战略意识。战略意识是孕育战略的土壤，是催生战略的内生动力。战略意识不是抽象地讲重视战略，而是把对战略的重视体现在敏锐的战略洞察、清醒的战略评估、理性的战略预期、积极的战略筹划、果断的战略决策、务实的战略安排、坚定的战略实施等方面。战略意识还体现在审时度势、推进实践时，自觉从战略高度思考问题、解决问题，善于高瞻远瞩、统揽全局，科学把握事物发展的总体趋势和方向，善于以小见大、见微知著，透过纷繁复杂的表面现象把握事物的本质和发展的内在规律。培育战略意识是一个润物细无声的过程，是一个在战略实践中不断熏陶历练的过程。

强化战略思维。战略思维是战略能力最直接的体现，其高下优劣直接决定战略的高下优劣。战略思维本质上是一种哲学思维，是对战略辩证法的运用。其中，矛盾、变化是战略思维最基本的思维基点，矛盾指向的是战略主体，变化描述的是战略过程。在战略思维中把握住这两个基点，才能正确处理当前与长远、局部与全局、现象与本质的关系，既抓住重点又统筹兼顾，既立足当前又放眼长远，既不忽略现象又能把握本质；正确处理得与失、利与弊、进与退、取与舍的关系，既看到得失、利弊、进退、取舍对立的一面而是非分明，又看到它们彼此间相互转化而随机应变；正确处理时间与空间、应然与实然、意图与能力、目标与资源、朋友与对手的关系，既实事求是、脚踏实地，不违背客观规律，又敢于突破、善于创新，不拘泥于陈规旧俗。

锤炼战略定力。战略定力也是一种战略能力，主要表现为一种态度、一种意志、一种境界。它是对所做事情、所采取策略、所坚持信念、所追求目标的一种自信、坚定和从容。新时代的中国与世界正处于千年未有之大变局中，利益关系错综复杂，不同战略选择之间的利益得失往往表现得似乎伯仲难分、各有千秋，可谓乱花渐欲迷人眼。在这种情况下，守住战略定力殊为不易却又至关重要。古人云："治大国若烹小鲜。"大国治理、大国外交、大国复兴的战略贵在稳定性、连续性，避免犯颠覆性错误。当然，保持战略定力并不意味着一成不变，更不意味着麻木不仁，而是要在变与不变、坚守与回应中把握好"度"。对这个"度"的拿捏取舍，显示的是战略哲学功夫的深浅，因而也是对战略哲学功夫论的实践检验。

《人民日报》(2018 年 05 月 14 日)

深入认识新时代马克思主义实践观

任 平

实践观是马克思主义引领时代变革的重要理论基石，也是构建中国特色哲学社会科学的重要理论基石。中国特色社会主义进入新时代，我们要坚持和发展马克思主义实践观，在回应时代关切、促进实践发展中为构建中国特色哲学社会科学打牢实践观基础。为此，需要结合新的时代特点，从以下几个方面深化对马克思主义实践观的认识。

坚守以人民为中心的价值导向

实践是变革世界的客观物质活动，但从事实践的人是有目的、有立场、有价值导向的。实践的最终目的是为了满足实践主体的需要，因而实践观必然包含价值性和方向性。人民群众是历史的真正主人，是社会物质财富、精神财富的创造者和社会变革的决定性力量。人民性这一马克思主义的鲜明品格，要求共产党人始终把人民立场作为根本立场，把为人民谋幸福作为根本使命，坚持党的宗旨，贯彻群众路线，尊重人民主体地位和首创精神，团结带领人民共创历史伟业。改革开放在认识和实践上的每一次突破与发展，改革开放中每一个新生事物的产生与发展，改革开放每一个方面经验的创造与积累，无不来自亿万人民的实践和智慧。建设中国特色社会主义的伟大实践，从根本上说是广大人民群众的实践。人民群众在实践中创造的经验，反映了事物发展的客观规律，代表着社会进步的方向。

实践是检验真理的唯一标准，发展着的实践是检验发展着的真理的唯一标准。越是发展着的真理性认识以及基于这一真理性认识所制定的正确的路线、方针、政策和推出的决策、举措，就越符合人民的根本利益、整体利益和长远利益；越符合人民利益的认识，就越能体现实践检验的目的。改革开放的根本目的在于增进民生福祉。新中国成立后特别是改革开放以来，我们党带领人民坚定不移解放和发展社会生产力，在短短几十年时间里推动我国成为世界第二大经济体，使人民群众物质文化需要基本得到满足、生活质量得到显著提高，各项社会事业获得长足发展，人民安居乐业，社会安定有序。

习近平总书记指出："以人民为中心的发展思想，不是一个抽象的、玄奥的概念，不能只停留在口头上、止步于思想环节，而要体现在经济社会发展各个环节。"进入新时代，我们要牢牢把握人民对美好生活的向往，把以人民为中心的发展思想贯彻到改革发展实践全过程、各方面，做到发展为了人民、发展依靠人民、发展成果由人民共享，更好增进人民福祉，更好发展中国特色社会主义事业，更好推动人的全面发展、社会全面进步。

弘扬革命精神，坚持破立并举

实践是改造世界的物质力量，也是推动变革的根本力量。40年前，实践是检验真理唯一标准的大讨论，以马克思主义实践观的伟力解放思想、破除桎梏，拉开了改革开放伟大历史进程的序幕。改革的过程是破除体制机制弊端的过程，是社会主义制度自我完善和发展的过程，是在破中立、在立中破、破立并举的过程。经过40年改革开放，我国各方面体制机制创新发展、日渐完备。然而，新的体制机制确立后，随着时代发展、社会进步，又会出现新的不合时宜之处。永葆中国特色社会主义制度的生机活力和巨大优越性，除了改革，别无他途。习近平总书记强调，我们正在进行具有许多新的历史特点的伟大斗争。党的十八大以来波澜壮阔的斗争历程，充分展现了以习近平同志为核心的党中央迎难而上的实践意志、革弊鼎新的实践锐气、纵横捭阖的实践艺术。

在全面深化改革的实践中，中国共产党人坚持制度自信和改革创新有机统一，有力推动了中国特色社会主义制度的自我完善和发展。习近平总书记指出，制度自信不是自视清高、自我满足，更不是裹足不前、固步自封，而是要把坚定制度自信和不断改革创新统一起来。中国特色社会主义制度具有独特优势和旺盛生命力，对此我们充满自信。但也应看到，同我国经济社会发展和人民群众的需要相比，同参与激烈国际竞争的要求相比，同实现国家长治久安和社会主义现代化的艰巨任务相比，我们的制度机制仍存在不足，尚未成熟定型。只有保持朝气蓬勃的革命精神，不断推进改革创新，促进中国特色社会主义制度更加成熟更加定型，才能进一步发挥其优越性，进一步增强制度自信。

全面深化改革必须坚持解放思想和实事求是的有机统一。面对“牵一发而动全身”的复杂现实，面对发展的阶段性特征，需要进一步解放思想。但解放思想不是脱离国情的异想天开，也不是闭门造车的主观想象，更不是毫无章法的莽撞蛮干，其目的在于更好地实事求是。面对经济社会转型和思想观念转变，要正视社会利益分化的现实，加紧建立利益协调平衡机制；把握改革深水区矛盾问题的特点，确保全面深化改革有条不紊推进；看清我国发展新阶段的实际，既尽力而为又量力而行地保障和改善民生；深刻认识基本国情，更好实现改革力度、发展速度和社会可承受程度的统一。只有坚持一切从实际出发，坚持从基本国情出发、从人民群众的根本利益出发，既大胆探索又脚踏实地，才能保证我们的举措和行动遵循事物发展规律、符合历史前进方向。

把握实践方式的辩证统一

实践是一个包含多要素、多目标和多参数的复杂系统，实践对象的选择往往起于局部而扩展至全局。事实上，我国改革开放一开始就走了一条从实际出发的渐进改革之路。安徽小岗村土地承包经营的探索、深圳经济特区的试验，我国改革遵循的是先易后难的务实路线，坚持的是由点及面的稳步推进。

随着改革进入攻坚期和深水区，改革面对的利益关系更加错综复杂，形成改革共识的难度在增大。改革进程中既有利益关系的盘根错节，又有体制机制的顽瘴痼疾。在这样的背景下，继续深化改革，必须把握大局、稳中求进。邓小平同志说过，改革是全面的改革。作为一场深刻而全面的社会变革，改革涉及经济体制、政治体制、文化体制、社会体制、生态文明体制以及党的建设制度，领域广泛，任务繁重。随着改革不断深入，各个领域各个环节改革的关联性和互动性明显增强，每一项改革都会对其他改革产生重要影响，每一项改革又都需要其他改革协同配合。如果不整体推进，很多改革就难以完成。以习近平同志为核心的党中央提出和部署全面深化改革，建立在对新时代改革特征深刻把握基础上，要求各方面、各领域改革相互促进、良性互动、协同配合。

摸着石头过河和加强顶层设计是辩证统一的。推进局部的阶段性改革，要在加强顶层设计的前提下进行；加强顶层设计，要在推进局部阶段性改革的基础上来谋划。也就是说，局部实践和全局实践应当统一起来。摸着石头过河是富有中国智慧的改革方法，也是符合马克思主义认识论和实践论的方法。对必须取得突破但一时又不那么有把握的改革，可以采取试点探索、投石问路的方法，看准了再推开。随着改革不断推进，必须加强顶层设计和总体规划，提高改革决策的科学性、增强改革措施的协调性。既要加强宏观思考和顶层设计，更加注重改革的系统性、整体性、协同性；也要继续鼓励大胆试验、大胆突破，不断把改革引向深入。党的十八届三中全会以来，全面深化改革从顶层设计进入实施建设阶段，一大批夯基垒台、立柱架梁的改革方案相继出台，呈现出全面发力、多点突破、蹄疾步稳、纵深推进的良好态势。

坚持不断发展的开放性

实践在发展，实践观也在不断发展。实践观不是凝固的或现成的东西，也不是一经得到就不再改变的东西，而是在历史发展中不断生成和具体化的过程。这是因为实践检验真理绝不是一次性完成的，也不可能止于某一个时间节点，而是一个无限展开的过程。由于受主客观条件的限制，一个时期实践检验所得出的正确结论，可能在后来的发展中表现出其不完善的方面。同时，新情况新问题不断出现，需要人们的认识随之变化，决不能墨守成规。简而言之，实践观是与时俱进的。

马克思主义实践观具有鲜明的与时俱进的精神品格。马克思一再告诫人们，马克思主义理论不是教条，而是行动指南，必须随着实践的变化而发展。马克思主义实践观是不断发展的开放的理论，始终站在时代前沿，不断探索时代发展提出的新课题、回应人类社会面临的新挑战。这正是马克思主义实践观能够历久弥新、创新发展的奥妙所在。

回顾40年改革开放的光辉历程，每一次重大改革都给党和国家发展注入新的活力，给社会主义事业增添新的生机，给理论创新提供丰富素材。改革没有完成时，实践永无止境。实践不断发展提出新的时代课题，又催生一次次重大改革。站在新的历史方位上，改革的复杂程度、敏感程度、艰巨程度前所未有。我们要抓住机遇、推动发展、赢得未来，就必须始终坚持和运用马克思主义实践观，在改革中守正出新，在开放中博采众长，不断开辟21世纪马克思主义实践观发展新境界，不断开创中国特色社会主义发展新局面。中国特色哲学社会科学只有坚持马克思主义实践观、植根于中国特色社会主义伟大实践，才能不断发展完善。

《人民日报》(2018年06月25日)

深入推进发展哲学研究

邱耕田

发展哲学属于社会发展理论的最高层次，是马克思主义哲学的一个重要分支学科。可以说，发展哲学如同一架望远镜，能让人们看到未来发展的应然走向。中国特色社会主义进入新时代，中国发展呈现许多新特点，要求我们深入推进新时代的发展哲学研究。

研究的情况和进展

发展哲学的兴起既反映出马克思主义哲学发展的一个新走向，又为马克思主义哲学尤其是历史唯物主义与社会实践的结合提供了一个切入点。上世纪 80 年代初，伴随我国发展主题的确立，我国学界开始有意识地运用马克思主义哲学研究发展问题，由此初步形成发展哲学。我国发展哲学快速发展于上世纪 90 年代尤其是 21 世纪初期，目前相关研究已具有一定规模、取得较大进展。

学科话语体系基本形成。作为一门应用性哲学，发展哲学主要从本质和规律层面来研究社会发展问题。它围绕社会发展整体这一研究对象，探讨发展本质、发展规律、发展价值、发展关系、发展代价、发展意识等问题，通过提出相关哲学范畴来建构自身的学科体系，在自洽的逻辑框架内分析和阐释实际发展问题，以起到指导发展实践的作用。经过 30 多年的研究，目前发展哲学的研究框架基本成熟，新的学科范畴不断提出，学科视界正在不断扩展。

深耕马克思主义社会发展理论。马克思主义社会发展理论是发展哲学得以形成和发展的理论根基。从某种意义上说，我国发展哲学的形成与发展是马克思主义社会发展理论与中国发展实际相结合的产物。上世纪八九十年代以来，在积极译介国外发展理论的同时，发展哲学界主要在唯物史观的框架内认真研究马克思主义社会发展理论尤其是中国共产党的发展思想，通过挖掘和梳理其内涵、特征、脉络和当代意义，获得较为系统和清晰的认知，为发展哲学研究奠定了坚实理论基础。

实现与发展实践的良性互动。发展哲学的形成与发展既有理论支撑，也有实践依据和指向。发展哲学源于并高于社会发展实践，又要回到发展实践中去，以指导社会发展进程。发展哲学从学理高度告诉人们为什么要发展、要实现什么样的发展、如何发展等问题，从而为社会发展提供发展认识论、发展价值论和发展方法论指引。我国发展哲学在 30 多年发展中，与我国改革发展实践是同向同步、相互促进的。现实发展中的问题总能得到发展哲学的回应，而发展哲学的研究成果包括研究中提出的观点和方法则从不同层面、以不同方式影响着现实发展进程。

存在的问题和不足

构建与发展具有中国特色的发展哲学是一项复杂的系统工程，需要打“持久战”。尽管我国发展哲学研究已形成一定规模、取得较大进展，但从发展的角度看，仍存在一些问题和不足。

学科定位有待明晰和提高。当前，发展哲学研究仍存在将发展理论和发展哲学相提并论甚至相互混淆的情况。发展理论固然是构成发展哲学的基础或要件，但发展哲学和发展理论毕竟不同。在对社会发展及其问题的研究中，发展理论是基础层次的、直观化的，甚至有的发展理论还存在片面性。只有对发展理论进行哲学上的加工，才能上升到发展哲学的高度。如果简单地将发展理论视为发展哲学，就会拉低发展哲学的学科定位、弱化发展哲学的“智慧普照”功能。

学科关系有待梳理和拓展。发展哲学是一个具有众多分支内容和不同层次的学科群系，其分支大致可以分为两大层次：一是理论发展哲学或狭义的发展哲学；二是发展哲学性学科，包括发展伦理学、发展美学等。总体上的社会发展既是哲学研究的对象，也是伦理学和美学研究的对象。它们均侧重于研究社会发展的真善美问题，而真善美是社会发展的基本追求，统一于人的发展实践中。但我国目前的发展哲学研究基本上局限于理论发展哲学，缺乏与发展伦理学和发展美学的交流沟通和整合统一。

研究方法有待深化和调整。目前，发展哲学研究方法还存在明显不足，主要表现在：一是研究视角平面化。不少著述中多是介绍性的内容、争论性的观点和评价性的意见，而对发展问题深层次的学理探讨相对欠缺，哲学上的观照与领悟更是罕见。二是研究内容直观化。一些著述虽然讨论发展哲学问题，但总体内容缺少哲学上的分析和概括，要么停留于发展战略、发展政策的分析，要么热衷于发展方案、发展举措的建议，局限于中低层面的直观分析。三是研究切入点不够深入。发展哲学当然要以社会发展为研究对象，但对社会发展的分析应当同人以及人的实践活动密切联系起来。然而，不少著述却忽视了社会发展背后的人，缺少人学视角的观照。尽管人和社会及其发展是直接统一的，但从发展哲学的角度看，社会是人的社会，正是由于人的出现和人的实践活动才形成了社会。因而，发展哲学研究在逻辑起点上应当把人及其发展放在首位。

努力的方向和路径

新时代发展呼唤发展哲学深化研究、与时俱进。我们应坚持正确研究方向，选取有效研究路径，努力实现发展哲学的新发展。

坚持以马克思主义为指导。坚持以马克思主义为指导是当代中国哲学社会科学区别于其他哲学社会科学的根本标志，必须旗帜鲜明加以坚持。中国发展哲学是在马克思主义哲学的指引下建立起来的。深化发展哲学研究，必须始终坚持以马克思主义为指导，挖掘和运用马克思主义哲学的相关原理和观点，准确分析新时代的发展实际，科学阐释新时代中国共产党在发展方面提出的一系列新理念新思想新战略。同时，以清醒的理论自觉、坚定的政治信念、科学的思维方法，深刻揭示蕴含其中的规律，从而不断创新发展哲学理论，努力增强发展哲学的科学性和说服力。

拓展学术资源。深化发展哲学研究，要在坚持以马克思主义为指导的前提下，汲取中国哲学的有关思想资源，借鉴西方发展哲学的有益成果。当前，特别要关注和研究发展学，处理好发展哲学与发展学的学科关系。发展学是研究社会发展问题的一门学科，它既研究社会发展的元理论和元问题，如社会发展的真善美问题，也研究具体的、现实的社会发展问题。而对具体社会发展问题的研究，主要包括三个方面的内容：一是对区域性发展问题的研究，即研究某一国家或地区的发展问题；二是对领域性发展问题的研究，即研究社会发展进程中某一方面、某一领域的问题，如经济建设、政治建设、文化建设等；三是对阶段性发展问题的研究，如研究近代以来在世界范围内推进的现代化问题，研究上世纪 80 年代以来在世界范围内兴起的可持续发展问题等。发展学的丰富内涵及其重要性，意味着发展学可以成为深化发展哲学研究的重要学术资源。因此，发展新时代的发展哲学，要在加强发展哲学研究的同时，认真关注和深入研究新时代的发展学。

加强学术交流。发展是时代的主题，发展学是一门显学，发展哲学是 21 世纪的主导哲学形态，但目前发展哲学在学术交流方面仍存在明显不足。例如，其他学科都有周期性的年会，发展哲学却没有类似的学术交流活动。对此，应加强发展哲学的学科组织建设，包括定期举办发展哲学年会，成立发展哲学的学会组织，以进一步加强学术交流，发现人才、发表成果、探讨问题。深化发展哲学研究，离不开大范围、高层次的学术交流，既包括国内交流，也包括国际交流。一方面，鼓励青年学者敢于发声、善于发声，不断提升在国际期刊发表论文的影响力，努力提高中国发展哲学在国际学界的学术声誉；另一方面，打造具有国际影响力的中国期刊和出版园地，积极推介中国学者的研究成果，争取在一些特色领域掌握学术话语权。还应鼓励专家学者走出国门，了解国外研究动态，介绍中国的研究成果，宣传中国的发展实践。

扩大社会影响力。哲学社会科学工作者把自己的研究成果奉献给人民、用于造福社会，是其职责所在。发展哲学是关于发展的智慧之学，关乎国家、社会和每个人的发展。深化发展哲学研究，使其走出“象牙塔”，面向社会、面向大众，让更多的人了解发展哲学、运用发展哲学，厚植发展哲学的社会文化土壤。从事发展哲学研究的机构和专家学者应自觉参与科普活动，撰写带有普及性的发展哲学教材或书籍，与相关机构合作创作、拍摄纪录片、专题片等，让人们认识发展哲学，甚至加入到发展哲学研究队伍中来。与社会的广泛互动，必将有力促进发展哲学研究与创新。

《人民日报》（2018 年 07 月 23 日）

在改革开放中兴起的中国政治哲学研究

王新生

政治哲学主要关注政治价值和政治的本质，是关于一般政治问题的理论，也是其他政治理论的哲学基础。改革开放以来，中国政治哲学研究取得长足进步，对我国政治理论发展起到了重要推动作用。中国特色社会主义进入新时代，中国政治哲学研究要强化问题意识、坚持问题导向，扎根中国实践、回答中国问题，为我国社会主义政治文明建设提供更多哲学智慧。

立足中国社会生活变迁

改革开放以来，中国政治哲学研究立足中国社会生活变迁，不断提出和阐释政治学与哲学交叉性问题，研究成果不断涌现。这不仅促进了中国政治哲学的繁荣，而且推动了一般政治理论的发展。

当前，中国政治哲学在哲学和政治学研究中的重要性日益凸显，已成为一个蓬勃发展的学术研究领域。从学术路径上看，中国政治哲学的兴起曾在一定程度上受到国际政治哲学的影响。在西方哲学传统中，政治哲学曾长期是哲学家普遍关注的重要话题。但自 20 世纪初至 70 年代，政治学研究中的行为主义占据主导地位，政治哲学研究则日渐式微。直到 70 年代后，政治哲学才开始复兴，成为哲学研究的重要主题，而这一时期也是中国对外学术交流蓬勃发展的时期。我国政治哲学工作者围绕政治与哲学、市场经济与社会正义、多元文化背景中的政治等问题展开了深入研讨。这些问题的提出和论辩，均或多或少受到国际政治哲学的影响。

从根本上讲，中国政治哲学的兴起源于中国社会政治实践的巨大变化。

党的十一届三中全会以后，中国社会发生翻天覆地的变化。与之相伴随，人们的思想观念也发生深刻改变。这既增强了政治哲学工作者的问题意识，也改变了他们考察政治问题的思维路径。在改革开放进程中开创的社会主义市场经济，是一种前所未有的经济形式，其发展带来一系列深层次的社会变革。这些变革和新出现的社会政治问题，难以用原有的政治哲学理论进行解释，需要新的理论范式加以概括。正是在这样的背景下，关于社会主义市场经济条件下公平与正义关系问题的讨论从经济学研究领域逐渐拓展到政治学、社会学研究领域，最终集中于政治哲学研究领域，成为学术讨论的热点。同时，诸如公平与平等的关系、中国特色社会主义协商民主等问题，也成为政治哲学研究的热点。中国政治哲学的繁荣发展表明，从宏阔的理论视角和方法论层面认识和把握中国社会变迁中出现的一系列重大政治问题，是迫切的时代需要。

开辟多学科交融的广阔空间

价值体系是时代精神的核心。政治哲学说到底是一种价值追问，只不过这种价值追问涉及的是政治问题。当代中国政治哲学的价值追问，从一开始就参与到中国社会新价值体系的塑造过程中。改革开放 40 年来，中国社会发生巨大变化，形成许多新的社会群体和利益关系，激发出新的强劲社会活力，同时也产生不少新的价值观念。与以往相比，改革开放以来的中国社会日益呈现复杂多元的发展特征。在利益关系和价值观念日益多元多样的背景下，人们对如何实现个人生存价值、如何实现社会共存的理解发生显著变化。从哲学意义上讲，这是一个塑造新价值体系的过程。

改革开放后，关于价值问题的讨论逐渐兴起。较早出现的是关于“人人为我，我为人人”的讨论，这是触及个人生存价值和社会共存基础的深层次问题。接着，关于价值问题的讨论逐渐深入到经济学、政治学、社会学等学科领域，形成关于如何通过改革经济体制和政治体制激发经济活力和社会活力的学术讨论。伴随改革开放不断深入，我国政治理论研究不断发展，从哲学层面把握价值问题背后所蕴含的一般性问题便成为迫切的理论需要。于是，价值论在上世纪 80 年代中期开始成为哲学研究的热点，这为中国政治哲学的兴起提供了理论准备。90 年代后，公平与效率的关系问题日益受到学术界关注，以这一问题的讨论为契机，关于正义问题的研究全面展开。正义理论是政治哲学研究的重要问题。随着这方面研究的深入开展，一些过去政治理论较少涉及的价值论问题逐步进入政治哲学研究的视野，丰富和加深了学术界对历史唯物主义的认识和理解。实际上，历史唯物主义从来都是坚持事实与价值相统一的，一直都肯定人的价值选择在历史发展进程中的重要作用，因而认可从价值论的角度对社会生活进行考察。从这一点看，价值论研究本应属于历史唯物主义的理论范畴，而政治哲学正是在这一理论范畴中回答时代问题的范例。

值得注意的是，当代中国政治哲学研究力求从时代需要出发回答时代问题，这必然要打破自我封闭的界限，进而形成一个以共同问题为纽带的多学科交叉领域。在哲学研究中，这种以紧密关联于时代问题为纽带的学科融合，为打通马克思主义哲学研究、中国哲学研究和西方哲学研究提供了可能。此外，在哲学与其他学科之间，这种学科融合将哲学与经济学、政治学、社会学等学科深度衔接，进而形成一个哲学关注现实问题、参与时代精神塑造的理论场域。哲学是时代精神的精华。中国政治哲学研究的这种创新性发展，既给哲学自身带来新的生机，也在推进政治文明建设、塑造社会价值体系、凝聚社会共识等方面发挥着激发时代精神的积极作用。

推动中国政治哲学创新发展

进入新时代，坚持和发展中国特色社会主义事业面临一系列新情况新问题，对中国政治哲学创新发展提出了新的更高要求。

牢牢坚持以马克思主义为指导。诸如怎样在新的历史条件下贯彻落实以人民为中心的发展思想，怎样更好实现党的领导、人民当家作主、依法治国有机统一等，解决这些时代问题，没有现成答案可循，也不能依循旧有理论。习近平新时代中国特色社会主义思想因应时代发展需要，对这些问题作出了科学回答。中国政治哲学研究的一项重要任务，就是遵循马克思主义基本原理和方法，深入系统地研究阐释习近平新时代中国特色社会主义思想中蕴含的丰富政治智慧，在扎根中国实践、回答中国问题中创新发展马克思主义政治理论。要坚持实践导向和问题导向，关注新时代中国特色社会主义发展实践，紧盯中国特色社会主义事业发展进程中的一系列深层次问题，为发展当代中国马克思主义、21 世纪马克思主义提供有益学术参考。

充分汲取中华优秀传统文化养分。习近平总书记强调，我们决不可抛弃中华民族的优秀文化传统，恰恰相反，我们要很好传承和弘扬，因为这是我们民族的“根”和“魂”。中华优秀传统文化一直深刻影响着中国人的政治行为和其他社会行为。天下为公的大公思想、和而不同的交往理念、以邻为伴的邦交原则等，这些独具魅力的中国政治思维，在我国政治实践中发挥着积极作用。但也应看到，文化是具有时代性的，传统文化与现代社会生活之间不可避免地存在着时间差。中华优秀传统文化只有与现代社会相适应、相融合，才能充分发挥作用。重视传统不是回归传统，追根溯源是为了更好向前。这就需要中国政治哲学研究充分汲取中华优秀传统文化养分，特别是对中华优秀传统政治文化进行创造性转化、创新性发展，使之在现代社会政治活动中发挥更加积极的作用。

合理借鉴西方政治哲学有益研究成果。创新发展中国政治哲学，应合理借鉴西方政治哲学有益成果，择其优者，为我所用。例如，西方政治哲学中的法治精神，具有一定的借鉴意义，中国政治哲学研究可以给予关注。但应清醒地看到，西方政治文化与西方政治制度存在区别，西方政治文化与政治实践并不一致，甚至存在冲突。在现实社会中，不同文化和制度背景下的人对现代价值的理解必然存在差异，但政治上的区别并不主要来自文化差异，而更多来自制度设计差异。中国坚持人民民主专政，坚持从本国国情出发，走中国特色社会主义道路。只有这样，中国才能真正实现民主、法治、公平等现代政治价值。这是在中西学术交流中必须首先明确的。进入新时代，中国政治哲学研究应在吸收外来中守正创新，牢牢立足中国实际，紧跟当代中国政治理论和实践创新步伐，为我国社会主义政治文明建设提供更多有益哲学思考。

《人民日报》（2018 年 12 月 03 日）

新时代文化哲学研究的使命担当

郭建宁

文化哲学研究旨在用哲学思维和视野，以人为主体，研究文化的产生、功能及其发展的基本规律。中国特色社会主义进入新时代，中国文化哲学研究的使命就在于为实现“两个一百年”奋斗目标、实现中华民族伟大复兴的中国梦提供文化滋养和哲学智慧。

坚持中国特色社会主义文化发展道路，塑造文化精神，是新时代中国文化哲学研究的重大课题。中华民族几千年来历经磨难而生生不息，一个重要原因就在于有着深厚的文化传统和强烈的文化认同。当今世界正处于大发展大变革大调整时期，面对全球思想文化激荡，我们必须保持清醒头脑，不能“失语”，更不能“他者化”，丢掉本民族文化的主体性，失去自己的精神家园。同时要看到，在经济全球化大背景下，不同民族和地域的文化特点和差异依然存在。正是文化多样性和差异性，构成人类多元多彩的文化生态。让这一文化生态充满活力，离不开文化间的交流互鉴。文化主体性和交流互鉴，是文化发展的根基和路径，也是坚定中国特色社会主义文化自信、建设社会主义文化强国的前提和基础。实现二者的有机统一，需要以文化哲学研究拓展中国特色社会主义文化发展路径、塑造文化精神。

坚定中国特色社会主义文化自信，建设社会主义文化强国，是新时代中国文化哲学研究的主题。坚持和发展新时代中国特色社会主义，必须坚定中国特色社会主义文化自信。党的十九大把中国特色社会主义文化同中国特色社会主义道路、理论、制度一起写进党章，表明我们党对中国特色社会主义的认识更加丰富、系统和完整。中国特色社会主义文化自信是中国特色社会主义道路自信、理论自信、制度自信的基础和源泉，是坚持中国特色社会主义道路自信、理论自信、制度自信的内在依据和必然要求。中华优秀传统文化所体现的世界观、人生观、价值观和审美观，所蕴含的讲仁爱、重民本、守诚信、崇正义、尚和合、求大同等核心理念，已成为中华民族最基本的文化基因和最独特的精神标识。高度重视传承发展中华优秀传统文化，弘扬中华传统美德，是习近平新时代中国特色社会主义思想的一个显著特征。马克思主义中国化不仅需要民族性的形式，更需要民族性的内容。新时代中国文化哲学研究要把握马克思主义中国化的思想特质，在中国社会实践和中华文化传统两个维度上展开，揭示其实践意义和文化意涵。坚定中国特色社会主义文化自信，是时代标识也是文化共识，既关乎文脉文运也关乎国脉国运。

发挥以文化人功能，需要新时代中国文化哲学研究以培育和践行社会主义核心价值观为出发点和落脚点。坚持和发展新时代中国特色社会主义，实现中华民族伟大复兴的中国梦，不仅需要高质量的经济发展，而且需要高品质的文化生活；不仅需要雄厚的物质基础，而且需要先进文化的引领。文化使人脱离单纯的自然状态，成为具有文化品位、文化格调、文化创造力和吸引力的存在物。发挥文化的这种功能，需要新时代中国文化哲学研究以培育和践行社会主义核心价值观为出发点和落脚点。价值观包含人们对世界、社会、人生等重大问题的总体评价、深入思考和价值共识，影响着人们的思维方式、价值评判和行为规范。价值观是文化的内核，价值观自信是文化自信的灵魂。社会主义核心价值观是中国特色社会主义文化建设的灵魂、方向和引领。文化哲学研究者要加强学理上的研究和阐释，促进以社会主义核心价值观自信增强中国特色社会主义文化自信，发挥社会主义核心价值观以文化人、立德树人的重要作用，进而把培育和践行社会主义核心价值观融入国民教育全过程，融入人们的生产生活和精神世界，用社会主义核心价值观凝聚社会共识、汇聚强大正能量，坚持和发展具有中国特色、中国风格、中国气派的优秀文化，不断增强中华文化的民族性、时代性、包容性和吸引力、感染力、影响力，更好促进人的全面发展、社会全面进步。

文化传承与创新是新时代中国文化哲学研究的基本内容。一种优秀传统文化只有与时俱进，不断实现创造性转化、创新性发展，才能永葆青春活力。中华优秀传统文化包含以人为本、讲求诚信、强调和谐、重视教育、倡导德治等理念，依然是当代改革开放和社会主义文化建设的宝贵资源。新时代中国文化哲学研究的一项重要使命，就是要搞清楚如何让中华优秀传统文化在创造性转化、创新性发展中始终走在时代前列，既继承民族优良传统又具有鲜明时代特征，既立足中国又面向世界。习近平总书记在庆祝改革开放40周年大会上的重要讲话中指出："中国人民具有伟大梦想精神，中华民族充满变革和开放精神。"几千年前，中华民族的先民就秉持"周虽旧邦，其命维新"的精神，开启了缔造中华文明的伟大实践。不忘本来才能开辟未来，善于继承才能更好创新。文化是一个国家、一个民族的灵魂。文化兴国运兴，文化强民族强。新时代中国文化哲学研究要在实践创造中进行文化创造，在历史进步中推动文化进步，植根中华文化、不忘本来，加强文化交流、吸收外来，突出文化创新、面向未来，在创造中华文化新辉煌中推动社会主义文化繁荣兴盛。

构建中国话语、讲好中国故事，是新时代中国文化哲学研究的重要任务。进入新时代，我国社会主要矛盾已经转化为人民日益增长的美好生活需要和不平衡不充分的发展之间的矛盾。新时代中国文化哲学研究要坚持以人民为中心的发展思想，不断丰富人民的精神世界，努力满足人民的精神需要。还要看到，构建中国话语、讲好中国故事，也是中国文化哲学研究的重要任务。改革开放以来，我国已成为世界第二大经济体，综合国力和国际影响力大幅提升。如何将我国发展优势转化为话语优势，是摆在新时代中国文化哲学研究面前的一项重要任务。我国文化哲学研究者要主动设置议题，提出中国方案，彰显中国智慧，向世界推介中国的思想成果和学术贡献，讲好中国的学术理论、学术思想、学术话语，让世界知道"学术中的中国""理论中的中国""哲学社会科学中的中国"，让世界知道"发展中的中国""开放中的中国""为人类文明作贡献的中国"，不断提升中华文化整体实力和国际竞争力。

《人民日报》(2019年01月28日)

不断深化中国价值哲学研究

韩　震

价值哲学研究与人的觉醒和主体性自觉紧密相连。中国价值哲学研究伴随改革开放进程而展开并不断发展。在新时代，中国价值哲学研究要紧跟时代前进步伐，认真总结已有成果，分析存在的突出问题，进一步明确发展方向，在不断深化中发挥更大作用。

取得的主要成果

中国价值哲学研究缘起于改革开放伟大实践，目前已经取得一系列成果。

形成具有自身特色的理论视域。上世纪 80 年代，我国学术界开始较为系统地开展价值论研究，拉开了中国价值哲学研究的大幕。经过近 40 年的探索，中国价值哲学研究在理论和实践方面均取得一系列成果。广大价值哲学研究者运用马克思主义的立场、观点、方法，构建中国价值哲学研究的理论框架和学科体系，逐渐形成具有自身特色的理论视域。例如，中国价值哲学研究从实践的观点出发，得出价值产生于主体与客体之间的关系这一重要结论，认为价值合理性和真实性源自人类实践的现实性和客观性。这不仅将价值认识与实践活动联系起来，而且从价值论视角深化了对实践活动的理解。

丰富和深化唯物史观的内涵。以往，人们将认识仅限于事实领域，只谈主观观念反映客观现实，缺乏人所需要的价值尺度。实际上，世界上许多看似客观、外在的东西，对人的意义是千差万别的。既然人的现实需要和主观目的性是社会运动中的现实存在，那么，忽视这种现实存在就会走向另一个极端，造成主观任意性。这种主观任意性导致人们无法真正认识和理解人类社会实践活动和社会发展进程。应当看到，人的需要作为一种价值尺度，在个人形式上有主观性，但作为社会活动的有机组成部分，价值则是社会历史进程的真实尺度。对于实践活动而言，只有区分事实与价值，才能更好了解人类实践活动的意向性取向和规范，以及由人的价值需求支撑的取向和规范最终如何激发人们的实践活动、推动社会发展进步。这丰富和深化了唯物史观关于价值和实践的内涵。

为培育和践行社会主义核心价值观提供滋养。中国价值哲学研究注重从中华优秀传统文化中汲取思想养分，并结合时代和社会发展需要，对蕴含其中的价值观念进行创造性转化和创新性发展，使之成为培育和践行社会主义核心价值观的思想资源。中华优秀传统文化中的许多价值观念，如“和而不同”“天行健，君子以自强不息”“大道之行也，天下为公”等，不论过去、现在还是将来，都具有鲜明的民族特色和永不褪色的价值。它们与时携行，反映出中华民族在中国大地上的生命体验、观念思考和价值追求，彰显中华民族特有的文化形态、内涵和实质，蕴含着中华民族伟大复兴的精神力量，因而成为培育和践行社会主义核心价值观不可或缺的思想文化价值滋养。同时，它们对于深入理解中国特色社会主义道路、理论、制度、文化所蕴含的价值取向具有重要引领和推动作用，有助于让世界深入了解中华文化、理解中国人民的价值追求。

存在的突出问题

经过近 40 年发展，中国价值哲学研究取得一系列成果，但仍存在一些突出问题，如学科发展尚不够成熟、缺少系统性强的研究成果等。

价值评价尺度及其有效性研究有待加强。价值取向具有主观性维度，不同价值取向的意义和境界是有差异的，这种差异性构成价值评价的必要性。根据唯物史观，我们要在现实实践基础上找寻价值评价的尺度，基于社会发展的客观趋势明晰价值评价的标准。那么，怎样在价值评价尺度与社会发展趋势之间建立有效的理论阐释？只有解决好这个问题，才能更好确立价值评价尺度，形成有效的评价机制。这事关对全社会进行更有效的价值引导，事关进一步增强社会主义核心价值观的感召力和话语权，值得新时代中国价值哲学予以特别关注、展开深入研究。

价值多元与价值共识的关系问题研究有待深入。一方面，人类价值取向的主观形态决定了价值观具有多元性；另一方面，共同的时代背景和实践活动为价值观缘起提供了共同的社会基础。否认共同价值观和忽视价值多元性都是不可取的。应该如何认识和把握价值多元与价值共识之间的关系，值得新时代中国价值哲学展开深入研究。

国际影响力和话语权有待提升。目前，中国价值哲学的国际影响力较形成之初有了明显提升，一些有分量的研究成果受到国际学术界认可，我国一些价值哲学研究者已跻身国际价值理论研究组织，并居于重要位置。然而，受发展时间较短、发展不够充分等因素限制，中国价值哲学研究的国际影响力和话语权还不够强，在国际上的声音还不够响亮，有理说不出、说了传不开的问题还没有根本解决。进一步提升中国价值哲学研究的国际影响力和话语权，需要着力打造易于为国际社会所理解和接受的新概念、新范畴、新表述，从学科建设做起，加快构建成体系的学科理论。

研究的重点方向

进入新时代，我国经济社会发展不断取得新成就、呈现新气象，为中国价值哲学研究提供了强劲动力。新时代中国价值哲学研究必须坚持以习近平新时代中国特色社会主义思想为指导，立足时代需求，在提升理论自洽性的同时更加关注现实问题，从价值论视角和高度引导人民日益增长的美好生活需要。

坚持马克思主义的价值导向。马克思主义是科学的理论、人民的理论、实践的理论、不断发展的开放的理论。作为科学的理论，马克思主义为新时代中国价值哲学研究奠定科学的世界观和方法论；作为人民的理论，马克思主义为新时代中国价值哲学研究确立正确的价值立场和价值取向；作为实践的理论，马克思主义为新时代中国价值哲学研究提供坚实的社会基础；作为不断发展的开放的理论，马克思主义为新时代中国价值哲学研究提供与时俱进的动力。中国价值哲学研究要以习近平新时代中国特色社会主义思想这一当代中国马克思主义、21 世纪马克思主义为指导，立足新时代中国特色社会主义伟大实践，从社会发展的新特点、新矛盾、新要求中找寻中国价值哲学研究的出发点和创新点。譬如，在新时代，人们的价值视野将更加开阔、更加面向科技和人文发展的现实关怀，人们的价值取向将更加包容、更加具有共同体意识，人们的价值态度将更加从容、更加理性平和，人们的价值目标将更加密切地同中华民族伟大复兴的中国梦联系在一起。

传承中华文化的价值观念。中华优秀传统文化为中国价值哲学研究提供了深厚的文化基因、精神纽带、价值源泉。新时代中国价值哲学研究应紧密结合时代要求挖掘和汲取中华优秀传统文化养分，用生生不息的中华优秀传统文化涵养当代中国人的价值理念，使全社会的价值理想更加崇高、更为丰盈、更具生命力。同时，加强历史梳理和理论分析，讲清楚中华优秀传统文化的历史渊源、发展脉络、基本走向，进而阐明中国人独特的精神世界、理想追求和价值理念，提供富有民族特色和时代特征的价值表达。特别是要认真汲取中华优秀传统文化的思想精华和道德精髓，阐明中华民族“厚德载物”“自强不息”的价值理想，大力弘扬以爱国主义为核心的民族精神和以改革创新为核心的时代精神，以达到强基固本的效果。

关注科学技术发展中的价值问题。科学技术的发展往往带来哲学形态的变化。随着科学技术发展和社会进步，关于具体生活的价值判断，如互联网、云计算、大数据、人工智能等科学技术手段所涉及的价值伦理问题越来越受到学术界的关注。同时，人们的价值观面临着科学技术发展带来的越来越大的挑战。这要求新时代中国价值哲学研究紧跟人类实践活动，针对科学技术发展所带来的一系列价值伦理问题开展跨学科研究，为人们的价值认识提供更为恰当的理论基础，对新的价值伦理问题作出更为科学有效的回答。

《人民日报》（2019 年 03 月 18 日）

伦理学的繁荣发展与历史使命

江　畅

学科意义上的伦理学研究，上世纪初才开始在我国出现。新中国的成立特别是改革开放为伦理学发展注入了强大动力，伦理学出现持续繁荣的局面，目前已成为哲学大家庭中的一门显学。同时，伦理学也为我国改革开放和社会主义现代化建设作出了重要贡献。在新中国成立 70 周年之际，回顾和总结伦理学的成长与进步，展望伦理学的未来与发展，进一步明确伦理学承担的历史使命与社会责任，无论对于伦理学本身更好发展，还是对于新时代加强道德建设、以明德引领风尚，都具有重要意义。

学科的兴盛与贡献

70 年来，伦理学已形成比较完善的学科体系、学术体系、话语体系以及人才培养体系，学术研究成果丰硕，专业人才队伍不断壮大，改变了以往我国社会道德建设缺乏伦理学理论支撑的状况。

学科体系日渐完善。伦理学学科在改革开放初期初步形成，此后逐渐在全国范围展开伦理学研究与教学，形成了以马克思主义伦理学为指导，多种伦理学理论和分支学科相互补充、相互促进的学科体系发展格局。伦理学原理研究不断拓展和深化，从最初主要关注规范问题逐渐扩展到对德性问题、道德情感问题、道德语言问题的研究。马克思主义伦理思想史、中国伦理思想史、西方伦理思想史也成为伦理学的重要研究方向。伦理学理论还被运用于研究现实问题，并与相关学科融合，兼具应用性和交叉性的应用伦理学异军突起。科技伦理学、生命伦理学、医学伦理学、经济伦理学、政治伦理学、网络伦理学等成为伦理学充满活力的新兴学科。

综合实力显著增强。伦理学工作者不断探索前行，发表大量学术论文，出版众多专著和教材，在一系列伦理学理论问题上有所创新和建树，研究解答了许多现实道德问题和人生难题。1980 年成立的中国伦理学会，开展丰富多彩的学术活动，促进中外学术交流，并成立多个专业委员会，在组织、协调和推动全国伦理学研究方面发挥了重要作用。《道德与文明》《伦理学研究》杂志以及《价值论与伦理学研究》《伦理学术》等集刊的创办，为伦理学研究新成果提供了发表园地。各高校和社科研究机构设立一大批伦理学专业硕士、博士授权点和包含伦理学专业的哲学博士后流动站，形成完整的伦理学专业人才培养体系，伦理学研究和教学队伍不断壮大。伦理学重点学科和研究基地的设立，伦理学研究课题的政府立项资助，有力推动了伦理学研究的拓展和深化。在各类学校开设思想品德课程，高校相关专业进行伦理学和应用伦理学教学，中国特色伦理学教学体系逐步形成。

助力观念更新和道德建设。新中国成立后特别是改革开放以来，伦理学为我国价值道德观念的发展变化提供了理论依据，推动了善恶观、道德观、人生观的更新。突破传统伦理思想长期不谈幸福的局限，对幸福问题进行大量研究，为人民追求美好生活提供了学术支持和理论依据，增进了人民群众对美好生活的正确理解和普遍认同。伦理学倡导的德目逐渐成为社会的价值理念和人们的内心信念，其中爱国、敬业、诚信、友善成为社会主义核心价值观的重要内容。广大伦理学工作者履行为社会道德治理提供学术支持的重大责任，深入研究环境问题、生态问题、科技问题、网络问题等蕴含的伦理问题，从伦理学角度对一些重大现实问题提出有价值的对策建议。近年来，伦理学界积极参与研究构建人类命运共同体和人类共同价值，努力为完善全球治理贡献中国道德智慧。

存在的问题与不足

70 年来，伦理学建设取得重大进展，但也存在一些问题和不足。

重大原创性理论成果不够多。中国正处于从富起来走向强起来的新时代，许多关涉中华民族伟大复兴和社会主义现代化强国建设的重大问题日益凸显，解答这些重大问题需要伦理学积极参与。还应看到，中国伦理学在世界上发声不够，国际话语权较弱，主要原因也在于缺乏重大原创性理论成果。

中外合作研究不够深入。改革开放以来，伦理学“引进来”的多、“走出去”的少。自上世纪 90 年代开始，我国越来越多的伦理学工作者参加国际性会议，到其他国家做访问学者，与其他国家学者合作在国外举办国际会议、创办刊物。但是，很多中外伦理学交流合作还停留在浅层次，缺乏深度交流与实质性合作。这种情况与中国的伦理学大国地位不相适应。

道德体系的理论构建亟待加强。建设社会主义现代化强国，不断满足人民日益增长的美好生活需要，应该有与之相适应的道德体系。过去较长一段时间，人们将道德理解为行为规范体系。实际上，道德是由道德价值、道德规范、道德品质、道德情感等构成的道德体系，其基础是道德价值。道德体系的实践构建，需要以理论构建为前提。

肩负的使命与责任

在人民对美好生活的需要日益增长的新时代，充分利用已有基础和优势，多出原创性重大成果，加快构建有影响力的中国特色伦理学，对我国伦理学工作者来说既是一项重要任务，也是必须承担的历史使命与社会责任。

加快构建中国特色伦理学。加快构建中国特色哲学社会科学，包含加快构建中国特色伦理学。从纵向看，伦理学包括学科体系、学术体系、话语体系；从横向看，伦理学包括价值论、道义论、德性论、仁爱论、德育论以及元伦理学、应用伦理学等分支学科。加快构建中国特色伦理学，要坚持以马克思主义为指导，从纵、横两个方向着力，克服伦理学研究存在的学科界限模糊、缺乏共同架构和范式的问题。广大伦理学工作者要突破各自学术视野的局限，从不同方向开展各有侧重的研究，努力实现中国传统伦理思想资源的创造性转化和创新性发展，将伦理学发展植根于中华优秀传统文化的沃土，进一步彰显中国特色和中国智慧。

为新时代道德建设提供智力支持。进入新时代，从理论上构建与社会主义现代化强国建设相适应、以人民美好生活为中心的道德体系的任务已经迫切地提了出来。伦理学界要积极进行理论探索，为党治国理政提供正确、合理、可行的理论道德体系，为加强新时代道德建设出谋划策、提供智力支持。伦理学是道德哲学也是人生哲学，培根铸魂是伦理学的重要职责。在多元多变思想的冲击下，在拜金拜物等观念诱惑下，人们尤其是青少年的思想道德容易受到影响。伦理学要发挥自身特有优势，以明德引领风尚，以人生哲理引导公众，在为人民述学立论的同时，积极从事伦理学教育、宣传、普及工作。要多出说服力强、感染力大、雅俗共赏的伦理学精品，为人们尤其是青年的人格完善、事业成功、生活幸福美好提供指导和帮助。

积极参与重大现实问题研究。伦理学工作者要从伦理学视野出发，与相关学科工作者合作研究社会发展中出现的重大现实问题和道德问题，提出标本兼治的对策主张。加强对全球性重大问题和人类重大关切的研究，特别是对人工智能、生物工程等提出的重大伦理难题进行研究，勇于在国际学术舞台上发出中国声音。积极参与国际学术对话，扩大和深化中外交流合作，将中国伦理文化和最新研究成果推向世界，通过推出有国际影响力的重大学术成果造就世界知名学者。中国伦理学界要有国际视野和人类情怀，为推进人类共同道德体系构建作出应有的贡献。

《人民日报》（2019 年 05 月 27 日）

中国哲学发展成就与时代担当

张志强

自20世纪上半叶中国哲学学科诞生以来，这一学科的发展就是一个不断面对时代挑战、将中华文化的核心价值带入新境界的过程。新中国成立以来特别是改革开放以来，中国哲学研究更加自觉地对中华优秀传统文化进行创造性转化和创新性发展，学科方法愈加科学有效，学科发展取得长足进步。

研究情况与进展

70年来，中国哲学发展可以说遵循着两条相互配合的路径。一方面，在中西哲学比较视野下，不断深入中华文化和中国哲学的根源，重新认识中华传统文化；另一方面，不断回应时代问题，力求从中华文化和中国哲学的根源生发出面向时代的文化。正是遵循这两条路径，中国哲学学科体系日渐完善、学术研究不断深化、学术成果日益丰富、学术人才大量涌现，成为哲学学科体系不可或缺的基础性、支撑性学科。

研究主题和领域不断深化。改革开放以前，中国哲学学科在马克思主义指导下，重视以科学的眼光批判分析中国哲学，中国哲学传统中的辩证法和唯物主义因素得到深入发掘，从一般思维规律的角度对中国哲学的基本特质进行了较为深入的揭示。同时，着重从理解中国革命的视野出发，重新诠释中华优秀传统文化，寻找中国革命的文化前提，探讨中国哲学的逻辑演进历程。改革开放以来，原汁原味地诠释中华优秀传统文化成为中国哲学研究的主要趋向。宋明理学研究、经学研究以及出土文献研究，逐渐成为中国哲学研究的重心。中西、古今关系以及文明比较视野下的中西哲学比较，成为中国哲学研究的学术焦点。在这种思想氛围下，现代新儒学成为一个时期的学术热点。近些年，以国学为主要对象的学术研究群体日益壮大。经典解释、工夫实践的内在视角、文献学与学术史的研究路径等，使中国哲学的研究方法呈现多元景观。进入新时代，中国哲学研究越来越成为理解中国马克思主义哲学形成和发展的重要前提。学术主题的转移实际上是学术深化发展的必然，中国哲学学科在学术主题的转移深化中不断开辟新的学科领域，形成了新的学科生长点。

学科体系日渐完善。作为哲学的二级学科，中国哲学学科涵盖从先秦至明清各断代哲学研究以及出土文献、比较哲学、经学、礼学、三教关系等多种专题性研究方向，学科体系日益完善。在中华优秀传统文化研究热潮中，宋明理学研究是中国哲学学科中发展最为充分的。随着大批文献的出土，中国哲学学科的出土文献研究日益繁荣。近年来，礼学研究伴随经学研究的兴盛成为学科热点。大型古籍文献的集成和项目整理开始汇聚学科力量、集中展现研究成果。还要看到，改革开放以来，国内高校和社科研究机构设立一大批中国哲学专业硕士点、博士点和博士后流动站，成立一系列专题性研究中心，形成了完整的人才培养体系，教学科研队伍不断壮大。中国哲学史学会和中华孔子学会相继成立，更为促进中外中国哲学研究界的交流互动，推动国内学术界的联动整合发挥了重要作用。《中国哲学史》《孔子研究》等专业期刊发表了大量高水平的中国哲学研究论文，对学术话题的引领、学术研究队伍的培养、学科领域的开辟起到了重要推动作用。

学科发展与文化建设良性互动。2016 年习近平总书记在哲学社会科学工作座谈会上的重要讲话，2017 年中办、国办印发的《关于实施中华优秀传统文化传承发展工程的意见》，都强调中华优秀传统文化在树立文化自信中的重要作用，提出加快构建中国特色哲学社会科学的要求，是中国哲学研究的纲领性、指导性文件，为构建新时代中国哲学学科指明了方向、提供了遵循，有力推动了中国哲学学科发展。中国哲学倡导的讲仁爱、重民本、守诚信、崇正义、尚和合、求大同的价值理念，成为社会主义核心价值观的重要滋养。中国哲学研究的一系列重要理论成果，为世界各国发展、人类进步贡献了中国哲学智慧。此外，中国哲学界积极参与研究构建人类命运共同体和人类共同价值，为维护人类共同利益提供价值论基础。特别是近年来，中国哲学工作者坚持理论联系实际，走出书斋，走进企业、社区和中小学校，大力弘扬中华优秀传统文化，不断满足人民群众日益增长的精神文化需求，这也成为推动中国哲学学科发展的重要力量。

存在问题与不足

中国哲学学科建设取得了长足进步，但也面临一些瓶颈性问题。

专业化与细碎化并存。就整体而言，随着中国哲学学科建设的专业化水平不断提高，学科发展出现了一定程度的细化和碎化问题。少数领域的研究以专业化名义囿于学术的自我生产中，在以现实问题研究带动学术研究方面有所欠缺。

复古和泥古现象时有发生。随着时代发展，人们对中华优秀传统文化的需求越来越强烈，中国哲学日益成为社会文化领域关注的热点。在这种热潮中，中国哲学对传统的研究和传播如何克服复古和泥古问题，是当今中国哲学研究面临的考验。

回应重大理论和现实问题的研究成果还不够多。中国哲学尚缺乏从深厚的学理出发，全面深入回应时代关切、解答关涉国计民生重大问题的研究成果，中国哲学学科介入现实的能力还需提升。

跨学科视野和问题意识有待加强。由于受实证主义方法论的制约，中国哲学研究界以问题为导向整合该学科不同领域的意识较为淡薄。这导致中国哲学研究的中国主体性长期不强，中国学者掌握的话语权还不够充分。

时代使命与担当

坚持马克思主义的指导地位，加快构建中国特色中国哲学学科体系、学术体系、话语体系，讲出中国哲学的道理，为增强当代中国人的文化自信提供坚实学理支撑，推动实现中华民族伟大复兴的中国梦和构建人类命运共同体，是新时代对中国哲学的期许，也是中国哲学工作者肩负的使命与担当。

从学理上强化中华文化的主体性。构建强起来的中国哲学，关键在于从学理上强化中华文化的主体性。对中华文化基本发展脉络的揭示和总结，对中华文化发展理论的探索，是新时代中国哲学的重要任务。中国哲学研究要避免文化保守主义和文化虚无主义两种偏执，加强对中华文化核心价值的研究，对中华优秀传统文化创造性转化和创新性发展的研究，深刻阐明中华文化长期延续的内在机理，为增强文化自信提供坚实的理论支撑。

加强和完善学科建设。坚持和发展中国特色社会主义，需要在理论和实践上不断进行探索，用发展着的理论指导发展着的实践，而这离不开新时代中国哲学的智慧滋养。中国哲学研究要紧跟时代步伐，进一步加强和完善学科建设，使之在学科体系、学术体系、话语体系等方面充分彰显中国特色、中国风格、中国气派。

积极回应当代中国人民的价值诉求。中国哲学是具有人民性、实践性、系统性和创新性的哲学体系。作为时代精神的精华、文明活的灵魂，中国哲学研究要围绕新时代的哲学主题，紧扣新时代的重大理论和现实问题，对当代中国的发展道路和社会变革作出哲学阐释，为中国发展提供应有的学术支持。坚持以人民为中心的研究导向，尊重人民主体地位，聚焦人民实践创造，积极回应人民的精神需求和价值诉求，发挥凝聚人心、成风化人的作用。立足中国、放眼世界，积极参与世界哲学对话，努力发出原创性的中国哲学声音。

《人民日报》（2019 年 07 月 08 日）

辩证唯物主义在指导实践中创新发展

冯鹏志

辩证唯物主义是马克思主义哲学的重要组成部分，也是中国共产党人的世界观和方法论。新中国成立 70 年来，辩证唯物主义不仅以鲜明的实践性、开放性、前导性深刻影响着我国社会主义现代化建设和改革开放伟大实践，而且以实践观、唯物论、辩证法、认识论等方面的创新发展，为中国特色社会主义事业和中国特色哲学社会科学发展提供哲学引领。

实践观的新突破

实践的观点是马克思主义哲学的核心观点，也是辩证唯物主义的理论基石。从哲学史的发展来看，正是由于提出了科学的实践观，马克思、恩格斯在人类历史上第一次科学地解决了人与世界的关系问题，使唯物主义跨越自然界领域深入社会历史领域，实现了人类自我意识发展的重大跃升，从而推动实践精神成为照耀社会发展和人类解放历程的重要精神力量。

新中国成立以来尤其是改革开放以来，面对我国社会日新月异的变化，我国哲学界突破将实践问题与认识问题相对应的传统认识论框架，以高度的自觉性和创造力展开对实践问题的研究，深入阐发实践的性质和实践观点的核心地位，尝试以新的实践观来理解和阐释马克思主义哲学。在这一过程中，中国哲学界对辩证唯物主义实践观的研究取得了一系列新突破。比如，认为实践不仅是人的生存的本体，而且是现存世界的本体。又如，从实践的角度看待人与世界、精神与物质、主体与客体的关系，既是马克思对旧唯物主义的根本性变革，也成为辩证唯物主义的本质特征和基础性建构原则；等等。

这些新突破，为我国社会主义现代化建设提供了重要理论支撑和哲学引导。其中，对真理标准、改革实践、创新实践、交往实践、治理实践等问题的研究，为我们党治国理政提供了重要学理支撑。此外，对虚拟实践和人工智能等问题的哲学研究和人文解读，为研究和阐释信息化社会面临的一系列问题提供了哲学启示。

唯物论的新视野

新中国成立以来，在反思苏联教科书哲学的基础上，经过长期努力，我国哲学工作者得出这样一个结论：在《关于费尔巴哈的提纲》一文中，马克思既深刻揭示了旧唯物主义的主要缺点，即“对对象、现实、感性，只是从客体的或者直观的形式去理解”；又深刻阐明了马克思主义的新唯物主义的根本变革，即从“感性的人的活动”，从实践和主体方面来理解对象、现实、感性。改革开放以来，思想解放推动我国哲学界意识到，要想实现对旧唯物论的根本超越，就必须在坚持世界物质统一性原理的前提下，从实践的观点看唯物论。

由此，我国哲学界开始在全新的实践观点基础上研究和阐释马克思主义唯物论，并用以认识和把握人与世界、精神与物质、主体与客体的关系，不断开辟唯物论研究的新视野。例如，揭示出包括自然界和人类社会在内的整个世界，其真正的统一性都在于世界的物质性；物质的概念应建立在实践观点基础之上，物质的根本属性在其独立于意识的客观实在性，对这一根本属性不能只是从感性直观层面去理解，而应从实践及其在不同时空尺度上的矛盾关系中去理解和把握；等等。这些研究不仅概括了自然界物质的根本属性，而且明确了人类社会活动的根本属性，实现了马克思主义唯物论在自然领域和社会历史领域的贯通。

唯物论研究新视野的拓展，一方面让马克思主义哲学能够有效应对量子力学、信息论等新兴科技成果对认识理解世界本原所带来的新挑战。另一方面在社会历史领域讲清了这样一个重要问题：坚持和发展中国特色社会主义，既要坚持实事求是原则，从基本国情出发；又要充分重视和调动人的主观能动性，不断激发广大人民群众投身社会主义现代化建设的积极性主动性创造性。在这一过程中，既不能片面强调物质因素的作用，也不能片面强调精神因素的作用，而要推动物质因素和精神因素相互促进、良性互动。正因如此，我们创造出举世瞩目的发展奇迹，中华民族在站起来、富起来、强起来的征程上不断迈出新的步伐。

辩证法的新发展

按照马克思的观点，人类要维持自身的存在即肯定自身，就必须对自然界进行批判和改造，使自然界从“自在之物”变为“为我之物”。马克思指出：“辩证法不崇拜任何东西，按其本质来说，它是批判的和革命的。”这样来看，人的实践活动本身就是辩证法的集中体现。

新中国成立以来，在不断深化对马克思主义哲学辩证法理论认识的基础上，我国哲学界紧密结合当代社会实践和科学技术发展，在马克思主义哲学辩证法理论研究与运用方面不断取得新进展。例如，坚持从唯物的、实践的观点出发认识和把握辩证法，将对辩证法的认识和研究立于坚实的唯物论和实践观基础之上；注重吸收现代科学技术发展的新成果，将辩证法的主要内容进一步明确为，以矛盾变化发展规律即对立统一的辩证思维去把握、研究和解决问题；将辩证法的特征明确为，批判性、革命性、建设性的辩证统一；将辩证法的功能明确为，既注重以批判的和革命的特征能动地改造世界，又注重以建设的特征能动地发展世界；等等。这一系列研究的新发展，促进马克思主义哲学辩证法理论成为以实践为基础的世界观、认识论、方法论的有机统一。

从实践层面看，我国哲学界关于辩证法研究的新发展，使马克思主义哲学辩证法理论能够充分吸收系统论等现代科技成果，形成系统辩证法等新形态，从而有效回应非决定论、反决定论等观点的挑战。这为我们党准确把握我国社会主要矛盾及其变化发展规律提供了重要理论武器，为我们党从历史辩证法的宏阔视野来谋划中华民族伟大复兴提供了重要学理支撑。

认识论的新成果

相较于旧唯物主义认识论，辩证唯物主义认识论是一种“能动的反映论”。它不是从客体的或直观的形式来理解人与世界的认识关系，而是从主体及其实践方面来理解人与世界的认识关系。新中国成立以来尤其是改革开放以来，我国哲学界之所以能够在马克思主义哲学认识论问题上不断取得新成果，一个重要原因就在于将作为认识主体的人视为实践的、社会的、历史的、文化的存在，从感性的人的活动和主体方面来理解和把握人的实践活动。

随着改革开放不断深化，马克思主义哲学不断发展，我国哲学界对辩证唯物主义认识论问题的研究取得一系列新成果。例如，在认识的基础上，明确实践是认识的基础，这主要表现在实践是认识的来源、动力和目的，是检验认识真理性的唯一标准；在认识的本质上，提出以实践为基础的认识活动是主体对客体的能动反映，人的认识是以人的认识结构为前提的，具有选择性和建构性，是在实践基础上不断深化的创造性反映活动；在认识的任务上，指出认识的任务在于实现主观与客观的统一，而这种统一在其本质上又是具体的、历史的统一；在认识的运动过程方面，肯定人的认识活动是以实践为基础的，既表现为由感性认识到理性认识、再由理性认识到实践的具体认识过程，又表现为从实践到认识、再从认识到实践的循环往复和无限发展的总过程；等等。此外，随着大数据、云计算、人工智能等新兴科技成果不断涌现以及社会结构的改变，人们的认识活动也在发生一系列深刻复杂的变化。我国哲学界充分吸收当代科技成果，开拓出社会认识论、价值论、评价论等新研究领域，在社会认识与个体认识、认识与评价、真理与价值、理想与现实等关系的研究上不断形成新成果。这一系列新成果揭示了人类认识的实践性、社会性、历史性及其运动规律，构成新中国成立以来辩证唯物主义不断实现理论创新的一条有效路径。

作为马克思主义哲学不可或缺的内容，辩证唯物主义是发展的、科学的世界观和方法论，而不是必须背得滚瓜烂熟并不断加以重复的教条。辩证唯物主义的重要任务在于阐明人类社会存在的历史形态及其发展规律，以科学的世界观和方法论为人类文明发展提供富有前导性的哲学理念和时代精神。从这一点来讲，新中国成立 70 年来的发展历程反映到哲学层面，正是辩证唯物主义不断实现自身发展、推动实践发展的过程。中国特色社会主义进入新时代，中国社会正在发生日新月异的变化，迫切需要从哲学层面对新时代的新变化、新发展和新气象作出研究和阐释，这为辩证唯物主义在指导实践中创新发展提供了广阔空间和磅礴动力。

《人民日报》（2019 年 08 月 12 日）

历史唯物主义研究的深化和拓展

赵家祥

历史唯物主义是马克思的重大发现之一，在马克思主义理论体系中占有重要地位。新中国成立 70 年来，历史唯物主义研究在深度和广度上都有很大进展，取得了丰硕研究成果。

主要研究课题和总体进展

1961 年艾思奇主编的《辩证唯物主义　历史唯物主义》教科书，是当时我国一部影响最大、使用最广的教材。该书的历史唯物主义部分在绪论之外，讲了生产力和生产关系、经济基础和上层建筑、阶级和国家、社会革命、社会意识及其形式、人民群众和个人在历史上的作用六个方面内容。

改革开放以来，历史唯物主义理论研究的领域不断拓展，对概念和原理的阐发不断深化。除了继续研究上述六个方面内容，还对实践基础上人、自然、社会的统一，社会实践的本质、形式及其在马克思主义理论体系中的地位，社会发展规律的性质、特点及其实现形式，历史过程论和历史动力论，历史决定论和主体选择论，历史进步论和历史代价论，普遍交往论和世界历史论，历史认识论和历史方法论，人类社会的时空结构，人的本质和人类解放等重大问题进行了深入研究。我国学术界对《资本论》及其手稿中的历史唯物主义理论、马克思恩格斯的东方社会发展道路理论以及《古代社会史笔记》《历史学笔记》对历史唯物主义的贡献作了深入研究，大大丰富了历史唯物主义体系。此外，一些学者还将眼界从国内扩展到国外，注重借鉴、吸收国外马克思主义研究的有益成果。

深化和拓展对历史发展动力的认识

历史发展动力理论是历史唯物主义体系的重要内容。20 世纪五六十年代，我们主要讲历史发展的三大动力，即社会基本矛盾是历史发展的基本动力，阶级斗争是阶级社会发展的直接动力，人民群众是推动历史发展的决定性力量。

改革开放以来，我国学者极大地深化和拓展了对历史发展动力的研究，认为历史发展的动力是多方面的，这些动力紧密联系、互相制约，构成一个历史发展的动力系统。截至目前，学者们概括的历史发展动力主要有：地理环境和人口在历史发展中的作用，社会基本矛盾在历史发展中的作用，阶级斗争在阶级社会发展中的作用，个人和人民群众在历史发展中的作用，社会意识在历史发展中的作用，分工在历史发展中的作用，需要和利益在历史发展中的作用，交往在历史发展中的作用，革命和改革在历史发展中的作用，科学技术在历史发展中的作用等。伴随世界新科技革命的兴起和深入发展，我国学术界加强了对科学技术在历史发展中作用的研究。

深化和拓展对实践观点在马克思主义理论体系中地位的认识

习近平总书记指出："实践的观点、生活的观点是马克思主义认识论的基本观点，实践性是马克思主义理论区别于其他理论的显著特征。"这科学概括了实践观点在马克思主义理论体系中的地位，深化了对马克思主义实践性的认识。

我国学术界对实践观点在马克思主义理论体系中地位的认识，有一个不断深化的过程。一些学者首先认识到，实践观点是马克思主义认识论的基本观点，这是由于列宁说过"生活、实践的观点，应该是认识论的首要的和基本的观点"。此后认识到，实践观点不仅是马克思主义认识论的基本观点，而且是马克思主义历史观的基本观点，因为马克思说过"全部社会生活在本质上是实践的"。再后来认识到，实践观点不仅是马克思主义认识论和历史观的基本观点，而且是整个马克思主义哲学的基本观点。经过真理标准问题大讨论，学术界进一步认识到，实践观点不仅是马克思主义哲学的基本观点，而且是包括马克思主义哲学、马克思主义政治经济学和科学社会主义在内的整个马克思主义理论体系的基本观点。

马克思主义是科学的理论、人民的理论、实践的理论、不断发展的开放的理论，这四个特点是有机统一的。马克思主义的实践性与科学性是统一的，它在实践的基础上创造性地揭示了人类社会发展规律；马克思主义的实践性与人民性是统一的，它是通过革命实践实现人民自身解放的思想体系；马克思主义的实践性与开放性是统一的，它在实践基础上不断探索和回答时代发展提出的新课题，回应人类社会面临的新挑战。

深化和拓展对人类社会发展规律的认识

历史唯物主义揭示了人类社会发展的一般规律。新中国成立以来，我国学者从多个层面和角度深化和拓展了对人类社会发展规律的认识。

人类社会发展规律建立在实践基础上。正如恩格斯所说，社会发展规律就是“人们自己的社会行动的规律”。人类社会发展规律不是人类之外某种超自然的神秘力量创造的，它就产生于、存在于人的社会实践活动中，并且通过人的社会实践活动来实现。

人类社会发展规律具有客观性。人类的活动是有意识、有目的的，而且正是人类有意识、有目的的实践活动创造了人类历史，形成了人类历史发展规律。但不能因此就否定历史发展规律的客观性，人类创造历史的活动是受客观条件制约的，任何人都不能随心所欲地创造历史。

人类社会发展规律具有抽象性和非直接实现性。它隐藏在各种社会现象的背后，是看不见摸不着的，需要通过抽象思维来把握。马克思指出：“分析经济形式，既不能用显微镜，也不能用化学试剂。二者都必须用抽象力来代替。”分析经济形式是如此，分析人类社会及其发展规律也是如此，必须通过对纷繁复杂的社会现象进行深入分析才能揭示人类社会的本质和发展规律，并用以指导人类的实践活动。

历史决定论和主体选择是统一的。历史唯物主义决定论是一种承认社会发展具有客观规律性、必然性和因果制约性的理论，它不仅不否认和排斥主体选择的作用，而且认为它是历史决定论得以实现的前提。在历史唯物主义决定论看来，对历史发展的客观规律性的认识和揭示，为人们创造历史的能动活动开辟了广阔天地，使人的主体能动性得以更自由、更充分的发挥，从而能够以日益合乎规律的活动更加自觉地创造自己的历史。

深化和拓展对社会形态划分理论的认识

社会形态及其划分理论，是历史唯物主义最基本的理论之一。人类社会是一个结构极其复杂的系统，在各种要素相互联系、相互作用下，社会往往呈现出不同发展阶段和发展类型。人们可以根据实践需要，从不同角度、根据不同标准、运用不同方法划分社会形态。

以生产关系的不同性质为标准，可以把人类历史划分为依次更替的五种社会形态，即原始社会、奴隶社会、封建社会、资本主义社会、共产主义社会，社会主义社会是共产主义社会的第一阶段，这是历史唯物主义划分社会形态的基本方法。随着理论研究的不断深入，学者们发现，在马克思、恩格斯的著作中，除了五种社会形态划分法，还有三种社会形态划分法。三种社会形态划分法以人的发展状况为标准，把人类历史划分为依次更替的三大社会形态：人的依赖性社会、物的依赖性社会、个人全面发展的社会。三种社会形态划分法和五种社会形态划分法，在本质上是一致的。人的依赖性社会包括原始社会、奴隶社会、封建社会三种社会形态，物的依赖性社会是资本主义社会，个人全面发展的社会是共产主义社会。我们既不能用三种社会形态划分法否定五种社会形态划分法，也不能用五种社会形态划分法否定三种社会形态划分法，二者都是直接或间接以生产关系性质为标准划分的，均属于经济的社会形态范畴。此外，还可以用生产力和技术发展水平以及与此相适应的产业结构为标准来划分社会形态。这样划分出来的社会形态，可以称之为技术社会形态。人类历史发展至今，经历了渔猎社会、农业社会、工业社会、信息社会这一技术社会形态序列。

关于无产阶级夺取政权以后的社会发展分期，马克思在《哥达纲领批判》

中将其分为三个大的阶段：从资本主义社会到社会主义社会的过渡时期，共产主义社会的第一阶段即社会主义社会，共产主义社会高级阶段。党的十三大报告系统阐述了社会主义初级阶段理论，认为“我国从五十年代生产资料私有制的社会主义改造基本完成，到社会主义现代化的基本实现，至少需要上百年时间，都属于社会主义初级阶段”。这是对无产阶级夺取政权以后社会发展阶段划分理论的重大贡献，也是对整个社会形态划分理论的贡献。习近平总书记指出：“经过长期努力，中国特色社会主义进入了新时代，这是我国发展新的历史方位。”进入新时代，我国社会主要矛盾已经转化为人民日益增长的美好生活需要和不平衡不充分的发展之间的矛盾。但必须认识到，我国社会主要矛盾的变化，没有改变对我国社会主义所处历史阶段的判断，我国仍处于并将长期处于社会主义初级阶段的基本国情没有变，我国是世界最大发展中国家的国际地位没有变。习近平总书记强调，“我们推进改革发展、制定方针政策，都要牢牢立足社会主义初级阶段这个最大实际，都要充分体现这个基本国情的必然要求，坚持一切从这个基本国情出发。任何超越现实、超越阶段而急于求成的倾向都要努力避免，任何落后于实际、无视深刻变化着的客观事实而因循守旧、固步自封的观念和做法都要坚决纠正。”所有这些，都是对历史唯物主义社会形态划分理论具体而重大的贡献。

《人民日报》（2019 年 10 月 21 日）

马克思主义哲学文本研究回顾与展望

仰海峰

新中国成立以来特别是改革开放以来，马克思主义哲学文本研究一直是我国学术界关注的一个重要课题，并取得巨大成就。回顾和总结新中国成立以来马克思主义哲学文本研究的进展与成就，对于不断推进马克思主义哲学文本研究与发展具有重要意义。

我国马克思主义哲学文本研究的主要特点

总体来看，我国马克思主义哲学文本研究具有与国家发展紧密相连、注重从整体出发进行研究、学者研究意识日益增强等主要特点。

与国家发展紧密相连。我国马克思主义哲学文本研究，从一开始就与我国经济发展和社会进步紧密相连。新中国成立后一个时期，我国马克思主义哲学文本研究的一项重要内容是介绍、学习苏联马克思主义哲学著作，并译成中文出版，用以指导我国社会主义建设。改革开放以来，随着社会的发展与理论研究的深入开展，学术界加强了对马克思主义经典著作特别是对《马克思恩格斯全集》历史考证版第二版（以下简称 MEGA2）编辑出版的介绍与研究工作，为马克思主义哲学研究提供更为准确的文本基础。同时，在充分吸收国外相关研究成果的基础上，展开对马克思主义哲学经典文本的重新解读，特别是结合当代社会发展中出现的重大问题进行新的理论阐释。例如，上世纪 80 年代，随着改革开放的推进，马克思主义哲学文本研究中的主体性问题开始凸显；90 年代，随着我国逐步融入经济全球化，马克思主义哲学文本研究中的世界历史与全球化问题吸引众多学者；进入 21 世纪特别是党的十八大以来，《资本论》中的资本逻辑批判、共同体问题的重新理解等日益成为马克思主义哲学文本研究的重要课题。正是在与国家发展同频共振的过程中，马克思主义哲学文本研究展现出鲜活的时代气息。

注重从整体出发进行研究。列宁将马克思主义形象地比作“由一整块钢铸成”的整体，是一个完整的科学体系，“决不可去掉任何一个基本前提、任何一个重要部分，不然就会离开客观真理”。一些学者从马克思主义哲学、政治经济学、科学社会主义的某一方面、某一角度出发研究问题，加深了对某一方面问题的理解。改革开放以来特别是党的十八大以来，我国学术界日益意识到需要从整体上把握马克思主义哲学文本。例如，有的学者提出了内含于马克思主义哲学文本中的思想型，并在文本分析中揭示思想型在不同学科中的展开方式。这有助于加强对马克思主义各主要组成部分内在关系的研究和把握，推动实现不同学科间的融通。

学者研究意识日益增强。自实践唯物主义讨论开始，马克思主义哲学文本研究领域就存在一些不同观点，学者们更加注重在马克思主义哲学文本研究中增强问题意识。学者研究意识的日益增强，为构建中国特色哲学社会科学提供了源源不断的动力。在价值论、存在论、历史哲学、社会哲学、发展理论与全球化问题等不同领域，学者们从不同角度不断丰富和深化马克思主义哲学文本研究的思想认识。党的十八大以来，学者们从人的存在方式和人的历史形态出发，对《资本论》进行重新理解，特别是加强对资本逻辑的哲学思考，深化对人类历史发展规律的探索，深刻揭示“物和物的关系”所掩盖的“人和人的关系”，从而更加深刻地认识“现实的历史”，回答“现实的历史”所提出的重大现实问题及其所蕴含的重大理论问题。

马克思主义哲学文本研究的进展与成就

新中国成立以来，我国马克思主义哲学文本的研究、编辑和出版都取得长足发展，同时形成了一支较为稳定的马克思主义哲学文本研究、编辑和出版队伍，建立起马克思主义哲学二级学科。

新中国成立后，党中央有计划、成系统地翻译和整理出版《马克思恩格斯全集》。1956 年开始，以俄文第二版为基础的《马克思恩格斯全集》中文第一版陆续出版。截止到 1983 年，共出版 50 卷 53 册约 3200 万字。1955 年至 1963 年，《列宁全集》中文第一版共 39 卷陆续出版，约 1560 万字。80 年代开始，党中央决定启动《马克思恩格斯全集》中文第二版的编译出版工作，以 MEGA2 为基础，计划分四个部分出版 70 卷。第一部分为 1—29 卷，收录马克思恩格斯除《资本论》及其准备著作外的全部著作、文章和各种手稿等；第二部分为 30—46 卷，收录《资本论》及其手稿；第三部分为 47—60 卷，收录马克思恩格斯的所有书信；第四部分为 61—70 卷，收录马克思恩格斯各种笔记和摘录。1995 年以来，《马克思恩格斯全集》中文第二版陆续出版，至今已出版 30 余卷。《列宁全集》中文第二版 60 卷，90 年代初出齐。这些经典文本的出版，为马克思主义哲学研究提供了坚实的文本依据，培养了一批翻译、出版和研究专业队伍。

2004 年马克思主义理论研究和建设工程启动以来，编辑出版一大批重要研究成果。比如，精心编译出版的 10 卷本《马克思恩格斯文集》和 5 卷本《列宁专题文集》，为学习马克思主义经典著作提供了权威教材。又如，编译出版《马克思恩格斯选集》第三版等一批经典著述，相继推出《马列主义经典著作选编（党员干部读本）》《马克思主义哲学十讲（党员干部读本）》等一批重要理论辅导读物，陆续出版《马克思主义哲学》《马克思恩格斯列宁经典著作导读》《马克思主义哲学史》等一大批高校重点教材，不断推进马克思主义哲学文本研究，进一步推动最新成果进入课堂。

中国特色社会主义进入新时代，在习近平新时代中国特色社会主义思想指导下，我国马克思主义哲学文本研究呈现新气象。比如，进一步加强对马克思主义哲学文本的个案研究。到目前为止，马克思主义哲学的重要文本如《黑格尔法哲学批判》《1844 年经济学哲学手稿》《神圣家族》《德意志意识形态》《哲学的贫困》《共产党宣言》《唯物主义与经验批判主义》《哲学笔记》等都有相关研究专著出版。坚持推动构建人类命运共同体是习近平新时代中国特色社会主义思想的重要组成部分。学者们积极挖掘马克思主义哲学文本中的相关思想资源，如《德意志意识形态》中的“自由人联合体”思想、《共产党宣言》中的“世界市场”思想等，为夯实人类命运共同体理念的学术基础贡献力量。

不断推进马克思主义哲学文本研究

我国马克思主义哲学文本研究虽然取得巨大成就，但也存在一些问题和不足，需要引起重视、加以改进，不断推进马克思主义哲学文本研究。

进一步强化问题意识。马克思主义哲学文本研究不仅需要原原本本理解马克思主义经典作家的思想，而且需要用经典作家的立场观点方法去透视现实。只有这样，才能真正激发出马克思主义哲学文本研究的活力。这就要求坚持问题导向、强化问题意识，增强马克思主义哲学文本研究与现实的关联度。例如，构建人类命运共同体思想是如何坚持和发展马克思、恩格斯的共同体思想的，需要学者们进行更深入、更系统的研究。应在加强经典著作编译和研究的基础上，不断深化对党的基本理论、基本路线、基本方略的研究，深化对中国特色社会主义道路、理论、制度、文化的研究，为理论创新创造提供学理支撑。

进一步创新研究方法。除了加强整体性研究，马克思主义哲学文本研究还需要坚持历史性方法，即充分意识到马克思主义哲学文本的历史性规定，在思想史和历史发展的交汇处把握马克思主义哲学的思想意蕴。要理解马克思主义哲学文本，仅仅阅读马克思主义经典著作是不够的，还需要阅读和理解马克思主义经典作家同时代以及之前的哲学文本，以更好理解马克思主义经典著作。应当阅读当代马克思主义哲学文本，理解历史变化中的思想变化，把握马克思主义经典著作走向当代的思想逻辑，这样有助于更好坚持和发展马克思主义哲学。

进一步巩固壮大研究队伍。70 多年来，我国马克思主义哲学文本的编译出版工作成绩斐然，为马克思主义哲学研究提供了扎实的文本基础。但也要看到，相对于马克思主义哲学一手文本研判、考证和编辑提出的要求，我国还缺乏专业编译人员。这就需要加大专业编译人员培养力度，进一步提高编译人员的数量和质量，让更多优秀学者参与马克思主义哲学文本的编译和研究工作。应进一步加大文本编译支持力度，建立完整、准确、丰富的马克思主义哲学文本库，特别是形成网络共享的资料库，这是不断推进马克思主义哲学文本研究的基础性工作。

进一步提高国际化程度。改革开放40多年来，我国学术界注重吸收借鉴国外研究成果并加以整合，形成了马克思主义哲学文本研究的开放格局。我国马克思主义哲学文本研究在国际上的影响力与日俱增，我国学者积极参与国际学术会议、外国专家讲座等活动，促进了学术交流。但这种交流更多地表现为国外学者和著作的引进，我国研究成果的国际化程度还不够，这就需要研究者更加自觉地参与到世界马克思主义哲学文本研究中。同时，应进一步加大马克思主义哲学文本研究成果的外译工作，将我国的优秀研究成果推介给世界。

《人民日报》（2020年01月13日）

运用系统论构建制度哲学

宇文利

制度是一个综合系统，其立废存改不仅关系制度本身，而且关乎国家和社会治理。习近平总书记指出："我们要坚持以实践基础上的理论创新推动制度创新，坚持和完善现有制度，从实际出发，及时制定一些新的制度，构建系统完备、科学规范、运行有效的制度体系，使各方面制度更加成熟更加定型，为夺取中国特色社会主义新胜利提供更加有效的制度保障。"运用系统论构建制度哲学，深入研究制度的价值目标、组织结构、功能耦合，洞悉制度运行机理，把握制度建设规律，对于推动各方面制度更加成熟更加定型、把我国制度优势更好转化为国家治理效能具有重要意义。

制度的价值目标

人是制度建设的主体，也是国家和社会治理的主体。制度由人制定和执行，同时反映人的价值意愿与价值理想。任何制度体系都包含特定的价值目标，并通过这一目标实现政治动员、国家和社会治理，以满足人民期待。制度的价值目标是制度的灵魂，决定制度建设的性质和方向。

按照历史唯物主义的观点，当社会生产力和生产关系发展到一定水平时，就会出现一定的交换方式和消费形式。与之相伴随，就会有一定的社会制度。既然制度受生产力和生产关系发展水平影响，制度所承载的价值目标自然就与生产力和生产关系发展水平密切相关。建立社会主义制度，是人类历史上的伟大创举。社会主义制度具有崇高的价值目标。马克思、恩格斯设想，在未来社会中，"生产将以所有的人富裕为目的""所有人共同享受大家创造出来的福利”。恩格斯结合马克思在《共产党宣言》《哥达纲领批判》《资本论》等著作中提出的一系列主张，阐明在社会主义条件下，社会应该“给所有的人提供健康而有益的工作，给所有的人提供充裕的物质生活和闲暇时间，给所有的人提供真正的充分的自由”。这揭示了社会主义制度的崇高价值目标，即追求人类的解放和人的自由全面发展。实现这一价值目标，必须靠人自身的持续努力和艰辛实践。毛泽东同志指出：“社会主义制度的建立给我们开辟了一条到达理想境界的道路，而理想境界的实现还要靠我们的辛勤劳动。”这表明，社会主义制度的价值目标绝没有停留在理论设想中，而是具有鲜明的实践意义和行动价值，需要不懈拼搏和艰苦奋斗才能实现。

中国特色社会主义制度和国家治理体系具有鲜明的价值目标。例如，坚持以人民为中心，坚持人民群众的主体地位，坚持为实现人民对美好生活的向往而奋斗；坚持和发展马克思主义，坚定共产主义远大理想和中国特色社会主义共同理想，践行社会主义核心价值观，构筑并弘扬中国精神；推进国家治理体系和治理能力现代化，建设社会主义现代化强国，实现中华民族伟大复兴；坚持独立自主和对外开放相统一，积极参与全球治理，为构建人类命运共同体不断作出贡献；等等。这些价值目标，决定了中国特色社会主义制度和国家治理体系的性质和发展方向。

制度的组织结构

社会制度是一个复杂系统，具有多个层次和多重治理架构，按照一定目标和程序运行。从形成过程看，社会制度是人类在长期生产生活和社会实践中不断建立和发展起来的。从发展规律看，社会制度的组织结构与国家的历史传承、文化传统、经济社会发展水平紧密联系。一般来讲，社会越发达进步，社会化程度越高，社会制度的组织结构就越趋向成熟、功能就越齐备、运行就越有序。

习近平总书记指出：“制度更加成熟更加定型是一个动态过程，治理能力现代化也是一个动态过程，不可能一蹴而就，也不可能一劳永逸。必须突出坚持和完善支撑中国特色社会主义制度的根本制度、基本制度、重要制度，着力固根基、扬优势、补短板、强弱项，构建系统完备、科学规范、运行有效的制度体系。”中国特色社会主义制度和国家治理体系的形成和发展，既有历史传承的因素，更基于党和人民在制度建设和社会治理实践中的不懈探索与经验总结。推动各方面制度更加成熟更加定型、把我国制度优势更好转化为国家治理效能，具体到组织结构来说，就要推动我国国家制度和国家治理体系的组织更优化、结构更合理、体系更完备、形态更稳定。坚持和完善中国特色社会主义制度，推进国家治理体系和治理能力现代化，必须坚持改革创新，努力加强系统治理、依法治理、综合治理、源头治理，通过组织结构的系统优化不断提升制度效率和治理效能。

从制度体系的组织结构看，党的十九届四中全会把中国特色社会主义制度中起四梁八柱作用的制度，明确为根本制度、基本制度、重要制度。根本制度是指那些反映中国特色社会主义制度本质内容和根本性特征、体现中国特色社会主义本质规定性的制度，是立国的根本。例如，党的领导制度、人民代表大会制度、马克思主义在意识形态领域指导地位的根本制度等。基本制度是指那些体现我国社会主义性质，框定国家基本形态、规范国家政治关系和经济关系的制度。例如，中国共产党领导的多党合作和政治协商制度、民族区域自治制度、基层群众自治制度和社会主义基本经济制度等。重要制度是指那些由根本制度、基本制度派生的国家治理各领域各方面的主体性制度，如经济、政治、文化、社会、生态文明、军事、外事等领域的主体性制度。根本制度、基本制度、重要制度有机衔接，构成严密完整的科学制度体系。

制度的功能耦合

制度的生命力在于执行。制度执行和落实的过程，也是制度功能得以发挥、产生效果的过程。制度功能一方面指制度系统运行所发挥的作用，另一方面指制度系统内部各子系统之间相互作用的关系。制度功能转变为治理效能，主要表现为制度规范的内在价值转化为治理活动现实效用的过程。在这一过程中，制度的功能耦合发挥着重要作用。

从系统论的角度看，制度功能能否达到最佳状态，主要取决于其耦合程度，即各项制度之间是否兼容互补、制度的内在规范是否契合相睦、制度执行和治理过程是否存在掣肘和抵触。制度的功能耦合程度关系制度是否具有优越性，以及优越性能否得到充分体现。健全合理的制度，其功能耦合主要表现为以下几个方面：在决策层面，制度的规范性与治理体系的价值取向高度统一，这有利于制度规范与治理目标协调一致；在秩序层面，制度的建构性与治理体系的目的性高度统一，这有利于制度维护与治理协调在程序上相一致；在组织层面，制度的指导性与治理体系的行动性高度统一，这有利于制度权威与治理实践在过程中达成一致；等等。制度功能耦合的关键，是要在释放制度活力、化解治理矛盾的过程中，找到制度系统与治理实践的最佳结合点和平衡点，有效解决制度失控、制度失灵等问题，避免出现议而不决、决而不行、行而不实的现象，避免出现制度与治理相互掣肘、效率低下的问题。

习近平总书记强调："我国国家治理的一切工作和活动都依照中国特色社会主义制度展开，并在这一过程中不断积累经验、提高水平。"发挥治理效能与发挥制度功能密不可分，制度优势的发挥离不开治理环节；同时，治理效能的发挥有赖于制度体系的完善和发展。中国特色社会主义制度和国家治理体系是以马克思主义为指导、植根中国大地、具有深厚中华文化根基、深得人民拥护的制度和治理体系，是具有强大生命力和巨大优越性的制度和治理体系，是能够持续推动拥有14亿人口大国进步和发展、确保拥有5000多年文明史的中华民族实现"两个一百年"奋斗目标进而实现伟大复兴的制度和治理体系。构建制度哲学，应从系统角度、总体视野和全局观念出发，全面把握中国特色社会主义制度和国家治理体系运行的内在机理、一般规律、方式方法，研究阐释这一制度和治理体系的系统性、协同性、实践性，掌握其要素结构与目标层次，为坚持和完善中国特色社会主义制度、推进国家治理体系和治理能力现代化提供智力支持。

《人民日报》（2020年04月13日）

经济学·社会学篇

中国特色经济学的建设和发展

厉以宁

改革开放30多年来，我国取得了巨大发展成就。以马克思主义为指导的中国特色经济学在总结改革开放成功经验的基础上发展起来，提炼出一系列新概念、新规律、新范式，形成了具有中国特色的经济理论和分析框架，又对实践产生了巨大指导作用。因为对中国经济实践的超强解释力和科学指导力，中国特色经济学在世界上逐渐有了一定话语权。习近平总书记在哲学社会科学工作座谈会上的重要讲话，提出了加快构建中国特色哲学社会科学的要求。中国特色经济学是中国特色哲学社会科学的重要组成部分。提高中国特色经济学建设水平，一个重要前提是正确回答中国特色经济学的特色在哪里，它从哪里来、要到哪里去等根本性问题。对这些问题，可以在回顾中国特色经济学建设和发展历程中，得到更加清晰的认识。

农村家庭联产承包责任制：奠定中国特色经济学的实践底色

1976年10月粉碎“四人帮”之时，我国国民经济濒临崩溃的边缘。中国社会主义如何建设、如何发展，成了从中央领导到广大群众普遍关心的问题。1978年12月，党的十一届三中全会召开，中国从此走上改革开放的快车道。改革的第一声春雷炸响了，安徽、四川等地的农村最早开展了家庭联产承包责任制的试验。

家庭联产承包责任制是农民自发采取的改革措施。从1979年起，在党的十一届三中全会精神鼓舞下，家庭联产承包责任制迅速推广。因为实践表明，它使农业增产了、农村面貌改善了、农民收入增加了，给农业、农村、农民带来了发展动力、带来了希望。

农民的积极性提高后，乡镇企业也发展起来。乡镇企业自筹资金，自购设备，自谋产品销路，自聘城市退休技工来工作。20 世纪 80 年代初，在中国有一道新的风景线——火车上、长途汽车上，经常看到一些农民模样的人带着大包小包，走向全国各地。他们是新兴的乡镇企业的推销员，带着样品和订单，到处推销本企业的产品。这样，大一统的计划产品市场被打破了，充满活力的乡镇企业商品市场形成了。这是奇迹，也是必然现象。中国经济逐渐走向市场经济，乡镇企业功不可没。

农业增产增收促使养殖业、蔬菜种植业兴起，农贸市场相应发展，多年少见的鸡鸭鱼肉、香油、花生米和各色蔬菜等充满了市场各个角落。城市供应的丰富，使得实行多年的粮票、油票、肉票等票证就此取消。

这就是改革开放初期中国经济的新景象。它再次印证了马克思主义关于“人民群众是历史创造者”这一基本观点的真理性，奠定了中国特色经济学的底色，那就是：以实践为理论来源，坚持以人民为中心的研究导向，拒绝本本，拒绝教条主义，致力于调动亿万人民的积极性、主动性、创造性，从实际出发创造性地解决中国问题。

建立经济特区：为形成社会主义市场经济理论打开突破口

距离香港仅一水之隔的广东深圳，直到 20 世纪 70 年代末与香港的发展差距仍然十分悬殊。那时香港已经是一个国际化都市，而深圳只是一个小镇。情况从 20 世纪 80 年代初开始发生变化。1980 年 8 月，深圳经济特区正式建立。当时，内地依然实行计划经济体制，而深圳的经济则按照市场规则运行；内地只有小商小贩经营，而深圳则可以成立和发展私营企业。

于是，深圳成了国内最早开放的地方。经济特区建立后，深圳面貌迅速发生改变。内地各省市的资金源源不断地流入深圳，内地各省市的人才同样源源不断地到深圳去寻找发展机会。深圳也是最初的农民工就业地。从 20 世纪 80 年代起，深圳的建设速度远远超过香港。高楼一栋栋拔地而起，马路一条条又宽又平。深圳再也不是一座小镇，而变为一座国际性城市，规模比香港大很多，人口也多于香港。难怪全世界都称赞“深圳速度”。

当时建立的经济特区有深圳、珠海、汕头、厦门，随后又兴办了海南经济特区。刚建立经济特区时，在内地一些场合还能听到“深圳姓社还是姓资”的议论。这是难以避免的，因为深圳的转变在不少人看来已超出了常规。到了 1992 年，邓小平同志再次到深圳考察的讲话在报纸上发表，此后深圳“姓社而不姓资”的看法得到越来越多人的认同。人们更加清楚怎样判断深圳的制度属性：难道深圳不是社会主义经济的试验区吗？难道深圳不是社会主义制度下中国政府的管辖区吗？

兴办经济特区，是党和国家为推进我国改革开放和社会主义现代化而作出的一项重大决策，是探索中国特色社会主义道路上的一次伟大创举。建立经济特区的意义不仅在于利用外资引进、管理和技术，更在于开拓出了一种重要的改革方法和研究方法——摸着石头过河；在于得出了一个新的认识——开放带来进步，封闭导致落后，开放也是改革；在于开辟了完善和发展中国特色社会主义制度的试验场——经济特区既是探索社会主义市场经济的大舞台，也是理论创新的大平台。以经济特区为突破口和有力引擎，我国实现了从高度集中的计划经济体制到充满活力的社会主义市场经济体制、从封闭半封闭到全方位开放的历史性跨越，中国特色经济学也完成了从研究封闭半封闭经济体到研究开放型经济体、从研究稳态经济体到研究转型经济体、从研究计划经济到研究社会主义市场经济的华丽转身。特别是创造性地把社会主义制度和市场经济有机结合起来，逐步形成了社会主义市场经济理论和中国特色对外开放理论，奠定了中国特色经济学的基础。

国有企业股份制改革：国有企业改革理论丰富和发展起来

20 世纪 80 年代中期，经济学界在讨论如何进行国有企业改革时，承包经营责任制一度引起人们的关注。当时，人们提出了“首钢经验”。这是指：首都钢铁公司采取承包经营责任制以后，效益提高了，利润增长了；而从性质上看，企业依然是国有的，所以无论从大方向上考察，还是从企业管理方面分析，承包经营责任制都具有很大可行性。于是从 1987 年起，国务院决定在一些省市实行承包经营责任制改革试验。稍后，逐步形成了全国性的“承包热”。

然而，不同意实行承包经营责任制的经济学家从这一制度实行情况的调研中，得出了国有企业不宜采用承包经营责任制的论断。主要理由是：第一，承包经营责任制没有解决国有企业产权清晰这一根本性问题。在承包经营责任制之下，产权依旧是模糊的，这无益于国有企业的实质性改革。第二，承包经营责任制使企业侧重于短期行为，如为了完成承包任务，企业行为趋于短期化，拼设备，拼消耗，结果受损害的是国有资产。第三，承包经营责任制使企业的国有财产主管者同承包者在承包费高低上不停讨价还价、争吵不已，谁为国有资产保值增值而操心？第四，首都钢铁公司的承包经营责任制是在国家税收优惠条件下实行的，其他国有企业实行承包经营责任制，如果得不到类似的国家税收优惠，能取得同样的效果吗？不可能。

经过有关国有企业承包经营责任制的讨论和质疑，特别是经过实践的检验，20 世纪 90 年代之后，“承包热”冷却下来，国有企业改革转到股份制改革道路上来。股份制企业可以采取股份有限公司形式，也可以是上市公司，但一个共同特征是：产权清晰。这样就可以按照国有企业所属行业不同，分别制定国有企业股份制改革方案。

整个 20 世纪 90 年代，股份制改革都是经济体制改革的重点。股份制企业大体上分为两大类，一类是经营性行业的国有企业，国有资本控股多少不采取统一标准，根据行业性质和企业规模而定。这样改制的企业，可以称为混合所有制企业。另一类是特殊行业的国有企业，在实行股份制改革后，需要国家控股；至于国家控股多少，也要依据行业性质和企业规模而定。

20 世纪 90 年代的股份制改革是一件大事。它的主要意义不在于开辟了向资本市场融资的渠道（当然，融资也是重要的），而是切实转换企业运行机制。为此，必须健全企业法人治理结构，包括股东会、董事会、监事会、经理，进一步完善考核制和任期制，建立现代企业制度。股份制企业法人治理结构的完善，不是短期内就能完成的任务。但只要改革方向对头，进一步改革和完善企业治理结构就有希望。再进一步看，由于改革开放初期我国处于市场既不完善而又缺乏真正市场主体的状态，所以改革应当以产权改革为主线，而企业股份制改革则是明晰产权、界定产权、培育独立市场主体的最佳途径。

以股份制改革和建立现代企业制度为基础，国有企业改革理论逐步丰富和发展起来。

从林权改革到农村土地确权：中国特色产权理论建立

1979 年全国各地农村开始推广家庭联产承包责任制时，本来没有把林地包括在内，但当时一些地方把林地也给承包了。正值改革初期，农民们对改革形势还认识不清。一些人承包了林地之后就开始砍树，他们认为政策可能改变，今年既然把林地承包给我，不砍树卖钱就可能吃亏。结果，砍树成风。这导致了林地承包改革的停滞。直到本世纪初期，才在福建、江西、辽宁、浙江等省进行林权改革试验。2008 年 6 月，中共中央国务院颁布了《关于全面推进集体林权制度改革的意见》，一场意义深远的重大改革才正式启动。

林地承包到户比耕地承包到户晚了 20 多年，但在理论和实践上有三个突破：一是明确了“70 年不变”的年限。70 年时间，孙子辈都长大了，正是“爷爷种树，孙子乘凉”。林农的积极性大增，爱林护林的热情高涨。二是林地承包经营权和承包林地上的树木可以用于抵押、取得贷款。这样，林农发展林业和开发林下经济就有了资金。三是林地承包究竟承包给哪一级？是村级、乡级还是林业合作社？当时学术界曾有争论。而中央的决策是承包到林农户，“一竿子插到底”。这就大大调动了林农的积极性。

集体林权制度改革为下一阶段的农村土地确权作了准备。农村家庭联产承包责任制推广时，并未经历土地确权阶段。林地确权了，发了产权证，明确了财产权，林农安心了，现在轮到农村土地确权了。浙江、重庆、四川等省市，在党的十八大召开前后，试行了农田和宅基地及其上面农民自建住房的确权工作。具体地说，农民的承包地有承包经营权，农民的宅基地有宅基地使用权，农民在宅基地上自建的住房有房产权，三权（农民承包土地的经营权、农民宅基地的使用权、农民在宅基地上自建住房的房产权）和三证（农民承包土地经营权证、农民宅基地使用权证、农民在宅基地上自建住房的房产证）配套。这样，农民的心就定了，不怕土地会无缘无故地被圈走。这就大大激发了农民的生产积极性。

农村土地确权在保证农业用地（耕地和建设用地）使用方向不变的前提下，使农民的财产权益得到保障。同时，它也使农地承包户成为真正的市场主体。在国有企业改革和农村土地确权的推进中，以产权界定、产权清晰、培育真正市场主体为主要内容的中国特色产权理论建立起来。这一理论建立在公有制为主体、多种所有制经济共同发展的基本经济制度基础上，是为了不断增强国有经济活力、控制力、影响力，激发非公有制经济活力和创造力，大力发展现代农业，与西方鼓吹私有化的产权理论有着本质区别。当前，农村土地确权后的土地流转工作还处于试点阶段，关于“非粮化”（原来土地上种植粮食，而新承包者改种其他作物）倾向问题，工商企业进入农村的资格审查制度问题，承包地、宅基地和宅基地上农民自建房屋能否用于抵押的问题等，都需要中国特色产权理论深入研究，作出科学回答。

农村新气象和农民创业热：为人力资源理论增添新内容

农民的积极性之所以在土地确权以后高涨不已，是因为这些改革措施符合中国国情，是从长期改革发展实践中总结出来的。在世界各国的经济学教科书中，哪里有从农村家庭联产承包责任制到农民落实财产权的记载？只有懂得中国特色的中国经济学家才能对此进行深入研究，才能解释清楚为什么中国要这样做。

农村土地确权以后，土地流转大大加速。一些农民在外地务工多年，学会了经营管理，有了技术，积蓄了资金，为了求得进一步发展而回乡创业。他们珍惜自己的承包地，还通过转包、租赁等方式，决心办好家庭农场，从事种植业、养殖业、果树业，并不断扩大规模。还有一些农民有手艺，有专门技巧，或善于经商。他们把自己名下的承包地转租出去，一心一意扑在外出经商上。他们是当前中国的另一类创业者。

与此同时，耕地并没有荒芜。田，总是有人来耕种的。在浙江一些地方，本地有技术、有手艺的人外出经营，外地的农民就来种田了。我的故乡江苏扬州仪征，本地的农民去外地就业，苏北的农民就来种地了。他们在这里种地可以得到较高的收入。农民中的一部分人已经是新型农民。他们不仅种田，而且懂得市场需要什么、怎样满足市场的需要。

改革开放以来，中国人力资源的流动数量和流动速度是世界罕见的，因此研究农村与城市之间人力资源的双向流动成为中国特色经济学的重要内容。人力资源流动是提升人力资源质量的重要条件，因为人力资源流动意味着有更多的就业机会、创业机会在等待着各种专业人才、技术工人，这也鼓励更多的劳动者去深造、学习，以适应市场的需要。从这个意义上看，人力资源流动性强，表明人力资源中蕴含着巨大的发展潜力；如果缺乏流动性，则表明人力资源的潜力可能接近于枯竭。

有中国特色的新型城镇化：孕育出中国特色城镇化理论

在西方发达国家，城市化和工业化基本上是同步的。城市化开始时杂乱无章、缺乏统筹安排，以致环境污染、交通拥堵、居民生活质量下降，失业人数也日益增长，于是就形成了所谓的“城市病”。等到西方国家的政府发现这一系列问题时已经晚了，不得不花费更多的财力和人力去解决。

中国的城镇化除了遇到同西方发达国家当初类似的问题，还有中国特殊的问题，这就是城乡二元户籍制度。比如说，农民工进城后，虽然已工作多年，但农民户籍未变，身份仍是农民，难以融入城镇社会，不能和城镇居民享受同等待遇。因此，中国必须走适合中国国情的城镇化道路。城乡二元户籍制度改革势在必行，但又必须分阶段推进。这确实是个难题，也是中国的经济学者必须认真对待的课题。

一种做法是推行“积分制”。这是根据深圳、上海等城市的经验而总结出来的做法。以上海为例。改革开放以来，不少苏南、苏北、浙江、安徽等地的农民工涌入上海的企业工作，他们已成为上海工业企业中的骨干力量，但依旧是农民户籍。为了留住这些人才，上海推出了“积分制”，即把外地来上海工作人员的学历、技术水平、来上海工作年限、是否得过奖等等一律折成“分”，“分”够了就转入上海城市户籍。“积分制”已被国内一些城市所借鉴。

另一种做法是“分区推进”。老城区重在改造，包括工厂迁走，棚户区改造，发展商业和服务业，建成适合人们居住的城区。新城区重在培育经济增长点，成为高新技术区、工业园区、物流园区等。新社区则是农村改建而成的，重在集中居住，使农民有舒适清洁的住宅和环境，公共服务设施齐全，城乡社会保障一体化。做到了这些，村的建制就改为社区建制，于是整片地区转为户籍一元化的新社区。无论老城区改造、新城区建设还是新社区改建，关键都在于以人为本。

这就是中国特色的新型城镇化，是“就地城镇化”“以人为本的城镇化”，它孕育出有中国特色的城镇化理论。也就是说，中国经济学者研究中国城镇化问题，不可能照搬其他国家的城镇化模式和做法，而只能从中国的实际和实践出发，找到有中国特色的城镇化规律，求解适合中国国情的办法，总结出与其他国家不同的结论，构造起全新的分析框架。

精准扶贫：中国特色经济学要关注并推动实现共同富裕

中国是世界最大发展中国家，改革开放初期又十分贫穷。改革开放以来，我们在扶贫方面取得了巨大成就，7 亿多贫困人口脱贫，创造了人类历史上绝无仅有的扶贫奇迹；人民生活实现了从温饱不足到基本小康再到建设全面小康的大踏步跨越。但随着贫困人口减少，“大水漫灌”式的扶贫效果已不甚理想。为了使扶贫资金发挥更大作用，为了让全体人民共同迈入全面小康社会，最近几年我国采取了“精准扶贫”的做法。

不管扶贫资金来自财政拨款还是来自金融信贷或民间捐赠，都要用得有效。为此，关键是把握以下三个原则：第一，贫困地区的村干部和农民都要转变观念，不能有依赖思想。要认识到贫困地区脱贫致富，一定要建立在自力更生、艰苦奋斗的基础上。这样才能在扶贫资金的帮助下摆脱贫困。第二，必须根据当地的实际情况找到致富产业，并齐心协力把致富产业做强做大。第三，要留住劳动力，包括欢迎外出务工的农民回乡创业。一个村寨，如果青壮年劳动力都外出了，村里只剩下老弱妇孺，即使有再好的规划，也富裕不起来。

对于一些居住在高山上等自然条件恶劣地方的农户，要动员他们搬出来，妥善安家，经营林下经济或养殖业、手工编织业等，这样也能逐渐富起来。

扶贫问题是中国特色经济学研究的重要问题，这与西方经济学有很大不同。西方经济学把人抽象成“理性人”，实际上就忽略了人的各种需求。而中国特色经济学在研究中把人还原为现实人，关注满足人的各种现实需求，关注调动人的积极性、主动性、创造性。西方经济学缺乏人文关怀，也缺少推动实现社会共同理想的内容。而中国特色经济学关注社会共同理想的实现，是为实现全面建成小康社会、实现中华民族伟大复兴中国梦等社会中长期目标和人民共同富裕而服务的，它研究的主题和核心是解放和发展生产力、让人民群众的生活质量不断提高、使社会主义制度的优势不断发挥出来。因而，它不仅研究人民群众积极性的涌现和物质生产的增长，而且始终关注人们觉悟的提高和道德水平的提升，是更加贴近现实需求、更加人性化的经济学。

经济新常态和转变发展方式：开启中国特色经济学创新空间

改革开放后一个时期，我国经济发展基本上以追求数量和规模为目标，不少地方相对忽视质量和效益提高，这在经济起飞、快速摆脱贫困阶段是很难避免的。最近几年，我国经济发展进入新常态，提高经济发展质量和效益的重要性日益凸显。中央提出要主动适应、把握、引领经济新常态，这不仅对经济发展实践具有深远指导意义，对中国特色经济学创新发展也具有重要指导意义。

适应、把握、引领经济新常态，就是按经济发展规律办事，不做违背经济规律的事情。现阶段，高速增长已不符合经济发展规律，它至少会带来或加剧五个方面的后果：资源过度消耗，生态环境破坏，部分行业产能严重过剩，低效率，错过结构调整和技术创新的最佳时机。因此，在新常态下推动经济发展的主要任务是调结构、去产能、补短板，加快转变经济发展方式。至于经济增长速度，维持在6%—7%的中高速就可以了。

调结构是转变经济发展方式中最重要的事情，但也是十分困难的事情。为了调结构，必须痛下决心消除产能过剩现象。那么，应该如何对待下岗人员？其实，与其让政府养亏损企业，不如养职工。这是因为，该关闭、淘汰的企业是一个个无底洞，与其填无底洞，不如让它们破产重组。而职工则可以分为两部分，一部分是年长的职工，让他们退休，享受社会福利保障。另一部分是中青年职工，让他们接受职业技术培训，帮助他们在适当的企业找到工作；如果他们愿意自主创业，政府可以给予减免税等扶助措施，也可以鼓励银行给予贷款支持。

现阶段怎样补短板呢？基本做法是鼓励创新，鼓励民间资本流向高新技术产业和短板产业。世界上许多国家在这方面积累了经验。市场是可以创造的，市场份额不是固定不变的，市场只认可最优秀者。在市场竞争中，永远是优胜劣汰。有创意、有创新，就能抢占竞争制高点、得到市场青睐。这会激励更多的发明家和企业家齐心合作，不断推进技术创新、产品创新、商业模式创新。

根据经济学原理，在经济下行压力大时，既可以从需求侧进行调节，也可以从供给侧进行调节，二者是可以相互配合的。但需求侧改革着重于内需扩大，而供给侧改革着重于结构调整。与需求侧改革相比，供给侧改革更为艰难，也会涉及市场主体重组。对当前的中国经济而言，供给侧改革更有必要。也就是说，在经济新常态下，我们为了不贻误时机，理应通过结构调整和资产重组使国有企业增强活力，以适应新的形势；同时，支持和引导非公有制经济发展，使民营企业在供给方面发挥重要作用。当前正在发展构建中的供给侧结构性改革理论，是在中国经济土壤中生长起来的，是改革开放30多年我国经济发展经验的结晶，是中国特色社会主义政治经济学的重要内容，是适应和引领经济发展新常态的重大创新。这一理论的诞生，开启了中国特色经济学的巨大创新空间。

这里讨论了改革开放以来我国经济中的八个问题。虽然这八个问题远不能概括我国30多年改革发展所走过的全部路程，也显然不能穷尽中国特色经济学研究的重大问题，但至少可以说明中国特色经济学是怎样一步步建设和发展起来的。中国的经济学者，包括老、中、青三代人，热情参与了这一进程。我们之中，谁都不是先知先觉者，谁都不敢说自己在改革开放之初就已预料到中国经济所要经历的过程。改革发展的实践不仅从中国国情出发提出了一个又一个新课题，而且不断对经济学研究进行检验。没有改革发展的伟大实践，我们能学到这样丰富的经济学说吗？中国特色经济学能取得这些伟大的成就吗?

马克思主义是发展的科学，它不会止步于任何一个阶段上，马克思主义经济学研究者也不可能自称已到达经济理论的终点。中国特色经济学的建设和发展，足以证明马克思主义经济学说具有无限生命力，它会继续指导中国现代化建设实践，继续推动中国特色社会主义制度发展和完善。中国特色经济学是马克思主义经济理论在中国发展创新的重大成果，生动鲜活的中国特色社会主义经济实践是其发展基础和创新源泉。中国特色经济学必将继续随着中国特色社会主义的发展壮大而茁壮成长、开枝散叶。

《人民日报》(2016 年 06 月 27 日)

在新实践中构建中国特色社会主义政治经济学

刘　伟

实践是理论的源泉。习近平总书记在哲学社会科学工作座谈会上的讲话指出，我国哲学社会科学应该以我们正在做的事情为中心，从我国改革发展的实践中挖掘新材料、发现新问题、提出新观点、构建新理论。就中国特色社会主义政治经济学而言，习近平总书记强调，要学好用好政治经济学；要立足我国国情和我国发展实践，揭示新特点新规律，提炼和总结我国经济发展实践的规律性成果，把实践经验上升为系统化的经济学说。他明确指出，坚持和发展中国特色社会主义政治经济学，要以马克思主义政治经济学为指导，总结和提炼我国改革开放和社会主义现代化建设的伟大实践经验，同时借鉴西方经济学的有益成分。中国特色社会主义政治经济学只能在实践中丰富和发展，又要经受实践的检验，进而指导实践。这些重要论述表明，我国的改革发展实践既为建设中国特色社会主义政治经济学提供了丰富的经验材料，又对其进一步发展不断提出新要求。

中国特色社会主义政治经济学研究的历史观和方法论：生产力与生产关系矛盾运动的唯物史观和解放生产力、发展生产力的基本原则

把马克思主义基本原理同中国改革发展具体实践结合起来，是构建中国特色社会主义政治经济学的基本原则和科学方法。贯彻这一原则和方法，必须坚持马克思主义辩证唯物主义、历史唯物主义的科学世界观和方法论，坚持实践观点，从中国特色社会主义发展实践出发，不照搬不套用，开创自己

的发展道路，以解放和发展社会生产力为根本目的。这既是构建中国特色社会主义政治经济学的根本原则和方法，也是推进中国特色社会主义伟大实践的根本追求。

只有坚持马克思主义唯物史观，坚持从分析生产力与生产关系矛盾运动入手，才能正确认识我国经济改革的本质特征，把改革的实质归结为生产关系的深刻变革，理解这种生产关系变革的根本动因是解放和发展生产力的历史要求。也只有从解放和发展生产力这一根本要求出发，才能客观判断我国经济改革的出发点和最终目的，确立正确的改革评价和检验标准，清醒认识改革的历史必然性和根本动因。

中国特色社会主义政治经济学研究的主题和方向：社会主义基本经济制度与市场经济相结合、相统一

坚持社会主义市场经济的改革方向，既是我国改革发展实践需要坚持的基本原则，也是中国特色社会主义政治经济学的主题。这一主题的核心在于，如何把我国公有制为主体、多种所有制经济共同发展的社会主义基本经济制度与市场经济统一起来。这里至少涉及两方面的问题：一方面是社会主义基本经济制度，特别是作为主体的公有制经济如何与市场经济有机统一；另一方面是政府调节与市场调节如何有机结合，使市场在资源配置中发挥决定性作用，使政府在宏观调控和市场失灵等领域更好发挥作用。无论在理论上还是在实践上，社会主义公有制与市场经济的统一问题，都是一个需要不断深入探索的难题。西方主流经济学否定公有制与市场经济统一的可能，进而把市场经济作为资源配置方式紧紧与资本主义私有制结合起来。马克思主义经典作家没有考虑过公有制（社会共同占有制）与市场经济统一的可能及必要，而是把公有制与计划经济机制统一起来。无论是十月革命后进行最初社会主义实践的苏联，还是二战后建立的实行社会主义计划经济体制的国家，都把公有制与市场经济根本对立起来，在“纯而又纯”的公有制基本经济制度条件下建立计划经济体制。上世纪 80 年代后，这些国家为获取市场竞争带来的高效率又放弃了公有制。

我国经济改革和发展最重大的成就和根本的特色，就在于既坚持公有制为主体、多种所有制经济共同发展的基本经济制度，又在资源配置中发挥市场的决定性作用，实现二者的结合与统一，建立并逐步完善社会主义市场经济体制。一方面，坚持和完善公有制为主体、多种所有制经济共同发展的基本经济制度，坚持公有制经济与非公有制经济混合发展，特别是强调公有制实现形式的改革，强调传统企业制度向现代企业制度的转变；另一方面，坚持推进市场化改革，特别是强调要素市场化改革，强调发挥市场在资源配置中的决定性作用。深入探索社会主义基本经济制度与市场经济的统一，是全面深化改革的主题，也是中国特色社会主义政治经济学的重大课题。对这一主题和课题的不懈探索，是中国特色社会主义理论和实践对当代马克思主义发展的重要贡献。

中国特色社会主义政治经济学研究的任务：协调利益矛盾以调动各方面的积极性

中国特色社会主义政治经济学需要研究的基本问题之一，是找出经济改革发展中各种利益冲突的根本原因和解放生产力、发展生产力的办法，以调动各方面的积极性，凝聚共识，实现经济更好发展。

中国特色社会主义政治经济学要直面问题、完成任务，必须从我国改革发展的实践出发，从我们正在做的事情出发。在企业治理方面，深入阐释如何实现激励机制与约束机制的统一，特别是在国有企业治理方面，既要调动企业产权体系中各方面的积极性，又要对其进行有效约束；在国家治理方面，深入阐释如何推进国家治理体系和治理能力现代化，特别是调动中央和地方两个积极性；在全面深化改革方面，深入阐释如何破除改革阻力、增强改革动力和共识，深入分析改革、发展、稳定的关系，增量改革与存量改革的关系，企业改革、价格改革、政府改革等不同时期改革重点的转变，改革的必要性与可行性以及短期目标与长期目标的均衡，适度扩大总需求与推进供给侧结构性改革的关系，等等。最重要的是，要深入分析如何推动共享发展，在坚持我国社会主义经济基本制度和社会主义市场经济改革方向的基础上，在坚持社会主义按劳分配原则的基础上，完善收入分配制度，完善按贡献按效率分配的激励机制，在允许一部分人先富起来的同时逐步实现共同富裕。这是中国特色社会主义的本质要求，也是中国特色社会主义政治经济学的重要原则，是调动各方面积极性以解放和发展生产力的根本动力。

中国特色社会主义政治经济学研究的目标：推动生产力可持续发展

政治经济学是研究生产关系矛盾运动规律的理论，研究生产关系矛盾运动的目的是使其适应生产力的要求，推动生产力可持续发展。新常态下，我国经济发展面临的历史性挑战在于如何避免落入“中等收入陷阱”，保持经济持续健康发展，到 2020 年全面建成小康社会，并为到本世纪中叶建成富强民主文明和谐的社会主义现代化国家打下坚实基础。

我国发展进入中等收入阶段后，经济增长的基本约束条件发生了深刻而系统的变化。要保持经济社会持续发展的能力，实现从上中等收入阶段向高收入阶段的跃升，必须根据变化了的条件，树立和贯彻新发展理念，加快转变经济发展方式，切实有效处理经济社会发展中公平与效率的关系。大凡落入“中等收入陷阱”的国家，都是在进入中等收入阶段后处理不好公平与效率的关系，不仅适应不了新阶段的新变化，而且危机不断，经济发展缺乏竞争力并难以持续，社会发展缺乏公平而陷入混乱。我国为适应、把握、引领经济发展新常态，提出创新、协调、绿色、开放、共享的新发展理念，一个重要目标就是要处理好公平与效率的关系。为此，需要着力推进制度创新，为贯彻新发展理念提供制度保障，更好地兼顾公平与效率，顺利跨越“中等收入陷阱”。与此相关的一系列问题，都需要中国特色社会主义政治经济学予以科学回答。

《人民日报》（2016 年 08 月 01 日）

不断完善中国特色社会主义政治经济学理论体系

张 宇

党的十八大以来，习近平总书记提出了坚持和发展中国特色社会主义政治经济学、不断完善中国特色社会主义政治经济学理论体系的重大历史任务，马克思主义政治经济学在中国大地上焕发出更加蓬勃的生机。进一步完善中国特色社会主义政治经济学理论体系，必须明确中国特色社会主义政治经济学的重要地位、科学价值，在比较中深入把握这一理论体系的特点。

中国特色社会主义政治经济学范畴的提出具有里程碑意义

社会主义政治经济学是关于社会主义生产方式及其发展规律的科学，在马克思主义政治经济学中具有特殊重要的地位。马克思主义政治经济学的一个重要研究目的是，科学阐明人类社会从资本主义向共产主义过渡的历史必然性及其内在经济规律。要实现这一研究目的，仅有资本主义政治经济学或政治经济学的资本主义部分是不够的，还必须有社会主义政治经济学或政治经济学的社会主义部分，这两个部分相互联系、相互依赖、不可分割。社会主义是资本主义发展的必然趋势，又是向共产主义过渡的历史起点。因此，以社会主义经济形态为研究对象的社会主义政治经济学，自然成了马克思主义政治经济学不可或缺的重要组成部分。

中国特色社会主义政治经济学是“中国版”的社会主义政治经济学，是马克思主义政治经济学基本理论与中国改革开放新实践相结合的成果，是中国特色社会主义理论体系的重要组成部分。坚持和发展中国特色社会主义政治经济学、不断完善中国特色社会主义政治经济学理论体系，对于更好地指导我国经济发展实践、推动中国特色社会主义经济建设蓬勃发展，对于增强中国特色社会主义道路自信、理论自信、制度自信和文化自信，对于坚定共产主义远大理想和中国特色社会主义共同理想，对于推进充分体现中国特色、中国风格、中国气派的经济学科建设，都是极其重要的。

一门科学提出的每一种新见解，都包含这门科学的术语的革命。改革开放以来，中国特色社会主义经济理论和实践发展取得了举世瞩目的巨大成就，形成了关于发展社会主义经济的许多重要理论成果和独创性观点。如何科学概括这些理论成果和独创性观点，是理论界、学术界思考和研究的一个重大课题。中国特色社会主义政治经济学和中国特色社会主义政治经济学理论体系范畴的提出，为我们科学解答这个重大课题开辟了正确道路。它表明，我们党对中国特色社会主义经济的认识在学理性和系统性上达到了新的高度、在经济理论上的自觉和自信达到了新的高度，马克思主义政治经济学中国化和时代化的发展达到了新的高度。这显然具有重大的里程碑意义。

中国特色社会主义政治经济学包含着普遍性因素，具有重要的科学价值

中国特色社会主义政治经济学是特殊的还是普遍的？从一般的道理讲，中国特色社会主义政治经济学是社会主义政治经济学的中国化，是对社会主义政治经济学一般原理的具体应用，因此，社会主义政治经济学与中国特色社会主义政治经济学的关系是一般与特殊、共性与个性、源与流的关系。然而，实际情况要复杂得多。

一方面，由于社会主义经济制度还不够成熟，因此，在社会主义经济中，对于什么是一般、什么是特殊，什么是共性、什么是个性的认识，并不是非常清楚明白的。另一方面，就人类认识运动的规律来说，总是由认识个别和特殊的事物，逐步地扩大到认识一般的事物，普遍性寓于特殊性之中。

应当看到，在相当长的时期内，社会主义政治经济学的发展还处于从特殊上升到一般的抽象化阶段，而不是从一般到特殊的具体化阶段。也就是说，首先必须研究社会主义经济的具体特殊形态，把握特殊规律，然后才能逐步

确立社会主义经济的一般规律。从实际情况看，社会主义经济制度建立和发展的历史还不长，实践经验还不够丰富，特别是20世纪90年代苏东剧变以后，社会主义事业遭受巨大挫折。中国始终坚持走社会主义道路，成为世界社会主义事业发展的中流砥柱。在这样的条件下，总结中国的实践经验，并从中提炼出反映规律的理论成果，对于发展社会主义政治经济学具有极其重要的意义。同时，中国是一个处于发展和转型中的社会主义大国，面临着工业化、信息化、市场化、经济全球化和社会主义制度改革等重大历史变革在同一时代的交织和叠加，正在经历着我国历史上最为广泛而深刻的社会变革，也正在进行着人类历史上最为宏大而独特的实践创新。这种前无古人的伟大实践，为经济学发展提供了无比丰富、不可多得的鲜活素材。正如习近平总书记指出的，“越是民族的越是世界的。解决好民族性问题，就有更强能力去解决世界性问题；把中国实践总结好，就有更强能力为解决世界性问题提供思路和办法。这是由特殊性到普遍性的发展规律。”中国特色并不意味着是中国独有的东西，其中也包含着普遍性的因素，具有重要的科学价值。

中国特色社会主义政治经济学的科学价值体现在哪里？归结到一点就是，它直面人类经济发展和制度变迁中的根本性难题，努力探索把那些看似相互对立的因素有机结合在一起的方式和途径。比如：在所有制结构上，既坚持公有制的主体地位和国有经济的主导作用，又坚持多种所有制经济共同发展；在国有企业改革上，既坚持维护全体人民的共同利益，又坚持建立市场化的体制机制；在收入分配改革上，既注重提高效率，又注重社会公平；在对外经济关系上，既坚持对外开放的基本国策、积极参与经济全球化，又坚持独立自主、自力更生；在政府和市场的关系上，既坚持发挥市场的作用、建立有效市场，又坚持发挥政府的作用、建设有为政府；在中央和地方的关系上，既坚持中央统一领导，又坚持发挥中央和地方两个积极性；在改革方式上，既坚持党的领导、有计划有组织推进，又坚持尊重群众的首创精神、“摸着石头过河”；在经济发展上，既强调供给又关注需求，既重视总量又重视结构，既突出发展社会生产力又注重完善生产关系，既着眼当前又立足长远；等等。这样博采众长、兼收并蓄，既尊重经济社会发展的一般规律，又体现中国的基本制度、基本国情和历史传统；既发挥社会主义制度的优势，又利用市场经济的长处，就从理论和实践上超越了以私有制为基础的资本主义市场经济的流俗教条，创造了经济发展和制度变迁的新模式和新道路，为中国特色社会主义事业发展和人类文明进步开辟了前所未有的广阔道路。

在比较中明晰中国特色社会主义政治经济学理论体系的特点

一门成熟的科学，必须经过系统化学理化发展，体现为一整套相互联系的概念、范畴、原理和逻辑结构，并能够经受逻辑和实践的检验，这样才能形成完整的理论体系，进而被广泛学习、普及和传承。中国特色社会主义政治经济学的发展也不例外，也需要在构建理论体系上取得进展。正如习近平总书记强调的，要提炼和总结我国经济发展实践的规律性成果，把实践经验上升为系统化的经济学说；不断完善中国特色社会主义政治经济学理论体系。

从马克思、恩格斯提出关于未来共产主义的经济理论，到苏联传统社会主义政治经济学体系的建立，再到中国特色社会主义政治经济学的形成，社会主义政治经济学已经经历了100多年的发展历程，在理论体系构建上与时俱进，取得了长足进展。与苏联传统社会主义政治经济学和西方经济学相比，中国特色社会主义政治经济学理论体系有以下主要特点。

时代背景是社会主义初级阶段。中国正处于并将长期处于社会主义初级阶段，正在努力实现“两个一百年”奋斗目标。这是当代中国的基本国情，也是中国特色社会主义经济制度得以确立并不断发展的总依据。

空间背景是经济全球化。如何在对外开放中正确处理与资本主义世界的关系，把积极参与经济全球化与坚持独立自主结合起来，是中国特色社会主义经济发展需要解决的中心课题。

根本立场是以人民为中心。坚持把增进人民福祉、促进人的全面发展、朝着共同富裕方向稳步前进作为经济发展的出发点和落脚点，体现了中国特色社会主义政治经济学的价值追求。

研究对象是中国特色社会主义经济形态。这既包括改革开放以后确立的中国特色社会主义生产关系或经济制度，也包括在此基础上形成的中国特色社会主义经济发展战略、发展理念、发展政策和发展道路。

研究任务是揭示中国特色社会主义经济产生、发展和运动的规律。把中国的实践经验上升为系统化的学说，并从中国的特殊经验中提炼普遍性原则，为丰富和发展科学社会主义和马克思主义贡献中国智慧。

逻辑主线是生产力与生产关系的相互作用。传统的社会主义政治经济学以生产关系为主要研究对象，而社会主义的根本任务是发展生产力，坚持把发展作为第一要务。从这一点出发，中国特色社会主义政治经济学在对生产力和生产关系及其相互作用的研究中，更加突出促进生产力发展的内容。

逻辑起点是社会主义初级阶段的基本经济制度。公有制为主体、多种所有制经济共同发展的基本经济制度，是中国特色社会主义生产关系的核心和基础，决定着中国特色社会主义经济的各个环节和各个方面。

理论核心是社会主义市场经济。把社会主义基本制度与市场经济相结合，既发挥社会主义制度的优势，又发挥市场经济的长处，这是中国特色社会主义政治经济学的理论核心和鲜明特色。

理论贡献在于提出了一系列原创性观点。在探索把公有与私有、政府与市场、自由与集中、效率与公平、开放与自主、稳定与变革、传统与现代等因素有机结合方面，取得了重要成果。

理论灵魂是实现共产主义。社会主义是共产主义的低级阶段，发展中国特色社会主义的各项措施，如践行以人民为中心的发展思想、促进人的全面发展、完善公有制为主体的基本经济制度、走共同富裕道路、促进社会公平正义、保障和改善民生、落实人民当家作主的权利等，都是实现共产主义的现实步骤和具体行动，都是在向共产主义的远大理想迈进。

可见，中国特色社会主义政治经济学的内容涵盖了中国特色社会主义经济的生产、分配、交换等主要环节以及基本经济制度、基本分配制度、经济体制、经济发展和对外开放等主要方面，提出了一系列新的理论观点，初步形成了比较完整的理论体系。

***　***

中国特色社会主义政治经济学既是特殊的，又是普遍的；既是民族的，又是世界的；既尊重一般规律，又富有首创精神。它从一个方面证明，中国共产党人和中国人民完全有能力有信心为人类对更好社会制度的探索提供中国方案。在新的历史条件下，我们要响应习近平总书记的号召，加强研究和探索，加强对规律性认识的总结，不断完善中国特色社会主义政治经济学理论体系，推进充分体现中国特色、中国风格、中国气派的经济学科建设。

《人民日报》(2016 年 08 月 29 日)

面向新时代构建中国特色社会学

李培林

历史表明，社会大变革的时代，一定是哲学社会科学大发展的时代。当代中国正经历着我国历史上最为广泛而深刻的社会变革，也正在进行着人类历史上最为宏大而独特的实践创新。这一伟大进程，必将给理论创造、学术繁荣提供强大动力和广阔空间。社会学是哲学社会科学的重要组成部分，当代中国社会学是开放时代、变革时代的产物。加快构建中国特色社会学，回应时代和社会的重大关切，是中国社会学人的历史担当。

构建中国特色社会学的重大原则

坚持以马克思主义为指导。马克思是伟大的思想家和世界公认的具有奠基地位的社会学大家，其思想直接孕育了马克思主义社会学传统，对社会学学科发展产生了深远影响。在当代西方社会，马克思主义仍然具有巨大影响力，不少社会学流派和社会学家都直接或间接地继承与发展了马克思主义社会学传统。在我国，马克思主义的社会发展进步理论、阶级阶层分析理论、社会矛盾理论、社会建设理论等，对革命实践和现代化建设都起到了重要指导作用。因此，坚持以马克思主义为指导，对马克思社会学思想中所蕴含的宝藏进行挖掘和提炼，是构建中国特色社会学的基本前提和重要保障。

坚持以我国发展中的重大理论和现实问题为导向。“问题导向”是中国特色社会学最鲜明的风格。习近平总书记指出：“坚持以马克思主义为指导，必须落到研究我国发展和我们党执政面临的重大理论和实践问题上来，落到提出解决问题的正确思路和有效办法上来。”我国社会学在重建伊始，就以国情研究和解决重大发展问题为使命。当今世界，很少有哪个国家的社会学能够像我国社会学这样，把研究主题与本国社会亟须解决的重大理论和现实问题紧密联系起来，研究成果受到党和人民的高度关注。当前，我国正处于全面建成小康社会、实现中华民族伟大复兴中国梦的关键时期，经济社会发展进入一个新的历史阶段，同时也面临着一系列新情况新问题新挑战。中国特色社会学要聚焦我国发展中的重大理论和现实问题，努力满足发展实践的需求。

坚持以人民为中心。中国特色社会学要有所作为，就必须坚持以人民为中心的研究导向，把实现社会公平正义、维护最广大人民的根本利益作为研究的基本出发点。我国老一辈社会学家，从费孝通到陆学艺，都把“志在富民”作为研究宗旨，特别注重研究和思考如何让广大农民普遍富裕起来。费孝通曾经感言：“为了人民的利益，为了人类中绝大多数人乃至全人类的共同安全和繁荣，为了满足他们不断增长的物质和精神生活的需要，科学才会在人类的历史上发挥它应有的作用”。社会学研究要聚焦人民的实践创造。如果脱离人民、远离人民，研究就会成为无源之水、无本之木，也就不会有吸引力、感染力、影响力和生命力。中国特色社会学要坚持为人民做学问，加强社会关怀，坚持志在富民的初心，建设“为人民”的社会学。

坚持深入调查研究。注重深入细致的调查研究和运用科学的调查方法，是中国特色社会学的优良传统。改革开放后，社会学恢复重建。30 多年来，我国社会学进行了许多大规模的持续跟踪调查，获得了大量第一手经验材料，在哲学社会科学各学科中独树一帜。杜绝空谈、立论有根据、结论有经验材料支撑，也成为我国社会学鲜明的学术品格。中国特色社会学要把深入调查、问题导向、理论和方法创新结合起来，认真研究经济社会发展中出现的一系列复杂矛盾、问题和挑战，努力提供及时有效的解决方案，形成有效解决中国问题的中国理论。

构建中国特色社会学的重要议题

中国特色社会学扎根于中国经济社会发展的伟大实践。所谓“中国特色”，就是以马克思主义为指导，立足中国实践、解决中国问题。中国特色不仅体现在社会学所坚持的重大原则上，还体现在社会学的重要议题上。在新的时代条件下构建中国特色社会学，就要深入研究跨越“中等收入陷阱”、推动社会结构转型、创新社会治理等重要议题。事实上，这些议题不仅是中国特色社会学需要面对和解答的，也是国际社会学界普遍关注的。

全面建成小康社会，跨越“中等收入陷阱”。我国到2020年全面建成小康社会、向着实现社会主义现代化目标扎实行进，是人类发展史上的壮举，也会在很多方面改变整个世界的政治经济社会格局。必须看到，虽然我国经济总量已居世界第二，但仍然是一个发展中国家，仍然处于社会主义初级阶段，目前面临的一个难关仍然是跨越“中等收入陷阱”。我国跨越“中等收入陷阱”具备许多有利条件，如经济社会结构具有较大弹性、区域发展形成“雁阵式”梯度格局、人力资本增长潜力巨大、未来发展还有广阔空间等。但同时也面临严峻挑战。毕竟一个世纪以来从世界边缘进入中心的大国十分罕见，我国的现代化还有艰难的路要走。因此，我国社会学者要理性、冷静、全面、准确地研判我国发展的历史方位，深入研究和认真分析各种社会现象背后的总逻辑，为全面建成小康社会、跨越“中等收入陷阱”提供社会学理论支撑。

理解经济发展新常态，推动社会结构转型。社会结构转型是社会学研究的一个经典问题。我国进入工业社会以后，以工业化、后工业化和城镇化、新型城镇化为主要特征的社会结构转型是一个漫长的过程，需要不断研究新的阶段性特征。当前，我国经济发展进入新常态，在城乡发展一体化、劳动力供求关系、职业结构变动、收入分配格局、人口老龄化进程等方面都出现了一些具有标志性的转折点，预示着我国社会结构转型进入了一个新阶段。我国社会学者要深入理解经济发展新常态，密切关注新常态下社会结构转型的新特征，在千变万化的社会现象中总结出一些规律性、规则性的东西，创新社会结构转型理论。

发展和完善“新社会动力学”，助力创新驱动发展。创新、协调、绿色、开放、共享的发展理念，是指引实现全面建成小康社会宏伟目标和今后相当长一个时期发展实践的行动指南。其中，创新是引领发展的第一动力。它不仅包括科技创新和产业结构升级，还包括理论创新、制度创新、文化创新等各方面创新。社会学用创新精神、社会流动频率、结构变化弹性等概念或指标来描述社会动力和创新能力。一个国家、民族或社会的发展现状和发展前景，很大程度上取决于其是否具有持续推动发展的社会动力和创新能力。当前，世界各国的发展条件发生很大变化，创新能力在很多情况下已经成为持续发展的命脉。然而，迄今为止，社会科学对创新能力的研究还比较缺乏。我国社会学者应当跟上时代步伐，从“社会动力”问题入手，展开对创新驱动发展的系统研究，形成对“社会动力”和“创新驱动”的分析和解释体系，努力形成一门“新社会动力学”。

理顺政府、市场和社会的关系，创新社会治理体系。社会治理是国家治理的重要组成部分。推进国家治理体系和治理能力现代化，需要创新社会治理体系。改革开放30多年来，我国社会各方面都在发生变化，其中比较突出的是社会治理方式的变化，即从单一的政府治理向政府主导下的社会多元治理转变。如何处理好政府与社会、市场与社会的关系，是创新社会治理的一个核心议题。这不仅是中国面临的问题，也是世界各国普遍面临的难题。我国在加强和创新社会治理中，强调要形成政府、社会、市场的治理合力，动员各种社会力量参与社会治理。在这些方面，有很多需要研究的课题。比如，如何发挥好工青妇等人民团体、行业协会、城乡社区居民自治组织和各种社会组织的作用；如何做好新社会阶层、新社会群体的工作，最广泛地团结人民群众；如何凝聚起强大的社会力量，共同建设中国特色社会主义美好家园等，都需要社会学者贡献思想和智慧。

加强社会心态研究，回应人民群众期盼。随着我国经济体制、社会结构的深刻变革和对外开放进一步深化，人们的思想观念正在发生巨大变化，代际观念也出现了明显差异；互联网的广泛使用极大丰富了人们表达意见和诉求的渠道，也改变了社会舆论形成的规则。我国社会学擅长基于经验材料的事实分析，但对社会心态的研究不够深入。新形势下，要注重研究人民群众的价值观变化、心理预期和精神需求，注重研究社会认同、社会情绪、满意度、公平感、安全感、幸福感、获得感、归属感等，注重研究不同社会阶层、不同社会群体的社会心态特征。这样才能积极、有效回应广大人民群众的期盼，促进形成理性平和、包容开放、积极向上的社会心态，避免出现各种极端主义和民粹主义绑架民意的问题。

加强大数据分析，创新社会学研究方法。随着社会信息化深入发展，信息的获取方式、积累方式和使用方式都发生了革命性变化，形成了整体的、综合的、不规则的、不同于一般抽样统计数据的大数据。这为社会学研究与分析提供了新的工具和丰富宝藏，很有可能改变社会学的学科面貌和应用前景。我国社会学者要抓住这个研究方法的前沿问题，大力推进大数据分析方法在社会学研究中的运用。

构建中国特色社会学的基本路径

构建中国特色社会学，要秉持经世致用的传统，始终紧密联系现实、直面新形势新问题，特别是要着力解决经济发展和社会建设中的重大课题。党的十八大以来，党中央把改善民生和创新社会治理作为社会建设的两大根本任务，这涉及教育、就业、收入分配、社会保障、医疗健康、社会治理、社会安全等众多社会学研究领域，不但向社会学提出了重要研究任务，也为中国特色社会学的构建和发展提供了新机遇。抓住这一新机遇，应着重从以下几个方面加快构建中国特色社会学的步伐。

加强社会学学科体系和教材体系建设。构建中国特色社会学，要建立既符合现实发展需要和学科发展规律，又涵盖社会管理学、社会政策学、社会心理学、人口学、人类学、民俗学以及其他各分支社会学的大社会学学科体系。学科体系发展与教材体系发展密不可分。教材体系上不去，学科体系发展就没有后劲。我国社会学恢复重建 30 多年来，积极译介国外社会学重要著述，组织力量编写马克思主义社会学和大量社会学著作、教材，产生了一批有影响的教材和论著。但总体而言，教材质量参差不齐，精品经典教材还比较少。这是我国社会学学科发展的短板。因此，应编写和推出一批充分反映改革开放以来我国社会巨大变化、充分反映 30 多年来我国社会学优秀研究成果、充分反映国际社会学最新发展趋势的优秀教材，为中国特色社会学的学科发展奠定坚实基础。

加强社会学人才队伍建设。构建中国特色社会学，加强队伍建设是题中应有之义。促进社会学学科发展，关键是要汇聚一批专业化、高素质的人才队伍。我国社会学恢复重建以来，已经形成了一支具有相当规模、较强实力的研究队伍。越来越多的研究者、教学者、工作者接受过严格的专业学术训练，他们了解中国国情，具有丰富的社会调查经验和较强的研究能力；社会学学科的专业化、规范化和职业化程度越来越高。然而，人才队伍建设依然面临人才区域分布不均衡、学科领军人物新老交替断档、急需发展领域人才匮乏、促进新生代成长的体制机制不完善等问题。因此，应继续加强社会学人才队伍建设，发现、培养、集聚一批勇于开拓创新的学科带头人，形成一批年富力强、锐意进取的中青年学术骨干，构建种类齐全、梯队衔接的学科人才体系。

加强社会学的学风建设。构建中国特色社会学，学风建设是重要保障。我国社会学界有着良好的科研学风传统，老一代社会学家树立了注重社会调查的优良学风，社会学界要保持和发扬光大这个传统。目前，社会学界也存在一些学风问题：中长期重大问题的研究较少，短平快的研究较多；有理论建树的少，纯观点炒作的多；打基础、利长远的知识积累少，赶时髦的时兴之作多；真正能推动理论和实践创新的课题研究少，低水平重复的多；科研成果重视数量、忽视质量；等等。解决这些问题，必须加大社会学学风建设力度。社会学者应当有“独上高楼”的勇气、“回头蓦见”的功夫和“终不悔”的决心，耐得住“望尽天涯路”的寂寞，同时能够经得起诱惑、守得住底线，立志做“为人民”的大学问、真学问。

加强社会学“走出去”步伐。构建中国特色社会学，必须推动我国社会学走出国门、与世界对话。随着我国综合实力增强、国际地位提升、在国际事务中发挥的作用越来越大，我国社会学产生国际影响迎来良好契机。我国社会学者有责任向世界解读中国社会的变化，让世界更好地了解中国。为此，要积极实施“走出去”战略，鼓励学者参加国际学术会议、发表外文学术文章、牵头组织国际研究项目；鼓励学术机构建立海外调研基地和研究中心，鼓励研究机构参与和设立国际性学术组织；鼓励兴建外文学术网站和办好外文学术期刊，积极向国外推介我国的高水平研究成果。

形成中国特色、中国风格、中国气派的社会学

习近平总书记在哲学社会科学工作座谈会上的重要讲话为构建中国特色

哲学社会科学指明了方向和路径，为推动哲学社会科学工作创新发展注入了强劲思想动力。构建中国特色社会学，要按照“立足中国、借鉴国外，挖掘历史、把握当代，关怀人类、面向未来”的思路，着力形成中国特色、中国风格、中国气派的社会学。

充分体现继承性、民族性。我国的本土文化、本土学术、本土概念在表达和理解我国鲜活的社会实践方面具有得天独厚的优势，奠定了我国社会学的基本取向和精神气质。构建中国特色社会学一定要继承和发扬这些优秀思想和文化传统，对其加以系统整理、挖掘和诠释；同时还要秉持文化自觉和理论自觉，创造出适合于当代中国社会的概念体系、理论体系和话语体系。中国特色社会学还要具有强烈的“主体性格”，一定要“根植于中国土壤之中”，以研究解决中国问题为主攻方向，走自己的发展道路，为解决中国社会问题提供思路与方案。

充分体现原创性、时代性。中国特色社会学要持续加强对“中国经验”的深入探索和研究。中国特色社会主义道路是开放包容之路，是推动世界文明共同发展的现代化之路。在此基础上形成的“中国经验”将会改变和修正西方现代化逻辑，并在世界范围内促使人们重新思考和审视人类社会发展的趋势和前景。中国特色社会学应勇立时代潮头、聆听时代声音、回应时代呼唤，在“中国经验”研究的基础上力争取得更多原创性优秀成果。

充分体现包容性、开放性。中国特色社会学应广泛吸收全人类关于社会变迁和社会发展的共同知识财富。一方面，应系统全面地了解国际社会学发展的各种趋势，把握国际社会学研究的理论前沿问题；善于理解和辨析各种理论学派观察社会现实的视角和方法，及时翻译和介绍国外社会学著作，并积极参与国际社会学界共同的知识积累过程。另一方面，应深入挖掘本土以“群学”为特征的学术资源，展开规范的经验研究，作出新的理论提炼和概括。在此基础上，加强交流对话，形成中国特色社会学的理论体系和话语体系，并为世界社会学发展作出贡献。

《人民日报》（2017 年 01 月 23 日）

中国特色社会主义政治经济学的创新发展

黄晓勇

去年 5 月 17 日，习近平总书记在哲学社会科学工作座谈会上发表重要讲话，对加快构建中国特色哲学社会科学提出了明确要求、指明了发展方向。经济学界积极响应，在习近平总书记系列重要讲话精神和治国理政新理念新思想新战略的指引下深化研究，在推动中国特色社会主义政治经济学创新发展方面取得了丰硕成果。

深化经济发展新常态理论研究，丰富和拓展社会主义初级阶段理论

党的十八大以来，以习近平同志为核心的党中央作出我国经济发展进入新常态的重大战略判断，明确指出“认识新常态，适应新常态，引领新常态，是当前和今后一个时期我国经济发展的大逻辑”。经济发展新常态理论得到经济学界的广泛认同。

经济学者围绕增长、结构、动力、改革、机遇等主题不断深化经济发展新常态理论研究。学者们指出，新常态下的经济增长取决于潜在增长率，因而应把潜在增长率作为确定增长目标和宏观经济政策的主要依据；新常态意味着中国经济结构的新飞跃，因而结构调整是当前推动经济发展的重点；新常态下经济发展的动力在于创新，要实现创新驱动发展，必须建立健全正向激励机制，深化价格形成机制改革等；全面深化改革是提质增效、优化结构的关键，是适应新常态、重塑新动力的根本途径。学者们还对新常态下我国重要战略机遇期的新内涵进行了研究，指出我国正面临加快转变经济发展方式的难得

历史机遇。要坚持以提高发展质量和效益为中心，对内优化产业布局，对外积极参与全球价值链重构。经济发展新常态是对当前我国经济发展阶段性特征的概括性表述，对经济发展新常态理论的研究丰富和拓展了社会主义初级阶段理论，深化了对社会主义初级阶段这个当代中国最大国情、最大实际的认识。

深化新发展理念研究，谱写中国特色发展经济学新篇章

党的十八届五中全会提出创新、协调、绿色、开放、共享的发展理念。经济学者普遍认为，在新发展理念指引下不断适应、把握、引领经济发展新常态，就从思想理念上找到了解决矛盾问题、开启新发展路径的金钥匙，也翻开了中国特色发展经济学的新篇章。

学者们指出，新发展理念是具有中国原创性的发展新思想，要求实现发展方式、发展动力、发展导向、发展路径的全面变革。创新发展，意味着发展由数量追赶进入质量追赶阶段，应重点纠正资源错配，形成促进创新的体制架构，大力推进理论创新、制度创新、科技创新、文化创新等各方面创新。协调发展，要求正确处理发展中的重大关系，促进城乡区域、经济社会协调发展。将实施“一带一路”建设、京津冀协同发展、长江经济带发展三大战略和实施西部开发、东北振兴、中部崛起、东部率先“四大板块”的区域发展总体战略结合起来，能大幅度提升区域发展协同程度。绿色发展，坚持绿水青山就是金山银山，要求把生态文明建设融入经济社会发展全过程，实现人与自然和谐共生。开放发展，以“一带一路”建设为依托，要求完善对外开放布局，形成对外开放新体制，更好利用国际国内两个市场、两种资源，形成深度融合的互利合作格局，实现合作共赢、共同发展。共享发展，要义是全民共享、全面共享、共建共享、渐进共享，坚持以人民为中心的发展思想，维护社会公平正义，使全体人民在共建共享发展中有更多获得感，不断朝着共同富裕目标稳步前进。新发展理念继承和丰富了马克思主义发展观，是关于中国特色社会主义追求什么样的发展目标、选择什么样的发展方式、发展为什么人谋利益等基本发展问题的价值判断和思想指引，为中国特色发展经

济学增添了新的重要内容。

深化社会主义市场经济体制研究，推动改革开放理论新发展

党的十八大以来，我国社会主义市场经济体制进入加快完善阶段。随着经济发展进入新常态，改革进入深水区，改革攻坚的重点主要包括：处理好政府和市场的关系，深化国企改革，解决供需不匹配问题，进一步扩大对外开放等。学者们围绕这些问题展开深入研究，取得了一些成果。

经济体制改革理论的新突破：厘清政府与市场的关系。政府与市场的关系一直是政治经济学研究和讨论的焦点。面对新常态下市场主体对健全市场机制的更高要求，党中央提出使市场在资源配置中起决定性作用和更好发挥政府作用的重大论断。经济学者普遍认为，这是一个重大理论创新，为进一步完善社会主义市场经济体制奠定了重要基础。使市场在资源配置中起决定性作用，能够使各种要素的价格反映其相对稀缺程度，使我国经济更好地按照比较优势发展。同时，科学的宏观调控和有效的政府治理是发挥社会主义市场经济体制优势的内在要求，政府应在保持宏观经济稳定、加强和优化公共服务、保障公平竞争、加强市场监管、维护市场秩序、推动可持续发展、促进共同富裕、弥补市场失灵等方面充分发挥作用。

社会主义基本经济制度的重要实现形式：混合所有制经济。我们党提出发展混合所有制经济，既是为了坚持公有制主体地位、发挥国有经济主导作用，也是为了鼓励、支持、引导非公有制经济发展。学者指出，发展混合所有制经济，应强调国有资本、集体资本、非公有资本等交叉持股、相互融合，是双向混合而非单向混合，由谁控股应具体情况具体分析；深化垄断行业改革应成为发展混合所有制经济的助推器。还有学者提出，不能指望“一混就灵”，有了好的产权制度和产权结构，还要有好的公司治理机制和运营机制、好的企业文化和人才团队，并且不断进行技术创新和管理创新，才能达到提升企业核心竞争力的目标。

经济发展思路的重大创新：推进供给侧结构性改革。经济发展新常态下，部分行业产能过剩和大量进口关键装备、高端产品的现象并存，消费需求外

溢问题突出，反映出经济发展面临的矛盾和问题主要在供给侧。党中央着眼于适应和引领经济发展新常态提出推进供给侧结构性改革，大大推动了中国经济学的创新发展。一些经济学者对西方主流经济学在理论上忽视供给侧、在政策实施中缺乏适当的供给管理工具的问题进行了深刻反思，提出要加强对供给侧的研究，把供给侧管理作为经济政策的基本工具，通过优化要素供给结构、经济结构和制度结构，实现经济发展由低水平供需平衡向高水平供需平衡跃升。

开创合作共赢的新模式：推进“一带一路”建设。“一带一路”建设是中国为实现世界和平、稳定、繁荣而提供的一项重要公共产品，也是中国构建全方位开放发展新格局的重大举措。经济学者围绕“一带一路”建设的重大意义、丰富内涵、突出成就和未来前景展开深入研究。学者们认为，“一带一路”建设有利于扩大世界市场空间、有利于为世界发展提供中国机遇、有利于推进中国全方位开放、有利于实现互利共赢，开创了合作共赢的新模式，具有广阔的发展前景。应从进一步加强同其他经济体的战略对接、构建开放型经济新体系、加快落实相关项目和方案、提升经贸合作区的服务品质和层级等方面加快推进“一带一路”建设。

确立正确的研究立场和研究方法，完善中国特色社会主义政治经济学范式

当代中国马克思主义政治经济学的使命，是深入研究如何建设社会主义社会、发展社会主义经济。围绕这一重大使命，我国经济学者坚持把马克思主义政治经济学基本原理同中国特色社会主义经济建设丰富实践相结合，加快构建中国特色社会主义政治经济学，在研究立场、研究内容和研究方法等方面把马克思主义政治经济学向前推进了一大步，完善了中国特色社会主义政治经济学范式。

在研究立场上坚持以人民为中心的发展思想。以人民为中心的发展思想，是马克思主义政治经济学的根本立场。党的十八大以来，中国特色社会主义政治经济学以增进人民福祉、促进人的全面发展、朝着共同富裕方向稳步前

进为价值追求，深化了马克思主义关于人民群众创造历史的观点，体现了中国特色社会主义的本质特征和社会主义市场经济发展的根本目的。有学者强调，中国快速发展靠的是改革开放，中国未来发展也要靠改革开放，因此马克思主义政治经济学研究应以改革开放的立场和理念认识问题、分析问题、解决问题。应坚持以马克思主义为指导，大胆吸收借鉴人类创造的有益理论观点和学术成果，结合中国经济发展实践进行理论创新，在实践中认识真理、检验真理、发展真理。

在研究方法上注重实事求是和回应现实。辩证唯物主义和历史唯物主义的方法是马克思主义政治经济学的根本研究方法，强调抽象与具体、分析与综合、归纳与演绎、逻辑与历史相统一。在中国特色社会主义建设日新月异的今天，运用马克思主义政治经济学的根本研究方法揭示经济现象的本质、发现经济运行的规律，需要特别注重实事求是和回应现实。回顾经济学思想史，具有里程碑意义的经济学研究或经济学革命无不关照和回应时代与社会的重大现实，具有极强的现实解释力和指导力。当前，世界经济和中国经济面临越来越多的新情况新问题，而现代西方主流经济学不仅存在研究目的和研究方法的先天缺陷，而且越来越抽象化、数学化，与现实经济社会发展的距离越来越大，对经济问题的解释力越来越弱。中国经济学者应坚持理论联系实际，高度重视调查研究和经验总结，既坚持辩证唯物主义和历史唯物主义的根本研究方法，又注重补充新的、适应新的经济现象和新的研究对象及其特点的研究方法；既深化理论研究，又着眼于科学理论的运用和对实际问题的探索回答，从而进一步丰富发展具有中国特色、中国风格、中国气派的中国特色社会主义政治经济学。

《人民日报》（2017 年 06 月 05 日）

深入研究新发展理念的政治经济学内涵

黄泰岩

党的十八大以来，习近平总书记立足我国国情和发展实践，对发展当代中国马克思主义政治经济学、中国特色社会主义政治经济学作出了一系列重要论述。这些重要论述为中国特色社会主义政治经济学创新发展指明方向，推动中国特色社会主义政治经济学的基础性创新。

阐明中国特色社会主义政治经济学的根本立场

习近平总书记旗帜鲜明地提出以人民为中心的发展思想，回答了我国经济改革发展为了谁、依靠谁这个最基本的理论问题。以人民为中心的发展思想是中国特色社会主义政治经济学的根本立场，也是中国特色社会主义政治经济学区别于西方经济学的本质特征。

在社会主义初级阶段，坚持以人民为中心的发展思想，实现好、维护好、发展好最广大人民的根本利益，就要持续解放和发展社会生产力，在此基础上不断改善人民生活。围绕解放和发展社会生产力、不断改善人民生活，中国特色社会主义政治经济学要解决好以下问题：

继承马克思主义政治经济学研究生产关系的传统，努力揭示社会主义生产关系发展运动的规律。应研究并不断推动经济体制改革，破除一切束缚生产力发展的体制机制障碍，构建适应生产力发展要求的社会主义生产关系，最大限度调动广大人民群众的积极性主动性创造性，让一切创造财富的源泉充分涌流，让社会生产力不断得到解放和发展。

研究生产力运行规律，实现资源优化配置。在资源有限的情况下，最大限度地满足广大人民群众日益增长的物质文化需要，必须研究生产力发展规律，目前特别需要研究产业结构、城乡结构、区域结构、技术结构、需求结构等一系列重大结构演进规律，推动我国经济朝着更高质量、更有效率、更加公平、更可持续的方向发展，顺利跨越“中等收入陷阱”。中国特色社会主义政治经济学可以吸收发展经济学、经济增长理论等西方经济学的有益成分，并立足我国实践和经验提出新学说，更好解决中国问题，为世界经济学发展贡献中国智慧。

研究生态环境发展规律，把保护生态环境、改善生态环境提升到保护生产力、发展生产力的高度，实现人与自然和谐相处，促进人的全面发展。深入研究经济发展与生态环境之间的关系，研究人的福祉与生态环境之间的关系，为广大人民群众创新创业、过上幸福美好生活提供基础和空间。

引领中国特色社会主义政治经济学站上历史新起点

习近平总书记坚持马克思主义唯物史观，提出经济发展新常态思想，引领中国特色社会主义政治经济学站上了新的历史起点，在揭示社会主义产生、发展壮大和走向共产主义的客观规律方面取得了新突破。

对于社会主义产生、发展的自然历史过程，习近平总书记指出：“我们党领导的革命、建设、改革伟大实践，是一个接续奋斗的历史过程，是一项救国、兴国、强国，进而实现中华民族伟大复兴的完整事业”。在我国实现30多年持续快速增长成为世界第二大经济体从而完成兴国历史任务的新起点上，我们党根据我国经济发展面临的新形势新特征新任务，及时作出了经济发展进入新常态的重大战略判断，开始了实现强国的新征程。

我国仍处于并将长期处于社会主义初级阶段，这是我们党对我国基本国情的总体判断。经济发展进入新常态的重大判断，准确刻画了当前我国经济发展的阶段性特征。这不仅在理论上丰富和拓展了社会主义初级阶段理论，让我们更为精准地认识当下、适应把握引领经济发展新常态，而且为构建适应经济发展新常态的中国特色社会主义政治经济学开辟道路，从而能够更加积极主动地引领经济发展新常态，实现强国目标。

在经济发展新常态下，生产力发展的主要矛盾从以往的总量性矛盾转变为结构性矛盾，如以中低端为主的产业结构不适应提高发展质量和效益的需要；大量无效和低端产品供给难以满足居民对产品的质量、品牌、安全和个性化消费需求等。这就决定了新常态下的经济发展必须从注重量的扩张转向注重质量和效益的提高，关键是推动经济增长从要素驱动转向创新驱动，保持中高速；产业发展从低水平重复建设转向产业结构优化升级，迈上中高端。

西方经济增长理论强调技术进步和全要素生产率对经济增长的重要贡献，探讨影响技术进步的因素和实现技术进步的途径，但其以研究发达国家经济增长为己任，忽略了发展中国家最核心的问题不是单纯的经济增长而是经济发展，更没有关注像我国这样的发展中国家从中等收入阶段向高收入阶段迈进过程中面临的技术进步和重大结构优化问题。西方发展经济学虽然探讨发展中国家的发展问题，也研究发展中国家的经济结构优化问题，但忽略了技术进步以及工业化、城镇化和农业现代化共同发展和互动发展的问题，而且将研究重点集中于低收入国家如何实现发展上，没有考虑进入中等收入阶段后的发展中国家如何完成重大经济结构转型及继续发展等问题，当然更不可能研究中国的经济体制转型和全面深化改革问题。

中国经济发展实践呼唤构建立足中国实际、解决中国问题、促进中国发展的中国特色社会主义政治经济学。经济发展新常态思想的提出，使中国特色社会主义政治经济学站上了历史新起点。中国特色社会主义政治经济学必须顺应发展阶段的新变化新特点新要求继续推进理论创新，破解发展中国家在强国阶段的技术进步和重大结构优化等难题，为跨越“中等收入陷阱”、建成社会主义现代化国家提供系统理论指导和有效解决方案，把中国特色社会主义推向更高的发展阶段。

构建中国特色社会主义政治经济学理论体系新框架

党的十八大以来，创新、协调、绿色、开放、共享的发展理念和经济体制改革构成了中国特色社会主义政治经济学理论体系的总体框架，成为学术研究的重点问题。

创新发展研究。重点是研究决定发展速度、质量和效益的动力。研究如何充分发挥创新作为经济发展第一动力的作用，建设创新型国家，全面提升潜在经济增长率和全要素生产率，把经济发展新常态下的发展速度稳定在中高速，顺利实现“两个一百年”奋斗目标。研究以信息技术、智能技术为特征的新一轮技术革命，构建产业新体系、新模式、新业态，拓展发展新空间；研究“互联网+”战略，改造传统产业，提升发展质量和效益；研究如何通过发展绿色技术，破解资源环境瓶颈制约，实现经济增长与生态文明建设同向同行。

协调发展研究。我国正处于由中等收入国家向高收入国家迈进的阶段。国际经验表明，这个阶段是各种矛盾集中爆发的时期，发展不协调、存在诸多短板也是难免的。协调发展研究应从当前我国发展中不平衡、不协调、不可持续的突出问题出发，研究什么是及如何走新型工业化道路，促进新型工业化、信息化、城镇化、农业现代化同步发展，形成良性的产业结构优化升级机制，推动产业结构迈上中高端，推动产品品种、品质、品牌全面提升，实现产业结构与居民需求结构、产品结构与居民消费结构相协调。研究什么是以及如何走新型城镇化道路，以人的城镇化为核心，实现人口城镇化、产业城镇化和土地城镇化互动协调，推进城乡一体化，实现城乡结构和城镇结构优化升级。研究如何推动区域经济协调发展，深入实施西部开发、东北振兴、中部崛起、东部率先的区域发展总体战略和京津冀协同发展、长江经济带发展、“一带一路”建设三大战略，推进区域经济一体化。还应研究如何推进经济建设和国防建设深度融合发展。

绿色发展研究。研究重点是坚持节约资源和保护环境的基本国策，坚定走生产发展、生活富裕、生态良好的文明发展道路。一是形成绿色生产方式，构建科技含量高、资源消耗低、环境污染少的新产业体系和循环经济体系，提高经济绿色化程度。二是形成绿色生活方式，树立绿色生活理念，养成绿色生活习惯，达到绿色生活自觉。三是形成绿色思维方式，坚持底线思维，划定不可逾越的生态红线；坚持永续发展思维，为子孙后代留下发展空间；坚持法治思维，建立最严格的生态监管制度体系。四是形成绿色领导方式，把绿色发展指标作为干部政绩考核评价体系的重要指标，甚至实行“一票否决”。

开放发展研究。研究重点是坚持对外开放基本国策，加快推进“一带一路”建设等，发展更高层次的全方位开放型经济。一是推进全方位对外开放，使我国对外开放从沿海扩展到沿边、沿江，从主要对发达国家开放扩展到对发达国家与发展中国家开放并重，从主要是“引进来”扩展到“引进来”和“走出去”并重。二是推进更高层次对外开放，使我国对外开放沿着从跟随到参与再到主导制定国际规则和技术标准的路径不断攀升，更深入地参与全球经济治理，获取与我国经济地位相称的话语权和主导权。三是构建跨国产业链，使我国对外开放从一般的“引进来”“走出去”扩展为加强国际产能合作、构建跨国产业链，实现对国际国内两个市场、两种资源的系统整合与利用。

共享发展研究。朝着共同富裕的目标前进，是中国特色社会主义的本质要求，也有利于保持我国经济持续健康发展。一是重点研究如何充分调动人民群众的积极性、主动性、创造性，举全民之力推进中国特色社会主义事业，不断把“蛋糕”做大。主要目标是把我国经济稳定在6.5%左右的增长区间，并且实现比较充分的就业。二是重点研究如何把不断做大的“蛋糕”分好，让社会主义制度的优越性得到更充分体现，让人民群众有更多获得感。扩大中等收入阶层，逐步形成橄榄型分配格局。特别要加大对困难群众的帮扶力度，实施精准扶贫战略，坚决打赢农村贫困人口脱贫攻坚战，让全体人民共享改革发展成果。

以改革保障和推动发展。改革与发展相互促进，改革也是为了发展，因而改革同样是中国特色社会主义政治经济学研究的最重要内容之一，其研究的重点主要有四个：一是研究如何更好坚持和完善社会主义基本经济制度。重点是坚持公有制为主体、多种所有制经济共同发展。毫不动摇巩固和发展公有制经济，毫不动摇鼓励、支持、引导非公有制经济发展，推动各种所有制经济取长补短、相互促进、共同发展，巩固经济社会发展的制度基础。以混合所有制改革为国有企业改革的重要突破口，坚定不移把国有企业做强做优做大。二是研究如何更好坚持和完善社会主义基本分配制度。坚持按劳分配为主体、多种分配方式并存的基本分配制度，努力推动居民收入增长和经济增长同步、劳动报酬提高和劳动生产率提高同步，不断健全体制机制和具体政策，调整国民收入分配格局，持续增加城乡居民收入，完善以税收、社会保障、转移支付等为主要手段的收入再分配调节机制，维护社会公平正义，解决好收入差距问题，使改革发展成果更多更公平惠及全体人民。三是研究如何更好坚持和完善社会主义市场经济体制。坚持社会主义市场经济的改革方向，继续在社会主义基本经济制度与市场经济的结合上下功夫，形成系统完备、科学规范、运行有效的制度体系。继续推进市场化改革，使市场在资源配置中起决定性作用；推进"放管服"改革，转变政府职能，更好发挥政府作用。四是研究如何更好推进供给侧结构性改革。针对我国经济发展中存在的重大结构性失衡问题，以满足需求为最终目的、将提高供给质量作为主攻方向、以深化改革为根本途径深化供给侧结构性改革。应研究、设计可行举措，打破垄断，健全要素市场，使价格机制真正引导资源配置。应深入研究加强激励、鼓励创新问题，增强微观主体内生动力，提高盈利能力，提高劳动生产率、全要素生产率、潜在经济增长率。

《人民日报》（2017年09月25日）

构建强起来的社会主义政治经济学

洪银兴

习近平新时代中国特色社会主义经济思想，是中国特色社会主义政治经济学的最新成果。党的十八大以来，我国经济发展实践充分证明，习近平新时代中国特色社会主义经济思想不仅引领中国经济发展进入新时代，而且开辟了当代中国马克思主义政治经济学新境界，是指引中华民族强起来的经济思想。当前，按照习近平新时代中国特色社会主义经济思想构建中国特色社会主义政治经济学的理论体系和话语体系，构建强起来的社会主义政治经济学，是经济学界需要深入研究的重大课题。

以新时代重大发展问题为导向

坚持问题导向是马克思主义的鲜明特点，表现为聆听时代声音、回应时代呼唤，认真研究解决重大而紧迫的时代问题，进而掌握规律，推动理论和实践创新。对构建中国特色社会主义政治经济学而言，坚持问题导向，最根本的就是发现并回答重大时代发展问题。以新时代重大发展问题为导向，意味着基于新时代特征的中国特色社会主义政治经济学并不是过去的马克思主义政治经济学社会主义部分的翻版，而是对它的继承、创新和发展。

中国特色社会主义政治经济学研究的基点是我国长期所处的社会主义初级阶段。社会主义初级阶段是一个很长历史时期，本身也是分阶段的。新中国成立后，我国先后经过了站起来和富起来的时代，现在已经进入强起来的新时代。新时代坚持和发展中国特色社会主义，总任务是实现社会主义现代化和中华民族伟大复兴。这也应该成为新时代中国特色社会主义政治经济学研究的总任务。根据这个总任务，中国特色社会主义政治经济学必须从政治经济学理论上系统回答坚持和发展什么样的中国特色社会主义、怎样坚持和发展中国特色社会主义，包括新时代坚持和发展中国特色社会主义的总目标、总任务、总体布局、战略布局和发展方向、发展方式、发展动力、战略步骤等方面的基本经济问题。

中国特色社会主义进入了新时代，我国经济发展也进入了新时代，基本特征就是我国经济已由高速增长阶段转向高质量发展阶段。只有推动高质量发展，才能跨越“中等收入陷阱”，顺利迈入高收入国家行列；才能保持经济持续健康发展，全面建成社会主义现代化强国。高质量发展不是自然而然实现的，需要跨越三大关口，即转变发展方式、优化经济结构、转换增长动力。因此，回应新时代重大发展问题，中国特色社会主义政治经济学必须完成研究任务转向，按照高质量发展的要求，针对需要跨越的关口，建立强起来时代的当代中国马克思主义政治经济学。

突出以人民为中心的学科性质

构建中国特色社会主义政治经济学，核心问题是要解决好为什么人的问题。为什么人的问题，反映一种经济理论的阶级性，决定这门学科的性质。中国特色社会主义政治经济学是对马克思主义政治经济学的继承与发展，是中国化的马克思主义政治经济学。习近平总书记指出，要坚持以人民为中心的发展思想，这是马克思主义政治经济学的根本立场。这一根本立场反映在中国特色社会主义政治经济学上，就是要代表中国最广大人民的根本利益。因此，中国特色社会主义政治经济学是以人民为中心的经济学，其理论体系构建要体现实现人民整体利益这一目标。

根据党的十九大确定的新时代全面建设社会主义现代化强国的宏伟蓝图，中国特色社会主义政治经济学的人民立场体现在四个方面：一是增加人民福祉，以让人民享有更加幸福安康的生活为研究目的。二是促进人的全面发展，即致力于研究人的现代化问题。三是实现共同富裕，在基本实现社会主义现代化阶段，重点研究如何使城乡区域发展差距和居民生活水平差距显著缩小，基本公共服务均等化基本实现；在全面建设社会主义现代化强国阶段，重点研究如何基本实现全体人民共同富裕。四是人与自然和谐共生，重点研究如何实现经济发展与生态保护双赢。从新时代的条件出发，中国特色社会主义政治经济学坚持以人民为中心的发展思想，把发展目的提升为最大限度满足人民对美好生活的需要，致力于让人民在社会主义现代化强国建设和中华民族伟大复兴进程中有更多获得感。

以解决新时代社会主要矛盾为主线

社会基本矛盾分析是马克思主义政治经济学的基本范式。以资本主义经济为主要研究对象的马克思政治经济学，致力于揭露生产社会化与生产资料资本主义私有制之间的矛盾，分析对象主要是不适应生产力发展的资本主义生产关系。中国特色社会主义政治经济学继承了社会基本矛盾分析的范式，但服从于建设社会主义新社会的需要，注重分析如何使生产关系适应生产力的发展、使上层建筑适应经济基础的发展，其分析对象不仅涉及生产关系范畴中的经济制度，还涉及生产力范畴中的经济发展，其研究主线自然要聚焦于分析和解决社会主要矛盾。

对社会主要矛盾的判断直接影响社会经济发展的方向和重点。改革开放后，我们党进一步明确我国社会的主要矛盾是人民日益增长的物质文化需要同落后的社会生产之间的矛盾。由此出发，指引富起来的政治经济学关注这一社会主要矛盾的主要方面即落后的社会生产，着力于发展生产力。随着中国特色社会主义进入新时代，社会主要矛盾已经转化为人民日益增长的美好生活需要和不平衡不充分的发展之间的矛盾。这说明，一方面，我国人民生活水平显著提高，人民群众的需要已经不只是“日益增长的物质文化需要”，不仅对物质文化生活提出了更高要求，而且在民主、法治、公平、正义、安全、环境等方面的要求日益增长；另一方面，经过改革开放以来的发展，我国社会生产力水平明显提高，社会生产能力在很多方面进入世界前列，过去对主要矛盾的表述——“落后的社会生产”，已经不能反映我国发展实际。

我国社会主要矛盾的变化是关系全局的历史性变化，对社会主要矛盾及其发展变化的分析是构建中国特色社会主义政治经济学的主线。我国长期处于社会主义初级阶段，根本原因是生产力水平落后于发达资本主义国家。因此，构建中国特色社会主义政治经济学，实质上就是要建立解放、发展和保护社会生产力的系统化的经济学说。

根据新时代社会主要矛盾的新变化，中国特色社会主义政治经济学要依据“两点论”和“重点论”的分析方法，研究社会主要矛盾在经济发展过程中的具体表现及相应的解决路径。因此，社会主要矛盾分析要更加关注矛盾的主要方面，着力点是解决发展不平衡不充分问题，涉及供给侧结构性改革问题，涉及通过发展质量、效率、动力三大变革提高全要素生产率问题，涉及在产业、区域、城乡等方面优化经济结构问题，等等。这些方面大大丰富了中国特色社会主义政治经济学的研究内容。

以新发展理念为主要内容

政治经济学是研究经济规律的。习近平总书记指出，发展必须是遵循经济规律的科学发展，必须是遵循自然规律的可持续发展，必须是遵循社会规律的包容性发展。这一阐述是对经济发展规律性认识的理论升华，是对新时代中国经济发展新特征、新趋势的科学把握。在遵循新时代经济发展规律的基础上，习近平总书记提出并深入阐释了创新、协调、绿色、开放、共享的发展理念。其中，创新着重解决发展动力问题，是发展的第一动力；协调着重解决发展不平衡问题，突出补齐短板；绿色着重解决人与自然和谐共生问题，突出生态文明建设；开放着重解决发展内外联动问题，推动构建人类命运共同体；共享着重解决社会公平正义问题，逐步实现共同富裕。新发展理念紧扣我国社会主要矛盾变化，按照高质量发展要求，引领发展理念、发展目标、发展方向、发展方式、发展动力的深刻革命。系统阐述新发展理念，就成为中国特色社会主义政治经济学的基本内容。

新发展理念是对我国经济发展实践经验的科学总结，是习近平新时代中国特色社会主义经济思想的主要内容，也是新时代中国社会主义经济建设的科学指南，开辟了中国特色社会主义政治经济学的新境界。新发展理念不仅是引领发展的理念，也是引领改革的理念。以新发展理念为主要内容，中国特色社会主义政治经济学需要进一步坚持和完善改革开放中形成的重大理论：在坚持和完善社会主义基本经济制度方面，既要毫不动摇巩固和发展公有制经济，又要毫不动摇鼓励、支持、引导非公有制经济发展。在完善社会主义市场经济体制方面，既要使市场在资源配置中起决定性作用，又要更好发挥政府作用。在完善基本分配制度方面，既要坚持按劳分配原则，又要完善按要素分配的体制机制，促进收入分配更合理、更有序。在推进新型工业化、信息化、城镇化、农业现代化方面，要实现“四化同步”发展，建设现代化经济体系。在完善对外开放体制方面，要主动参与和推动经济全球化进程，发展更高层次的开放型经济。所有这些，均成为基于新发展理念的中国特色社会主义政治经济学的主要内容。

基于以上分析，可以从四个层面构建中国特色社会主义政治经济学的逻辑体系：一是经济制度层面，以完善社会主义市场经济体制为引领，涉及基本经济制度和基本分配制度等方面的分析。二是经济运行层面，以提高经济运行效率和质量为引领，涉及市场、企业和宏观调控三大运行体制问题的分析。三是经济发展层面，以社会主义现代化为引领，涉及经济发展方式、经济结构和经济增长动力的分析，尤其要关注现代化经济体系建设。四是对外经济关系层面，以构建人类命运共同体为引领，涉及经济全球化新态势、对外开放新格局和新体制的分析。这四个层面构成以新发展理念为主要内容的中国特色社会主义政治经济学的逻辑体系。

利用好四大资源

构建中国特色社会主义政治经济学要利用好四大资源：一是马克思主义的资源，这是中国特色社会主义政治经济学的理论核心。二是中华优秀传统经济思想资源，这是中国特色社会主义政治经济学的宝贵财富。三是中国特色社会主义经济实践，这是中国特色社会主义政治经济学的创新基础。四是国外哲学社会科学资源，这是中国特色社会主义政治经济学的有益滋养。

马克思主义政治经济学尤其是《资本论》不仅为中国特色社会主义政治

经济学提供世界观和方法论，而且提供话语体系基础。其中包括：《资本论》中建立的系统的经济学范畴和所使用的方法，《资本论》对未来社会的预见和规定，《资本论》阐述的市场经济的基本原理等。我国社会主义经济建设的许多方面都可以用《资本论》的立场、观点、方法来说明。

中华优秀传统经济思想是中华民族宝贵的精神财富，为中国古代经济长期领先于世界提供了思想指引。在新的历史条件下，中华传统经济思想依然有着十分重要的理论和现实价值，其合理内核和积极要素值得进一步挖掘。

讲好中国经济故事需要形成新的理论概括、新的经济范畴并体现中国智慧，中国特色社会主义政治经济学的理论体系和话语体系要在中国特色社会主义经济实践中不断创新和完善。例如新发展理念，供给侧结构性改革，新型工业化、信息化、城镇化、农业现代化同步发展等，不仅是中国的实践创造，也是中国特色社会主义政治经济学的理论创新。

中国特色社会主义政治经济学不是封闭的，而是开放的，包括向西方经济学开放。在坚持以马克思主义为指导的前提下，应有选择地借鉴西方经济学理论和范畴，如资源配置理论、二元结构理论、“中等收入陷阱”概念、全要素生产率理论、可持续发展理论、知识经济理论、国家创新体系理论、经济全球化理论等。应批判地吸收其合理内容，并进行中国化改造。

综上所述，中国特色社会主义政治经济学是当代中国的马克思主义政治经济学。科学构建这一理论体系，必须坚持马克思主义基本原理与新时代中国经济实践相结合，针对新时代的社会主要矛盾，解决我国强起来即全面建设社会主义现代化强国所面对的各种经济问题。

《人民日报》（2018 年 02 月 05 日）

加快构建新时代中国特色民族学

何星亮

我国是一个历史悠久的多民族国家。长期以来，在正确处理民族关系、解决民族问题方面进行了积极探索、积累了丰富经验。然而，作为现代学科意义上的民族学是20世纪初由西方传入的。近百年来尤其是党的十一届三中全会以来，我国民族学坚持中国化方向，逐渐形成了自身特色，但仍然存在诸多不足。当前，中国特色社会主义进入了新时代。面对新时代全面建设社会主义现代化强国的新要求，我们应加快构建新时代中国特色民族学，为更好服务党和国家事业发展、为不断满足各族人民对美好生活的向往贡献力量。

我国民族学发展成就与挑战并存

党的十一届三中全会后，我国民族学恢复重建，学科发展迎来新高潮。在吴文藻、费孝通等老一辈学者的倡导下，我国民族学坚持扎根本土实践，开展了大量田野调查，深入了解民族地区的社情民情。

40年来，我国民族学发展取得重要成就，学术成果的数量和质量大幅提升，初步建立起具有中国特色的学科体系。其成就主要包括：重建和新建全国性和地区性民族学学术团体；恢复、新建高校的民族学教学机构，民族类院校和一些综合性大学成立了民族学院（系）；恢复和新建了一批民族学研究机构，中国社会科学院和少数民族较多的省（区）社会科学院设立了民族研究所；编写了一大批民族学与人类学教科书；都市民族学、影视民族学等分支学科发展迅速，形成多分支学科并存的新局面；研究对象和领域扩大，从上世纪五六十年代集中调查研究我国境内少数民族和主要探讨原始社会、奴隶社会形态等，逐步扩展到既研究少数民族也研究汉族、既注重传统文化也关注现代化和经济全球化研究等新的主题；科研成果丰硕，出版了大量调查报告和理论著作，包括介绍民族发展的“中国少数民族简史丛书”、介绍民族文化的“民族知识丛书”等，出版了一批高水平个人学术著作；理论和方法多有建树，旧的研究范式被打破、新的研究范式被引进，方法多元化趋势日益明显，部分民族学者根据我国各民族资料，挑战西方经典著作中的理论或观点并提出不少引人注目的新理论新观点；田野调查方法日益多样，引进其他学科的调查方法，定性调查和定量调查相结合；国际学术交流日趋频繁，许多学者到国外进行访问或从事学术研究，外国学者也大量访问我国，合作调查研究不断增多。

同时也应看到，我国民族学发展还存在一些问题和挑战。一是有些学者唯西方是从，不顾本国实际、不考虑时代性和地区性，生搬硬套西方理论，得出的结论似是而非。二是田野调查的科学性有待增强，比如，有的调查前期准备不足；有的调查只重视收集文献和统计资料，忽视现实生活中的问题；有的调查走马观花、浮于表面等。三是研究水平有待进一步提高，在众多研究成果中，研究特殊性的论著多、探讨普遍性的论著少，描述性的成果多、创新性的成果少，谈理论的成果多、研究实际问题的成果少，还存在有些应用研究成果缺乏理论分析和科学依据等问题。

构建新时代中国特色民族学应坚持四项原则

20 世纪上半叶，我国老一辈民族学者就已开始讨论民族学中国化的问题。所谓中国化，简单说就是具有中国特色。随着时代发展，民族学中国化不断被赋予新意义。2016 年，习近平总书记在哲学社会科学工作座谈会上发表重要讲话，为加快构建新时代中国特色民族学提供了思想指南。构建新时代中国特色民族学，应坚持以下四项原则。

增强学术自信。近代以来，西方列强的坚船利炮在摧毁中华民族形下之器物的同时，也在一定程度上影响了中华民族形上之精神，如学术自信。因此，一些中国学者特别是民族学者存在自卑心理，认为西方理论范式都是正确、先进的，基于本国视角和本土经验的研究都是低层次的，进而奉西方理论、方法和范式为圭臬。然而，从历史看，中华文明延续五千年而不衰，我国作为统一的多民族国家能够保持两千多年而没有四分五裂，孕育、滋养了世界上人口最多的中华民族，我国古代文化灿烂辉煌，在民族学资料方面有很多宝贵文化成果；从现实看，新中国成立以来，我国用几十年时间走完发达国家几百年的工业化道路，党的十八大以来我国经济实力、科技实力、国防实力、综合国力进入世界前列，这些伟大成就的取得与党的创新理论的科学指导密不可分。因此，我们不仅应树立中国特色社会主义文化自信，而且应增强学术自信。没有学术自信，就难以构建新时代中国特色民族学。

加强对西方理论方法的批判。英国科学家贝弗里奇曾说，科学上危害最大的莫过于舍弃批判的态度，代之以轻信佐证不足的假说。当代学者如果不能对前人理论和方法的不足提出分析和批评，就无法提出超越前人的理论、方法和概念。19—20 世纪的西方民族学研究的大多是处于原始状态、社会较封闭、阶级或阶层尚未分化、没有文字的族群，西方民族学者在田野调查前对研究对象的历史和风俗等情况大多不了解，一切都要从头开始。与之相比，我国少数民族的生产力和社会文化已经处于较高水平，不少少数民族有自己的语言文字和历史文献资料，我国民族学者对研究对象比较熟悉。这就意味着西方理论不完全适用于分析和解释中国实际，不能盲目套用。更进一步看，西方学者喜欢提出与前人不同的理论和方法，大多数理论仍停留在假设阶段，其科学性和普遍性没有经过实践证明。把这些假设运用到中国社会和文化研究中，显然并不科学。

融贯中西，取长补短。中国传统学术和西方学术源流不同，学术体系也有较大差异。中国传统学术源自先秦诸子百家，西方学术源自古希腊罗马；中国学术比较注重人文性、哲理性和应用性，西方学术比较注重逻辑性和理论性，二者各有所长。全盘肯定本国学术传统，不借鉴吸收国外学术精华，就无法跟上日新月异的世界学术发展趋势；全盘否定本国学术传统，必将处于世界学术的附庸地位。构建新时代中国特色民族学，应在马克思主义指导下，继承我国优秀学术传统，吸收西方学术精华，特别应充分利用民族学擅长的比较法与结构分析法深入研究我国文化资源，把其中具有当代价值的认知方式和思想内容提炼出来，充实、更新现代民族学，形成具有中国特色的理论体系和方法体系。

立足中国实际构建新理论和新方法。从世界范围看，像我国这样多民族聚居、共同经历数千年岁月、实现共存共荣大团结的国家绝无仅有。新中国成立后特别是改革开放以来，我国少数民族地区的经济建设、政治建设、文化建设、社会建设和生态文明建设等都取得了较快发展，各少数民族平等参与国家事务并行使相关权力，全国各民族更加团结。这为我国乃至世界民族学发展提供了鲜活实践经验，民族学者应对此进行全面、客观、系统的分析。改革开放以来特别是进入新世纪后，少数民族人口大规模向中东部城市流动，一些内地人口也向民族地区流动。这是历史发展的趋势，带动了民族地区发展，促进了民族团结，同时也对我们的工作方式和管理机制提出了新要求，迫切要求我国民族学者行动起来，适应时代变化构建新理论和新方法。

构建新时代中国特色民族学应实现四个结合

构建新时代中国特色民族学，应坚持以马克思主义为指导，自觉把习近平新时代中国特色社会主义思想贯穿研究全过程，并在四个结合上下功夫。

基础研究与应用研究相结合。任何学科都有基础研究的内容和应用研究的内容，但二者不能截然分开。我国古代思想家十分注重经世致用，他们的理论和学说明显带有应用色彩。比如，宋代思想家朱熹主张治学应“穷理以致其知，反躬以践其实”，也就是基础研究与应用研究相结合，深入研究各种事物和现象的本质及发展变迁规律，并把研究成果运用到实践中去检验。上世纪 70 年代末以来，我国民族问题研究的学科专业边界划分得比较清楚，民族史、民族学和民族语言专业主要进行基础研究，民族理论与政策专业侧重现实和对策研究，各学科专业互不“侵犯”。这种研究细分有利于深化相关领域研究，但同时也造成研究的碎片化，即缺乏整体性、系统性，难以有效解决实际问题。当前，经济全球化深入发展，世界民族问题出现许多新现象。我国在社会主义现代化建设进程中，面临着如何帮助少数民族和民族地区加快发展、如何让民族地区同全国一道全面建成小康社会等重大现实问题。解决这些问题，迫切需要把基础研究与应用研究有机结合起来，提出具有针对性的科学理论和方法。新时代中国特色民族学不能只做纯学术的研究，而应既在理论和思想上有所建树，又在国家富强、民族振兴、人民幸福等方面有所作为。

自然科学理论方法与社会科学理论方法相结合。人类社会是兼具自然属性和社会属性的复杂系统。对于许多重大问题，只运用社会科学的理论和方法难以得出正确结论，需要同时运用自然科学的理论和方法。民族学中的许多理论也是在自然科学理论的影响下形成的。例如，19 世纪中叶形成的进化论，受达尔文的生物进化论影响十分明显；20 世纪形成的新进化论，借用了自然科学的“能量学说”分析人类文化进化。构建新时代中国特色民族学，同样要借鉴自然科学的理论和方法。以研究民族来源为例，如果结合生物遗传学等自然科学，就可能得出更为科学、可靠的结论。比如，据历史文献资料记载，藏族源于古代羌人（西羌或氐羌）。春秋战国以后，大部分古羌人融入华夏人中，另一部分南迁并与当地土著居民融合形成现在的藏缅语族各民族。这一史实不仅在历史文献、语言学、考古学和民族学资料中找到了大量证据，而且还可以从基因中找到证据。上世纪 80 年代末，北京儿科研究所的研究人员就发现，藏民的白细胞抗原与中华民族北方人群的白细胞抗原相符合。本世纪初，复旦大学生命科学院一个 DNA 项目研究结果表明，在我国 56 个民族中，汉族与藏族的血缘关系最近。

大传统研究与小传统研究相结合。西方民族学界一般把历史经典和文献资料中有文字记载的文化传统称为“大传统”，把由乡民通过口传等方式传承的民间文化传统称为“小传统”；大传统主要由历史学者研究，小传统主要由民族学者研究。我国部分民族学者也持这种看法。其实，大传统与小传统是不可分的，两者相互影响、相互渗透。我国大多数民族都有丰富的历史文献资料，不仅有小传统，也有大传统。研究社区或村落文化，如果不了解该民族的价值观、伦理道德和各种文化理念等大传统，就很难进行深入分析。因此，民族学者应将大传统研究与小传统研究结合起来。

科学分析与人文学分析相结合。科学分析范式是借鉴自然科学的方法从事社会科学研究，通过对已知的事实进行比较，通过假设检验等方法阐明社会和文化的一般法则、规律或原理。人文学分析范式是理解、解释现象的范式，如历史学界普遍使用的考证“事实”真伪的范式，又如人类学界探索意义及其象征的范式。社会现象与自然现象虽然性质不同，但两者并不是毫无共性，人类社会发展和变迁也具有规律性，学者归纳、总结出来的一些规则也具有普遍性。因此，把科学范式与人文学范式对立起来、非此即彼的研究方法是不科学的。应把科学分析与人文学分析方法有机结合起来，构建新时代中国特色民族学的研究方法。

《人民日报》(2018 年 04 月 02 日)

中国社会保障学科建设：回顾与展望

郑功成

1998 年，国务院学位委员会、教育部正式将社会保障列为管理学门类公共管理一级学科下的独立二级学科，一个新兴学科——社会保障学科在我国诞生了。20 年来，社会保障学科从无到有，社会保障研究队伍不断壮大，社会保障理论指导实践、服务改革的能力不断提高，中国特色社会保障理论体系、学术体系、话语体系正在形成。社会保障是与实践联系最为紧密的学科之一，也是最具人文关怀的学科之一。在中国特色社会主义新时代，中国社会保障学者要着眼于满足人民对美好生活的向往，扎根新时代中国特色社会主义伟大实践，在理论上作出新概括，在规律上作出新总结，在话语上作出新提炼，努力把中国社会保障学科建成充分体现中国特色、中国风格、中国气派的具有世界影响力的高水平学科。

社会保障学科建设回顾

中国社会保障学科的诞生，是以上世纪 90 年代末国有企业改革攻坚和全面扩大对外开放为背景的。1998 年，落实“两个确保”（确保国有企业下岗职工基本生活、确保企业离退休人员养老金按时足额发放）和“三条保障线”（国有企业下岗职工基本生活保障、失业保险和城市居民最低生活保障）政策成为各级党委、政府的重要工作任务。这标志着我国社会保障进入全面深化改革与制度建设时期。与我国社会保障制度全面变革相伴随，从 1998 年到 2018 年短短 20 年间，社会保障学科经历了从无到有并不断壮大的发展历程，呈现出如下特色。

社会保障专业发展迅速，专业人才培养渐成规模。伴随中国社会保障改革与制度建设加快推进，社会保障学科也获得了快速发展。1999 年，首批招收劳动和社会保障专业本科生的高校仅 8 所，招收社会保障专业硕士生的高校仅 3 所，招收社会保障专业博士生的高校仅 1 所。截止到 2017 年底，全国在教育部备案和经审批可以招收劳动和社会保障专业本科生的高校已达 179 所，其中近百所高校设置了社会保障系，年招生规模近万人；拥有社会保障专业硕士点的高校达 60 多所（不含在相关专业设置社会保障专业方向的），拥有社会保障专业博士点的高校有 10 多所，研究生年招生规模近 1000 人。这表明社会保障专业已成规模。

研究者与专任教师从多学科交叉逐渐走向专业化。一方面，首批社会保障专业研究者与专任教师的学历与研究背景多样，促进了多学科交叉研究，打开了社会保障研究视野。另一方面，社会保障学科独立办学近 20 年，培养出一大批年轻社会保障专业研究者。这些年轻学者较之第一代研究者更具社会保障专业知识与国际视野，构成了我国社会保障研究队伍的有生力量。尽管来自其他学科的研究者仍在关注并研究社会保障问题，但社会保障学科专任教师已经成为研究主体，这是社会保障学科建设从多学科交叉走向专业化的重要标志。

服务于社会保障改革的能力不断提升。没有 1998 年的社会保障改革，社会保障学科就不可能诞生。因此，为我国社会保障改革提供理论支撑是这一学科建设的重要使命与任务。在社会保障成为独立学科之前，一般是经济学者、社会学者和商业保险专业教师等以跨界或兼业身份开展社会保障研究，主要是介绍国外经验，为国家社会保障改革决策提供参考。社会保障学科诞生后，伴随专业研究队伍的不断壮大，直接服务于社会保障改革的专业能力不断提升。2000 年，当时的劳动和社会保障部率先在中央部委成立咨询委员会，开启了专家学者参与社会保障改革决策咨询的先河。这批咨询委员被认为对世纪之交的社会保障改革作出了直接理论贡献，但 14 位咨询委员主要来自经济学、社会学、法学、人口学领域，专业从事社会保障研究的仅 1 人。到 2007 年，在中央的高度重视下，理论学术界组织开展中国社会保障改革与发展战略研究，200 多位专家学者参与研讨，其中高校社会保障专任教师占

60% 以上，核心组成员中社会保障专家占 80% 以上，所完成的重要成果《中国社会保障改革与发展战略：理念、目标与行动方案》及其衍生的四卷本成果，被誉为我国社会保障改革与体系建设的全景式理论蓝图，为 2008 年以后的社会保障重大改革与社会保险立法等提供了重要理论支撑。这充分反映了专业队伍建设的成就。

社会保障学科发展进入新阶段

党的十八大以来，我国社会保障学科建设进入了新的发展阶段。在统筹推进“五位一体”总体布局、协调推进“四个全面”战略布局，全面建成小康社会步入决胜期的大背景下，社会保障事业发展步伐也在加快，社会保障学科建设进入繁荣发展期。

社会保障理论学术平台建设取得重大突破。2015 年 2 月正式成立的中国社会保障学会，是全国社会保障领域专家学者的联合体和学术共同体。该学会搭建的全国社会保障学术大会、全国社会保障教学研讨会、全国社会保障青年学者论坛、中国养老金高峰论坛等一系列平台，为社会保障界的学术交流创造了条件。2017 年 1 月创刊的《社会保障评论》，是全国唯一进入 CSSCI（中文社会科学引文索引）的社会保障期刊，填补了社会保障领域没有核心期刊的空白。2005 年由中国学者联合日本、韩国学者发起创设的“社会保障国际论坛”已在中、日、韩成功举办了13届，成为有影响力的国际学术交流机制。

社会保障理论研究走向繁荣。这主要表现为一些重大理论与政策问题受到空前关注。伴随社会保障改革从试点进入成熟、定型发展新阶段，急需对中国社会保障的发展道路、价值取向、目标追求、体系建构与行动方案进行深入研究。过去 5 年，各种观点纷呈，著述丰富。特别是《中国社会保障发展报告》等年度报告的出版，对社会保障发展起到了重要推动作用，促进学术界在社会保障发展理念是基于互助共济还是个人主义、是基于社会公正还是效率优先等问题上增进了共识。被中宣部、教育部列入重大项目的社会保障课题达 50 多项，一大批研究成果被立法与改革方案吸收。修订老年人权益保障法、制定慈善法以及具体社会保障制度改革方案的背后，均有相应的理论学术成果支撑。此外，在研究方法上也从以定性研究为主走向定性与定量研究相结合，精算技术、模型应用开始进入社会保障学术领域。

社会保障专业发展更加理性。近 5 年来，高校社会保障专业师资队伍持续壮大，每所办有社会保障专业的高校平均有 9 名以上专任教师，师资的学历与职称水平均有大幅度提升。同时，社会保障专业发展更加理性。在教育部备案和经审批可以招收劳动和社会保障专业本科生的高校中，近几年有 18 所高校已不再招生，部分高校的社会保障专业硕士点、博士点被并入行政管理等专业，办学数量在收缩。这并不意味着对社会保障专业人才的需求在减少，而是对以往一些高校在不太具备条件的情况下盲目上新专业的纠偏。师资队伍不断壮大与招生规模有所缩减，反映的正是社会保障学科建设与发展更加理性。

在肯定社会保障学科发展取得巨大成绩的同时，也必须看到，这一学科建设的目标还不清晰，理论研究水准有待提升。一方面，由于社会保障专业起步较晚，加之没有经历过从培养本科生到硕士生再到博士生的成长过程，这种跳跃式发展使学科存在先天不足：专业属性不够清晰，人才培养目标相对模糊。有的高校社会保障专业完全依附于公共管理专业或人力资源、商业保险专业，其课程体系亦被所依附的专业侵蚀，毕业生大多从事非社会保障专业工作。这种状况若持续下去，将难以形成成熟的社会保障专业人才培养体系，也难以担当起为全面建成中国特色社会保障体系提供足够人才支撑的重任。另一方面，在理论研究与教学实践中存在人文关怀与公正意识薄弱、对计量技术的迷信与忽略并存、应用性对策性成果多而基础理论成果少、盲目跟随西方、有中国特色的重大成果不多等问题。这与我国社会保障制度所经历的全面而深刻的变革显然不相匹配。

社会保障学科发展展望

经过 20 年发展，社会保障学科在高等教育界与社会科学理论界已占有一席之地，但与世界一流的高水平学科相比，还有相当大的距离。在中国特色社会主义新时代，社会保障学科应当也能够实现更大发展。

新时代为社会保障学科加快发展提供了有利大背景。习近平新时代中国特色社会主义思想强调坚持以人民为中心的发展思想，走共同富裕道路，把改善人民生活、增进人民福祉作为出发点和落脚点，把人民对美好生活的向往作为奋斗目标。这些重要思想为社会保障发展指明了正确方向。党的十九大报告明确了在全面建成小康社会的基础上，分两步走在本世纪中叶建成富强民主文明和谐美丽的社会主义现代化强国的战略安排。在这一进程中，全面建成覆盖全民、城乡统筹、权责清晰、保障适度、可持续的多层次社会保障体系，是需要优先完成的重大目标任务。伴随中国特色社会保障体系日益健全、全民福利水平不断提升，中国社会保障事业必将实现空前发展。一个世界上最大的社会保障体系，不仅需要科学的社会保障理论支撑，而且需要大量专业人才承担相关工作任务。国家发展与增进民生福祉的现实需要，决定了中国社会保障学科具有广阔发展前景。

发展社会保障学科需要着重解决三大问题。一是明确学科性质，完善专业知识体系。任何学科建设都需要明确以什么样的价值取向和知识体系来培养人，培养的人应当担当什么样的社会角色等问题。我国社会保障以公平正义共享为基石，以互助共济为基本原则，走的是政府主导、社会化、多层次的发展道路，致力于为全体人民提供基本生存与发展保障。这一制度特质决定了社会保障学科的鲜明价值取向是促进全民共享和增进全民福祉，进而需要构筑起具备人文关怀的专业知识体系。二是重视本土化专业队伍建设。我国社会保障改革实践不仅提出了人类社会保障史上最丰富的研究课题，而且为全球社会保障改革与发展提供了宝贵经验。在我国社会保障发展中，借鉴国外经验是必要的，但更重要的是及时总结中国经验、解决中国问题并为建设中国特色社会保障体系作出理论贡献。因此，特别需要培养一支植根中国、了解中国并具有国际视野的学者队伍，避免陷入片面模仿西方理论与技术的窠臼。三是明确专业培养目标，摆脱依附于其他专业的地位。一些高校的社会保障学科依附于所在学校的强势专业，不仅无法塑造社会保障学科应有的价值观，而且无法根据社会保障工作需要设置完整的课程体系。应尽快改变这种局面，进一步明确专业培养目标，以专业价值观与知识体系来培养专业的社会保障工作者。

社会保障学科发展要与全面建成中国特色社会保障体系相适应，担负起为国家服务和为世界贡献中国智慧的双重任务。最近 30 多年的中国社会保障改革是一场全面而深刻的制度变革，也是人类社会保障史上前所未有的伟大改革实践。它解决的是中国现代化进程中的民生问题，走的是中国特色社会保障道路，既积极借鉴国外经验又决不照搬任何外国模式，因而需要中国自己的专家学者在扎实调查、充分了解国情的基础上，研究、解决好中国的社会保障问题，为全面建成中国特色社会保障体系提供智力支持与人才保障。同时，中国特色社会保障体系的全面建成，必将为人类社会保障发展贡献新的制度文明，也会为其他国家提供有益启示。无论是借鉴国外经验，还是讲好中国故事，中国社会保障学科都有必要加强国际学术交流，成为全球社会保障改革与发展的一支重要力量。

《人民日报》（2018 年 08 月 13 日）

中国社会学四十年回顾与展望

李友梅

改革开放40年来，中国社会学发展成就卓著，在学科建设、人才培养和服务社会等方面都取得长足进步，学科影响力逐渐扩大。习近平总书记指出："一切有理想、有抱负的哲学社会科学工作者都应该立时代之潮头、通古今之变化、发思想之先声"。这一重要指示激励着中国社会学者与时俱进、志存高远、刻苦钻研。随着中国特色社会主义进入新时代，中国社会学者应勇担新的历史使命，积极构建具有中国特色、中国风格、中国气派的中国社会学。

始终与时代同行

社会学从来都是与时代同行、直面社会现实、探究社会演变之理的学问。

19世纪末，面对民族危亡与国力衰弱，以严复为代表的一批学者将西方社会学思想引入中国，并与中国传统儒家思想相结合，形成经世致用的"群学"，探究国家治乱兴衰之因，以求推动社会进步。他们秉承救亡图存、自强不息的精神，以本土经验调查为特色，推动早期中国社会学发展起来。在他们的影响下，吴文藻、费孝通、梁漱溟等老一代社会学者将学术研究与爱国主义精神紧密结合，身体力行开展调查研究、推动社会改革。在战火纷飞中，他们虽历经磨难，但学术追求与人文关怀始终不改，树立起中国社会学的独特风格，其研究成果成为世界了解中国社会与中华民族的一个窗口。

1978年，党的十一届三中全会拉开改革开放的大幕。次年，邓小平同志提出社会学等学科"需要赶快补课"，凸显国家建设与发展对社会学的呼唤，使中国社会学迎来新的发展机遇。改革开放改变了人们的社会生活，也推动了社会变革。中国社会学者敏锐地捕捉到这一进程中的诸多特点以及经济、政治、社会之间关系的变化，从实际出发开展诸多扎实研究并取得重要成果，如费孝通的“小城镇发展研究”、陆学艺的“当代中国社会结构研究”、郑杭生的“社会运行论”、李培林的“社会结构转型论”等等。这些研究成果帮助人们更好了解中国社会现状、深入认识中国社会发展规律。

40年间，中国社会学学科队伍不断壮大，越来越多的学者努力成为改革开放理论创新与实践创新的参与者和推动者。从真理标准问题讨论到农村家庭联产承包责任制，从小城镇和乡镇企业发展到实施乡村振兴战略，从建立和完善社会主义市场经济体制到全面依法治国，从和谐社会建设到国家治理体系和治理能力现代化，每一项涉及国计民生的大政方针、每一个关系人民福祉的战略选择，中国社会学者都积极参与、深入研究。这些研究注重理论联系实际，强调人文关怀，兼顾资政启民，反映出当代中国社会学突出的学术价值、时代担当和主体性格。

研究成果丰硕

40年来，中国社会学不仅开辟出诸多富有洞见的研究议题，还通过国际学术对话提高本土理论的开放性；不仅通过反思和创新谋求发展，还通过“重新补课”进一步挖掘社会学理论的传统与脉络；不仅从中国社会生活实际中发现真问题、从中国与世界的联系中提出新范式，还以这样的“文化自觉”延伸自身话语的“解释链”。

在社会转型理论方面提出许多重要观点。比如，中国经济社会发展是经济体制转轨和社会结构转型同步进行的过程；经济体制由计划经济向社会主义市场经济转轨，改革逐步从经济领域拓展到政治、文化、社会、生态文明等各个领域，带动社会系统性特征发生变化；社会结构从农业社会向工业社会转型，不仅仅是某些方面指标的变化，而是总体的、全面的转型；等等。围绕社会结构转型，中国社会学与西方现代化理论、发展理论、经济增长理论展开对话，提出了一些具有创建性和启发性的观点。比如，转型过程不仅包含社会现代化，也包含社会发展；转型的同时伴随着制度延续与创新；等等。

在中层理论建构方面取得诸多原创性成果。比如，在社会资本研究中，发现差序格局、人情、面子等中国人的思维方式影响着社会资本形态，与西方社会的“弱关系”不同，中国社会的“强关系”在资源分配中起着重要作用；在城镇化研究中，指出中国城镇化的主要动力来自乡村工业化，特别是温州、晋江、苏南等地的经验表明，中国东南沿海地区城镇化呈现“自下而上”的特征，补充和丰富了“自上而下”（由中心城市带动乡村城镇化）推进城镇化的理论；在劳工研究中，提出了二元劳动体制、“老工人”与“新工人”等研究议题与概念；在社会治理研究中，深耕基层治理、关注组织制度变革，并在“国家与社会”分析框架之外提出了“制度与生活”分析框架。

伴随社会学理论的中国化，大量具有鲜活本土意识的经验研究不断涌现，涵盖单位制、城市社区治理、乡村建设等众多领域。理论与经验研究离不开研究方法创新和数据支撑。近 10 多年来，中国社会状况综合调查（CSS）、中国综合社会调查（CGSS）、中国劳动力动态调查（CLDS）等大型社会调查项目持续开展，为了解社会动态、进行学术研究和制定公共政策提供了不可或缺的基础数据支撑。

面向新时代，积极构建中国特色社会学

40 年来，在从农业社会向工业社会转型的过程中，中国社会学者既感悟到传统与现代的张力，也经历了中西方文化的碰撞。这些变化交汇在一起，一方面可以验证社会学经典理论假设，另一方面也为中国社会学提供了多面向、多层次、多角度的创新机遇。

中国社会学者愈加清醒地认识到：中国社会结构转型不是西方现代化在中国社会的翻版，也不是对自身传统的全盘否定；世界上并不存在一种最佳的转型模式，也不存在现成的转型模板。改革开放以来，我国用几十年时间走完了发达国家几百年的现代化进程，这是一个“压缩”的现代化过程。在这一过程中，农业社会、工业社会、后工业社会三种形态叠加，工业化初期、工业化中期和工业化后期三个阶段并存。特别是 20 世纪末以来，这一过程呈现出不同阶段、不同领域、不同文化复杂交错的新特征，社会组织方式、分工

模式、运行机制、治理体制都在发生重要变化。在这一过程中出现了大量矛盾、问题与挑战，但中国都能成功应对，始终保持经济健康发展、社会和谐稳定、人民生活改善。这是中国社会结构转型独一无二的特点，西方理论没有遇到过这种情形，更难以给出答案。正因如此，中国社会学者形成了共识：应该建立也能够建立具有中国特色的社会学学科体系、学术体系和话语体系。一方面，要从理论层面解答不同社会群体如何能够在同一个社会体系中各得其所、相得益彰、共存共荣；另一方面，要从实践层面阐明处于世界复杂格局中的中国特色社会主义现代化的特点和优势。

当前，中国特色社会主义进入了新时代，我国正处于全面建成小康社会和实现“两个一百年”奋斗目标的关键期。与此同时，国际环境风云变幻，不断涌现的新技术成为影响社会结构、组织模式甚至文化观念的重要变量。特别是量子计算和人工智能的结合，将对人类社会分工逻辑提出严峻挑战。社会的快速发展迫切需要发挥社会学的想象力和洞察力，加强理论创新，用发展着的理论分析、指导发展着的实践。习近平总书记强调，“只有以我国实际为研究起点，提出具有主体性、原创性的理论观点，构建具有自身特质的学科体系、学术体系、话语体系，我国哲学社会科学才能形成自己的特色和优势”。中国社会学者要跳出传统思维框架和方法论的窠臼，努力提高研究水平，积极构建中国特色社会学，不辜负这个伟大的时代。

保持定力、提升能力。中国社会学者应胸怀大志、放眼世界，以“先天下之忧而忧，后天下之乐而乐”的胸襟和气魄，保持定力、提升能力，不做消极的批判者，而要努力成为积极的理论创建者和民族复兴大任的自觉担当者。

提出更多原创性概念。中国社会学已经形成一些具有本土特质的研究范畴，但在深入研究当代实践时仍不免感到缺少合适有效的概念工具。同时，在研究中还存在碎片化、整合不够，难以对西方偏见或错误观点作出有力回应等问题。解决这些问题，迫切需要深入研究中国社会学的重大基础性问题，形成适用于本土实践的理论研究机制，催生具有原创性的概念和理论。

提高学科建设水平。40 年来，虽然中国社会学已经取得长足进步，但学科设计在一定程度上仍缺乏独立性，学科内部不同研究领域之间相关性不强，学术问题之间的隔离现象比较严重。同时，还面临着优质学术期刊数量不多、对年轻社会学者的激励不足、学术成果考评制度尚待完善等问题。这就要求创新科研体制，加强学科建设，完善专业方向，提升整体学术水平，推动中国社会学实现新发展、新突破。

倡导多学科交流合作。当今世界正处在大发展大变革大调整时期，当代中国正经历着我国历史上最为广泛而深刻的社会变革，这给社会学提出了众多新的研究课题。应该看到，在影响社会运行的因素日益复杂的背景下，单一学科已经越来越难以对社会问题和社会现象作出全面而准确的分析、解释和预测，加强多学科交流合作势在必行。对历史问题、社会问题、经济问题的研究以及对社会科学方法的运用并不是某一学科的专利和特权，多学科融合发展正在成为新思想萌发的重要推动力。这就需要打破哲学社会科学内部各学科之间的界限，突破狭隘的思维定势，在多学科交流合作中推动中国特色社会学创新发展，以更好地分析和指导实践。

《人民日报》（2018 年 09 月 10 日）

中国特色社会主义政治经济学研究的新进展

杨新铭

中国特色社会主义政治经济学这一重要概念，是习近平总书记在2015年12月召开的中央经济工作会议上首次提出的。在2016年7月召开的经济形势专家座谈会上，习近平总书记又对如何坚持和发展中国特色社会主义政治经济学进行了阐释："要以马克思主义政治经济学为指导，总结和提炼我国改革开放和社会主义现代化建设的伟大实践经验，同时借鉴西方经济学的有益成分。"这一重要概念一经提出，就引起学术界的积极响应，有力促进了相关研究。研究基本沿着三条主线展开：一是中国特色社会主义政治经济学的理论体系和重大原则，二是中国特色社会主义政治经济学的基本理论问题，三是中国特色社会主义政治经济学的应用研究。

中国特色社会主义政治经济学的理论体系和重大原则

中国特色社会主义政治经济学是一个涵盖理论经济学、应用经济学并涉及哲学、历史、政治等众多社会科学的完整理论体系。虽然不同学者对这一理论体系作出的归纳不尽相同，但在内容上均涵盖了基本经济理论、基本经济制度、经济运行与发展、对外经济关系等。比如，有学者指出，中国特色社会主义政治经济学的理论创新包括两大方面：一是在生产关系方面，从社会主义初级阶段理论出发，创新经济制度理论；二是在生产力方面，从中等收入阶段的生产力水平出发，创新经济发展理论。也有学者认为，中国特色社会主义政治经济学的理论体系主要包括经济制度和发展阶段、经济运行、经济发展、世界经济和开放问题四个方面。还有学者从基本理论和基本制度（包括基本经济制度、分配制度、社会主义市场经济体制等）、社会主义经济运行（包括政府和市场关系、产业结构与产业政策、财政与财税体制改革、城乡发展一体化理论与实践等）、新政治经济学（包括新发展理念的理论与实践、供给侧结构性改革与我国当前的经济政策选择等）三个方面进行分析论证。

这些分析概括都坚持在马克思主义政治经济学指导下，总结和提炼我国改革开放和社会主义现代化建设的实践经验，同时借鉴西方经济学的有益成分。这便引申出了中国特色社会主义政治经济学的重大原则：指导思想原则、实践原则和开放性原则。首先，要坚持以马克思主义政治经济学为指导。这既明确了中国特色社会主义政治经济学的基本属性，也明确了它与马克思主义政治经济学一脉相承的关系。正如学者们所指出的，中国特色社会主义政治经济学就是当代中国马克思主义政治经济学，它既不是对 150 多年前马克思政治经济学的复制，也不是一个封闭的理论体系，而是马克思主义政治经济学在当代中国的科学化和系统化发展。中国特色社会主义政治经济学继承了马克思主义政治经济学辩证唯物主义和历史唯物主义的观点和方法，继承了马克思主义政治经济学基本原理。其次，中国特色社会主义政治经济学理论体系是在实践探索中形成的。它是马克思主义政治经济学在中国的创新运用和发展，是植根于中国国情、立足当代中国发展实践而产生的中国化的马克思主义政治经济学。第三，中国特色社会主义政治经济学是一个开放的理论体系。要在坚持马克思主义政治经济学指导地位的前提下，立足中华优秀传统文化，借鉴西方经济学的有益成分。

中国特色社会主义政治经济学基本理论问题研究

经济学界在对比分析传统政治经济学和西方经济学的基础上，继承和发展马克思主义政治经济学，结合我国经济发展实际，对中国特色社会主义政治经济学的研究对象、研究任务和研究方法进行了创新性研究。

拓展研究对象。长期以来，政治经济学一直把生产关系作为研究对象。政治经济学研究的是社会经济现象的内在规律，研究的是人与人之间的关系，这便是恩格斯所说的“经济学所研究的不是物，而是人和人之间的关系，归根到底是阶级和阶级之间的关系”。也应看到，在社会主义初级阶段，生产力还不发达，生产关系中还存在束缚生产力发展的环节和方面。因此，中国特色社会主义政治经济学不仅要系统深入地研究中国特色社会主义生产关系，而且要研究怎样更好发展社会生产力。有学者提出，社会主义生产方式总体及其中生产力和生产关系的运动规律应当是中国特色社会主义政治经济学的研究对象。将中国特色社会主义政治经济学的研究对象扩展到生产力，就需要建立关于解放、发展和保护生产力的系统性经济学说。当然，这并不意味着不研究生产关系，而是要深入研究多层次生产关系，搞清楚社会主义初级阶段生产关系的形成和发展趋势，以不断破除对生产力发展的束缚。

明确研究任务。与传统政治经济学着重揭示经济社会发展的一般规律不同，中国特色社会主义政治经济学的重要研究任务在于揭示中国特色社会主义经济运行规律，特别是要在社会主义初级阶段，为完善社会主义经济制度、促进生产力发展、满足人民日益增长的美好生活需要、实现人的全面发展、实现共同富裕等提供理论指导。这是与解放和发展生产力这一社会主义初级阶段的根本任务相适应的。把促进生产力发展作为中国特色社会主义政治经济学的重要研究任务，当前就要着重研究如何推动实现高质量发展。

创新研究方法。对于中国特色社会主义政治经济学的研究方法，学术界的认知基本一致，即一方面要坚持马克思主义政治经济学辩证唯物主义和历史唯物主义的基本分析方法，以揭示社会主义经济运行规律；另一方面要运用实证分析和数理分析等具体方法，为经济决策提供必要学理支撑。有学者认为，中国特色社会主义政治经济学的研究方法至少包括三个层次：一是方法论层次或哲学层次，即马克思主义辩证唯物主义和历史唯物主义的基本方法；二是理论研究层次，如抽象的方法、历史与逻辑统一的方法、规范分析与实证分析相结合的方法等；三是现象描述或技术层次，如统计方法、数学方法等。

中国特色社会主义政治经济学的应用研究

党的十八大以来，以习近平同志为核心的党中央成功驾驭我国经济发展大局，在实践中形成了以新发展理念为主要内容的习近平新时代中国特色社会主义经济思想。这一中国特色社会主义政治经济学最新成果，在社会主要矛盾变化、经济发展新时代、高质量发展、供给侧结构性改革、建设现代化经济体系等方面提出了一系列新理念、新思想、新论断，引领着中国特色社会主义政治经济学的研究方向和进程。围绕这些理论创新和重大论断，学术界对中国特色社会主义政治经济学面对的实践问题进行了大量深入研究。

有学者对中国经济增长速度从高速转向中高速的原因和对策进行了分析，认为应对结构性减速必须从供给侧入手，通过深化供给侧结构性改革，破除制约生产要素供给能力及全要素生产率提高的体制性障碍，消除资源错配造成的效率损失，加快人力资本积累，实现创新驱动发展。

有学者对供给侧结构性改革进行了研究，指出供给侧结构性改革是基于中国实践的理论综合性集成创新，是中国经济发展模式在新时代的一次重大改革和调整。供给侧结构性改革的理论基础是也只能是中国特色社会主义经济理论在新时期的创新发展——中国特色社会主义政治经济学。

还有学者对我国经济高质量发展等问题进行了研究，提出要坚定经济长期稳中有进的基本趋势判断，同时注重防范化解短期风险和经济下行压力，提高政策的前瞻性、灵活性、有效性，把实现更高质量、更有效率、更加公平、更可持续的发展作为新时代经济工作的重中之重。

有待进一步深化研究的几个问题

改革开放 40 年来，我国经济发展创造了举世瞩目的中国奇迹。有学者指出，创造这一发展奇迹的决定性因素是中国共产党的正确领导。党的正确领导的重要体现之一，是通过召开中央委员会全体会议研讨重大改革问题、指明改革方向并提出切合实际的改革举措与路线图，推动我国改革开放一步步向前迈进。这其中蕴含着两条基本经验：一是坚持党的正确领导；二是坚持理论和实践的辩证统一。正如习近平总书记所指出的，党的十一届三中全会以来，我们党把马克思主义政治经济学基本原理同改革开放新的实践结合起来，不断丰富和发展马克思主义政治经济学，形成了当代中国马克思主义政治经济学的许多重要理论成果。这些理论成果是适应当代中国国情和时代特点的政治经济学，不仅有力指导了我国经济发展实践，而且开拓了马克思主义政治经济学新境界。

我国学术界对改革开放以来形成的基本经济理论进行了广泛深入的研究，特别是对党的十八大以来取得的最新理论成果和实践经验进行了系统分析、总结提炼，但还有一些基本问题有待深化研究：

在一些关键性问题上深化研究。所有制结构问题、社会主义基本制度与市场经济相容问题、缩小收入分配差距问题等，都是实践探索和我们党的理论创新走在学术研究前面的基本问题。由于学术研究滞后、学理支撑不足，一些领域的改革开放受到一定制约。面对这种局面，学术界应进一步解放思想、深化研究，让理论研究跟上实践脚步，更好发挥指导实践的作用。

坚持唯物史观，从中国革命、建设、改革的历史进程中探索中国特色社会主义社会的经济运动规律。中国共产党诞生后，团结带领人民经过长期奋斗，实现了中华民族从东亚病夫到站起来的伟大飞跃、从站起来到富起来的伟大飞跃，迎来了从富起来到强起来的伟大飞跃。如何从理论上将这一脉相承的发展脉络贯通起来、统一起来，是摆在学术界面前的一项重要任务。马克思通过梳理人类社会发展进程，找到了阶级社会的运动规律。中国特色社会主义政治经济学也应从中国革命、建设、改革的历史进程中探索中国特色社会主义社会的经济运动规律。在此基础上，深化对习近平新时代中国特色社会主义经济思想的研究，推动这一马克思主义政治经济学中国化最新成果学理化、系统化。

《人民日报》（2018 年 11 月 19 日）

新中国经济学创新发展 70 年

史晋川　叶建亮

新中国成立 70 年来，我国经济学的创新发展主要围绕社会主义经济制度的建立、发展、完善和社会主义经济建设实践这两大主题展开，逐渐形成了比较完整的学科体系。尤其是改革开放以来，我国经济学在理论研究和政策探讨方面涌现出大量优秀成果，中国特色、中国风格、中国气派不断增强。

70 年发展历程回顾

新中国成立初期，我国经济学界接受苏联政治经济学理论体系，“苏联范式”成为经济学发展的主导范式。在实践中，经济学界逐渐认识到“苏联范式”存在的局限，一些经济学家开始尝试探讨社会主义经济中生产力和生产关系的相互作用、不同所有制及经济成分的关系、社会化大生产中的商品货币关系、价值规律的作用和按劳分配问题等，并深入思考了计划与市场的关系、政治经济学理论体系构建、社会主义生产目的和分配等社会主义经济建设中的一些重大理论问题。这些探讨和思考既推动了我国经济学创新发展，也在一定程度上为改革开放提供了思想准备和理论储备。

党的十一届三中全会拉开了改革开放的大幕，推动我国经济社会发生巨大变革，同时也推动我国经济学发展和学科建设进入繁荣时期。改革开放初期，我国经济学界在马克思主义指导下，大胆解放思想、开拓创新，不断突破“苏联范式”的束缚，积极开展价值规律问题大讨论，全面反思计划经济体制，研究和总结东欧各国在经济体制转型过程中的经验教训，使我国经济学在理论和实践层面都取得了重要突破。随着我国经济体制改革的重心从农村转向城市，进一步深化改革对我国经济理论的创新发展提出了更高要求。在此背景下，我国经济学界就价格改革、国家宏观调控模式、经济体制改革目标等一系列经济体制改革重大问题进行深入讨论，提出了“双轨制”等重要改革建议。与此同时，全国大专院校经济学专业陆续恢复和创设，一批以政治经济学理论为基础并借鉴西方经济学理论和分析方法的经济学科发展起来。

在改革开放伟大实践推动下，我国经济学研究的视野得到进一步拓展，不再局限于探讨传统计划经济体制的局部改革和完善，而是开始思考经济体制转型、宏观经济管理体制与宏观调控方式创新、乡镇企业和个体私营经济发展、国有企业改革与微观经济基础重塑、经济增长与通货膨胀、价格体制改革等重大理论和实践问题。同时，也有部分学者把目光投向发达市场经济体，研究借鉴它们的经济理论、宏观调控方式、研究方法等。不难发现，这一时期我国经济学的创新发展是以解决改革开放和我国经济发展中的重大理论和实践问题为导向的，经济学研究也逐渐从注重理论演绎的定性研究扩展到以关注现实问题为主的实证研究，其研究成果对我国改革开放和经济发展实践的解释力与指导作用得到增强。

1992 年邓小平同志发表南方谈话，党的十四大明确提出建立社会主义市场经济体制的改革目标，我国迎来新一轮改革开放大潮，我国经济学创新发展和学科建设也进入一个新阶段。在马克思主义指导下，经济学者进一步解放思想，更为广泛深入地研究社会主义市场经济体制改革、对外开放和经济发展等重大理论和实践问题。这一时期，经济学界围绕建立和完善社会主义市场经济体制这一主题，对社会主义市场经济的基本特征、市场体系建设、宏观调控体系构建、多种所有制经济共同发展、国有企业改革、财政制度改革等问题开展了深入研究与探讨，涌现出大量优秀研究成果。

21 世纪以来，随着我国加入世界贸易组织，对外开放的步伐进一步加快，经济全球化和开放发展成为我国经济学研究的重点。经济学界针对经济全球化背景下宏观经济稳定和经济安全问题、开放发展中的国际产业分工和企业竞争力问题、对外贸易和对外投资与招商引资问题等进行全面深入研究。这些研究成果对我国提升对外开放水平和层次、提高在全球经济治理体系中的地位、加快形成对外开放新格局都起到了十分重要的促进作用。

党的十八大以来，我国经济发展进入新时代。我国经济在取得巨大发展成就的同时，长期高速增长中积累的矛盾和问题也集中暴露。经济学界开始深入反思粗放发展模式的弊病，研究如何贯彻落实新发展理念以使经济增长从要素驱动转向创新驱动，如何通过供给侧结构性改革调整经济结构、推动产业转型升级，如何通过高质量发展来解决发展中的不平衡不充分问题，如何通过推动“一带一路”建设加快形成对外开放新格局等一系列重大问题，并对生态环境建设、金融改革和资本市场发展、区域协调发展、城镇化和城乡统筹、节能减排和绿色发展、技术创新和转型升级、精准扶贫、公共服务均等化、建立健全社会保障体系等具体问题展开广泛深入的研究，为深化改革开放和推动经济高质量发展提供了重要理论支持。我国改革开放以来的经济发展成就和经济学理论创新成果，为构建中国特色社会主义政治经济学提供了坚实基础。经济学界围绕构建中国特色社会主义政治经济学不断深化理论研究，取得诸多成果。我国经济学创新发展迎来了一个新的繁荣时期。

不断完善学科体系、学术体系、话语体系

回顾新中国成立 70 年来我国经济学发展历程不难发现，经济学的创新发展始终致力于满足时代发展要求、解决经济社会发展重大理论和实践问题。在肯定成绩的同时也要看到，我国经济学发展与学科建设还存在一些问题，比如：学术质量不够高，新兴学科、交叉学科比较薄弱，原创性不足，缺乏有标识性的新概念、新范畴、新表述等。提高我国经济学发展质量，要坚持马克思主义指导地位，立足新时代中国特色社会主义伟大实践，不断提升我国经济学的学术原创性。

马克思主义是我们立党立国的根本指导思想。建设具有中国特色、中国风格、中国气派的经济学学科体系、学术体系、话语体系，必须坚持马克思主义的指导地位。这是中国经济学区别于其他经济学的根本标志。习近平新时代中国特色社会主义思想是当代中国马克思主义、21 世纪马克思主义；习近平新时代中国特色社会主义经济思想是习近平新时代中国特色社会主义

思想的重要组成部分，是中国特色社会主义政治经济学的最新成果。在新时代推动我国经济学创新发展，必须坚持以习近平新时代中国特色社会主义思想为指导，将其贯穿到经济学学科建设、教材编写、课堂教学、课题研究等各个方面。

满足时代发展要求是经济学创新发展的重要方向。进入新时代，我国经济学创新发展必须紧紧抓住社会主要矛盾转化这一主线，努力揭示我国经济社会发展大逻辑、大趋势，深入研究如何贯彻新发展理念、如何推动经济高质量发展、如何深化供给侧结构性改革、如何正确处理政府与市场的关系、如何推动共建“一带一路”、如何积极参与全球经济治理、如何共建人类命运共同体等关系国家发展全局的重大战略问题，致力于把理论研究同政策探讨结合起来，提出具有深刻洞见的原创性理论观点。

原创性不足是阻碍我国经济学成长成熟的主要因素。推动我国经济学创新发展，必须提出既具有中国特色又能够促进世界经济学发展的原创性概念和原创性理论。要充分挖掘和汲取我国传统经济思想的精髓，推动其在社会主义现代化建设伟大实践中创造性转化、创新性发展，推进我国传统经济思想现代化、规范化、国际化。要重视理论经济学的创新发展，改变当前我国经济学研究偏重应用研究和政策探讨、理论研究比较薄弱的状况，形成理论研究与应用研究双轮驱动。要善于提炼具有标识性的概念和范畴，打造融通中外的新概念、新范畴、新表述，着力提出能够体现中国立场、中国智慧、中国价值的经济学理论体系和逻辑框架，提升我国经济学的国际影响力和话语权。

《人民日报》（2019 年 04 月 08 日）

中国特色社会学的形成与发展

李　强

回顾新中国成立70年来我国社会学发展历史，如何建设与中国国情相适应、与经济社会发展实践紧密结合的中国特色社会学，始终是我国社会学界面临的重大课题。

突出社会学的中国特色

社会学是19世纪末、20世纪初从西方传入我国的。从那时起，我国社会学界就致力于在本土文化环境中发展社会学，使之与中国的历史文化、经济社会发展相结合，为中国社会发展服务。在这个过程中，社会学学科建设也曾遭受过挫折，但是众多老一辈社会学家如费孝通、雷洁琼等，坚持探索如何将社会学研究与中国经济社会发展相结合，为中国社会学发展打下了坚实基础。

1979年，党的理论工作务虚会召开。邓小平同志提出：“政治学、法学、社会学以及世界政治的研究，我们过去多年忽视了，现在也需要赶快补课。”在邓小平同志号召下，社会学发展突飞猛进，取得很大成绩：第一，在马克思主义指导下，逐步构建起领域宽广的中国特色社会学学科体系，在社会学一级学科下形成了理论社会学、应用社会学、人口学、人类学、民俗学、社会工作、社会管理与社会政策等学科方向；第二，在中国广袤的大地上完成众多深入细致的基层社会调查，获得一手数据，探究社会事实，了解和认识中国国情，取得了丰富的社会调查成果；第三，创造出许多具有中国特色的社会学范畴，如社会建设、民生、社会治理、社会体制改革等，开拓了与中国特色社会主义实践紧密结合的社会学研究新领域，为推进改革开放和社会主义现代化建设作出了贡献。

从学术文献看，在我国社会科学的各个学科中，社会学是讨论本土化问题最多的学科之一。之所以强调本土化，是因为社会学研究要探究社会事实，而社会事实往往是极其复杂的。要深入分析社会事实，探究对社会事实发生影响的全部社会环境、社会要素，社会学研究就必须扎根本国土壤、立足本国国情、反映民情民风，这就必然要实现本土化。其实，世界各国的社会学都具有明显的本土化特征。比如，我们读美国社会学者写的各种各样的社会学教材，一个共同特征就是这些教材都是以美国社会为背景和基础来阐释社会学理论与方法的。有鉴于此，我国社会学必须高度重视本土化，在借鉴西方社会学时要保持头脑清醒，认清其背后的西方社会实践和价值判断，扎根我国经济、社会、文化土壤提出新概念、创造新表达、构建新理论，进一步突出社会学的中国特色。

积极探索社会建设与民生改善

社会建设与民生领域研究是我国社会主义现代化实践提出的新问题、新任务，也是中国特色社会学独有的研究领域。对这一领域的深入研究探索，形成了中国特色社会学独特的概念范畴、理论内容、话语表达。

什么是社会建设？社会建设也可以理解为建设社会，其目标是激发社会活力，其核心是处理好政府、市场与社会的关系。社会是由全体社会成员组成的，激发社会活力就是激发广大人民群众参与经济社会发展的积极性和动力。特别是对中国这样一个有着近 14 亿人口的大国来说，如果每个人都积极参与社会主义现代化建设，就能汇聚起势不可挡的磅礴力量。社会学关注的是人。从人的角度看，目前我国经济社会发展有四个方面的有利条件：其一，我国正处在工业化、城镇化快速发展期，农村户籍人口仍占很高比例，城镇化还有很大发展空间，其中蕴藏着巨大的发展动力和发展潜力；其二，改革开放激发了中国人民的创新创造热情，9 亿勤劳刻苦的劳动者是发展最重要的源泉；其三，我国制造业拥有数以亿计的一线技术工人和技术人才；其四，改革开放 40 多年来，我国培养了数以千万计的企业经营管理人才。当前，我国已进入中国特色社会主义新时代，正处在现代化发展的关键时期，能否充分激发社会活力对社会主义现代化建设来说至关重要。所以，中国特色社会学的社会建设研究，重点就落在如何通过体制机制改革激发全体中国人的活力上。

民生也是一个非常重要的本土化社会学概念。民生就是人民生活。中国特色社会学的民生研究，主要研究在中国这样的大国如何保障和改善人民生活，如何让每个人都得到平等的发展机会。经过多年探索，社会学界重点研究的民生领域大体有 9 个，即教育、就业、收入分配、社会福利与社会保障、住房、医疗健康、养老政策、扶贫政策、基层社会治理。民生领域的研究具有学科交叉特征。比如，很多学科都研究教育，而社会学的研究重点是教育公平问题，特别是在义务教育阶段如何实现教育资源公平配置。就业问题也有很多学科在研究，社会学聚焦的是人，是就业与失业的人群，研究重点是农民工和大学毕业生两大群体的就业问题。社会学在社会福利与社会保障、医疗、住房、养老领域的研究，突出的主题是基本公共服务均等化。贫困问题也是社会学研究的主题之一。近年来，对全国不同地区贫困与脱贫问题的研究，特别是如何确保到 2020 年现行标准下农村贫困人口实现脱贫，成为研究热点。在解决绝对贫困问题后，对相对贫困问题的研究将成为我国社会学界的长期任务。对于老弱病残导致的贫困，应当通过完善社会福利与社会保障制度去解决；对于有劳动能力的人因缺少文化知识、劳动技能和进取心而导致的贫困，则应强调文化扶贫。

深入研究社会治理创新

社会治理是中国特色社会学研究的一个基本课题，也是有可能做出突出研究成果的一个重要领域。社会治理的基本原则是激发活力和保持社会秩序，困难之处在于我国正处于现代化转型任务比较艰巨的时期。根据世界各国现代化的经验，当城镇化率处于 50% 上下的时候，是现代化转型最为艰巨的时期。目前我国常住人口城镇化率为 59.58%，户籍人口城镇化率为 43.37%。所以，我国社会学者的一大任务就是探索一条使我国社会既充满活力、又保持秩序的现代化转型之路。正是在这样的背景下，党中央提出“社会治理”的概念。在国际学术文献中，虽然“治理”“善治”都是常见的概念，但“社会治理”是具有中国本土化特征的概念。

我国社会学界对于社会治理的研究，很大程度上是不断总结广大人民群众参与社会治理的实践经验。改革开放 40 多年来，我国基层社会发生了翻天覆地的变化，城镇社区从过去的单位制社区变成今天的商品房社区和职工房改房社区，农村社区从当年的人民公社体制变成今天的多种类型的新型农村社区。适应这种新局面，社会治理体制机制也发生了深刻变化。党的十九大报告强调，“推动社会治理重心向基层下移”。我国城镇和农村按行政体制计算的基层社区大约有 66 万个，如果按照农村自然村和城镇居民实际居住小区计算的话就更多了。这么多基层社区在近些年来的社会治理实践中创造出了众多新的治理经验。过去，我国城镇和农村形成了二元结构。今天，城乡融合、城乡统筹的体制探索多种多样，创造出新型的土地管理机制、社区管理机制、住房管理机制以及城乡融合的养老机制等。城镇社区治理也创造出众多新的成功模型，其中有很多行政管理的成功案例，也有不少强调市场运行的成功案例，还有一些强调基层自治的成功案例。在这种形势下，很多社会学者参与到社会治理实践中。我带领的清华大学研究团队就与当地政府合作，在基层社会治理中创建了“新清河实验”研究基地，探索专家参与的基层社会治理模式。

党的十九大报告提出，打造共建共治共享的社会治理格局，完善党委领导、政府负责、社会协同、公众参与、法治保障的社会治理体制。这对于基层社会治理实践和社会学者的社区治理实验都具有重要指导意义。我国地域广阔、地区差异大，不能用“一刀切”的方式进行基层社会治理，应当尊重广大人民群众的实践创造。只有让广大人民群众积极参与并共享成果的社会治理，才是有活力、可持续、能够实现长治久安的社会治理。

我国社会学者在社会调查中看到，广大人民群众推进改革开放的社会实践已经走在前面，社会学者做的很多工作就是总结其中成功的体制机制案例，将其上升到社会学理论层面，提炼出我国社会现代化转型的理论模式。我们党带领人民进行的伟大社会实践不断为中国特色社会学理论提供新的知识，也不断为国际社会学的知识宝库增添中国经验、中国案例、中国模式。

《人民日报》（2019 年 05 月 20 日）

中国经济学的创新发展与历史使命

周　文

新中国成立 70 年来，我国经济发展取得举世瞩目的伟大成就，社会生产力、综合国力、人民生活水平都实现了历史性跨越。我国经济建设的成功实践，大大推动了经济学研究与理论创新。回顾 70 年来中国经济学的发展历程，总结成功经验，探索未来发展走向，既是服务国家重大发展战略的必然要求，也是新时代中国经济学创新发展并加快构建中国特色社会主义政治经济学的客观需要。

中国经济学理论创新成果丰硕

经济理论本质上是实践的理论，实践是经济学创新发展的不竭源泉。70 年来，我国经济学的创新发展与社会主义经济建设实践良性互动、相得益彰，在有力促进社会主义现代化建设的同时，推出众多经济学理论创新成果，大大丰富了世界经济学思想宝库。中国经济学理论创新成果非常丰富，这里仅列出四项重要成果。

推动经济学“术语的革命”。恩格斯指出，“一门科学提出的每一种新见解都包含这门科学的术语的革命。”经济学创新发展，也是从新范畴、新概念等“术语的革命”开始的。在新中国成立 70 年来特别是改革开放以来的社会主义经济建设实践中，形成了一批既能反映中国经验又具有经济学一般价值的新概念、新范畴，如社会主义初级阶段、社会主义市场经济、社会主义基本经济制度和分配制度、新发展理念、供给侧结构性改革、高质量发展、现代化经济体系等。这些概念和范畴得到学界普遍认同，成为经济学创新发展的重要内容和坚实基础。随着我国经济发展进入新时代，从我国经济高质量发展实践中涌现出的新概念、新范畴会越来越多，必将大大加快中国经济学创新脚步。

创造性提出并丰富发展社会主义市场经济理论。习近平总书记指出，“在社会主义条件下发展市场经济，是我们党的一个伟大创举。”新中国成立以来，我国经济体制经历了传统计划经济，计划经济为主、市场调节为辅，公有制基础上的有计划的商品经济等几个发展阶段，直到党的十四大明确提出建立社会主义市场经济体制的目标。从此，坚持社会主义市场经济改革方向、建立健全社会主义市场经济体制，就成为我国经济体制改革最重要的实践问题和经济学创新发展最重要的理论问题。改革开放以来的经济发展实践表明，社会主义市场经济体制既超越了传统计划经济体制，也超越了资本主义市场经济体制。它从我国实际出发，在实践探索中找到一条把社会主义基本制度与市场经济有机结合起来的新路。在这一过程中，社会主义市场经济理论逐渐发展完善，形成了一系列重要理论成果：发展社会主义市场经济、把社会主义基本制度与市场经济有机结合起来；经济体制改革是全面深化改革的重点，核心问题是处理好政府与市场的关系，使市场在资源配置中起决定性作用，更好发挥政府作用；科学的宏观调控，有效的政府治理，是发挥社会主义市场经济体制优势的内在要求；坚持党的领导，发挥党总揽全局、协调各方的领导核心作用是我国社会主义市场经济体制的一个重要特征；等等。

超越西方经济学对政府与市场关系的传统认知。政府与市场关系是经济学理论研究的一个核心问题。西方经济学认为，政府与市场关系是二元对立、相互替代、此消彼长的，政府只能被动和有限地发挥作用。我国改革开放以来的经济发展实践证明，把“看不见的手”和“看得见的手”都用好，才能形成市场作用和政府作用有机统一、相互补充、相互协调、相互促进的格局，兼顾效率和公平，推动经济社会持续健康发展。在实践和理论探索中，我们既努力实现市场作用和政府作用有机统一、相互促进，又强调政府对市场的顶层设计和有效监管，使市场在资源配置中起决定性作用，更好发挥政府作用，保证政府能够弥补市场失灵、开展有效市场建设、克服市场运行的自发性与盲目性，从而突破了西方经济学200多年来形成的政府与市场二元对立观，有力推动了经济学创新发展。

突破对发展经济学和国际贸易理论的传统认知。“比较优势理论”和“要素禀赋理论”是西方经济学框架下促进发展中国家发展和制定国际贸易规则的理论基础。但是，如果完全遵循这些理论，就会使发展中国家被锁定在全球产业链价值链的中低端，发展中国家与发达国家的发展差距就不可能缩小，世界经济的长期繁荣发展也无法实现。有鉴于此，我国经济学者对发展经济学进行反思与重构，提出成功的经济体应同时拥有有效的市场和有为的政府。对于一个经济体而言，要素禀赋在一个时点是给定的，但它可以随着时间推移发生变化，从而使比较优势发生改变。有效的市场是各种要素的价格能够充分反映其相对稀缺性的市场，是按照比较优势发展经济的制度前提。有为的政府能够在一国要素禀赋发生变化时因势利导，促进产业的潜在比较优势变成竞争优势，从而打破“低端锁定”，在市场竞争的基础上积小胜为大胜，逐步缩小同发达国家的差距，进而实现对发达国家的追赶。我国学者还将我们党提出的“共商共建共享”全球治理观运用于国际贸易理论，提出在国际贸易中应当遵循共商共建共享原则：共商是为了最大限度凝聚国际共识，达成合作；共建是为了在共商基础上建立更为公平的国际分工秩序，最大限度消除传统国际贸易理论中蕴藏的贸易不平等；共享是为了在共商共建基础上增强发展中国家的内生动力、激发其发展潜力。这些理论成果不仅是对发展经济学和传统国际贸易理论的突破，而且为促进发展中国家发展、促进世界共同繁荣作出了中国学术贡献。

加快构建中国特色社会主义政治经济学

经济学是一门研究经济活动、总结经济规律的学科，其创新发展通常是服务于国家发展战略的。中国特色社会主义进入新时代，中国经济学创新发展必须更好服务于实现“两个一百年”奋斗目标和中华民族伟大复兴的中国梦。目前，我国经济学创新发展的基础还比较薄弱，对重大现实问题的研究也不够深入，一些学者习惯于从西方经济学理论框架出发来分析研究我国经济现实问题，经济学发展还不能充分满足新时代我国经济高质量发展的要求。因此，着力解决我国经济学创新发展所面临的突出问题，加快构建中国特色社会主义政治经济学理论体系，更好服务于国家发展战略，满足经济高质量发展时代要求，是新时代中国经济学创新发展面临的紧迫任务和历史使命。

坚持以马克思主义为指导。马克思主义是我们立党立国的根本指导思想，习近平新时代中国特色社会主义思想是马克思主义中国化最新成果，是当代中国马克思主义、21 世纪马克思主义，是党和国家必须长期坚持的指导思想。构建中国特色社会主义政治经济学必须坚持以习近平新时代中国特色社会主义思想为指导，着力对中国道路、中国经验、中国方案作出政治经济学的理论概括、抽象和升华，努力从中提炼出具有学理性的理论创新成果，推动中国特色社会主义政治经济学朝着体系化、规律化、学科化方向发展。

加强对社会主义现代化建设实践经验的总结。当前，我国经济发展已由高速增长阶段转向高质量发展阶段。我国经济学创新发展既进入更加广阔的天地，也面临新的更高要求。构建中国特色社会主义政治经济学，应紧扣我国社会主要矛盾变化，主动服务国家发展战略，积极回应重大理论问题和实践课题，加强对改革开放和社会主义现代化建设实践经验的说明、阐释、总结、概括，并将其上升为系统化的经济理论学说，努力实现中国特色社会主义政治经济学研究同新时代经济高质量发展实践良性互动，为我国经济高质量发展提供理论指导，为发展中国家实现更好发展提供有益借鉴。

不断汲取中华优秀传统经济思想精华。中华优秀传统文化蕴含着博大精深的经济思想，如《盐铁论》等古代典籍中蕴含的许多经济思想与现代经济学不谋而合。构建中国特色社会主义政治经济学，需要不断汲取中华优秀传统经济思想的精华，推动中华优秀传统经济思想实现创造性转化、创新性发展，使之成为中国特色社会主义政治经济学发展的宝贵资源。

吸收借鉴现代西方经济学的有益成果。习近平总书记指出，“马克思、恩格斯在建立自己理论体系的过程中就大量吸收借鉴了前人创造的成果。对现代社会科学积累的有益知识体系，运用的模型推演、数量分析等有效手段，我们也可以用，而且应该好好用。需要注意的是，在采用这些知识和方法时不要忘了老祖宗，不要失去了科学判断力。”现代西方经济学的一些理论观点和学术成果，可以成为中国特色社会主义政治经济学的有益借鉴。但我们在吸收借鉴时要有分析、有鉴别，既不能采取一概排斥的态度，也不能生搬硬套、不加分析把国外学术思想和学术方法奉为圭臬。应以我国实际为研究起点，提出具有主体性、原创性的理论观点，构建中国特色社会主义政治经济学学科体系、学术体系、话语体系。

《人民日报》（2019 年 06 月 24 日）

中国特色社会主义政治经济学的主线和逻辑起点

卫兴华

习近平总书记一贯重视马克思主义政治经济学的学习和运用，作出了“要坚持中国特色社会主义政治经济学的重大原则”“不断完善中国特色社会主义政治经济学理论体系，推进充分体现中国特色、中国风格、中国气派的经济学科建设”等重大论断。近年来，我国经济学界热烈讨论中国特色社会主义政治经济学的主线和逻辑起点问题。这是因为，只有明确了主线和逻辑起点，才能真正构建起中国特色社会主义政治经济学理论体系。

中国特色社会主义政治经济学的主线

科学社会主义政治经济学和中国特色社会主义政治经济学的主线应该是统一的。从已经发表的论著来看，有的认为主线是社会主义市场经济；有的认为主线是发展生产力；有的认为我国公有制和非公有制并存，应以两种不同性质的生产关系既共同发展又相互矛盾为主线；有的认为应以生产力和生产关系的相互作用为主线；还有的认为应以政府和市场的关系为主线；等等。在这个问题上各抒己见，进行探索，一方面表明中国特色社会主义政治经济学处在探索构建过程中；另一方面表明我国马克思主义经济学界高度重视中国特色社会主义政治经济学的创新与发展。

其实，科学社会主义已经提出政治经济学的主线，这条主线也应贯彻于中国特色社会主义政治经济学之中。这条主线是以往任何社会都不存在、只存在于社会主义和共产主义社会的，那就是马克思主义一再强调的全体人民共同富裕。马克思在《1857—1858 年经济学手稿》中提出：在未来的新社会制度中，“社会生产力的发展将如此迅速”“生产将以所有的人富裕为目的”。列宁也讲：社会主义要使“所有劳动者过最美好、最幸福的生活。只有社会主义才能实现这一点。而且我们知道，社会主义一定会实现这一点，而马克思主义的全部困难和它的全部力量也就在于了解这个真理”。

生产力落后的国家建设社会主义，首先要让劳动人民过上温饱不愁的生活，达到小康水平。进而要让全体人民共同富裕，包括生存资料、发展资料和享受资料都能充分满足需要。共同富裕是个相对概念，可以有不同层次。列宁用“最美好、最幸福的生活”来表述，意指高层次的共同富裕。

共同富裕既表明社会主义发展应达到人民群众所需要的美好生活水平，又表明社会主义要消灭剥削、消除两极分化，实现分配公平。原始社会实行公有制，没有阶级剥削和奴役现象，但生产力极端落后，没有共同富裕。从奴隶社会、封建社会到资本主义社会，生产力不断发展，社会财富随之增加，发达资本主义国家的生产率达到了相当高的程度，但存在剥削制度和贫富两极分化，不可能实现共同富裕。只有在社会主义和共产主义社会才能实现共同富裕，让人民过上最美好、最幸福的生活。

全体人民共同富裕不是轻而易举就能实现的，要以生产力的快速发展为前提。所以，马克思主义经典作家把快速发展生产力和实现共同富裕连在一起，作为建设社会主义必须抓好的两大环节。《共产党宣言》指出：无产阶级取得政权以后，要“尽可能快地增加生产力的总量”，以提高人民的生活水平。如前所述，马克思在《1857—1858年经济学手稿》中同样强调社会主义要快速发展生产力，以使每个劳动者过上富裕的生活。只有通过快速发展生产力，使全体人民走向共同富裕，才能充分显示社会主义的优越性，使社会主义有巨大的吸引力；才能充分证明马克思主义不仅能够解释世界，而且具有改造世界的强大真理力量。

由此，结合实现全体人民共同富裕和生产力快速发展两个方面，中国特色社会主义政治经济学的主线可以表述为：通过快速发展生产力逐步实现共同富裕。

从科学社会主义的理论逻辑看，通过快速发展生产力逐步实现共同富裕，是科学社会主义的本质规定。我们常讲，发展社会主义经济，要坚持公有制为主体、按劳分配为主体。但是，为什么要搞公有制和按劳分配？如果不与建设社会主义的初衷和根本目的相联系，就会说不清楚。马克思主义致力于社会主义事业，其初衷是要让劳动人民摆脱受剥削受压迫的境地，成为社会的主人，过上有尊严的富足的生活，获得自由而全面的发展。所以，通过快速发展生产力逐步实现共同富裕，是实现社会主义初衷和根本目的的唯一途径。实行公有制是逐步实现共同富裕的制度保障。公有制、按劳分配都是服从于社会主义本质规定的，都是围绕“通过快速发展生产力逐步实现共同富裕”这一主线运行的。

从中国社会主义发展的历史逻辑看，通过快速发展生产力逐步实现共同富裕，是中国特色社会主义经济社会发展的主线。遵循这一主线，发展就会取得成功；偏离这一主线，发展就会遭受挫折。新中国成立后，我国重视生产力的发展和人民生活水平的提高，实施并提前完成第一个五年计划。但后来受“左”的思想影响，实行以阶级斗争为纲，搞“一大二公”的公有制，使社会主义经济建设遭受挫折，人民生活长期得不到明显改善。改革开放以来，党中央提出社会主义的本质是解放生产力，发展生产力，消灭剥削，消除两极分化，最终达到共同富裕。这坚持和发展了马克思关于社会主义的本质规定。我们遵循社会主义本质规定，致力于通过快速发展生产力逐步实现共同富裕，并将其具体化为坚持公有制为主体、多种所有制经济共同发展的社会主义初级阶段基本经济制度，提出以人民为中心的发展思想和决胜全面建成小康社会、实现共同富裕的发展路径。改革开放40多年来，我国社会生产力、综合国力和人民生活水平得到大幅提高，创造了中国奇迹。

中国特色社会主义政治经济学的逻辑起点

关于中国特色社会主义政治经济学的逻辑起点，学界也有不同主张。笔者认为，应借鉴马克思在《资本论》中研究资本主义经济所确立的逻辑起点。从表面上看，《资本论》是从研究商品开始的，似乎商品就是资本主义政治经济学的逻辑起点。但应看到，商品生产与流通早在奴隶社会就存在，并在以后的社会制度中不断发展。商品、商品生产、商品流通都是中性的，不具有特殊的社会属性。它既不决定也不影响任何社会经济制度的本质规定。因此，商品不能成为资本主义政治经济学的逻辑起点。马克思也一再批评庸俗经济学家用商品市场关系来说明资本主义生产关系，以此掩盖资本主义本质关系。

马克思确立资本主义政治经济学的体系结构时，提出了两个不同层次的逻辑起点。

一个是宏观层次的逻辑起点。马克思在《政治经济学批判》导言中专设一节讲“政治经济学的方法”，指出，资本主义政治经济学研究不能从人口开始，也不能从劳动开始。“从地租开始，从土地所有制开始，似乎是再自然不过的了……但是，这是最错误不过的了。在一切社会形式中都有一种一定的生产决定其他一切生产的地位和影响，因而它的关系也决定其他一切关系的地位和影响。这是一种普照的光，它掩盖了一切其他色彩，改变着它们的特点。”研究任何社会经济制度，都要确定在该社会起主导作用的“普照的光”。封建社会“普照的光”是土地所有制和地租。资本主义社会“普照的光”是具有资本主义私有制性质的工业资本。远在资本主义社会以前的社会制度中就存在商业资本、借贷资本，但不构成资本主义。正是工业资本的产生和发展，推动形成资本主义私有制，才形成了资本主义。因此，《资本论》第一卷研究工业资本的生产过程，第二卷研究工业资本的流通过程。在具有资本主义私有制性质的工业资本这一“普照的光”主导下，商业资本、借贷资本、土地所有制及其经营方式都具有资本主义性质，但它们都从属于工业资本，放在《资本论》第三卷中研究。

另一个是从单个资本主义企业即微观层次研究资本主义政治经济学的逻辑起点。这是从《资本论》第一卷第四章开始的。这一章研究了作为资本主义生产关系基础的所有制关系以及资本与雇佣劳动的关系，它说明：非劳动者占有的货币成为资本，劳动者成为为资本服务的雇佣劳动者。正是资本与雇佣劳动的关系决定了所有制的资本主义性质。先有这种生产关系的形成，才有资本主义直接生产过程的关系以及由此决定的分配关系和交换关系。因此，《资本论》第一卷第四章论述的内容，是资本主义生产关系体系“入口处”的前期关系。

科学社会主义政治经济学和中国特色社会主义政治经济学的“普照的光”

是一致的，即以生产资料公有制为基础、为主体。这在我国宪法中主要体现为两条规定：一条是“中华人民共和国的社会主义经济制度的基础是生产资料的社会主义公有制”，这是对科学社会主义的坚持与继承；另一条是“国家在社会主义初级阶段，坚持公有制为主体、多种所有制经济共同发展的基本经济制度”，这是对科学社会主义的发展与创新。可以说，公有制和公有制为主体是现阶段中国特色社会主义的“普照的光”，现阶段中国特色社会主义政治经济学的逻辑起点应是社会主义初级阶段的基本经济制度。

一种经济形式的社会性质是由其内部的生产关系决定的。国有经济即社会主义全民所有制经济，是我国国民经济中的主导力量。我国国有经济的社会主义性质应表现为，企业职工以主人翁的身份与属于全民的生产资料相结合。这就是说，社会主义公有制要体现在生产资料与劳动力相结合的社会主义生产方式上，具体表现为职工拥有知情权、话语权、参与权、选举权等。

应当注意的是，把社会主义初级阶段的基本经济制度作为现阶段中国特色社会主义政治经济学的逻辑起点，并不意味着一定要把它放在相关论著的第一章。这方面论著的第一章或导论，要讲中国特色社会主义政治经济学的对象与方法，讲生产力与生产关系及其相互关系的基本原理，讲生产、分配、交换、消费的关系等。

《人民日报》（2019 年 10 月 14 日）

面向新时代创新发展中国特色企业管理学

王永贵　李　霞

管理学是一门理论与实践联系极为紧密的学科。新中国成立 70 年来特别是改革开放以来，在中国经济快速发展的同时，中国企业发展也取得了巨大成就，不仅整体实力大幅提升，而且涌现出一批具有全球竞争力的世界一流企业。中国企业整体发展进步的背后，是中国企业管理学的创新与发展。特别是在中国经济发展进入新时代的大背景下，越来越多的管理学者和企业管理者认识到，中国企业管理不能照抄照搬西方管理理论，而应紧密结合中国企业管理实践，探索发展中国特色企业管理学。这是构建中国特色管理学的紧迫任务，也是我国培育更多优秀企业和企业家的迫切需要。

中国企业管理学的发展历程与现状

新中国成立 70 年来，中国企业管理学的发展历程大致可分为 4 个阶段。一是 1949—1978 年的探索起步阶段。初期以学习借鉴苏联企业管理理论和管理模式为主。20 世纪 60 年代之后，管理学界开始从中国企业管理实践出发，探索建立适合中国国情的社会主义企业管理理论和管理模式。二是 1979—1992 年的转型发展阶段。改革开放后，我们认识到我国企业管理与世界先进水平存在较大差距，必须奋起直追。从计划经济体制向社会主义市场经济体制转型，对企业管理学和管理实践创新提出了新要求。众多管理学者和企业管理者重视学习和借鉴发达国家的企业管理理论和管理经验，希望从中得到启发。三是 1993—2012 年的蓬勃发展阶段。随着社会主义市场经济体制的建立和完善，我国管理学者更加注重对中国企业管理实践进行本土化研究，企业管理学的中国特色逐渐突出。四是2013年至今的创新发展阶段。伴随世界对中国发展奇迹的高度关注，国内外顶级管理学期刊中关于中国企业管理现象、中国企业管理实践的研究明显增多。中国学者在研究范式、研究方法、理论创新等方面不断取得新进展，提高了中国管理学在国际学术界的影响力和话语权。

经过70年的艰辛探索，我国企业管理学研究取得了诸多成果。比如，理论界从我国企业管理实践出发，将中华优秀传统文化、管理思想融入现代管理学理论，提出了诸多具有深厚中国文化底蕴的管理理论，大大丰富和发展了中国企业管理学的理论体系和概念体系。实务界立足中国管理情境，探索出一些具有中国特色的企业管理模式，如华为公司的“灰度管理”模式、海尔公司的“人单合一”管理模式等。管理理论和管理模式创新，有力推动中国企业突破后发劣势、形成核心优势，成功实现转型升级。

在肯定中国企业管理学研究成就的同时，也应清醒认识到中国企业管理学发展的一些不足。一是一些理论研究与企业管理实践脱节，单纯为了本土化而本土化。例如，过度解读传统文化，将其与现代管理实践进行机械对应；部分学者囿于自身研究视角，缺乏与同行和企业的沟通交流，造成中国企业管理学流派日趋复杂；等等。二是忽视中国国情和企业管理实践，生搬硬套西方管理学理论。三是受西方管理学研究范式影响，存在过度追求研究规范化、推崇复杂定量研究与艰深模型的倾向，对实际问题的研究不深入，难以发现管理实践背后的中国逻辑和企业运行规律。

中国特色企业管理学创新发展的方向

2016年5月，习近平同志在哲学社会科学工作座谈会上强调“加快构建中国特色哲学社会科学”，指出“坚持以马克思主义为指导，是当代中国哲学社会科学区别于其他哲学社会科学的根本标志”。在努力实现“两个一百年”奋斗目标的进程中，以习近平新时代中国特色社会主义思想为指导，坚持马克思主义基本原理和贯穿其中的立场、观点、方法，按照体现继承性、民族性、原创性、时代性、系统性、专业性的要求，创新发展能够有效指导中国企业管理实践的中国特色企业管理学，是中国管理学者的光荣使命。

面向新时代，中国特色企业管理学创新发展的方向是，立足国情和中国企业管理实践，完善中国特色企业管理学的学科体系、学术体系、话语体系，探索和揭示中国企业管理实践的内在规律。从研究对象看，应聚焦中国企业管理实践，重点研究本土企业的管理和发展问题；从研究选题看，应正确处理世界管理问题研究与本土管理问题研究的关系，突出具有中国现实意义和前沿性的核心问题；从研究内容看，应重点关注中国企业管理实践中的特殊元素，探索建构具有中国特色的企业管理学概念，阐释这些概念之间的逻辑关系；从研究情境看，应基于中国企业管理实践的特定情境或视角，对中国企业的独特管理现象进行剖析和诠释；从研究方法看，应坚持辩证唯物主义和历史唯物主义的方法论，同时既充分借鉴吸收西方现代管理学的有益研究方法，又立足中国现实与研究需要促进研究方法创新。

坚持问题导向推动中国特色企业管理学创新

进入新时代，中国企业发展面临的市场环境、技术环境、国际环境等都在发生巨大变化。如何促进企业在复杂多变的市场环境、技术环境和国际环境中实现高质量发展，是中国特色企业管理学必须解决的时代课题。

立足中国企业管理实践推动理论创新。应立足中国企业管理实践，从中发现根植于中国土壤的管理元素，揭示中国企业管理实践背后的规律与机制，提出具有原创性的理论观点和标识性概念；大力挖掘中国传统管理思想，推动其创造性转化、创新性发展，探索本土化与国际化兼具的中国特色企业管理学理论构建路径；围绕中国企业如何实现创新发展等问题展开深入研究，挖掘中国企业创新发展中的独特情境变量，提升企业核心竞争力，助力我国经济高质量发展。

直面新技术挑战推动理论创新。在国际知名调研机构 CB Insights 发布的 2019 年全球独角兽企业榜单中，中国企业数量约占 30%。这说明中国企业并不缺少创新精神，尤其是在新一代信息技术产业等新兴产业中，有些中国企业的管理实践已经走在世界前列，这为中国特色企业管理学创新发展提供了重要实践基础。在移动互联网、大数据、人工智能等新一代信息技术深刻改变企业生产模式和商业环境的背景下，如何通过管理创新让企业更好适应新的市场竞争？如何利用大数据、人工智能等新技术支持企业决策和管理，进而提高效率和效益？在一些互联网企业占有大量数据资源的情况下，如何引导企业兼顾创造利润与承担社会责任？深化对这些问题的研究，已经成为中国特色企业管理学创新发展的紧迫任务。中国管理学者完全可以提出新概念、构建新理论、创造新模式，引领和推动新技术条件下中国企业的管理创新，并为世界企业管理学创新发展作出贡献。

服务“一带一路”建设推动理论创新。“一带一路”建设的深入推进，为中国企业更好走出去提供了重大机遇，同时，走出去的企业也面临一些新问题新挑战。比如，中国企业在走出去过程中如何布局贸易与投资体系？如何搭建风险防范与管理系统？如何应对文化冲突和政治经济问题？如何更好承担社会责任？等等。从理论层面深入回答这些问题，探索符合中国企业走出去实际的管理战略和管理模式，突出中国特色、中国制度、中国元素，有效化解企业走出去面临的风险和挑战，是中国特色企业管理学亟须深入研究的问题。

聚焦国有企业改革推动理论创新。推进混合所有制改革，是当前深化国有企业改革的重要突破口。但是，目前有关混合所有制改革的理论研究仍然滞后于实践发展。混合所有制改革不能“一刀切”，而应分类推进、一企一策。如何具体推进混合所有制改革，既是企业管理者需要直面的实践问题，也是管理学者需要深入研究的理论问题。应扎根国有企业改革发展实践，结合国有企业改革经验与理论研究成果，深入研究适应国有企业改革发展需要的混合所有制改革理论，建立并不断完善中国特色现代企业制度。

围绕培育优秀企业家推动理论创新。伴随改革开放大潮，我国涌现出许多极具管理特色的本土企业和优秀企业家。应关注这些领先企业，研究优秀企业家的心理与行为特征，以动态视角观察分析企业家面临经营风险挑战时的心理状况及决策过程，剖析企业家个人风格和企业家精神在企业发展壮大过程中的作用机理。在本土情境下探究企业家的管理思想及其在管理实践中的体现，有助于深入挖掘成功企业背后的管理逻辑。

《人民日报》（2019 年 11 月 25 日）

推动中国特色人口学繁荣发展

田雪原

新中国成立 70 年来，我国人口学取得前所未有的发展成就。在中国特色社会主义新时代，坚持以马克思主义为指导，按照立足中国、借鉴国外，挖掘历史、把握当代，关怀人类、面向未来的思路，推动中国特色人口学繁荣发展，是我国人口学者的光荣使命。

我国人口学发展历程

我国作为世界文明古国之一，早在春秋战国时期就很重视人口问题。在其后长达 2000 多年的封建社会中，“多子多福”的生育观念传承下来，并成为历代与人口相关的法规、政策、文献等的主基调。在新中国成立之前，我国未能产生真正意义上的人口学家，相关论著也没有成为相对规范的人口学学术著作。

1949 年新中国成立以来，我国人口学发展可分为改革开放前后两个时期。改革开放前，面对人口迅速增长、人口问题日益显现，上世纪 30 年代前后出现的社会学派人口节制主义再度兴起，于 50 年代中期发表控制人口增长、“适中人口”论等几篇（部）论著。不过最具影响力的，还是马寅初于 1957 年发表的《新人口论》。该书论证了人口增长过快与资金积累、劳动生产率提高、科教事业发展、人民生活改善、人口素质提高、现代化建设等的矛盾，力主控制人口数量和提高人口质量。但受“左”的思想影响，在实践中，人口越多生产就越多、积累就越多、发展就越快的观念长期流行，导致人口过度膨胀，人口问题日益突出。

1978 年党的十一届三中全会召开和解放思想、实事求是思想路线的重新确立，激发了我国人口学的发展活力。我国人口学抓住改革开放机遇，蓬勃发展起来。改革开放初期，我国人口学界以正确认识马寅初新人口论为契机，纠正长期存在的“人口越多越好”论，为后来人口学的发展奠定基础。1980 年，中共中央发出《关于控制我国人口增长问题致全体共产党员、共青团员的公开信》，提倡一对夫妇只生育一个孩子。同年，联合国人口基金（UNFPA）启动包括人口学研究在内的对华援助，掀起“经济要上去、人口要下来”和计划生育基本国策研究热潮。人口研究机构如雨后春笋般建立，全国各类人口研究机构达到 10 多家，科研人员成倍增加，科研成果大量涌现。

20 世纪 90 年代后，我国经济社会发展和人口数量、素质、结构呈现新态势。1997 年国际人口科学联盟（IUSSP）第二十三届国际人口科学大会在北京召开，全国社会科学规划领导小组将人口学单列为国家社会科学基金资助学科，人口学研究尤其是具有边缘、交叉、综合性质的人口发展战略、人口年龄结构变动与经济增长、人口城镇化与经济转型升级等研究活跃起来，取得一批质量较高的研究成果。

进入 21 世纪，面对劳动年龄人口占比达到峰值后开始下降、人口政策调整启动、经济高质量发展等新态势，人口发展战略与政策调整、适应高质量发展要求全面提升人口素质、人口与可持续发展研究等持续升温。与此同时，人口学基本理论研究也得到加强，国内外学术交流不断扩大，呈现规范化发展新气象。

我国人口学研究成果斐然

改革开放后，我国人口学研究得以恢复并不断向前发展。一方面，人口学基本理论研究收获新成果，出版了《人口学教程》（2000 年）、《人口学》（2004 年）、《人口资源与环境经济学》（2011 年）等专著。这些成果坚持以马克思主义为指导，注重吸收借鉴国际研究成果，结合中国实际研究新问题，作出创新性研究。另一方面，我国学者立足国际学术前沿，从我国实际出发，围绕人口统计学、人口老龄化、人口发展战略、人口政策、人口流动与城镇化、婚姻与家庭、人口健康等重大现实问题开展创新性实证研究，取得突破性进展。

在人口发展战略研究方面，从人口多、生产力不发达的基本国情出发，提出和论证将控制人口数量、提升人口素质、调整人口结构结合起来的人口发展战略：第一步以人口数量控制为重点，第二步以人口素质全面提升为重点，第三步以全方位适度人口为重点，推出了理论联系实际的多项研究成果。

在人口政策研究方面，上世纪 80 年代，我国学者分析论证了实行一对夫妇生育一个孩子政策的可行性。此后，学术界根据人口形势变化，围绕优化人口政策进行深入研究。以习近平同志为核心的党中央果断决策，于 2013 年实行单独二孩政策，2015 年出台全面二孩政策。实践证明，这样的政策调整既符合现实国情，又有利于促进人口长期均衡发展，对新时代人口政策和社会经济发展具有重大积极意义。

在人口老龄化和养老保障改革研究方面，自 2000 年以来，我国已开展四次“中国城乡老年人生活状况抽样调查”，第四次调查是全球有关老年人口最大规模的调查，取得第一手系统完整的数据资料。学术界根据调查数据，深入研究我国人口老龄化趋势、特点和应对之策，发表大量论文、报告和专著，提出并阐释建立社会养老、家庭养老、自助养老“三位一体”养老保障体系。倡导积极老龄化，推进养老体制改革，促进国际学术交流，发挥理论前瞻性研究和学术咨询作用。

在就业和人口红利研究方面，我国学者较早关注到生育率下降引起的劳动年龄人口占比上升、社会抚养比下降即人口年龄结构变动的“黄金时代”，对这一阶段的就业和人口红利进行了比较深入的研究。随着就业和人口红利研究不断深化，我国学者对劳动在国内生产总值增长中的贡献给出科学测评，为以人力资源开发支持社会经济持续快速发展提供了理论依据。

在人口流动和城镇化研究方面，重点是破解城乡二元结构下人口流动难题，分析预测城乡人口变动和城镇化发展趋势，阐释推动以人为核心的新型城镇化、促进农业转移人口落户城镇的思路和决策选择。

在全面提升人口素质与经济高质量发展研究方面，重点研究经济高质量发展的人口需求，认识和摆正体能健康素质、智能科教素质、精神文明素质之间的关系，强调体能健康素质是基础、智能科教素质是关键、精神文明素质是保障。适应新时代发展的新要求、新特点，深化全面提升人口素质的研究。

在人口与可持续发展战略研究方面，提出人口与可持续发展的理论框架，论证人口与资源可持续发展是基础、人口与环境可持续发展是最终目标、人口与经济社会可持续发展是“推进器”和“调节器”，强调立足人口变动和发展确定可持续发展的宏观思路和政策选择。

以学术创新推动中国特色人口学繁荣发展

我国是世界第一人口大国，又是发展最快的发展中国家。在中国特色社会主义新时代，总结丰富多彩的实践，坚持实践—理论—实践的创新路径，促进理论升华，是我国人口学创新发展的必由之路；以学术创新推动中国特色人口学学科体系建设和繁荣发展，是我国人口学创新发展的基本立足点。

着力创建中国特色人口学学术体系。创建中国特色人口学学术体系，必须深刻认识新中国成立 70 年来已经形成的规范化人口学框架和理论，认识到“特色”是在“一般”基础上的发展和升华。发展人口学、建设中国特色人口学学术体系，是在借鉴国内外已有研究成果基础上凸显中国特色的学术发展，要注重融入经过实践检验、影响未来人口变动发展的新元素，如人口与资源环境可持续发展等。

在交叉研究中增强人口学理论厚度、补齐研究短板。第二次世界大战后，学科交叉研究迅速发展，这在人口学领域表现得尤为突出。当前，我国经济进入高质量发展阶段。适应这一要求，应在人口学研究中加快促进学科交叉研究，把研究重点转到以提升体能健康素质、智能科教素质、精神文明素质为主的全面提升人口素质上来。此外，还应加强老龄化与养老保障改革、人口流动与新型城镇化等研究，加快补齐研究短板。

《人民日报》（2019 年 12 月 23 日）

立足中国大地创新发展中国特色经济学

刘守英

习近平总书记在2018年全国宣传思想工作会议上指出，坚持马克思主义在我国哲学社会科学领域的指导地位，建设具有中国特色、中国风格、中国气派的哲学社会科学。创新发展中国特色经济学，是中国经济学者的光荣使命，必须坚持以马克思主义为指导，立足中国大地，坚持问题导向，用科学方法分析和解决问题，不断深化对中国经济发展的规律性认识。

中国经济学创新发展的重要启示

经济学是实践性很强的致用之学。在我国革命、建设、改革的各个时期，我国经济学研究都取得了重要成果，我国经济学者都作出了重要贡献。比如，上世纪三四十年代，以陈翰笙、薛暮桥、孙冶方等为代表的经济学家以研究中国农村经济结构为主题，基于对不同地区农村经济的一手调查研究，对当时中国社会经济结构和社会政治关系的普遍性质作出阐释，为我们党判断中国社会性质提供了重要理论依据；上世纪五六十年代，一些经济学者结合我国社会主义经济建设实践，深化了对社会主义社会生产力和生产关系相互作用、不同所有制及经济成分的关系、社会化大生产中的商品货币关系、价值规律的作用和按劳分配等的认识；改革开放后，许多经济学者深入改革开放伟大实践，探索研究社会主义市场经济改革进程中的重大理论问题，为改革决策和政策制定提供理论支撑；等等。

回顾历史不难发现，经济学创新成果的产生大都源于破解亟须解决的重大问题。正是重大问题的出现，提供了重大理论创新的土壤。经济学者抓住机遇对这些重大问题进行科学分析和研究，推动时代进步的具有鲜明中国特色的经济理论就会应运而生。这样的经济理论主要有以下几个特点：

一是思想的原创性。比如，上世纪三四十年代，学者们以科学方法论证了中国社会的半殖民地半封建性质；上世纪八九十年代，学者们论证了社会主义基本制度可以与市场经济结合；等等。这些原创性理论成果都来自中国社会土壤，来自解决中国的真问题，大大推动了马克思主义经济学理论创新发展。

二是研究范式的重大转换。比如，上世纪 20 年代末，陈翰笙在苏联担任国际农民运动研究所研究员期间，与那里的一批理论家发生激烈争论，于是决定告别从书本到书本、从概念到概念的研究范式，回国“对中国的社会作一番全面的调查研究”。研究中发现，仅仅关注生产力的西方研究范式是不能回答中国社会性质这一重大问题的，于是运用马克思主义政治经济学分析方法，着眼于生产关系来调查和研究中国农村问题，通过实地调查发现新“元素”，进而同已有“通说”或“定论”形成有力对话。又如改革开放新时期的中国经济学理论创新，从改革开放实践中发现问题、寻找解决方案，逐步形成适合中国国情和发展道路的社会主义经济理论，再将这些理论转化为政策建议，用以解决改革发展中遇到的问题。

三是以解决问题为目的。比如，上世纪三四十年代的经济学家对中国农村社会性质问题的讨论，不是学院式的争辩，而是根据具体的事实和经验，探讨中国农业改造运动或农民运动的任务与性质。上世纪五六十年代，中国经济学者深入思考计划与市场的关系、政治经济学理论体系构建、社会主义生产目的和分配等社会主义经济建设中的一些重大理论问题。改革开放后，中国经济学者直接参与改革实践，有的还成为改革的直接推动者。当他们为解决问题而站在时代潮头时，显然不是仅仅为了创造一种理论而进行研究，而是想让理论研究成为决策和政策制定的参考，在推动实践方面发挥应有作用。

从实践出发、以问题为导向是科学的研究方法

中国经济学的创新发展启示我们，从实践出发、以问题为导向是经济学

创新发展的科学方法，也是构建中国特色经济学理论体系、实现中国特色经济学创新发展的科学路径。

从实践出发、以问题为导向是准确认识国情的有效途径，而准确认识国情是进行理论创新的前提。理论的谬误往往因无视国情的生搬硬套而产生，经济理论创新必须纠正忽视思想性的唯技术化倾向，防止缺乏分析基础的虚无化倾向，摒弃无视国情或忽视研究对象典型特征的错误倾向。通过技术化处理，直接照搬基于其他经济体特征而形成的理论，把研究对象仅仅视作检验西方主流理论的案例，这种分析或许可以产出大量论文，甚至更容易在国外期刊发表，但对于解释和解决所研究经济体的实际问题不仅无益，反而可能有害。对国情的客观分析是理论创新的前提。认识国情就要找准并科学分析一个经济体的典型事实和基本特征，尤其是以问题为牵引发现经济体的独特性，分析其不同于其他经济体的体制特征、典型事实及其经济结果。

从实践出发、以问题为导向是经济学分析范式的基础，而只有坚持正确的经济学分析范式，才能形成科学解释经济现象、解决经济问题的理论。从实践出发、以问题为导向是马克思政治经济学的研究方法。问题是事物矛盾的表现形式。马克思的《资本论》就是基于生产力与生产关系矛盾运动规律，揭示资本主义制度的本质特征和内在矛盾及其历史趋势。从实践出发、以问题为导向也符合现代经济学分析范式。好的现代经济学研究是基于所观察到的问题，建立和设定一组假设和前提条件，分析影响人的行为和经济绩效的因素。可见，从实践出发、以问题为导向是经济学分析范式的基础。当前，中国经济的一个重要特征是快速变迁，不仅表现为结构变迁，如工业化、城镇化快速推进，改变着城乡结构和产业结构；而且表现为体制变迁，如从计划经济体制转变为社会主义市场经济体制；还表现为治理变迁，如从传统社会秩序转变为现代社会秩序。面对如此历史性、革命性的变迁，如果用基于西方社会实际、从西方实践得出的经济理论来分析，显然会产生误判和误导。以问题为导向，找准所研究的本土问题，用经济学方法对这些问题进行分析，并在此基础上推动经济学创新发展，才是正确的方法和路径。

中国经济学迎来创新发展的重大机遇

党的十八大以来，中国特色社会主义进入了新时代，中华民族伟大复兴展现出前所未有的光明前景。同时，中华民族伟大复兴的战略全局同世界百年未有之大变局相互交织、相互作用、融合交汇，对中国经济学提出一系列需要解答的重大课题，中国经济学迎来了创新发展的重大机遇。抓住机遇，推动中国经济学繁荣发展，当前可以从以下几个方面努力。

提出关于中国经济发展独特性及其内在逻辑的解释性理论。中国改革发展为形成原创性理论提供了现实土壤。中国作为世界上最大的发展中国家，成功摆脱贫困、进入中等收入国家行列，并且仍然保持良好发展势头。中国是在社会主义道路上成功实现经济体制转型、创造经济快速发展奇迹的国家，中国的体制转型和经济发展不仅表现出与其他转型经济体不同的特征，而且积累起丰富经验，呈现出一系列独特的体制优势。科学分析中国经济在体制特征、发展方式上的独特性和一般性，给出符合中国发展内在逻辑的经济解释，建立中国经济发展方式与其他经济发展方式可比较的分析框架，就能够推出具有中国特色的原创性经济理论，让中国特色经济学取得与中国经济发展成就相称的地位。

解答中华民族伟大复兴和世界百年未有之大变局提出的经济理论问题。无论是总结发展经验还是分析大变局中的重大命题，坚持问题导向始终是形成原创性理论的科学路径。中华民族伟大复兴和世界百年未有之大变局，提出了一系列重大经济问题。比如，中国作为世界最大发展中国家，如何成功转变发展方式、实现高质量发展、顺利跨越“中等收入陷阱”；如何建设与国家治理体系和治理能力现代化相匹配的现代化经济体系，为实现社会主义现代化强国目标夯实经济基础；等等。又如，新兴市场国家和发展中国家快速崛起是世界百年未有之大变局的一个显著特征，但一些发达国家贸易保护主义抬头成为世界经济发展面临的严峻挑战，怎样创造条件、推动大变局继续向有利于世界和平与发展的方向发展，也是经济理论创新需要解答的问题。再如，世界格局正处在加快演变的历史进程中，产生了大量深刻复杂的现实问题，需要加强对当代资本主义的研究，分析把握其出现的各种变化及其本质，深化对资本主义和国际政治经济关系深刻复杂变化的规律性认识。

加快构建中国特色社会主义政治经济学，打牢中国特色经济学创新发展的根基。中国经济学发展史也是一部马克思主义政治经济学中国化的历史，中国特色社会主义政治经济学理论始终是我们形成原创性经济学理论的源泉。要在习近平新时代中国特色社会主义经济思想指导下，加快构建中国特色社会主义政治经济学，夯实中国特色经济学创新发展的根基。同时，中国的改革发展是在对外开放条件下进行的，中国特色经济学理论创新切不可闭门造车，而应广泛吸收借鉴有益的现代经济学方法。应加大研究方法创新力度，加强对重大经济问题的研究，加快中国特色经济学创新发展的步伐。

《人民日报》（2020 年 03 月 02 日）

以中国经验丰富和创新发展经济学

林毅夫　刘培林

第二次世界大战后，适应发展中国家谋求发展的现实需要，发展经济学逐步兴起。然而时至今日，机械地按照西方理论推动发展的发展中国家，绝大多数并未能缩小与发达国家的差距，为数众多的经济体长期在中等收入阶段徘徊。与之形成鲜明对比的是，改革开放以来我国经济快速发展，先后于1999年和2010年跨入下中等和上中等收入国家行列，目前人均国民总收入已相当于高收入国家门槛线的83%左右；我国技术和产业水平快速提高，在全球分工体系中的地位日益重要。我国这样的超大型经济体在如此短时间内取得奇迹般的巨大成就，研究其中的经验和规律无疑具有世界意义和历史意义。习近平总书记在经济社会领域专家座谈会上的重要讲话中指出："新时代改革开放和社会主义现代化建设的丰富实践是理论和政策研究的'富矿'，我国经济社会领域理论工作者大有可为。"中国学者尤其是从事发展经济学研究的学者，身处世界最大发展中国家，亲历具有世界意义和历史意义的发展实践，既有更好条件、也有更大责任总结好中国经验，丰富和创新发展经济学，为我国和其他发展中国家发展作出更大贡献。

发展的内涵及发展经济学的核心任务

发展的直观表现是规模的扩大，但其根本内涵则是一系列结构的变迁和升级，如要素禀赋结构、产业结构、要素投入和经济增长主动力结构、人口和经济活动空间分布结构、居民消费结构、对外贸易结构等。同时，不同技术水平产业的规模经济性、风险特性、市场交易范围、交易方式不一样，需要的基础设施和制度安排也会不同，政府制定政策的重点也不一样。发展经济学的核心任务是揭示结构变迁和升级规律，并提出使结构升级得以顺利和持续推进的战略和政策体系。

结构升级和变迁是从量变到质变的发展过程。随着发展进程的推进，要素禀赋结构会由人均物质资本短缺和人力资本低下的状态，升级为人均物质资本丰裕和人力资本水平较高的状态；产业结构会由以农业和初级原材料产业为主，升级为以轻工业、重工业再到以高端制造业和服务业为主；要素投入和增长主动力结构会由以简单劳动推动为主，升级为以技术研发和内嵌着日益复杂技术的资本品推动为主；人口和产业活动在国土空间的分布结构会逐步城镇化；居民消费结构会由以食物为主，升级为以耐用消费品再到以服务消费为主；对外贸易结构会由以初级原料出口和初级设备进口为主，升级为以复杂制造品和设备为主。在这些结构升级过程中，各行各业会成长起不少大企业，交易范围日益扩大，交易复杂程度日益提高，金融和法律体系复杂程度和精细程度日益提高，对政府推动发展和协调多元利益关系的能力也会提出更高要求。从这些维度出发，可以观察到发展进程所呈现的比较鲜明的阶段性特征。

上述方方面面的结构，相互之间并非独立，而是有着内洽的关系，一些结构是因，另一些结构是果。比如，要素禀赋结构是因，决定着产业结构的最优状态。而产业结构升级又决定着城镇化速度，决定着劳动者收入水平的提高进而消费结构的升级，决定着在什么样的价值链环节参与国际经贸往来，决定着需要什么样的金融和法律以及体制和政策支撑。

第二次世界大战后，世界范围的发展经济学经历了两波大的思潮，但其在发展中国家的应用均以失败而告终。一波以结构主义为代表，认识到发展中国家和发达国家之间存在巨大结构性差异，并把发展中国家一系列“落后的结构”归因于市场失灵，于是主张政府全面干预，力图发展超越要素禀赋结构的产业体系，结果导致一些国家经济在经历短暂的由投资拉动的高速增长后陷入停滞，且危机不断。另一波以新自由主义为代表，把发展中国家出现的问题归咎于政府失灵，主张政府应该彻底放手，激进地推进私有化和市场化，认为市场会解决一切问题。结果在推行“华盛顿共识”的上世纪80年代和 90 年代，发展中国家经济增长率比推行结构主义的 60 年代和 70 年代更低，而经济危机发生的频率却更高。这两波思潮之所以都以失败而告终，第一个原因是没有深刻认识到，发展不仅是市场竞争下的资源最优配置，更是一个结构变迁过程；第二个原因是没有充分认识到前文所述各方面结构的内洽性；第三个也是最为重要的原因是，没有正确认识和处理政府和市场的关系。实际上，结构升级和变迁有别于既定结构下的资源配置，前者涉及许多单个企业甚至单个产业自身无法解决的问题，既需要产业之间的协调，也需要基础设施和制度安排的相应完善，因而既需要发挥市场作用，也需要发挥政府作用。政府因势利导创造产业升级的基础条件，能够使产业升级更顺更快。

正是基于对二战结束以来发展中国家经济发展和发展经济学本身发展的总结，我们提出了新结构经济学。我们认为，发展是一个结构变迁的过程，推动结构转型升级需要有效市场和有为政府相互协调，共同发挥作用。只有两者协调配合，才能有效地推动结构升级和经济发展。这也是基于中国经济发展的成功实践得出的结论。

改革开放以来中国推动经济发展的成功实践和经验

改革开放后，中国立足国情，循序渐进推进经济体制改革，逐步提高市场在资源配置中的地位；同时注重发挥好政府作用，因势利导地推动国有经济和民营经济发展具有比较优势的产业，以充分利用后来者优势加快经济发展和资本积累。经济快速发展和资本积累提升了要素禀赋结构、改变了比较优势，为产业升级创造了条件。以这样的方式，中国较好地平衡了改革发展稳定的关系，并针对不同发展阶段的主要矛盾和问题，提出相应的发展理念，在成功实现经济起飞后平稳而快速地推进工业化、城镇化。

围绕发展进行有效社会动员。党中央作出把党和国家工作中心转移到经济建设上来、实行改革开放的历史性决策后，各级政府和微观经济主体迅速响应，形成了推动经济增长和发展的社会共识。务实渐进地从改善微观主体激励机制入手启动改革，保证了改革取得比较明显的普遍获益效果。

积极推进农村经济体制改革。建立以家庭承包经营为基础、统分结合的双层经营体制，极大调动了广大农民发展生产的积极性主动性创造性，大幅度提升了农业生产率，为经济起飞和劳动力流入非农部门和地区奠定了基础。

构建富有竞争力的产业体系。顺应物质资本不断积累带动要素禀赋结构升级态势，通过扩大对外开放引进、消化、吸收并再创新国际先进技术，同时加强自主创新，梯次孕育出以轻工业、重化工业、服务业为主的富有竞争力的产业体系。在这个产业结构攀升的工业化过程中，积累了许多关于增长、发展、创新和相互协调的社会知识。

经济起飞带动城镇化快速发展。经济起飞时的轻工业和从事简单制造的小微企业发展，带动了离土不离乡的城镇化。之后随着重化工业和复杂程度日益提高的制造业发展，大量劳动力和受过中高等教育的人口跨区域流动到大中城市，进而带动了服务业发展。这样的发展节奏保证了流入城镇的劳动力与城镇就业吸收能力相匹配，避免了许多发展中国家存在的贫民窟现象。

逐步融入世界经济，扩大技术来源和市场空间。改革开放初期，我国以来料加工且产品出口的方式扩大对外贸易，既发挥了劳动力丰富的优势，也避免了对国内原有产业造成较大冲击。随着国内部门竞争力的提升，我们通过内外合资、引进外资等方式，先沿海后内地逐步扩大开放。加入世界贸易组织后，我国经济深度融入世界经济。在金融开放特别是资本项目开放过程中，我国保持了谨慎态度，避免了热钱大进大出对金融体系乃至经济体系可能带来的冲击。

始终注意发挥好有效市场和有为政府两只手的作用。政府以务实态度平衡好改革、开放、发展和稳定的关系，建立健全社会主义市场经济体制，发展出包括要素市场体系在内的整个市场体系，逐步使市场在资源配置中起决定性作用。注重更好发挥政府作用，政府从实际出发，对宏观经济加以有效管理；积极作为，组织建设基础设施体系，联通国内大市场，促进要素流动和产业发展；随着发展阶段提升，不断提高监管标准，引导绿色环保产品和工艺研发推广，加强生态环境保护，提高发展可持续性。

兼顾效率和公平。通过转移支付安排和富有自身特色的帮扶政策，努力控制并缩小区域、城乡发展差距和收入分配差距，有效推进减贫事业，提高发展包容性。

注重保持发展的安全性和发展进程管理的自主性。得益于按照比较优势发展经济，我国经济持续增长、平稳运行。在面临外部经济危机冲击时，政府有很强能力推行逆周期的财政和货币政策予以应对，进而避免了为获得国际金融机构援助而被迫推行其惯常主张的结构性改革或紧缩性政策方案。

在分享中国经验、促进共同发展过程中进一步创新发展经济学

与西方发达国家在旧国际关系体系下实现工业化和现代化的经验相比，中国改革开放以来快速发展的经验更贴近当今大部分发展中国家的需要。发挥好有效市场和有为政府两只手的作用，遵循比较优势循序渐进推进产业升级和城镇化进程，可以为广大发展中国家发展经济提供有益借鉴和启示。

中国发展成就举世瞩目，但也应看到，发展起来以后的问题不比不发展时少。从内部看，在临近进入高收入国家行列时如何更好贯彻新发展理念，实现高质量发展；如何保持和提高社会流动性，为人人参与、人人尽力创造更公平的条件；如何提高劳动报酬在初次分配中的比重并改善二次分配，实现人人享有和共同富裕等等，都需要经济发展理论作出科学解答。从外部看，在迈向高收入国家过程中，如何统筹发展和安全，维护和延续重要战略机遇期；如何落实共同、综合、合作、可持续的安全观，促进形成各国共同发展的格局；如何通过畅通国内大循环，吸引全球高端产品、服务和生产要素；如何参与乃至引领全球治理特别是全球货币体系改革等等，都需要经济发展理论加以前瞻性研究。对这些问题的解答，将推动中国特色的发展经济学实现更大发展。

习近平总书记指出："这是一个需要理论而且一定能够产生理论的时代，这是一个需要思想而且一定能够产生思想的时代。"我国许多经济学研究者和研究机构在总结中国经验、推动经济发展理论进步方面已经做了大量卓有成效的工作。今后要在习近平新时代中国特色社会主义经济思想指导下，进一步总结提炼好基于中国经验的发展经济学知识，作为重要全球公共产品贡献给世界，促进发展中国家共同发展，推动构建人类命运共同体。

《人民日报》（2021年10月11日）

对中国古代民本经济观的传承与超越

叶 坦 王 昉

习近平总书记指出，新的征程上，必须“坚持把马克思主义基本原理同中国具体实际相结合、同中华优秀传统文化相结合”。中华文明在数千年的发展史中，以丰富的经济现象、经济实践与经济观念，孕育创造出长期领先世界的经济成就和经济思想，形成了一套独具特色的经济学说与理论。民本经济观是其中的重要内容，并在千载传承发展中不断显现其跨越时代的魅力和生命力。

中国古代民本经济观的基本理念

在古代中国，政治与经济密不可分，“经济”一词本意就是经世济民。中国古代民本经济观着眼于安邦定国，以“民生”为核心，以富民、养民为基础。《尚书·五子之歌》中的“民惟邦本，本固邦宁”，就是对民本经济观的经典记载和阐述。

“富民”是中国古代民本经济观的重要内容，在中国经济思想史中，几乎各流派的学说对其都有体现。儒家学派开创者孔子就提出养民、富民、教民之说，富民就是要轻徭薄赋、藏富于民。因此，他力劝鲁哀公不要与民争利，提出“省力役，薄赋敛，则民富矣”“百姓足，君孰与不足”等重要思想。孟子继承了孔子的富民思想，提出让老百姓治“恒产”。从今天的视角来看，治“恒产”就是强调富民要强化产权制度保障。道家学派也高度重视富民，反对扰民争利。其代表人物老子提出，“以百姓心为心”“我无事而民自富”，强调体恤百姓，与民休养生息。这些论述，体现了古代民本经济观的基本理念，即要以民为本，让百姓过上富足生活，只有这样，国家才能长治久安。

“养民”是中国古代民本经济观的一个重要理念，这一理念在抵御自然灾害、抗灾救荒等方面表现得尤为突出。在古代中国，水、旱、风雾雹霜、厉（瘟疫）、虫被称为“五害”。帮助老百姓抵御“五害”，使老百姓过上太平日子，是官府的重要职责。《管子》提出：“故善为国者，必先除其五害。”古代中国历来重视抵御各种灾害和备荒赈济，形成了独特的荒政制度。常平仓就是官府为储粮备荒、平稳粮价而设的粮仓。这些粮仓在丰年购粮储存，避免谷贱伤农；在灾年则卖出储粮，以稳定粮价、救荒赈灾，这种缓冲储备机制对后世影响深远。此外，“以工代赈”的救荒策略也是古代民本经济观中“养民”理念的重要体现，即发生灾害时，官府通过实施重大工程来促进就业，实现经济社会稳定发展。

民本经济观还有具体的理想蓝图。《礼记》提出“大道之行也，天下为公”的理想，描绘了“使老有所终，壮有所用，幼有所长，矜寡孤独废疾者，皆有所养”的大同蓝图。孟子一生推崇仁政，详细描绘了施仁政的美好愿景：“五亩之宅，树之以桑，五十者可以衣帛矣。鸡豚狗彘之畜，无失其时，七十者可以食肉矣。百亩之田，勿夺其时，数口之家可以无饥矣……”古人的这些论述，体现了民本经济观“富民”“养民”的理想蓝图。其中，《礼记》中描绘的“小康”社会成为历代中国人孜孜以求的梦想，对后世产生了深刻影响。历史反复证明，只有坚持民本经济观，与民休养生息，才能实现经济发展、社会安定。“文景之治”“贞观之治”等都是践行民本经济政策的结果。

中国古代民本经济观的发展演进

唐宋以后，随着商品经济的发展，民本经济观不仅得到传承，而且有了进一步发展。古代思想家们在继承富民、养民等理念的同时，将“民”的范围拓展到工商业者，提出工商业也是“本”，出现了具有鲜明时代特征的“四民皆本”等观点。其基本理念是：民间经济发展了，人民富裕了，国家根基才能稳固。

批判传统的重本（农）抑末（工商）论是古代民本经济观的一个重要发展。

南宋浙东学派代表人物叶适强调保护工商业，提出“四民交致其用而后治化兴，抑末厚本，非正论也”，旗帜鲜明地反对重本抑末的论点。在叶适的学生陈耆卿编纂的《嘉定赤城志》中，明确提出士农工商“此四者，皆百姓之本业”。他们的观点，反映出南宋时期浙东地区商品经济的发达与经济观念的变革，丰富了古代民本经济观。

官办公共救济福利机构大量涌现，也是古代民本经济观发展的重要体现。宋代理学家程颐提出，为政“以顺民心为本，以厚民生为本，以安而不扰为本”。朱熹认为，“天下之务，莫大于恤民”。作为这些思想的重要体现，民本经济观在宋代从形式到内容都有了较大发展，一个明显标识是官办公共救济福利机构大量涌现。如慈幼局、慈幼庄等是收养弃婴孤儿的福利机构，居养院、养济院等是收养孤寡贫困老人的养老机构，施药局、惠民局等是慈善施药机构，安乐庐、安济坊等是福利性医疗机构，漏泽园则是收葬孤苦逝者的墓园，等等。

限制君权、抨击专制，注重经世致用，发展商品经济，是明清时期民本经济观演进的主要方向。明代丘濬提出“为国以足民为本”，要求允许“民自为市”、发展商品经济。他还认为官府“所以理财者，乃为民而理”，反对将国家财政专用于供奉君主，主张应当用于老百姓。黄宗羲是明清时期民本经济观发展的重要推动者，他提出“天下为主君为客”的思想，反对侵夺“民所自有之田”，主张发展保护民财的产权理念，还发展了宋人提出的“四民皆本”论，提出“夫工固圣王之所欲来，商又使其愿出于途者，盖皆本也”，提出工商也是国家经济的根本。

中国人民地位的根本变化和以人民为中心的发展思想的确立践行

古代民本经济观经过几千年的演进，其基本内涵有了一定程度的深化和拓展，但由于历史和社会条件的局限，在古代不可能真正做到以民为本。在历朝历代，“民”依然是政治权力行使的客体，其基本权利无法从制度上得到有效保障，需要靠统治者的仁慈恩赐才能实现，即只有通过“君本”才能实现“民本”。即便是在辛亥革命推翻君主专制制度后，这种状况也没有得到根本改变，广大人民仍然处于被剥削被奴役的境况，仍然没有获得当家作主的地位。

中国人民地位的根本变化和巨大提升，始自中华人民共和国成立。1954年颁布的新中国第一部宪法明确规定，“中华人民共和国是工人阶级领导的、以工农联盟为基础的人民民主国家”“中华人民共和国的一切权力属于人民”，在法律上确立了人民当家作主的地位。数千年来压迫和剥削人民的剥削阶级作为阶级已经被消灭，人民翻身成为国家的主人，这就在人民的地位上实现了对古代民本经济观的历史超越。

习近平总书记提出的以人民为中心的发展思想，是对古代民本经济观历史超越和时代升华的最鲜明体现。习近平总书记指出：“古人说：‘天地之大，黎元为本。’人民是我们党执政的最深厚基础和最大底气。为人民谋幸福、为民族谋复兴，这既是我们党领导现代化建设的出发点和落脚点，也是新发展理念的‘根’和‘魂’。只有坚持以人民为中心的发展思想，坚持发展为了人民、发展依靠人民、发展成果由人民共享，才会有正确的发展观、现代化观。”以人民为中心的发展思想，坚持“人民是历史的创造者、人民是真正的英雄”这一马克思主义基本原理，吸收了“民惟邦本，本固邦宁”的古代民本经济观的有益养分，充分彰显了新时代坚持和发展中国特色社会主义的根本立场，体现了我们党全心全意为人民服务的根本宗旨和为中国人民谋幸福、为中华民族谋复兴的初心使命，在政治立场、价值导向等方面实现了对古代民本经济观的历史超越。

以人民为中心的发展思想对古代民本经济观的超越，不仅体现在立场和理念层面，而且体现在实践层面。习近平总书记指出：“以人民为中心的发展思想，不是一个抽象的、玄奥的概念，不能只停留在口头上、止步于思想环节，而要体现在经济社会发展各个环节。”新中国成立以来特别是改革开放以来，我们党领导人民创造了世所罕见的经济快速发展奇迹和社会长期稳定奇迹。党的十八大以来，在习近平新时代中国特色社会主义思想科学指引下，我们把以人民为中心的发展思想体现在经济社会发展各方面各环节，促进人民生活水平和生活质量显著提升，人民群众的获得感、幸福感、安全感明显增强，人的全面发展的基础进一步夯实，不断谱写经济持续快速发展和社会长期稳定“两大奇迹”的新篇章。国内生产总值突破100万亿元大关，全国居民人均可支配收入从2013年的18311元增至2020年的32189元；决战脱贫攻坚取得全面胜利，9899万农村贫困人口实现脱贫，困扰中华民族几千年的绝对贫困问题得到历史性解决，创造了人类减贫史上的奇迹；国家教育经费从2013年的3.04万亿元增长到2020年的5.3万亿元，教育公平和质量较大提升，高等教育进入普及化阶段；建成世界上规模最大的社会保障体系，社会保障在保障和改善民生、维护社会公平、增进人民福祉中的作用得到有效发挥；污染防治力度加大，生态环境明显改善；公共文化服务水平不断提高，文化事业和文化产业繁荣发展……我们在中华大地上全面建成了小康社会，实现了第一个百年奋斗目标，踏上了全面建设社会主义现代化国家新征程。

以人民为中心的发展思想，闪耀着马克思主义真理光芒，传承和弘扬讲仁爱、重民本、守诚信、崇正义、尚和合、求大同的中华优秀传统文化，是对中国古代民本经济观的全方位超越。新的征程上，我们要始终坚持以人民为中心的发展思想，坚持人民主体地位，顺应人民群众对美好生活的向往，不断实现好、维护好、发展好最广大人民根本利益，做到发展为了人民、发展依靠人民、发展成果由人民共享，让人民群众获得感、幸福感、安全感更加充实、更有保障、更可持续。

《人民日报》（2021年11月29日）

法学篇

洞察中国法治实践的内生价值

朱新力　余　军

我国改革开放30多年来，伴随经济领域取得举世瞩目的成就，政治文明与法治秩序构建也获得长足进步。毋庸置疑，中国法治进程的推进与法学学术研究的繁荣及其所作出的贡献是分不开的。如今，中国正经历着历史上最为广泛而深刻的社会变革，处于蓬勃发展之中的年轻的中国法学还存在研究水平不完全适应中国实际、对现实问题解释能力不足等问题。习近平总书记在哲学社会科学工作座谈会上的讲话中指出："要按照立足中国、借鉴国外，挖掘历史、把握当代，关怀人类、面向未来的思路，着力构建中国特色哲学社会科学"。这为法学理论研究工作提供了重要指导思想。当下中国法学研究应当思考怎样立足中国现实、秉持正确研究立场、创新研究范式，在中华民族伟大复兴的历史进程中作出新的贡献。

我国哲学社会科学研究领域在改革开放之初经历了一个向西方学习的过程，法学研究也不例外。在当时法律制度不完善、法学理论研究存在空白的情况下，中国法学大量引介、移植西方法学理论与实践经验。当时很多学者希望通过借鉴西方法学研究成果来推进中国法学理论体系的构建，进而可以为中国法治实践提供学理支撑。这种研究方法一方面对新时期中国法学研究发展壮大起到了推动作用，同时也形成了比照、模仿西方法学的研究方法。一些学者受此趋势影响，在研究方法上出现一些偏颇，比如，将引用西方法学文献尤其是各流派代表人物的观点作为法学论文的必备要素，把对西方法学理论的熟知程度甚至对西方著述引用数量的多寡当作评价学术水平高低以及理论深度的依据。

这种研究进路对于上世纪80年代以来我国法学学科体系的重建与恢复、

法律知识与法学理论的普及具有一定的积极作用。然而，中国法学在初步完成了自身理论建构以后，必然要求立足中国实际，深入回答中国法治实践中的重大问题。但是一些学者不愿意面对现实，又出现了一种以知识文化法学为趋势的研究状态。这种知识文化法学主张为学问而学问，不追求其观点向外传播，而是重点在法学界内部传承。一些学者说，“文章写给写文章的人看”。这使得法学研究在很大程度上被当作一个不依赖于社会现实而存在的自闭、自洽的文化活动。这种研究实际上还包含了一种趋近世界法文化的取向，无论是强调对知识传统的承接，还是基于与国际接轨的要求，当时一些法学学者热衷于通过自得其乐的书斋中的理论探讨，实现在世界法文化中为中国法学寻得一席之地的目的。

然而，中国社会法治秩序建构有自身的固有演进逻辑，尽管法治原则被认为是当代人类文明成果，但具体地域中的法治实践在内容与形式上都存在很大差别，尤其是在中国这样一个发展中的社会主义大国怎样进行法治建设，没有现成经验可以借鉴，需要从实际出发。在社会转型期，中国法治进程更是有自身的复杂性，不是用西方法治范畴和理论能够全部解释清楚的。这种复杂性实际上也为中国的法学研究提供了创新发展的契机。解决好中国自己的法治问题，是中国法学真正走向世界、在世界法文化体系中取得一席之地的基础。这要求中国法学研究对中国现实问题给予应有关注，改变研究语境远离中国社会实际和对西方法学理论亦步亦趋的状态，不能将中国法学研究导向“无根基的知识”之境地。

此外，中国法学研究还存在研究方法较为单一及其所导致的对社会现实解释能力有限的问题。法解释学、规范法学的研究方法被认为是法学作为独立学科的方法。毋庸置疑，法解释学、规范法学研究的精进为中国法学的学术进步提供了重要方法基础。但其局限性也十分明显，法解释学、规范法学实际上是一门以特定法秩序为基础及界限，借以探求法律问题答案的学问。这种学问要求研究者尽可能地运用法律方法与法律解释技术在法规范的框架内解决问题。但处于社会转型期的中国，法律创制机制尚未成熟完善，许多法律规范本身的功能还没有充分发挥，经济、政治、社会等诸多因素对法律规范也有各种各样的影响。在这种情况下，单独重视规范本身，就无法在整体上对法治运行状况作出有效回应和观照，亦难解释和洞察中国法治运行的真实逻辑。诸多研究也可能因其“从应然到应然”的立场，出现解释能力有限、隔靴搔痒、脱离中国法律运行实际等问题。

可喜的是，近年来法学研究风格日益多元化，一大批关心中国法学命运的学人开始投入到以中国法治实践真实场景为重点的研究中来，中国法学研究所面临的上述问题在一定程度上得以改观。这种改变意味着中国的法学学者有越来越多的主体意识自觉和方法论自觉，这种新的研究趋势推动中国法学学者在理论上进行更深入的思考、提炼与归纳，并不断推进中国法学研究立场转换与方法创新。

在研究立场上，学者们更加注重以中国社会变革与社会转型为背景挖掘中国本土法治实践中内生的规范价值。不可否认，近现代法治理论很多源自西方法治实践和学术传统，其所生成的一系列规范价值，也是当下中国的法治实践与法学研究需要予以思考和吸收的内容。但是，处在中国社会转型这一特定历史进程中，中国法治秩序的建构不可能将这些外来的、输入型的规范价值奉为教条，中国改革开放的特有经历以及中国深厚历史传统所铸造的文化基因决定了中国的法治实践必将生成一种本土化的、内生性的规范价值。这种内生性的规范价值研究，尊重和吸收人类法治文明成果，而其核心内容则源于中国社会变迁，建立在对中国社会、政治与文化自身价值的共识基础之上。对中国法治实践中内生性规范价值的研究与挖掘，是当下法学研究无可推卸的责任，也是其不断创新发展的生命力所在。基于此种立场的法学研究，必须具备深刻的中国问题意识与开阔的理论视野，以解读和洞察中国现实制度运行背后的内在逻辑、真实机理为己任，为处于蓬勃发展之中的中国法治实践提供源源不断的理论贡献。这也正是中国的法学研究为当代世界法治文明作出学术贡献并在世界法文化体系中取得一席之地的基础。

基于上述立场的法学学术研究，尚需要在研究方法、研究范式的多元化与实证化方面作出努力。基于法学的规范科学属性，法学研究以法解释学、规范法学为主要路径的局面乃是法学作为一个独立学科的必然要求。但中国当下的法解释学、规范法学首先应该倡导和鼓励一种更具开放性的实证规范研究进路，如果仍然照搬西方国家的规范研究方法来应对中国的现实问题，这种研究本身的正当性就容易遭到怀疑，解释力就会受到限制。因此，实证的法学规范研究应当对中国法治进程中规范生成与演进机制进行历史的、社会的考察，以挖掘其中的真实问题以及背后诸多影响因素的形态与脉络，在此基础上方能确保传统规范研究分析的有效性。这种研究方法实际上很大程度融入了法政策学、法社会学的思考。其次，当下的法学研究还应当倡导经验研究、跨学科研究，引入其他社会科学、自然科学的研究方法，通过田野调查、深度访谈、问卷调查，并辅之以统计学上的取样统计方法或者大数据挖掘，以获取合理的实证经验材料，从事实层面洞悉具体实践中法治运行的真实逻辑，探究中国法治实践宏观或微观层面的真正规律。

《人民日报》（2016 年 11 月 07 日）

让法学研究打上强起来的时代烙印

王　旭

在党的十九大报告中，习近平总书记指出，近代以来久经磨难的中华民族迎来了从站起来、富起来到强起来的伟大飞跃。经过不懈奋斗，我国综合国力进入世界前列，中华民族的面貌发生前所未有的变化，中国从师夷长技到为解决人类问题贡献中国智慧和中国方案，以崭新姿态屹立于世界东方。如今，中国特色社会主义进入新时代，当代中国正经历着我国历史上最为广泛而深刻的社会变革，也正在进行着人类历史上最为宏大而独特的实践创新。这种前无古人的伟大实践，必将给理论创造、学术繁荣提供强大动力和广阔空间。法学学者不能辜负这个时代，要以宽广视角、宏大抱负，立足全面建设社会主义现代化国家的实践，推动中国法学创新发展，让法学研究打上强起来的时代烙印。

如何看待强国

16 世纪以来，人类社会进入前所未有的创新活跃期。几百年里，人类在科学技术方面取得的创新成果超过了过去几千年的总和。一些国家抓住机遇，经济社会发展驶入快车道，经济实力、科技实力、军事实力迅速增强，甚至一跃成为世界强国。过去 50 多年间，和平与发展逐渐成为时代主题。但在这个过程中，许多取得独立地位的国家却没有走向繁荣富强。中国则在改革开放以后迎来了快速发展的阶段。习近平总书记在党的十九大报告中提出，为把我国建设成为富强民主文明和谐美丽的社会主义现代化强国而奋斗。这是我们从新的历史起点出发需要为之不懈奋斗的目标。从历史角度看，所谓的世界强国有一定的特征。

强大的国家认同。强国的民众对自己国家的历史有深刻认知，有对本民族文化的自豪感和强大的国家认同。国家内部能够形成人们广泛认同的理想信念和共同遵循的思想指引，并在此基础上形成凝聚民众的强大合力。在当代中国，中国特色社会主义道路、理论、制度、文化不断发展，释放出强大的号召力和感染力，必将把社会各阶层凝聚在一起，激励全体中华儿女勠力同心，奋力实现中华民族伟大复兴的中国梦。

坚实的制度基础。现代国家有着层次复杂的各种制度。要统筹协调这些制度，使之成为治国理政的强大合力，需要形成一个强大的制度系统。强国往往有其制度体系的四梁八柱，即贯穿制度体系的统一框架与逻辑。经过长期改革发展实践，我国已经基本形成中国特色社会主义制度体系，成为当代中国发展进步的根本制度保障。

高超的治理能力。现代国家承担着复杂繁重的国家任务，要为国家发展提供动力，建立起社会安全与民生保障体制。为此，需要设计适合国家运行的机构，并努力提高这些机构有效进行国家治理、完成职责任务的能力。中国共产党明确提出通过全面深化改革完善和发展中国特色社会主义制度、推进国家治理体系和治理能力现代化，并在治国理政方面采取一系列创新举措，我国国家治理现代化水平日益提升。

世界范围的影响力。现代化强国必然在尊重国家主权完整和文化差异的前提下，积极参与全球治理，以自身的制度文明为世界提供智慧。中国发展的成功实践拓展了发展中国家走向现代化的途径，给世界上那些既希望加快发展又希望保持自身独立性的国家和民族提供了全新选择，为解决人类问题贡献了中国智慧和中国方案。

以实现国家强盛为目标推进法学研究

改革开放初期，我国法学研究借鉴了大量西方法治观念、法学理论，这是在当时法治经验不足、法治理论欠缺情况下的一种选择。但在今天，我国开启全面建设社会主义现代化国家的新征程，全面推进依法治国，走中国特色社会主义法治道路，西方法治理论就无法继续为中国法治实践提供支持。强国时代呼唤中国法学创新发展，中国法学研究理应回应法治国家、法治社会建设中的重大理论和实践问题，发展符合中国实际、具有中国特色、体现中国社会发展规律的社会主义法治理论，更好为中国建设社会主义现代化国家提供法学理论支撑，向世界提供中国法学研究的智力成果。

为增进国家认同提供规则指引。当今时代，文化更加多样，如何在差异中寻求价值上的认同？法律是有效手段之一。法律致力于将社会生活经验上升为普遍规则，通过法律程序建立协商、合意等机制。在这个过程中，法律可以发挥调整、协调和整合的作用，敦促每个社会成员既实现自身权利，又接受法律的统一规范。法学研究应致力于对增进国家认同作出法理上的阐释，阐明坚持党的领导、人民当家作主、依法治国有机统一的中国特色社会主义法治理论，论证人民主权原则、法治统一原则等一系列重大法学原理，为立法提供指引，发挥凝聚社会共识、增强国家整体意志的作用。

为夯实强起来的制度基础提供学理支撑。理论是实践的先导。强大的制度基础必然需要在理论上抽象出一般概念、命题、论断，为各种具体制度充分发挥作用提供思想上的指引，促进治国理政强大合力的形成。现代国家制度涉及国家权力在法律上的分配及运用，法学正是通过研究法律上国家权力的性质、类型、相互关系来揭示权力运行的法理基础和规律。对于我国来说，公有制为主体、多种所有制经济共同发展，按劳分配为主体、多种分配方式并存，社会主义市场经济体制等社会主义基本经济制度，人民代表大会制度这一根本政治制度，中国共产党领导的多党合作和政治协商制度、民族区域自治制度和基层群众自治制度等基本政治制度，是中国强起来的制度保障。这一整套制度体系的发展完善及其体制机制的科学运转，都需要法学深入研究，提供具体学理支撑。

为提升治理能力提供规范依据。理论不仅反映实践，更要促进实践。法学研究不仅在抽象意义上关注国家概念、夯实国家制度的法学基础，更要关注国家治理实践的具体需求。国家的强大治理能力体现在国家机构不断完成治理任务，并始终保持面对新问题、解决新问题的能力。现代国家机构往往建立在法律规范基础上，通过法律明确国家机构的性质、地位、职能、工作程序和相互关系；国家任务也需要通过法律指令上升为法定职责，才能获得良好执行。建设社会主义现代化强国，解决发展不平衡不充分的问题，完成全面依法治国重任，提升国家治理能力，都离不开法学持续深入研究。

在全球治理体系变革中展示话语体系。2008 年国际金融危机爆发后，全球治理体系进入变革的关键期。中国主张尊重各国人民自主选择发展道路的权利，反对冷战思维与零和博弈，国家不分大小、强弱、贫富都是国际社会平等成员。中国要积极参与国际规则制定，推动国际规则在各个领域向着更加平等、合理的方向改进，就要通过凝练的理论讲出中国主张，在规则制定中传播中国的概念体系、知识体系和原理体系。中国的法学研究理应对世界和平与发展作出中国解释，为国家赢得更大国际影响力和话语权。

法学研究要拓展国家视野

自上世纪 90 年代以来，以社会和个人为基本范畴、以权利实现为基本问题的研究占据了法学研究主流。重视个人权利的实现与保护是法学的要义。但是，如果国家、共同体话语完全淡出法学研究的视野，则会在实践中脱离中国实际，消解国家强起来的知识基础，不能满足强国建设的理论需求。例如，缺乏国家视角的法学研究无法回答如何增进国家认同与保持国家统一的问题，不能深刻诠释党领导人民依法治国的重大意义和具体内涵，不能在国家治理体系和治理能力现代化中有效解决国家权力与机构设置问题，不能提供国家治理效果的法律判断，等等。由此可见，法学研究理应拓展国家视野，为国家强起来提供法学知识体系，为建设法治强国提供智力支持。

研究国家权力配置。法学研究应侧重对国家权力的法律构成要件进行分析，阐明授权和归责的法理依据，并分析国家权力规范的具体内容。在理论上要根据一定标准来分析国家权力在法律上的关系，逐步完善权力配置方案，选择适合自己国情的国家权力关系，并把这种关系设计转化为可操作的规范。同时，在将权力关进制度笼子成为全党全国共识的情况下，研究对权力的归责和制约。创设一个国家权力，同时也就在法律上对其提出了责任要求。法律要对不同国家权力主体设计不同的责任类型和追责程序，这也构成国家权力研究的重要内容。

研究国家机构运行。法学要提炼出国家机构设置的基本原理，提炼监督制约原理、机构效能原理等内容。在人民代表大会制度这一根本政治制度下，国家机构的设立受到人民代表大会制度制约，必须体现人民意志，坚持国家一切权力属于人民。同时，各个国家机构也要根据自身职能和任务设定工作章程，确保高效履职。法学研究应阐明各个国家机构之间如何分工合作、互相配合，最终形成制度合力，确保国家整体意志得以实现。

研究国家治理能力的提升。推进国家治理现代化，就要通过制度建设提高科学执政、民主执政、依法执政水平，提高国家机构履职能力。我们党提出到2020年，形成系统完备、科学规范、运行有效的制度体系，使各方面制度更加成熟更加定型。这一目标也对法学研究提出了要求，要说明怎样依靠法治力量，妥善解决经济社会发展中一系列突出矛盾和问题，确保我国社会在深刻变革中既生机勃勃又井然有序。法学研究需要侧重于树立宪法和法律权威，不断推进立法、执法、司法的科学化和民主化，应对新的时代挑战。

研究增强国家影响力。中国在一个与西方社会制度和文化传统根本不同的环境里，在中国共产党领导下解决法治问题。中国共产党和中国人民完全有信心为人类对更好社会制度的探索提供中国方案。中国制度的改革创新将为人类制度文明发展进步作出重要贡献。法学研究不能在这个过程中失语。法学应当研究中国制度如何坚持以人为本、坚持维护社会公平正义、坚持解放和发展社会生产力、坚持维护民族团结和社会稳定、坚持世界和平发展的根本价值追求，为具有类似国情的国家走法治道路提供参考，对世界法治实践和理论进步作出中国法学学者应有的贡献。

《人民日报》（2017年11月06日）

在国家治理现代化中翻开行政法学新篇章

姜明安

全面深化改革的总目标是完善和发展中国特色社会主义制度，推进国家治理体系和治理能力现代化。这就需要各领域改革持续深化，补齐制度短板，加快构建系统完备、科学规范、运行有效的制度体系。在这个过程中，中国行政法学应与时俱进，深入进行理论研究，为促进各方面制度更加科学、完善，实现党、国家、社会各项事务治理制度化、规范化、程序化提供法学理论上的支撑。中国特色社会主义进入新时代，中国行政法学的体系、内容和研究范式也应随之发生变化。行政法学研究者应增强问题意识，拓展研究视野，让研究成果更具宏观性、全局性和实用性，在国家强起来的时代背景下为行政法学注入新的发展动力。

体系内容逐步转型

传统行政法学的体系和内容主要是基于旧的行政管理模式构建起来的，其特点大致体现在以下几方面。一是管制性。法治的主要目的是对行政相对人实施管理，管制重于服务。二是强制性。行政管理的主要手段不是规劝、说服、指导，而是命令、强制、制裁，强制重于指导。三是单方性。调整行政主体与行政相对人相互关系的主要方式不是协商、参与、互动，而是赋予行政主体执法权力，行政相对人更多的是服从。四是封闭性。政府不主动公开行政信息，行政相对人的知情权无以保障。

随着依法行政、建设法治政府目标的提出，特别是党的十八大提出加快建设社会主义法治国家，旧的行政管理模式开始发生根本性变化，国家治理创新步伐不断加快。行政管理的目的、功能由管制为主转向公共服务为主；行政管理的手段由行政强制为主转向行政指导为主；行政管理的方式由单方命令为主转向参与协商；政府信息由以保密为常态、以公开为例外转向以公开为常态、以保密为例外。

行政法治模式转化也让行政法学的体系和内容发生了变化。行政法学学术体系、话语体系和教材体系正在并将不断适应行政法治模式转型，跟随我国国家治理现代化实践的步伐进行调整。随着我国国家治理现代化进程的推进，人们对行政法治目标方向、模式框架的认识日益深刻、清晰。中国特色行政法学体系和内容的创新也应关注和研究中国自己的行政法治模式，进而取得独创性的研究成果。

研究国家治理现代化实践中的问题。行政法学应重点对中国行政法治实践的新鲜经验作出理论概括。我国国家治理现代化实践中的新问题和新经验是大量的、多方面的。例如，党的十八届三中全会提出的进一步简政放权、深化行政审批制度改革，完善决策权、执行权、监督权既相互制约又相互协调的行政运行机制；党的十八届四中全会提出的把公众参与、专家论证、风险评估、合法性审查、集体讨论决定确定为重大行政决策法定程序，完善行政组织和行政程序法律制度，推进机构、职能、权限、程序、责任法定化等。对这些问题进行研究，能够形成行政法学新的研究成果。

将互联网信息技术与政府治理的结合纳入行政法学研究范畴。传统行政法学很少研究行政管理的技术手段。但在当今时代，“互联网 +”、人工智能、大数据等信息技术大量运用于政府治理。在行政法学研究中，这些不再仅仅是行政管理技术问题，也影响行政法治模式的转型。例如，“让数据多跑路，让群众少跑腿”，反映的是行政法治的为民、便民理念和宗旨，而不只是管理技术和行政效率问题。许多方面的治理创新是通过电子信息技术实现的。中国行政法学将之纳入研究范畴，是适应时代需求、保持行政法学活力和生命力的需要。

吸收借鉴传统行政法学和国外行政法学的有益成果。无论是国家治理和政府治理创新，还是以国家治理、政府治理作为重要研究对象的行政法学学科创新，都不意味着与传统割裂，而是批判继承传统基础上的创新。今天的行政法学，虽然与传统行政法学在体系和内容上有重大区别，但仍继承了传统行政法学的许多基本概念、范畴和原理，如行政主体、行政行为、行政法律关系等。只是我们在继承这些基本概念、范畴和原理时，应赋予它们一定的新内涵。另外，坚持中国行政法学的中国特色并不意味着要抛弃国外行政法学的一切理念、知识，而是摒弃国外行政法学中与我国法治建设不相适应的原理、原则，比如三权分立、过分放松规制等。对于有助于推进我国法治政府建设的理念，如正当法律程序、公众参与、政府信息公开、隐私保护等，应持开放、扬弃的态度予以借鉴。

基础理论不断发展

行政法学是聚焦政府治理法治化研究的学科。因此，总结我国国家治理的经验特别是政府治理法治化的经验，是今天中国行政法学研究的重要任务。中国行政法学的基础理论、基本原则和基础知识，也在总结这些经验的过程中获得创新发展。

在行政立法领域，行政法学总结以往听证会、论证会、座谈会和网上征求意见等公众参与立法的经验，探索地方行政立法权由原“较大的市”扩大到“设区的市”的方式，提出一系列中国特色行政立法权与行政立法程序理论。

在行政执法领域，行政法学总结减少层级、整合队伍、合理配置执法力量等改革经验，总结明确操作流程、完善行政执法程序，推广行政指导、说服教育、劝导示范，推行行政执法公示制度等创新行政执法方式的经验，提出关于严格执法、规范执法、公正执法和文明执法的理论。

在行政法制监督领域，行政法学总结公示权力清单和责任清单等坚持用制度管权管事管人的经验，研究健全人大监督、司法监督、审计监督、社会监督、舆论监督，研究权力集中的部门和岗位实行分事行权、分岗设权、分级授权、定期轮岗等以强化内部流程控制，完善追究主体责任、监督责任和领导责任等纠错问责机制，提出行政权运行监督制约理论。

在行政争议解决领域，行政法学总结建立健全社会矛盾预警、救济救助机制等依法解决纠纷制度的经验，研究推进增强行政复议专业性、透明度和公信力的行政复议体制改革的经验，研究把信访纳入法治化轨道和实行诉访分离、网上信访，提出构建公正、高效、便捷、成本低廉的多元化矛盾纠纷解决机制的理论。

适应治理创新需求

党的十八大以来，中国行政法学主动适应国家治理现代化的需要，不断创新学术理论和知识体系，又以理论创新来推动治理实践创新。在这一进程中，行政法学研究者勇于担当、积极探索，为国家治理现代化、法治化作出了重要思想贡献。中国特色社会主义进入新时代，我们党提出到2035年，各方面制度更加完善，国家治理体系和治理能力现代化基本实现；到本世纪中叶，实现国家治理体系和治理能力现代化。在这样的时代背景下，行政法学者思想上不能停留在旧的行政法学框架中，而要把研究重心转移到我们正在做的事情上来。中国行政法学应与时俱进，直面国家治理、政府治理创新对行政法治理论的需求，认真展开重大课题的深入研究，让行政法学不断获得新的发展机会和旺盛生命力。

党内法规与行政法治关系研究。党内法规与行政法治关系密切。在我国，多数政府公职人员是中共党员，许多行业和部门的领导干部也是中共党员。因此，全面从严治党既是提升党的执政能力的必然要求，也是依法行政、依法治国，建设法治国家、法治政府和法治社会，实现国家治理现代化的关键。党内法规是全面从严治党的规范依据，我们党把形成完善的党内法规体系确立为全面推进依法治国总目标的重要内容，把依规治党和依法治国相统一，把依规治党的地位和作用提到了前所未有的高度。党内法规无疑应成为未来中国行政法学研究的重要课题。

行政决策法治研究。行政决策是重要的行政行为，绝大多数行政权的运用最终都体现为行政决策。行政决策失误可能导致国家利益、社会公共利益和人民生命财产的重大损失。要保证行政决策科学、减少失误，必须实现决策法治化。因此，如何通过行政法治规范行政决策，是当下中国行政法学研究的重要课题。

行政执法程序研究。行政执法程序是保证严格、公正、规范、文明执法的关键。当前一些地方出现野蛮执法、暴力执法和执法不作为等现象，一个重要原因就是没有建立起完善的行政执法程序规则来引导和制约公职人员的行政执法行为。行政执法与广大公民、法人和各种社会组织的权益实现息息相关，广大人民群众与政府打交道的途径通常就是行政执法行为。因此，行政法学应将行政程序法治作为重要研究课题。

生态环境法治研究。生态环境法治是行政法学与环境法学共同的研究领域。行政法学主要研究生态环境保护和治理的主体、权限、责任、手段，以及行政主体行使保护和治理生态环境权力、职责的程序规定。传统行政法学对生态环境领域法治的研究不够重视，但如今生态文明建设已被列入“五位一体”总体布局中，而政府部门在生态文明建设中又承担着重要使命，行政法学理应将此列为重要研究课题。

廉政和反腐败机制研究。当前，鉴于反腐败斗争的严峻复杂形势和反腐败在国家治理中的重要地位，世界绝大多数国家和地区均将廉政和反腐败作为法学特别是行政法学研究的重要课题之一。党的十八大以来，我们党坚持无禁区、全覆盖、零容忍，重遏制、强高压、长震慑开展反腐败斗争。我国也将成立集中统一、权威高效的反腐败国家机构——国家监察委员会。国家监察委员会虽然不是行政机关，但它可以实现对所有行使公权力的公职人员监察全覆盖，有效解决行政监察范围过窄、反腐败力量分散等问题，真正把权力关进制度的笼子。所以，对国家监察机关及我国整个反腐败体制机制的研究必然成为我国行政法学研究的重要课题。

《人民日报》（2018 年 01 月 22 日）

在改革开放中走向新时代的中国宪法学

苗连营

宪法是国家的根本大法，是治国理政的总章程。我国自改革开放以来，在中国特色社会主义建设的伟大实践中，逐渐发展出一系列影响深远的宪法理论和制度，中国宪法学也由此获得长足发展。宪法学既从改革开放和法治实践中汲取源源不竭的发展动力，又运用自身的知识和理论为改革开放和法治中国建设提供坚实的学理支撑。

改革开放实践为宪法学发展提供源头活水

1978 年，党的十一届三中全会作出改革开放的伟大决策，为宪法学研究的恢复和发展提供了难得的历史机遇。面对发扬民主、健全法制的迫切需求，以一部新宪法为改革开放提供法治保障成为党和人民的共同意愿，现行“八二宪法”应运而生。宪法学围绕新宪法的诞生做了充分的理论准备和研究，不仅认真总结了我国历史上制宪和行宪的经验教训，而且对国外的宪法理论和制度也进行了大量的比较借鉴，一些老一辈宪法学者更是直接参与了宪法的修改工作。这一时期，以宪法文本为基础的教材建设和知识整理，为以后宪法学的发展积累了宝贵学术财富。这也成为宪法学研究向纵深发展的标志性起点。

在现行宪法的推动和保障下，社会主义现代化建设不断发展。伴随改革开放给中国经济社会带来巨大变化，宪法理论和实践也不断演进。上世纪 80 年代末和 90 年代，围绕建立社会主义市场经济体制这一改革目标，宪法学承担着研究阐释改革合法性的学术使命，对为此而进行的宪法修改积极建言献策。上世纪 90 年代末和新世纪初期，随着社会主义市场经济发展，公民权利意识与权利诉求日益增强，国家的人权事业取得巨大进步，基本权利与合宪性审查逐渐成为宪法学研究的主要问题。1999 年“依法治国，建设社会主义法治国家”和 2004 年“国家尊重和保障人权”条款先后入宪，极大地提升了宪法在国家生活中的地位和权威，鼓舞了宪法学研究的信心。宪法学研究成果的数量和质量、研究领域的广度和深度，都是改革开放初期无法比拟的，呈现出一派欣欣向荣的局面。

自 2004 年宪法修改以来，党和国家事业又有了许多重要发展变化。特别是党的十八大以来，在统筹推进“五位一体”总体布局和协调推进“四个全面”战略布局的进程中，“坚持依法治国首先要坚持依宪治国，坚持依法执政首先要坚持依宪执政”成为新时代最具影响力的法治命题之一，宪法在治国理政中的重要作用得到空前强化。推进国家治理体系和治理能力现代化、构建中国特色社会主义法治体系等立足中国国情的科学筹划，为宪法学在提升国家治理能力、应对重大风险、深化机构改革等领域开辟了更为广阔的研究空间，预示着宪法学从侧重于权利法学向权利法学和国家法学并重的转向。

中国特色社会主义进入新时代，党的十九大在新的历史起点上对新时代坚持和发展中国特色社会主义作出重大战略部署。为了适应新形势、吸纳新经验、确认新成果，现行宪法进行了第五次修改，作出新的调整。这次修改把党的十九大确定的重大理论观点、方针政策和一系列治国理政新理念新思想新战略特别是习近平新时代中国特色社会主义思想载入国家根本法，对党和国家事业发展具有十分重要的意义，对中国宪法学的繁荣发展同样具有划时代的伟大意义，使宪法学研究可以在中国语境和时代特点下，通过本土化的知识提炼和原创性的理论贡献，构建起具有中国特色的社会主义宪法学体系。

宪法学为改革开放贡献必不可少的智力支持

在改革开放伟大实践中成长起来的中国宪法学，在从改革和行宪实践中汲取养分的同时，也以其专业知识和理论内涵，对改革开放进行着积极的思想反哺和智力支持。

改革开放初期，囿于历史和现实的局限，宪法学专业基础相对薄弱，学术研究基本上停留在以解读宪法文本为主的“注释宪法学”阶段，学理论证能力和思想供给能力不足，系统独立、逻辑自洽的理论体系尚未建立。自上世纪 90 年代末开始，一种以宪法文本为基础，注重以宪法的法律性来规范现实政治运行、保障公民基本权利的规范宪法学逐渐兴起，学科意义上的宪法学知识体系开始了初步构建。

虽然规范宪法学对增强宪法学的学术性、专业性贡献良多，但因其过于依赖对域外理论的引介与比附，并以基本权利保障和构建合宪性审查制度为主要关切。所以，不可避免地缺乏对中国宪法实践的解释力和行之有效的建设性方案，暴露出其理论研究与社会现实之间脱节的缺陷，因而被批评者称为中国宪法学的一次“集体跑题”。这种局面很快引起了学界反思，并带来方法论上的多元发展。政治宪法学、宪法社会学等理论主张纷纷出场，形成了改革时代宪法学研究的争鸣态势，促进了宪法学的日渐成熟和中国主体意识的回归。虽然不同流派的学术立场、学术方法、学术观点存在明显差异，但都为认识和思考中国的宪法现象尤其是改革与宪法之间的关系作出了理论贡献。

由于改革开放初期的改革举措常常具有先行先试的特征，一些改革举措相对来说缺乏宪法文本的明确依据。这也是 1988 年到 2004 年进行四次宪法修改的重要原因，表现出一种宪法对改革进行“事后追认”的特征。这种改革在先、修宪在后的宪法变迁模式，赋予了宪法学进行理论化阐释的任务，宪法学由此承担起将改革共识转化为宪法共识、将改革的政治正当性转化为法律合宪性的学术使命。

在改革步入攻坚期和深水区后，改革思路发生相应调整。全面深化改革要求将“顶层设计”和“摸着石头过河”结合起来，坚持立法先行，着力发挥立法引领和推动作用，确保重大改革于法有据、顺利实施。而重大改革于法有据，无疑首先要求重大改革于宪法有据。这意味着改革与宪法关系随着改革思维和立法模式的变化，也要进行相应的调整。以前是宪法确认改革，而现在则要求宪法规范、引领、推动、保障改革，以破除改革阻力、形成改革合力、化解改革风险，确保改革在法治轨道上推进。这就需要从宪法学的角度对改革进行风险防范和前景预测，对改革决策的必要性、科学性和前瞻性进行讨论审议，以拓宽改革空间，并赋予改革以宪法层面的正当性。关于物权法草案的宪法讨论、关于民法典编纂的宪法基础追问等，都体现了宪法学研究在国家重大立法和改革过程中的积极贡献以及宪法学自身的学术价值。

随着学术意识、问题意识、本土意识在宪法学研究中勃兴，立足中国实际、回应时代需求的宪法学已渐趋成型，新时代中国特色社会主义宪法学的理论体系、概念体系、话语体系跃然纸上。这主要表现为：在宪法的本质属性上，强调宪法是我国各族人民共同意志和根本利益的集中体现；在宪法的指导思想上，确立了习近平新时代中国特色社会主义思想在国家政治和社会生活中的指导地位；在宪法的基本原则上，规定了社会主义法治原则、民主集中制原则、尊重和保障人权原则等；在宪法的重要内容上，确定了国家的根本任务、领导核心、指导思想、发展道路、奋斗目标，体现了中国特色社会主义道路、理论、制度、文化的发展成果；在宪法的制度建构上，确立了工人阶级领导的、以工农联盟为基础的人民民主专政的社会主义国家的国体和人民代表大会制度的政体，规定了中国共产党领导的多党合作和政治协商制度、民族区域自治制度以及基层群众自治制度；等等。这些内容塑造了中国特色社会主义宪法学的基本轮廓和品格。

新时代中国宪法学的历史使命

当代中国宪法学的发展不仅具有人类政治文明进步的一般性意义，更有着非同寻常的特殊历史意蕴。党的十九大作出中国特色社会主义进入新时代的重大政治判断，为宪法学进一步繁荣发展提供了新的重大契机，也为宪法学研究确立了新的历史方位和时代使命。

宪法学研究要坚持正确的政治方向。高举中国特色社会主义伟大旗帜，以习近平新时代中国特色社会主义思想为指导，坚持党的领导、人民当家作主、依法治国有机统一，认真领会宪法的精神、原则和核心要义，加强宪法修正案学习教育研究工作。要坚定宪法自信，增强宪法自觉，讲好宪法故事，大力弘扬宪法精神，维护宪法法律权威，充分发挥宪法学在建设中国特色社会主义法治理论体系、建设社会主义法治国家中的重大作用。

宪法学研究要同中国近现代史特别是党领导人民长期奋斗的光辉历程紧密结合起来，同改革开放和社会主义现代化建设紧密结合起来。深入研究阐释我国宪法是党领导人民长期奋斗历史逻辑、理论逻辑、实践逻辑的必然结果，反映了全党全国各族人民的共同愿望，是国家意志的最高表现形式。要正确阐释新时代依宪治国、依宪执政的内涵和意义，使宪法精神深入人心，以宪法精神凝心聚力，为把宪法实施提高到一个新水平打牢坚实的思想基础和社会基础。

宪法学研究要立足于新时代坚持和发展中国特色社会主义的伟大实践。积极回应社会发展中重大的宪法关切，更加注重原创性和本土性研究，把宪法学的宏大叙事与具象表达、研究的开放性与自主性结合起来。坚持中国特色社会主义的政治优势和制度优势，努力提炼并不断丰富发展具有中国特色和中国气派的宪法学理论体系、概念体系、话语体系，不断增强中国宪法学的解释力、传播力和影响力。

宪法学研究要随着党领导人民进行改革开放和建设中国特色社会主义实践的发展而与时俱进。认真梳理宪法学成长的历史脉络、发展主题、演变规律，始终保持强烈的问题意识、热诚的现实关怀、鲜明的时代特色，自觉以宪法思维和宪法方式来研究、解释中国的宪法问题，不断彰显宪法学的中国特色、中国风格、中国气派，并为世界宪法文明增添宝贵的中国经验和中国智慧。

《人民日报》（2018 年 04 月 16 日）

马克思主义法学在改革开放中创新发展

祝　捷

马克思主义关于法律问题和法律现象的论述，闪耀着辩证唯物主义和历史唯物主义的真理之光，揭示了人类法治文明发展的基本规律。改革开放以来，我国的马克思主义法学形成了丰硕研究成果，为巩固马克思主义指导地位起到了积极作用，为马克思主义中国化理论成果的产生与发展作出重要贡献，也对中国特色社会主义法治建设实践发挥了理论引领作用。在迎来改革开放 40 周年之际，回顾马克思主义法学研究历程，分析新的时代条件下马克思主义法学面临的新问题新挑战，展望今后一个时期马克思主义法学的新发展，对于更加深入认识马克思主义法学的真谛，巩固马克思主义在中国特色社会主义法治体系建设中的指导地位有着重要意义。

取得丰硕研究成果

马克思主义法学研究是中国法学研究的重要组成部分。改革开放40年来，围绕马克思主义法学所形成的研究成果主要体现在以下几方面。

基础理论研究持续深化。继承马克思主义法学的思想精髓，深入挖掘马克思主义法学的基本内涵、基本范畴和基本原理，通过学理研究提炼马克思主义法学的本质特征和内容体系，不断体现马克思主义法学的科学性、真理性和规律性，为巩固马克思主义在法学教育、法学研究中的指导地位提供理论支撑。特别是重视对马克思主义经典著作的研究，运用多学科研究方法精析原文原著，建立马克思主义法学研究的学术方法，马克思主义法学的科学属性得到进一步确认。

形成马克思主义法学中国化理论成果。坚持与时俱进，推进马克思主义法学中国化，形成中国气派、中国风格、中国特色的社会主义法治理论体系。研究中国特色社会主义法治理论在不同阶段的发展成果，研究中国特色社会主义法治理论中的法治建设思想，特别是研究习近平新时代中国特色社会主义思想中有关全面依法治国的重要内容，阐释习近平总书记关于全面依法治国的重要思想和重大论断，不断深化对马克思主义法学中国化内容、路径和方法的理解，为坚持中国特色社会主义法治道路提供理论支撑。

回应法治建设重大现实问题。运用马克思主义法学的基本原理和科学立场，积极对中国法治建设的实际问题进行研究，以辩证唯物主义和历史唯物主义思考和分析法治建设中的各类法律现象和法律问题。对我国政治体制改革和法治建设的关系、社会主义核心价值观融入法治建设、民法总则以及物权法等关键立法、完善中国特色社会主义市场经济体制的法治保障、人与自然和谐相处的法治保障等重大法律问题作出回应，为解决我国法治建设的重大现实问题提供理论依据。

前沿领域研究不断拓展。结合中国特色社会主义法治建设实践，围绕如何认识社会主义国家的法律概念、法律本质和法律现象，如何在社会主义国家推进法治建设，如何在法治建设中坚持马克思主义的指导地位，如何应对经济全球化给马克思主义法学带来的新变化，如何看待科技革命条件下生产力和生产关系的变化对法律上层建筑的影响等问题展开讨论，丰富马克思主义法学的基本理论，为马克思主义法学注入新的理论活力，进一步发展了马克思主义法学的理论体系。

改革开放 40 年，是马克思主义法学去伪存真、去芜存菁，真理之光不断闪耀的 40 年；是马克思主义法学的价值导向、科学立场、根本方法在法学研究中始终得到坚持并不断发展的 40 年；是马克思主义法学及其中国化理论成果的思想内涵和理论体系不断深化和丰富、科学指导中国法治建设实践的 40 年；是马克思主义法学教育和滋养广大法治工作者队伍和全体党员干部的 40 年。马克思主义法学及其中国化理论成果，是新时代坚持全面依法治国的重要思想资源，是新时代坚持和发展中国特色社会主义法治道路的精神支撑。

适应时代发展变化

站在改革开放40周年的重要时间节点上，在总结成果和经验的同时，也必须更加清楚地看到马克思主义法学研究还面临许多新问题和新挑战。马克思主义经典作家关于法律的论述尽管十分丰富，但成体系的专门论述并不多。他们对于法律问题的论述也主要针对当时西欧资本主义国家的法律现象，重在揭示法律的阶级性，并对资本主义国家法律现象进行“病理性”分析。马克思和恩格斯都没有面对过社会主义国家的法治建设问题，因而马克思主义经典作家对在社会主义国家建设什么样的法治、如何建设法治的论述并不多。随着社会生产力不断发展，科技革命、环境问题、经济全球化等新问题新现象大量出现，资本主义社会的法治形态也出现了新变化，马克思主义法学研究的环境发生了较大变化。改革开放40年，马克思主义法学在中国焕发出强大生机活力。同时，马克思主义法学研究也不时遇到马克思主义“过时论”“崩溃论”等错误思潮的冲击，遇到西方法学“普世论”“终结论”等论调的挑战。我国马克思主义法学研究必须坚持学术自信和战略定力，适应时代发展变化，不断挖掘、发展和开拓马克思主义法学的新内涵、新理论和新境界。

在中国，马克思主义法学研究面临着独特环境。执政的中国共产党将马克思主义作为自己的指导思想。我国法学研究对于如何在中国这样的发展中大国推进社会主义法治建设，如何在马克思主义政党长期执政的条件下认识法律概念、法律现象，如何实现马克思主义政党对法治建设的领导，如何运用法治思维和法治方式推进党的建设新的伟大工程，如何处理社会主义国家参与全球治理体系变革和推动构建人类命运共同体过程中的法律融合、法律移植和法律冲突等问题，对于马克思主义法学中国化的理论成果如何为解决人类法治问题提供中国智慧和中国方案等问题，都需要在坚持马克思主义基本原理和科学立场的前提下作出科学回答。

坚持以马克思主义法学思想和中国特色社会主义法治理论为指导，适应新时代发展变化，为解决新问题提供理论支撑，需要把握马克思主义法学研究的变与不变。面对新时代新问题，马克思主义法学研究需要与时俱进，需要从国家政权相对稳定环境下规则体系构建角度深化对法的认识，不仅认识到法由国家强制力保障实施，也认识到法的实施以国家强制力为后盾、兼及协商共治等多元治理方式。面对形势与问题的深刻变化，马克思主义法学研究要继续坚持为人类求解放的价值目标不变，坚持人民立场、实践立场和科学立场不变，坚持辩证唯物主义和历史唯物主义的世界观和方法论不变，把追求和实现不同于资本主义社会、真正促进人类解放和社会公平正义的法治作为研究目标。

不断推进理论创新

改革开放40年来的实践表明，马克思主义法学具有强大生命力。在新时代，为了更好发挥马克思主义法学及其中国化理论成果对中国特色社会主义法治建设实践的指导作用，需要不断推进思想创新和理论创新。习近平总书记指出，马克思的思想理论源于那个时代又超越了那个时代，既是那个时代精神的精华又是整个人类精神的精华。马克思主义法学是有着持久生命力的法学思想体系，对中国法治建设实践有着巨大指导意义，是为中国法学研究提供不竭动力的思想资源和知识体系。在新时代，广大法学工作者应坚持马克思主义的基本立场、基本观点和基本方法，以更大的理论勇气直面问题，以更加开放的理论视野推进学术创新，不断书写马克思主义法学研究和马克思主义法学中国化的新篇章。

坚持问题导向，服务法治建设实践。对于马克思主义的理解和运用不能教条化，对待马克思主义法学也是这样。我们要把握马克思主义活的灵魂，坚守马克思主义的基本立场、基本观点和基本方法，结合中国特色社会主义法治建设实践，不断发现新问题、解决新矛盾。当前，特别要深入研究习近平新时代中国特色社会主义思想的法学意涵，研究全面依法治国、深化依法治国实践的理论问题，为促进依法治国、依法执政、依法行政共同推进，法治国家、法治政府、法治社会一体建设提供理论指引。

吸收人类法治文明有益成果。注重马克思主义法学的开放性和兼容性，在坚持马克思主义法学基本立场和本质特征的前提下，发扬马克思主义兼容并蓄、与时俱进的理论品质。在继续批判西方法治理论不合理之处的前提下，关注一些在西方国家产生但也可以为我所用的法学理论和法律制度，吸收借鉴人类法治文明发展的一切有益因素，推动马克思主义法学不断繁荣发展。

运用新资料探索马克思主义法学新内涵。继续深入挖掘马克思主义法学的内涵，以更加科学的态度推进马克思主义法学研究。运用马克思主义文献学、考据学研究所发现的新资料、新文献、新档案，借鉴相关学科的研究成果，不断揭示马克思主义法学的新内涵。在这方面，特别值得关注的是马克思对于“东方道路”的思考，可以从中探寻有助于中国特色社会主义法治建设的理论养分。

深入部门法领域，强化指导地位。马克思主义法学不仅要在指导思想层次和政治理念层次“在场”，更要在中国法治建设的实践层次“在场”，研究范式应从单纯描述、阐释向同时注重建构、注重实践转变。改变偏重抽象的法哲学研究的倾向，推动马克思主义法学研究向部门法拓展。以马克思主义法学及其中国化理论成果指导宪法、行政法、民商法、经济法、社会法、刑法、诉讼法及环境法等部门法的法律制度构建和法治实践，用马克思主义法学及其中国化理论成果指引中国特色社会主义法治建设。

《人民日报》（2018 年 07 月 02 日）

把握历史机遇创新中国民法学

谢鸿飞

改革开放40年，是我国取得巨大发展成就的40年，也是中国民法学形成、发展和繁荣的40年。改革开放以前，我国长期实行计划经济体制，作为主要调整平等主体间财产和人身关系的民法缺乏繁荣发展的社会土壤。近40年来，我国经济、政治、社会和文化等诸多领域实现了快速发展，尤其是社会主义市场经济体制的确立和发展，为中国民法学的繁荣提供了广阔实践土壤和不竭发展动力。几代中国民法学人齐心合力，投身时代洪流，以既有的民法学知识体系为基础，适应中国特色社会主义现代化发展的实际需要，吸收民事法律实践经验，借鉴域外民法学有益成果，初步建立起中国民法学理论体系，为我国民事立法和正在进行的民法典编纂奠定了坚实理论基础。

在社会变迁中发展成熟

40年来，我国社会日渐开放，社会主体更为多元，经济活动、民事关系越来越复杂，人们的法治意识、权利意识不断增强。民事立法日益丰富完善，以法律条文记录着社会的历史巨变，民法学也在改革开放进程中逐渐发展成熟。

从作出改革开放决策到1992年党的十四大正式提出建立社会主义市场经济体制，中国民法学逐步形成，基本确立了现在民法学的多数范畴、基本原理和重要规则。过去，由于受计划经济模式影响，曾流行一种观点，主张社会主义社会无需民法。彼时民法学界最重要的任务，就是使民法在社会主义法律体系中获得应有地位。对此民法学界展开热烈讨论，推动了民法学研究展开，为制定基本民事法律作了充分的理论准备。1986 年民法通则颁布，不仅正式确立了民法在社会主义法律体系中的重要地位，也标志着中国民法学初步形成。这一时期，民法学者还关注经济体制改革中的一系列重大问题。比如，国有企业对国家投入财产的权属性质，国有建设用地使用权的有偿转让等。这些研究成果不仅为经济体制改革提供了法理基础，而且推动了经济体制改革成果的法律化。但这一时期，民法学只是构建了民法各部分的粗略框架，内容尚显空疏。

从确立社会主义市场经济体制到 2014 年党的十八届四中全会提出加强市场法律制度建设、编纂民法典，中国民法学广泛借鉴比较法理论，并参酌我国现实，构建了覆盖民法学各部分的知识体系，实现了民法学的蓬勃发展。发展社会主义市场经济，使得经济领域出现了“民法饥渴”，当时的一些法律与市场经济不相符合，很多新规则亟须确立。民法学界以域外民法学，尤其是大陆法系国家的民法学理论为参考，立足我国社会现实和司法实践，全面构建中国民法各部分的知识体系。民法学研究成果也极大推动了民事立法的出台，比如 1995 年的担保法、1999 年的合同法、2007 年的物权法和 2009 年的侵权责任法等。这一时期民法学的知识体系已经相当齐备，在构成要件等细化领域还出现了具有相当深度的研究专著。但民法学各部分仍然处于各自为政状态，尚未融贯为有机体系。

党的十八届四中全会决定编纂民法典，几代中国民法学人的“民法典梦”即将成真，民法学界也迎来了学术之春。编纂民法典，需要将民法学的各部分内容整合为一个层次分明、前后一致、环环相扣的科学体系。这一任务大大推动了中国民法学理论从碎片化走向体系化的进程。民法学理论的体系化，首先体现为合同法、物权法和侵权法一体研究，从而将整个财产法的理论逻辑前后融贯；其次体现为越来越多的民法学者开始关注婚姻家庭法，并将这类调整人身关系的法律和财产法作通盘考量，这种体系化的理论思维使婚姻家庭法和继承法等不再游离于民法之外。学者的这些努力推动了民法规则的体系化，促进民法理念在民法各部分一以贯之，为具有中国特色、中国风格、中国气派的民法典出炉奠定了良好学术基础。

展现独特理论风格

40年来，在改革开放伟大实践中，中国民法学不断适应社会发展需要，解决学科自身问题，努力开创学术繁荣局面。中国民法学诞生的社会土壤与所处的历史进程决定了它具有与传统民法学不同的理论风格。

主动探索我国特有民事法律制度。民法中规范市场交易活动的财产法律规则被许多人认为具有普遍适用性。但学界也公认，在土地权利、婚姻家庭和继承等领域，民法也受到特定经济、社会条件与文化观念的影响，必然会呈现本国民法自身的法律特色。实际上，民法原理的适用和民法规则的发展，不能脱离一国经济社会发展的现实需求。在回应改革开放法治实践需要的过程中，我国民法学界曾高度关注国有企业产权如何在民事权利体系中定性以及租赁和承包经营国有企业的合同法规则设计等问题，接着又对农村集体作为法律主体的属性和土地公有制度等我国特有的法律问题进行深入探索，为中国特色社会主义法律体系的形成和完善作出了重要贡献。目前，对民法的中国元素，学界还需要继续深入挖掘。比如，从民法体系的角度深入把握我国婚姻家庭法和继承法，除了偏重普遍性更强的财产法，还需要继续关注财产法和人身法在价值取向和规则逻辑上的根本差异。

体现新的时代要求。作为调整平等主体间财产关系和人身关系的法律规则，民法可以说是对社会构成和运行原理的部分反映，包含着一些与特定社会历史条件相适应的规则。不可否认的是，信息时代的交易规则、实践理性和价值观念已经与近代民法诞生时有很多不同。如何让民法更好回应社会发展提出的挑战，需要民法学界在耐心考察社会变迁的同时深入研判既有理论，在继承中实现民法学创新。近年来，中国民法学对互联网环境下的新型交易形态、社会变迁中特殊群体的保护等新问题着墨较多，不断推动民法研究与时俱进。但我们也不能被创新的冲动所左右，单纯为了创新而创新，轻易提出令人眼花缭乱的法律概念，或者简单粗暴地推翻通说定论，而是要遵循民事法律关系发展规律，确保民法学研究沿着科学轨道前行。

研究趋向精细化。中国民法学的知识体系与民法典的逻辑结构基本相同，均按照“总则—分则”模式展开。民法典分则各部分的共同规则被抽象为“总则”，民法典因此形成“总则—物法—人法”的基本结构。在分则内部，也首先提炼该领域的共同规则，并将其作为“一般规定”，呈现出“一般规定 + 具体规则”的编排体例。中国民法学研究最丰满的部分是关于民法总则的研究，包括民法总则、物权法总则、合同法总则、侵权责任法总则等。但是，相比较而言，对民法各部分的分则尤其是合同法分则的研究则显得薄弱。比如，对于当前法律实践中大量存在的建设工程合同以及普遍采用的招标投标程序，民法学者着墨较少，还未能为相关法律实务提供理论指导。对于商业活动中日渐流行的保理合同、特许经营合同等，更是鲜有专题研究。总则研究成果可谓汗牛充栋，但重复性研究也比比皆是，而重要的分则问题研究却门可罗雀。这说明，中国民法学还需要提升研究的精细化水平，以精细作为学术的创新突破口和知识增长点。

整合不同价值理念。在价值领域，40 年来中国民法学最重要的贡献之一，是始终努力厘定政府作用与私人自治的合理边界，强调拓展个体民事活动空间对于调动人民群众积极性、释放社会发展活力的重要意义。这不仅为深化经济体制改革、建设社会主义市场经济提供了法理支持，而且推动了依法治国基本方略的形成。此外，民法学界不仅巩固和弘扬了保护权利、诚实信用、公序良俗等传统民法价值，还顺应现代社会的新趋势，不断引入新价值。比如，面对市场经济发展，引入交易安全、信赖保护等法律理念；基于消费社会的兴起和合同缔约各方地位日渐悬殊的事实，引入消费者保护等彰显公平正义的理念；基于社会依存度增强的现实，引入守望相助、社会责任理念等。与传统民法学相比，中国民法学在接纳新价值方面从善如流，并且通过价值观更新尽可能克服传统民法学过分强调以法律规则为本的工具主义积弊。今后，中国民法学还应妥善协调不同法律价值冲突，除了重视保护经济领域的价值，也要重视非经济领域的价值，以进一步增强民法的社会整合功能。

开辟崭新前景

如果说 40 年来中国民法学有一个众人瞩目的主题，它一定是民法典。拥有一部体现中国特色、中国风格、中国气派，可以屹立于世界民法之林的民法典，是几代中国民法学人的夙愿。40年来中国民法学的努力方向，可以说就是为编纂中国民法典而构建民法理论体系。在中国民法典编纂紧锣密鼓进行之际，民法学界面临的紧迫任务是以研究范式转型推动对民法学科学体系认识的深化，形成关于民法典体系的理论共识。

中国民法学的主流研究范式是规范研究，即从既定的法律价值出发，结合传统民法的法理、域外民法的文本与理论，依循我国社会现实，解释现行民法的含义或提出立法建议。这其中主要运用归纳、演绎等形式逻辑方法和比较法的方法。然而，使用源自不同国家的比较法术语和材料来解释我国法律，有时也难免使中国民法学陷入话语混乱，并显现出中国民法学自身话语体系还不够成熟的问题。虽然为了满足民法适用同案同判、类案类判的确定性，规范研究范式应当继续发挥重要作用，但民法学者若完全忽视交叉学科研究的成果，无视法律规则在实践中具体运用的效果，单靠书斋中的头脑风暴、书本上的经典理论，就容易丧失对社会现实法律需求的体察能力。而把握现实法律需求恰恰是形成、设计中国民法典科学体系的基础与前提。仅仅根据传统民法知识逻辑演绎出的民法典体系，很难解决我国社会发展中的现实法律问题。比如，在制定物权法时，民法学界就曾出现过是否保留传统物权法体系中典权制度的争议，但争论双方都没有研究在我国现实生活中典权是否被普遍运用，许多讨论其实仅仅局限于说理，与现实关联度不高。

值得庆幸的是，如今民法学界已经越来越关注我国日益丰富的法律实践，紧贴我国社会的现实法律需求，并开始运用大数据等新方法分析法律的实际适用状况。我们只有在研究范式上突破旧规，运用新的研究方法和材料，深入研究新的现实问题，才能更好地把握编纂民法典这一中国民法学发展的历史机遇，在构建体例科学、结构严谨、规范合理、内容协调一致的民法典过程中，开辟中国民法学的崭新前景。

《人民日报》（2018年08月27日）

在法治建设实践中发展繁荣中国法理学

朱景文

作为法学的基础理论，法理学对一个国家法治的构建和发展具有重要的理论支撑作用。在我国，改革开放让法理学研究迎来了春天。40 年来，伴随着依法治国进程不断深入，中国特色社会主义法治理论不断完善和发展。法理学研究者聚焦法治中国建设面临的现实问题，积极吸收古今中外法理学知识和理论资源，推动中国法理学研究不断开拓创新，取得丰硕成果，展现出鲜明中国特色。

回应现实需要研究重大问题

不同于部门法学的理论研究，法理学的研究范围比较广泛。诸如法治与人治、法治与政治、法治与德治、权利与义务等法治文明发展中的重大问题，都在法理学的研究视野之中。对这些问题的回答，不仅深刻影响我们对社会主义法治建设的认识与实践，而且攸关人民在民主、法治、公平、正义等方面日益增长的需要能否得到实现。改革开放以来，中国法理学界围绕这些问题进行深入讨论，在一些方面达成了共识。

法治与人治。这两种治国方式的优劣，既是古希腊哲学家探讨的对象，也是我国古代法家和儒家争论的问题，更是推动法理学诞生和发展的基本学术命题。中国共产党在长期革命、建设和改革的历史进程中，也对这一问题进行了自己的思考。党的十一届三中全会提出“为了保障人民民主，必须加强社会主义法制”。从那时起，中国法理学展开了法治与人治的比较研究，丰富了我们对法治的科学认识，为提出依法治国、建设社会主义法治国家奠定了学理基础。我们认识到，法治的要义在于规则之治，在于“讲规矩”，只有将法治作为社会治理的核心内容，才能保证社会治理的规范性、科学性、稳定性。在国家治理现代化目标提出之后，对法治与人治关系的思考仍然具有重要意义。比如，怎样使法治适应改革的需要，如何将改革纳入法治轨道，如何把遵守规则和探索新路结合起来，这些都是中国法理学面临的既有理论价值又有实践意义的重大问题。

法治与政治。这两者的关系历来是法理学争论的核心问题。依据马克思主义基本原理，法不过是把社会上占主导地位的经济、政治和文化关系以规则的形式表现出来。法治本质上是一种规则化的治理方式，其特征就在于按规则办事，运用法治思维和法治方法，在法治框架内分配权力、调节社会关系，而不是推开法律，在法律之外另搞一套。党的十八大以来，我们党一方面全面推进依法治国，另一方面强调党的领导与社会主义法治是一致的，社会主义法治必须坚持党的领导，党的领导必须依靠社会主义法治。可见，正确理解和协调法治与政治的关系，对建设社会主义法治国家具有极端重要的意义。中国法理学研究必须深入中国特色社会主义法治建设实践，才能对这一问题形成科学认识。

法治与德治。如何认识法律与道德之间的关系，常常成为划分不同法理学流派的标志。西方法理学中的自然法学派和分析实证法学派也于此分际。中国历史上不同时期，都存在过法治与德治之争。改革开放以来，随着依法治国实践的展开，中国法理学也围绕两者关系进行了研究。我们认识到，法治是国家有组织、有秩序、有规则的治理活动。但彰显法治作用并不意味着削弱德治作用，二者之间不是“此消彼长”的关系。法律规范必须有道德基础，这关系到法律规范能否深入社会生活土壤并获得广大人民群众的支持。如何将社会主义核心价值观贯穿于法治建设，让法治与德治相得益彰，如何在司法实践中处理好法、理、情的关系，仍然是摆在中国法理学面前的重要课题。

权利与义务。改革开放以来，围绕这一对法理学基本范畴，中国法理学进行了深入探讨。权利本位、义务重心、权利义务一致等不同学术观点相互交锋，从中也可以看出法理学者尝试从不同角度努力提升对改革开放历史进程的理论解释力。比如，主张权利本位的学者就提出，改革开放以来社会与法律的转型是从义务本位到权利本位。随着经济社会发展，我国公民权利意识提高是个不争的事实，但法律转型的历史逻辑是否可以作出这样简约的归纳，则仍有不少疑问。不过这一争论也激发了法理学者更为强烈的现实意识，让大家更加自觉地将法理学研究与改革开放的历史进程紧密联系起来。

立足法治实践作出理论贡献

改革开放 40 年来，中国法理学为解决社会主义法治建设中的重大问题贡献着自己的学术智慧。不过也应看到，一些法理学者仍习惯于用西方法理学学术话语解释、研究中国的法治问题。由于对西方法理学及其赖以产生的社会历史现实了解程度有限，一些人想当然地以为中国的法治进程可以是西方模式的翻版，甚至用一些空洞理论衡量我国法治发展现状，抛出某些完全脱离实际、无视法治建设规律的观点，得出全面西化的错误结论。这种研究倾向应当加以克服。中国法理学必须扎根中国土壤，立足中国法治实践，运用符合中国自身实际、更有现实解释力和理论指引力的学术话语来回答我国社会主义法治建设中所面临的独特问题。这是中国法理学责无旁贷的使命。

我们需要立足中国实践来认识法治这个概念的复杂性。西方法理学的法治理论深深打上了西方社会历史发展的烙印。西方法理学的法治理论强调不同政治力量之间、不同国家机构之间的分权和制衡，认为只有建立这种制衡机制才能实现法治。这是从西方国家历史发展和法治实践中产生的理论逻辑。我国的历史与西方国家有很大不同，四分五裂、封建割据、上下相争被认为是乱世之相，大一统的观念深入人心，国家统一是主流文化观念。在这样的历史文化中，我们中国人产生了自己对法治的理解。我国是社会主义国家，中国共产党领导是中国特色社会主义最本质的特征。这是当代中国的国情。中国法理学应当既把握法治概念的普遍性，又把握法治概念的特殊性，独立进行思考研究，为服务我国法治实践作出自己的学术贡献。

实际上，中国法理学对法治的相关范畴，已经有了自己的一些阐释。学者们提出，法治范畴的普遍性并不是指制度的普适性，不是指一种制度或规则对所有国家都适用；而是问题的普遍性，即法治要能解决现实问题。比如，如何控制权力滥用，如何把权力关进制度的笼子，是各国普遍要解决的问题。但各国控制权力的方式不同，并没有标准模式。西方多党制、分权制衡的制度设计在西方国家曾发挥了一定功效，但有的发展中国家照搬这些制度后，反而运行不良，甚至给某些权力滥用提供了更大的空间，损害了国家治理能力。我国则用自己的方式，把党内监督同国家机关监督、民主监督、司法监督、群众监督、舆论监督贯通起来，增强监督合力，构建党统一指挥、全面覆盖、权威高效的监督体系，加强对权力运行的制约和监督，使国家治理体系和治理能力现代化水平明显提高。在一个与西方社会制度和文化传统根本不同的环境里，中国法理学要回答好如何限制权力滥用、如何使公权力更好地服务于人民、如何保障人权、如何保证社会秩序与安全等一系列法治问题，才能作出具有时代价值和世界意义的学术贡献。

展现中国特色构建学术话语

从论文、著作的引用率看，中国法理学在国际法理学界的声音还比较小，处于有理说不出、说了传不开的境地，中国法理学的学术影响力和我国的国际地位远不相称。这与我们的学术传播不足、传播渠道不畅有关，但传播能力建设并不能直接实现学术研究水平提升。构建既具有中国特色又能为国际学界所接受的中国法理学学术话语体系，是今后相当长一个时期中国法理学要着力解决的问题。

提升学术话语权，中国法理学者应学会提炼中国特色，不断增加话语体系里的中国元素。任何一个国家的法理学都有自己国家的特色，都是对自己国家法治实践经验的理论升华。各国法理学中当然有共通的部分，即法的一般原理，如法律规范的形式要素和逻辑规则等，上述法治与人治、政治、德治的关系等也是世界各国法理学所共有的问题。但形式之外，各国法理学的实质内容无不打上各个国家制度和文化的烙印。法理学的任务是在不同经济、社会、文化和历史背景中发现法理学的一般原理，找到法理学一般原理在不同国家的不同表现。揭示法理学一般原理在我国法治实践中的运用，是构建并完善具有中国特色、中国风格、中国气派的中国法理学的关键。

在研究方法上，还需要着力加强规范研究。当前，中国法理学比较擅长法律问题的价值研究和社会研究，而规范研究不足。其原因或许有二：一是因为在中国传统文化里，法律思想是修身齐家治国平天下这类政治思想的一部分，它们是一个整体，没有彻底分离；二是因为马克思主义法学不是就法律研究法律，而是把法律放在社会和阶级的整个结构中去观察分析。这两方面是中国法理学研究的优点，在此基础上还可以加强规范研究。如果缺乏充分深入的规范研究，用其他话语代替法律话语，就会造成法理学学术话语体系不独立、不健全。如何把相关经济、政治、社会问题法律化，通过法律方式加以解决，运用规范方法进行研究，这既是建设法治中国需要掌握的重要本领，也是构建中国法理学学科体系、学术体系、话语体系的重要方向。

《人民日报》（2018 年 11 月 05 日）

在法治建设实践中创新发展中国经济法学

张守文

在我国法律体系的几大部门法中，经济法发展历史不长，却格外引人瞩目。经济法伴随改革开放进程产生并不断发展，为促进改革开放和社会主义现代化建设特别是保障社会主义市场经济健康发展发挥了独特作用。中国经济法学也随之产生发展，并在改革开放进程中日益走向繁荣。

学科建设逐步成熟

经济法学是以经济法的产生和发展规律为研究对象的重要法学分支学科。1993 年我国修改宪法，正式规定国家实行社会主义市场经济；国家加强经济立法，完善宏观调控。如果以此为界，可以将经济法和经济法学 40 年的发展历程分为两大阶段。

第一阶段是 1978 年至 1993 年，这是中国经济法学的初创时期。法学界主要围绕经济法的本体论展开研究。许多学者都参与了有关经济法调整对象、调整范围、基本特征、立法体系、功能地位等基本理论问题的讨论，逐渐形成了多种重要的经济法理论，也大体廓清了经济法学、民法学、行政法学等相关学科各自的研究领域，从而为经济法学的进一步发展做好了准备。

第二阶段是 1993 年至今，这是中国经济法学取得长足进步的时期。社会主义市场经济体制的确立和发展、政府与市场关系的日渐清晰以及政府宏观调控和市场规制职能在宪法中的确立，使经济法学研究具有了坚实的经济基础和法律基础。法学界对经济法学的本体论逐渐达成基本共识，普遍认可经济法体系主要包括宏观调控法和市场规制法两大部分，这与政府的两大基本经济职能是一致的。在此基础上，法学界对经济法的宗旨、原则等价值论问题，法律主体、行为、权利义务责任等规范论问题，经济立法、执法、司法等运行论问题，都展开了大量研究，从而构建起经济法总论的基本框架。同时，经济法分论研究也大为拓展。财政法、税法、金融法、计划法、反垄断法、反不正当竞争法、消费者权益保护法等方面的研究成果大量涌现，推动了经济法学术研究的繁荣。

中国经济法学研究立足中国、面向世界，坚持借鉴但不照搬国外理论，逐渐形成较为系统的、具有中国特色的经济法理论。例如，在对经济法体系的认识方面，一些国家的学者将经济法等同于竞争法或市场规制法。而我国实行社会主义市场经济体制，强调让市场在资源配置中起决定性作用，更好发挥政府作用。因而，我国学术界将宏观调控法与市场规制法一并纳入经济法体系，大大拓展了经济法学的研究范围，并强调宏观调控法和市场规制法综合发挥调整作用更有助于促进经济社会良性运行和协调发展。

经济法学的产生和发展，与改革开放和社会主义法治建设始终紧密结合。一方面，改革开放积累的经验和成果需要以法律形式加以确认和保障，这为经济法学发展提供了重要的研究对象和现实需求；另一方面，经济法学的许多研究成果被运用于社会主义法治建设中，对相关制度的改革和完善起到了重要推动作用。例如，上市公司治理、税收法定、金融风险防控、反垄断等方面的研究成果被大量融入相关法治实践中，对保护公民基本权利和市场主体产权、优化营商环境、实现公平竞争、保障国家经济安全、加快完善社会主义市场经济体制等都发挥了重要作用。

研究方法日益丰富

作为新兴部门法，经济法需要应对宏观调控和市场领域中大量新的复杂问题。它不仅要解决局部的个体权利纷争，还要关注全局的整体发展，并且紧跟经济社会发展进程，体现出突出的时代特征。因此，经济法学研究需要既吸纳传统研究方法，又关注多元多样的新兴研究方法。无论是哲学方法、一般科学方法还是专门科学方法，在经济法研究中都大有用武之地。

在经济法学发展早期，学者们对研究方法还不够重视，主要是运用哲学方法和逻辑方法进行解释。特别是辩证分析等方法运用较多，这在当时各部门法学研究中都比较普遍。实行社会主义市场经济体制后，随着问题增多、研究深入，经济法学不仅注重传统的法解释学方法，还广泛吸纳、综合运用其他学科的各类研究方法，以更有效地解决经济法领域的复杂问题，从而使研究方法日益多元。例如，经济法要应对复杂国际环境下我国推进改革开放的一系列法律问题，相关研究就需要运用比较分析方法，有效借鉴中外有价值的制度成果为我所用；讨论市场主体规制问题，相关研究就要运用经济分析或法律经济学的方法；经济法的法律调整涉及政治、社会等诸多因素，相关研究就会用到政策分析、社会分析等方法；宏观调控和市场规制的体制机制、结构功能与各类主体的行为密切相关，相关研究就会涉及系统分析、博弈分析方法；等等。

由于各国经济法差别很大，经济法研究中的国情背景分析也非常重要。我国的经济法作为特定时代条件下发展起来的法律制度，不仅具有经济法的共性，也有诸多特殊性。因此，结合我国改革开放的特定语境，经济法学者还需要综合考虑政治、经济、社会、文化、历史等因素的影响，对经济法问题进行系统分析、历史分析、辩证分析，并展开具体的规范分析、实证分析，这就使得研究方法更为丰富。

在 40 年发展历程中，中国经济法学研究不断融入新方法，研究方法从单一走向丰富，形成了多元方法体系。正是在综合运用诸多研究方法的基础上，经济法学界提出一系列重要命题和相关理论，为经济法学发展开辟了广阔的学术空间。

瞄准问题推动创新

展望未来，中国经济法学应聚焦重要问题、热点问题继续深化对经济法总论和分论的研究，用总论指导分论探讨，在分论研究中提炼总论，从而进一步提升经济法理论的系统性，更好地指导经济法治实践。

聚焦社会主要矛盾。随着我国社会主要矛盾发生转化，经济法应从发展不平衡不充分的相关问题入手，加强对分配、发展、公平竞争、优化营商环境等问题的研究，形成经济法的相关理论，从而更好为建立和完善现代化产业体系、市场体系、收入分配体系、城乡区域发展体系、绿色发展体系、全面开放体系等服务。

关注前沿热点领域。现代社会经济运行中风险不断增多，风险防控、危机处理对经济安全非常重要，需要我们加强经济法的风险防范理论研究。此外，经济社会各方面数字化、网络化、智能化水平日益提升，也给经济法研究带来了数据权力与权利、人工智能产业发展规制等新问题，其中涉及竞争法、消费者权益保护法、财税法、金融法、产业法等诸多经济法领域，对这些新问题的回应将成为经济法学理论创新的增长点。

发展经济法治理论。全面深化改革和全面依法治国为当今中国法学研究打下深刻的时代烙印，成为各个部门法学问题意识的重要来源和持续繁荣的重要动力。经济法学领域也应加强改革与法治、法治与发展等经济法治理论的研究，从而深刻揭示我国经济法的特殊性，更好地解决我国现实问题以及与相关国际经济法律的协调问题，进一步促进改革开放和经济法治的发展。

中国经济法学在我国波澜壮阔的改革开放进程中产生发展，是从法学角度对改革开放经验和法治建设规律的理论总结和提炼，展现出鲜明的中国特色。中国经济法学必将在全面深化改革的历史进程中继续发展繁荣。

《人民日报》（2019 年 02 月 11 日）

与时代同进步的中国诉讼法学

顾培东

促进社会公平正义，是社会主义法治的基本价值追求之一。诉讼制度是保障和促进社会公平正义的重要法律制度。诉讼法学是以诉讼法律制度和原理为主要研究对象的法学分支学科。新中国成立 70 年来，中国诉讼法学围绕正确处理实体正义与程序正义的关系不断探索、深化研究，推出大量富有理论和实践价值的学术成果，逐步形成具有中国特色、中国风格、中国气派的诉讼法学学科体系、学术体系、话语体系。

顺应时代潮流　研究走深走实

新中国的成立为中国诉讼法学研究创造了新条件、开辟了新路径。一方面，我们积极运用马克思主义理论对旧法观点进行批判，彻底消除旧中国诉讼制度的政治和社会影响；另一方面，开始探索建立适合新中国的诉讼制度和诉讼理论。与之相适应，诉讼法学开始探索构建自己的概念和理论。在此基础上，不少政法院校编写并使用自己的诉讼法讲义或教材，开设诉讼法学课程，新中国诉讼法学学科迈开创立的步伐。

改革开放使中国诉讼法学发展迎来了春天。党的十一届三中全会把加强社会主义法制确立为一项重要方针，法学研究进入快速发展时期。在诉讼法学研究领域，主要体现在四个方面：一是刑事诉讼、民事诉讼、行政诉讼三大诉讼法学的划分日渐清晰，基本理论体系日益成形；二是对三大诉讼法基本原则、具体条文的研究阐释逐步深入，严谨规范的法学研究方法得到普及；三是针对诉讼法制定、适用、修改过程中出现的新问题，学者们尝试从法律理论与实践的复杂关系上加以把握分析，为创新研究开辟了路径；四是对我国诉讼制度的内在原理进行系统研究，逐步确认程序正义是实体正义的重要保障这一理念，形成并发展对我国诉讼实践具有叙述力、解释力、引导力的诉讼法学理论体系。

党的十八大以来，中国诉讼法学主动适应全面依法治国特别是全面深化司法改革的要求，围绕司法责任制改革、以审判为中心的诉讼制度改革、国家监察体制改革与刑事诉讼衔接等一系列重大理论与实际问题，积极参与原理论证、制度设计、方案评价、试点经验总结等工作，推动学术研究不断走深走实。中国诉讼法学更加贴近司法实践，综合运用注释研究法、比较研究法、实证研究法等方法，探索出一条适合法治实践要求的学术发展之路，为全面深化司法改革作出重要理论贡献，中国诉讼法学进入思路拓展、理论精进、话语创新的历史新阶段。

契合现实需要　不断创新发展

新中国成立以来，广大诉讼法学研究者紧密结合我国经济、政治、文化、社会等方面的客观实际，深入研究诉讼制度怎样回应社会发展现实需要，如何在保障实体正义的同时实现程序正义，关注中国现实、回应实践问题，持续推动中国诉讼法学繁荣发展。

适应改革开放的时代潮流。改革开放推动我国经济社会发生深刻变化。如何适应这种变化，在新的社会条件下完善发展诉讼制度，成为中国诉讼法学研究的重大课题。广大诉讼法学研究者积极参与刑事诉讼、民事诉讼、行政诉讼三大诉讼制度建设，推动三大诉讼法的制定和修改。特别是研究如何把社会主义市场经济运行中出现的新问题、新矛盾纳入司法程序，运用法治手段加以解决。为促进社会公平正义、营造良好法治环境，中国诉讼法学聚焦实现司法公正的诉讼制度建设，推动司法机关受理的案件范围不断扩展，为诉讼类型日益完备、诉讼程序更加规范、诉讼成效不断提升提供理论支撑。

适应诉讼法律制度和规范发展完善的要求。今天，我国以诉讼基本法律、司法解释以及指导性案例制度等为主要内容的诉讼法律规范体系已经形成并日趋完备。这与中国诉讼法学的理论贡献密切相关。中国诉讼法学为我国三大诉讼法的制定和修改提供理念探讨、思路拓展、经验借鉴、制度协调等方面的学理支持。在相关诉讼法律颁布后，学者们从法理上阐释立法精神，对法律条文进行学理解释，促进法律规则正确适用。在法律实施过程中，学者们分析研究实践中遇到的各种问题，提出完善立法的建议与意见，为三大诉讼法的修改和相关司法解释的出台作出积极贡献，推动我国诉讼制度更加成熟更加定型。

适应司法改革实践需要。通过司法改革完善司法制度、提升程序正义的实现水平，是中国诉讼法学的重要研究方向。上世纪 90 年代起，中国诉讼法学发展了诉讼目的理论和诉讼构造理论等诉讼法学基本理论，促进司法审判向加强庭审功能、强化当事人举证责任等方向发展。党的十八届四中全会提出“以审判为中心的诉讼制度改革”的重大命题。中国诉讼法学围绕该命题的实质内涵、基本原理、实践形态等展开深入讨论、提出落实建议，不仅有效配合了改革的推进，也充实了诉讼法理念，丰富了研究的现实内涵。

适应国家治理现代化的目标要求。司法能力是国家治理能力的重要组成部分。改革开放以来，我国社会观念日益多样、社会利益日益多元，社会矛盾纠纷数量增多且日趋复杂，国家治理任务更加繁重，迫切需要推进国家治理现代化。回应这一现实需要，中国诉讼法学积极探索多元纠纷解决机制，创新高效公正解决纠纷的诉讼方式及程序手段，研究如何以有限司法资源更好处理各类司法案件。相关研究成果的实际运用，促进了国家治理现代化水平的提升，为维护转型期的社会稳定发挥了重要作用。

坚持自身特色　作出更大贡献

中国诉讼法学在发展过程中，总结提炼鲜活经验的研究论文、专著等成果不断涌现，逐步形成了自己的理论特色。

坚持程序正义与实体正义并重。诉讼法是一种程序法。正确理解程序法与实体法的关系是诉讼法学的理论基石。中国诉讼法学坚持程序正义与实体正义并重，既摒弃形式主义法治把程序置于实体之上、认为只要程序正确实体结果必然公正的观点；又从学理上修正了只追求实体结果公正、忽略诉讼过程公正的主张，使诉讼法中程序正义的价值得到彰显，让公平正义的观念更加深入人心。

不断丰富诉讼权利内容。诉讼法的一个重要价值是对公民诉讼权利进行保护。改革开放以来，中国诉讼法学研究强调保障当事人诉讼权利，推动诉讼主体的诉讼权利内容不断丰富、保护机制更加充分有效。比如，在刑事诉讼中，积极促进刑事案件律师辩护全覆盖，保障犯罪嫌疑人、刑事被告人辩护权；推动罪刑法定、疑罪从无、非法证据排除等原则进入司法实践；等等。对诉讼权利的保障丰富了我国人权司法保障的内涵。

促进诉讼程序便利化。立足于司法为民、司法便民的现实需要，中国诉讼法学主动研究如何在规范诉讼制度的同时实现诉讼便民高效，为人民群众接近司法、获得权利救济提供便利。为此，针对实践中出现的诉讼门槛不合理、立案难、执行难等问题，学者们积极研究各种便民措施，为司法机关创设简便易行的诉讼程序、完善相关法律规定、降低当事人诉讼成本、提高诉讼制度效益等提出诸多切实可行思路。

自主创新与吸收借鉴相结合。中国诉讼法学既坚持在继承我国优良司法传统基础上进行制度创新，又对域外诉讼法学有益成果加以吸收借鉴。中国诉讼法学研究以适合我国国情为根本，遵循开放务实、兼收并蓄、为我所用的原则，科学提炼各国诉讼模式中反映现代司法文明的理念与制度安排，为发展完善我国诉讼制度提供更多有益借鉴。

应当看到，经过长期发展，中国诉讼法学取得了长足进步，但也面临一些问题。比如，“重实体、轻程序”的传统观念仍然有影响，提升全社会的程序法治观念仍然是中国诉讼法学研究的重要任务。科学技术进步给传统诉讼模式带来很大影响。比如人工智能、大数据以及其他信息技术的运用，互联网法院的创立、在线庭审的出现等，都在一定程度上改变了传统诉讼模式，对言辞审理、直接审理等传统诉讼法学原则和理论产生了冲击，需要进行新的思考和研究。诉讼法学研究者应坚持理论与实践相结合，紧扣保障公平正义的要求，坚持立足已知、研究未知、探索新知，为繁荣发展中国法学、更好推进法治中国建设作出新贡献。

《人民日报》（2019 年 07 月 15 日）

与法治建设同频共振的中国法理学

张志铭　于　浩

法理学是研究法学基本问题、探求法律一般原理的学科。法理学对其他法学分支学科具有基础性和指导性意义。当代中国法理学的发展，与我国日益深入的法治实践紧密相关。新中国成立 70 年来，我们努力探索适合中国国情的法治模式，成功开辟和拓展中国特色社会主义法治道路，在法治建设方面取得了历史性成就。中国法理学始终与中国法治发展同频共振，从学习借鉴逐步转变为立足国情进行自主建构，不仅为完善和发展中国特色社会主义制度、推进国家治理体系和治理能力现代化提供学理支撑，也形成了自身的鲜明特色和丰富内涵。

反映时代变迁

新中国成立后，中国法理学开启自己的发展道路。1978 年党的十一届三中全会召开，提出“有法可依，有法必依，执法必严，违法必究”的“十六字方针”，对国家治理“要不要法律”给出了肯定答案，法治建设和法学研究也迎来了春天。上世纪 80 年代，“需要什么样的法律”成为中国法理学研究的热点话题。学者们的讨论涉及法律起源、法律本质、法律继承性、法律协调性、法律价值等诸多法学基本问题，其中关于法律本质的探讨意义尤为重大。这些讨论贯彻解放思想、实事求是的要求，使中国法理学乃至整个中国法学具备了新的分析方法和研究范式，为逐步确立科学的法治理念迈出了坚实步伐。

这一时期，“权利本位”理论的研究受到学者们关注，让人人享有平等权利的观念成为中国法理学界的共识。以权利观念为线索，法理学和部门法学研究实现一定程度的融合，促进了中国法学各个分支学科的发展。人治与法治的关系、民主与法治的关系、法律与政策的关系等在法理学理论上被逐渐厘清，为推进国家各方面制度民主化、法治化提供了有力学理支撑。学者们通过日益深入的法学研究，为社会主义初级阶段形成和完善中国特色社会主义国家制度、法律制度作出自己的学术贡献。

进入 90 年代后，中国法理学研究更趋广泛深入，不仅关注人与制度的关系、法制与法治的观念差异，还将法治置于更宏大的时空背景下，探究法治与中国社会转型、治理方式变迁、党的执政方式转变、全球治理的关系，以及法治与社会主义民主政治、市场经济、精神文明的关系，依法治国与以德治国的关系，等等。这些研究为提升全社会法治观念、深化对法治建设的规律性认识作出了重要贡献，也有效促进了中国法治建设与域外法学理论、法治实践经验的对话沟通。中国法理学在不断深入的理论探讨中日益繁荣发展。

树立理论自觉

随着法治理论研究的深化和我国法治实践的深入，进入新世纪后，中国法理学开始关注法治建设自主性问题，讨论不同时空背景下法治内涵的差异，中国法理学的理论自觉不断增强，研究的本土元素、中国视角逐渐凸显。研究者着眼于如何使法治建设立足于中国国情和现实发展需求，怎样充分调动各种因素支持我国法治建设，主张以适应中国国情、解决中国实际问题为目标，自主进行法理学研究。

党的十八大以来，围绕党中央提出的全面推进依法治国、建设法治中国、走中国特色社会主义法治道路等重大理论与实践命题，中国法理学更加重视从国家治理现代化的需求出发，贯彻马克思主义实践观，为优化国家权力运行体系、支持改革发展稳定进行理论探索，着力塑造中国自己的法治理论，促进法治理论与法治实践的贯通。在这一过程中，围绕法治国家、法治政府、法治社会、依法治国、依法执政、依法行政、法律体系、法治体系、司法改革等主题展开的理论研究，丰富了中国法理学的学科体系、学术体系、话语体系。与此同时，以定量分析为特征的实证研究也如火如荼展开，为法治建设的实际运行提供了重要方法。例如，在有关法治指数、法治评估的研究中，研究者通过设计反映法治建设水平的指标体系等方式来考察比较不同地区的法治发展状况，推进地方法治、区域法治、法治政府、司法透明度等具体主题研究的深入开展。

70 年春华秋实，中国法理学以实现中国法治现代化为现实关怀与使命担当，取得了有目共睹的长足进步。建设中国特色社会主义法治体系、形成中国特色社会主义法治理论体系的进程，有力促进了中国法理学研究范式转换。中国法理学更加自觉地关注我国法治建设实践，更加注重将实践经验上升为理论素材，将更多精力投入到实践导向与问题导向的研究中，自觉地从实践中总结体现鲜明中国特色的法治要素和法治经验，并与部门法研究保持密切联系，不断焕发新的生机活力。

持续深入发展

近年来，中国法理学研究不仅关注中国法治发展的宏大叙事，也有针对性地对重点问题进行深入研究，不同领域、不同层次的研究异彩纷呈，形成中国法理学研究百花齐放的繁荣局面。例如，以法教义学和社科法学之间讨论为代表的法学方法论研究；以大数据、人工智能、区块链为重点的司法与技术研究；注重数据统计和分析的数据法学与实证研究；聚焦司法制度和裁判理论的法律适用研究；有关国家治理体系和治理能力现代化的综合研究；跨学科的法学研究范式转换研究；等等。这些研究为中国法理学持续发展提供了动力。

时代发展也使中国法理学面临一些问题。例如，中国法理学的优势在于坚持问题导向与实践导向，强调以问题意识牵引理论探索、以理论探索深化问题研究解决，但也需要注意克服一些研究中问题意识零碎化、应用研究和对策研究泛化的现象。又如，中国法理学以构建独立自主的学科体系、学术体系、话语体系为研究指向，在如何促进中外法理学和各国法治文明交流对话，如何使用更加有效的学术话语向世界传递中国法治建设经验，以及如何为全球法治文明进步作出自己的贡献等方面，还需要付出更多努力。中国法理学仍然需要加强基础法学理论研究，在助力法治中国建设中继续发力，同时解答中外法理学共同关切的问题，深刻回应法治的理论与实践、中国与世界、特殊性与普遍性等重大理论命题，为在世界法理学舞台上发出中国声音不懈努力。

法理学以一般的、根本的法律或法学问题为研究对象。中国法理学研究还应进一步明晰基础概念的内涵，努力构建体现马克思主义法学基本观点和方法、根植中华文化、适应中国国情的法理学范畴体系，并将多元问题意识及其所依凭的法理学范畴体系与法理学基本理念编织成一张严谨的法理学理论之网，更好支持中国特色社会主义法治理论体系建设。深耕法律实践土壤，使理论研究从实践中来、到实践中去，从鲜活的法律实践中发现法理问题、概括法理命题、提炼法理概念。特别是对于作为法治体系运行重要环节的司法活动，应当进行深入细致研究。把司法裁判实践作为学术研究的富矿，从案例评析入手，结合实际情景、历史沿革、比较分析，探究案件事实和证据认定过程中的规律，探求法律表达规律，促进更加清晰地表达案件事实、明晰法律规范。加强对法律推理方法的研究，准确把握法律、法规、规章、司法解释、指导性案例等各自对应的法律推理方法，深入理解法治运行过程中的归纳推理、演绎推理、类比推理等，揭示法律适用的基本规律和科学方法。

《人民日报》（2019 年 10 月 28 日）

推动法理学与国家治理现代化同频共振

公丕祥

马克思指出，问题就是时代的口号，是它表现自己精神状态的最实际的呼声。法理学研究只有密切关注时代的重大问题，才能不断创新发展。习近平总书记强调，“要加强对中国特色社会主义国家制度和法律制度的理论研究，总结70年来我国制度建设的成功经验，构筑中国制度建设理论的学术体系、理论体系、话语体系，为坚定制度自信提供理论支撑。”这一重要论述对当代中国法理学研究提出了新要求、指明了前进方向。

把握当代中国法理学研究的使命任务

法理学以法的现象和运动的普遍规律与一般理论为研究对象。这决定了法理学不能成为游离于现实世界的主观臆想，必须立足生动的社会现实，反映并解读时代提出的重大法律问题。体现时代精神，是永葆法理学学术生命力的关键。

当代中国正经历着广泛而深刻的社会变革。坚持和完善中国特色社会主义制度、推进国家治理体系和治理能力现代化，对我国国家制度和法律制度建设具有重大影响。中国特色社会主义国家制度和法律制度，是中国共产党将马克思主义国家与法的理论同中国具体实际相结合的产物，是人类制度文明史上的伟大创造，是在长期革命、建设、改革的艰辛探索中形成的具有强大生命力的制度体系。当代中国国家制度和法律制度现代化进程所折射的是整个中国社会大变革大发展的历史潮流，所要确立的是同人类制度文明进程相协调而又具有鲜明中国特色的国家制度和法律制度。

因此，中国法理学面临的一个重大课题就是在推进国家治理体系和治理能力现代化的历史进程中，认识和把握当代中国国家制度和法律制度现代化的本质属性、战略目标、功能特征、结构体系、运行机理、价值取向、动力机制、实现路径、模式选择、发展方向等问题。自觉思考和回应国家治理现代化进程所提出的这些严肃的法理问题，是当代中国法理学研究的历史使命。

坚持以马克思主义关于国家与法的理论中国化最新成果为指导

马克思主义国家与法的理论以其鲜明的历史唯物主义国家观与法律观，构建了理解国家与法的现象运动规律的科学世界观和方法论。随着中国社会的发展变革，马克思主义国家与法的理论中国化取得了丰硕成果，表现为我们党在革命、建设、改革进程中对国家制度和法律制度形成一系列与时俱进的重要理论成果。

党的十八大以来，以习近平同志为核心的党中央站在坚持和发展中国特色社会主义、确保党和国家长治久安的战略高度，对坚持、完善和发展中国特色社会主义国家制度和法律制度、推进国家治理体系和治理能力现代化作出一系列重大决策部署，推动当代中国国家制度和法律制度现代化进入新时代。习近平总书记着眼于坚持和完善中国特色社会主义制度、推进国家治理体系和治理能力现代化，科学论述我国国家制度和法律制度建设的指导思想、基本原则、总体目标、内在机理、主体力量、工作布局、重点任务和条件保障，系统阐述了什么是社会主义法治，如何全面依法治国、建设中国特色社会主义法治体系和社会主义法治国家，如何在法治轨道上推进国家治理体系和治理能力现代化等一系列根本问题。这些重要论述是当代中国法理学研究的根本遵循。

习近平总书记深刻阐述中国特色社会主义制度的基本特征，指出：“中国特色社会主义制度，坚持把根本政治制度、基本政治制度同基本经济制度以及各方面体制机制等具体制度有机结合起来，坚持把国家层面民主制度同基层民主制度有机结合起来，坚持把党的领导、人民当家作主、依法治国有机结合起来，符合我国国情，集中体现了中国特色社会主义的特点和优势，是中国发展进步的根本制度保障。”国家制度和法律制度是中国特色社会主义制度体系的重要内容，是中国特色社会主义政治文明的重要制度载体。我们必须坚持以马克思主义国家与法的理论中国化最新成果指导法理学发展，加强国家制度和法律制度研究，回答坚持和完善中国特色社会主义制度、推进国家治理体系和治理能力现代化进程中产生的一系列重要理论和实践问题，努力揭示当代中国国家制度和法律制度现代化的客观规律。

推动法理学在国家治理现代化进程中创新发展

改革开放以来，中国法理学研究在理念更新、范式转换、空间拓展、原理阐释、方法创新、体系重构等方面日益焕发出蓬勃的学术生机和活力。在推进国家治理体系和治理能力现代化的时代背景下，只有深入研究中国特色社会主义国家制度和法律制度的基本理论和实践问题，找准与党和国家制度建设紧密结合的法理学研究方向，才能更好推动中国法理学创新发展。

在法理学体系中，本体论具有核心地位。它所探究的是一定的国家与法的现象赖以存在的根基。对此，许多思想家力图通过复杂的法学思维，为自己的法理学体系寻求本体论意义上的理论根据。当代中国法理学本体论的深厚根基，就在于对国家治理现代化进程中国家制度和法律制度建设的经济社会条件进行深入探究，把握国家制度和法律制度对经济社会发展的作用，由此确立当代中国法理学的历史和逻辑基石。

从法理学价值论来看，对国家与法的现象进行价值分析，是指一定社会主体对一定国家与法的现象的价值评价和价值选择。这种价值评价和价值选择，反映了社会主体的价值判断，反映了社会主体的法治观念。在新的时代条件下，坚持以人民为中心的发展思想，要求国家制度和法律制度建设彰显人民至上的价值取向。我国社会主要矛盾的变化，也需要国家制度和法律制度努力满足人民群众在民主、法治、公平、正义、安全、环境等方面日益增长的要求。因此，中国法理学价值论的时代含义，就是在国家制度和法律制度建设中，坚持人民主体地位，把增进人民福祉、促进人的自由而全面的发展作为推进国家制度和法律制度现代化的出发点和落脚点。

从法理学功能论来看，法理学研究基于对国家与法的现象的认识，对法律能否满足社会生活需要等问题进行功能分析，涉及功能性质、功能取向、功能类型、功能状态、功能评价等诸多发展层面的问题。当代中国社会发展对制度与法治的需求日益丰富多元。当代中国法理学的一个重要任务就是不仅要深入探讨国家制度、法律制度与发展之间的关系，而且要深刻把握国家制度和法律制度现代化在保障创新、协调、绿色、开放、共享发展中的作用，充分展示国家制度和法律制度建设对实现更加平衡更加充分的高质量发展的意义，着力分析解决区域经济社会发展不平衡问题，走出一条体现中国特色的国家制度和法律制度现代化道路。

不断深化和拓展当代中国法理学研究

建立和发展具有中国特色、中国风格、中国气派的法理学学科体系、学术体系、话语体系的艰巨任务，已经摆在当代中国法理学研究者面前。当代中国法理学研究应坚持从我国国家治理与法治建设的实际出发，聚焦服务国家治理体系和治理能力现代化的重大法理问题，深入阐述国家制度和法律制度建设的基本法理逻辑，推动研究不断深化和拓展。

研究中华优秀传统文化中的国家治理和法治建设思想。中国特色社会主义国家制度和法律制度，植根于中华民族5000多年文明史所积淀的深厚历史文化传统。在绵延不断的中华文明发展进程中，中华民族创造了独特的、博大精深的国家制度文化与法律文化，形成了关于国家制度和国家治理的丰富思想，如大同、大一统、德治、民本等。我们可以从研究古代国家制度与法律制度建设的成败得失中提炼和概括我国古代国家治理与法律发展的智慧，推动中华优秀传统法律文化创造性转化、创新性发展。

总结新中国国家制度和法律制度建设的基本经验。实践证明，中国特色社会主义国家制度和法律制度是一套行得通、真管用、有效率的制度体系。当代中国法理学研究应系统回顾新中国成立以来党领导人民推进国家制度和法律制度建设所走过的道路，深入分析各个历史时期国家治理面临的突出问题、选择的治理方略及其实际效果，认真总结其中的宝贵经验。

着眼解决突出矛盾和问题把握法理学创新发展的主题。中国特色社会主义进入新时代，当代中国法理学研究应以坚持和完善中国特色社会主义制度、推进国家治理体系和治理能力现代化为战略引领，树立强烈的问题意识，科学认识和准确把握国家治理现代化进程中出现的各种矛盾和问题，适应进行具有许多新的历史特点的伟大斗争的新要求，深入探讨国家制度和法律制度现代化所蕴含的法理命题，促进当代中国法理学在新的时代条件下丰富发展，为实现国家治理现代化提供法理支撑。

《人民日报》（2020 年 03 月 09 日）

立足世界大变局深化国际法研究

肖永平

当今世界正经历百年未有之大变局，世界经济增长新旧动能加速转换、国际力量格局深刻调整、全球治理体系深刻重塑，世界多极化、经济全球化、社会信息化、文化多样化深入发展。这为国际法发展和国际法学研究带来新的机遇和挑战。中国国际法学研究应抓住机遇，准确把握国内国际形势，与时俱进提升研究水平，推进理论创新、话语创新，为营造我国良好外部发展环境、推动构建人类命运共同体贡献学术力量。

国际法伴随时代发展日益繁荣

国际法的发展历史表明，它是在人类社会度过各种重大危机、从乱走向治的过程中逐步建立完善起来的。从源头看，国际法的产生与战争密切相关。20 世纪以前的国际法，很多是关于战争的规则。当时，国家被认为拥有诉诸战争的权力，战争成为解决国际争端的主要手段。现代国际法学创始人格劳秀斯的国际法名著就是《战争与和平法》。

两次世界大战后，世界格局和国际政治经济关系发生深刻变化，国际法的重心从制定战争规则转向维护和平、促进发展，国际法进入新的发展阶段。随着冷战结束、科技飞速发展、经济全球化深入推进，国际法开始向促进多方合作的方向发展，更加注重构建多维度合作机制，规范国际行为体的行动，发展各种跨国关系，致力于将国际社会的合作共治理念变成现实。

今天，国际法律制度不断丰富，国际法确认国际行为体的基本规范，为各国参与国际活动确立基本要求。国际条约和国际习惯成为评判国际行为体行为合法性的重要标准，是国际交流与合作所运用的法律话语，也是制约他国国际不法行为的正当依据。国际法基本原则成为构建和维持国际社会秩序的重要基石。可以说，如今的国际法是二战以来世界和平发展实践的经验总结，已经成为大多数国际行为体认同和遵守的规范体系。

现代国际法是和平之法，它通过禁止战争、禁止非法使用武力，坚持主权平等、不干涉内政、和平解决国际争端、集体安全、裁减与控制军备等原则与制度，促进世界和平与发展。国际法是合作之法，它从保护国际社会共同利益和维护人类共同价值出发，扩大调整范围、发挥国际组织功能，更加强调国家的合作义务和善意履行国际义务等原则。国际法也是发展之法，它通过发展国际法律制度、完善国际争端解决机制，促使世界各国基于共同的安全和发展需求，遵从共同认可的规则，使国家间的冲突得以缓和。

注重理论与实践、研究与运用相结合

国际法规则影响着国家间的利益分配，对国际关系和全球治理都发挥着重要作用。党的十九届四中全会《决定》提出“加强国际法研究和运用”的重要任务。我国国际法学者应拓宽历史视野，树立世界眼光，加强对国际法理论和实践的研究，努力构建中国特色国际法学科体系、学术体系、话语体系，为提升我国国际法研究水平和运用能力打下坚实学术基础。

中国立场与国际公理相结合。在国际交往中，各国都将维护本国国家安全和利益放在首位。国际公法的许多原则和规范致力于国家间意志协调。国际经济法作为国家规范跨国经济关系的手段，也努力推动各国在经济活动中协商合作。西方一些国际法学者以往提出的许多理论，与其自身国家利益密切相关。中国国际法理论应反映中国对国际秩序和国际法治的理念和观点，既维护国家主权、安全、发展利益，又促进国际交流、构建新型国际关系。同时运用体现国际关系基本准则、符合国际公理的法律语言来概括和表达中国的实践经验和智慧，提升中国国际法理论的话语权。

体系构建与问题导向相结合。当今世界正经历百年未有之大变局，人类有众多共同问题需要解决。我国国际法学研究应关注这些重大问题，秉持构建人类命运共同体理念，创新国际法学概念框架、知识体系、评价标准，讲好中国故事、提炼中国经验、创新中国理论，用具有当代价值、富有学术魅力的国际法理论参与国际法学界的交流与交锋，推动形成中国特色国际法理论体系。同时，针对国际社会面临的共同问题，如领土主权与海洋权益、网络安全、能源安全、金融安全、气候变化、重大传染病防治等，以跨学科视角和研究方法，开展综合性比较研究，努力揭示这些问题的本质、特点和发展变化的一般规律，提升我国国际法学理论研究的现实针对性。

理论构建与实证研究相结合。理论源于实践，又为实践服务。国际法理论构建离不开实证研究支持。面对世界大变局中越来越多的国际法问题，只有深入研究国际法实践中“活”的法律，才能得出站得住脚、令人信服的结论。可以总结中国在国际法基本原则、国家承认与继承、国际条约、和平解决国际争端等重大问题上的实践探索与理论贡献，探讨国际法理论在我国国际交往实践中的作用，分析这些理论在双边和多边国际关系中转化的国际法规则。同时，就国际法对我国国内立法的影响、国际条约和国际惯例在法院和仲裁机构裁判实践中的适用方式和作用、相关涉外法律法规在司法实践中的功能、双边司法协助条约的实施效果等问题，开展分门别类的实证研究。

聚焦国际法前沿问题

当前，新冠肺炎疫情仍在全球蔓延。疫情冲击下的世界正在发生深刻变化，面临更多不稳定不确定因素。在这场攸关人类健康福祉、世界发展繁荣的疫情防控斗争中，团结合作是最有力的武器，推动构建人类命运共同体是人间正道。我国国际法研究应与构建人类命运共同体相适应，努力促进人类自身安全与发展，推动国际社会协调行动，有效维护国际社会共同利益。当前，尤须关注国际法前沿问题，立足国际法实践，为建设相互尊重、公平正义、合作共赢的新型国际关系提供理论支撑。

研究促进团结合作的国际法制度。此次全球抗击新冠肺炎疫情的实践，进一步凸显了构建人类命运共同体、构建人类卫生健康共同体的重要性与紧迫性。在病毒这个人类共同的敌人面前，国际社会总结以往应对非传统安全威胁的经验教训，充分认识进一步加强团结合作的重大意义。在全球治理各个领域，我们都需要继续探索如何将人类命运共同体理念融入具体国际法规范，促进国际合作实践，提升我国国际法理论的影响力。

完善具有中国特色的国际法学科体系。随着中国日益走近世界舞台中央，我们将越来越多地参与国际规则塑造，国际社会也高度关注中国的国际法理论与实践。这对国际法学研究提出更高要求。要以构建人类命运共同体理念为指导，整合现有国际法学科，完善由国际公法、国际私法、国际经济法、国际商法、国际争端解决法、国际法史等组成的国际法学科体系，健全学术研究体系和人才培养机制。

加强国际法新领域的规则研究。当前和未来的国际关系实践和国家间竞争，日益呈现从传统的陆地疆域向海洋、极地、外空、网络等新领域拓展的态势。目前，国际海洋法规则制定与实施持续走深走实，极地、外空国际治理提上重要议事日程，网络空间规则地位不断上升，国际互联网治理体系变革已悄然拉开帷幕。我们要深入研究这些新领域的国际法规则，提高我国参与相关国际法规则制定的能力。

服务“一带一路”法治保障体系建设。共建“一带一路”倡议是我国参与全球开放合作、改善全球经济治理体系、促进全球共同发展繁荣、推动构建人类命运共同体的中国方案，也是维护多边主义和国际合作的重要贡献。应加强研究，尽快推动形成一整套符合共建“一带一路”实际需要的条约体系、国际风险防范机制和国际争端解决机制，为共建“一带一路”提供完善法治保障。及时开展我国法域外适用的法律体系研究，为我国当事人采取有效法律行动、为我国依法采取有效反制措施提供法律依据和支持，保护我国企业和公民在海外的合法权益。

深化国际争端解决机制研究。加强对国际法院、国际常设仲裁法院、世界贸易组织争端解决机制程序性规则的研究，对其处理的案件开展系统的实证梳理和分析，助力我国企业和公民提升利用国际争端解决机制维护自身合法权益的能力。

《人民日报》（2020 年 07 月 20 日）

从德治法治并重传统中汲取治理智慧

张　生

道德与法律是古代中国国家和社会治理的两种主要手段。在不同历史时期，二者具有不同的理论表达，对这两种手段的运用方式也各有侧重。在漫长的历史演变中，德治法治并重逐渐形成传统，强调“制礼以崇敬，立刑以明威”，彰显出独具特色的治理智慧。习近平总书记在中央全面依法治国工作会议上强调：“坚持依法治国和以德治国相结合，实现法治和德治相辅相成、相得益彰”。党的十九届五中全会强调，健全党组织领导的自治、法治、德治相结合的城乡基层治理体系。当前，坚持在法治轨道上推进国家治理体系和治理能力现代化，更加需要一手抓法治、一手抓德治，充分发挥法律和道德共同规范社会行为、调节社会关系、维护社会秩序的重要作用。

德治法治并重是我国传统社会治理的重要特征

“德”字始见于甲骨文，字形右边从直，左边从彳（或行）。对此，曾有学者解释为以“目”（眼睛）指引正道。“德”也与“得”相通，表示遵行正道才能达到目的，有“德”才会有所“得”。关于“法”,《史记》记载了传统社会早期的法：“维昔黄帝，法天则地，四圣遵序，各成法度”。这种“法度”，在早期表现为“礼”“令”“刑”等。“礼”起源于沟通天人的祭祀活动，后来逐渐发展成为一个民族乃至一国的行为规范。德与礼互为表里，德是礼的内在精神，礼是德的规范性表达。“令”是王向臣民发布的政令，有“誓”“训”“诰”等形式。“刑”起源于对外征伐，后来转变为惩治内部犯罪的刑事规范。

德治是对儒家为政以德、以礼治国的一种概括。春期战国时期出现的法家思想，强调通过严明法令来维护君主统治和社会秩序。《韩非子》说:“故以法治国，举措而已矣。”许多学者认为，“商周之变”与“秦汉更替”的治理思想变化，对古代中国德治法治并重模式的形成具有重大影响。

“商周之变”是德法关系的一次大变革。“商周之变”颠覆了以往“祖先即为天神”的天命观，把天塑造为具有道德人格的主体，确立了天命靡常、与天同心才能以德配天的观念。以德配天要求从内心检视自己的行为、约束自己的欲望，从而符合天道的要求。这就使得“礼”这一德的规范化形式在整个治理体系中的地位大大提高。商朝假借天命的刑罚观念也因此受到限制，这为西周提出“明德慎罚”打下了思想基础。以德节制罚、以德引导政令的治理理念逐步形成。

“秦汉更替”是德法关系的又一次大变革。经历了春秋战国时期的礼崩乐坏、百家争鸣，秦以专任法治而强，实现大一统。代秦而兴的汉朝，经过数十年思想更迭，逐渐接受儒家“为政以德”的理念，确立了“德主刑辅”治理思想。这一思想在治理实践中日益表现出积极效能并不断发展。到隋唐时期，“德礼为政教之本，刑罚为政教之用”的德治法治并重模式日趋成熟。

古代中国的德治法治并重模式具有鲜明特征。为政以德关乎能否服众，一旦失德，就是有违天命，政令、刑罚就会失去正当性。德治法治并重是一种建立在共同价值取向基础上的秩序追求，即以价值共识、道德教化、礼制规范以及一定的国家强制，实现以德服人而不是以力服人的善治秩序。刑罚也是一种维系秩序的重要手段，但在传统价值取向上只是为了“济德礼之穷”，不可以滥用。德治与法治相互补充、相互支撑，共同维系国家长治久安。德治注重自我修养，希望人们自觉遵守礼制。不过，如果没有政令、法律的保障，德治也难以落到实处。政令、法律因其强制力而有效，但是单纯以强制力服人也难以实现长治久安。德治以价值认同来凝聚共识、感染人心，法治以强制规范整饬秩序、纠正违失，两者相互支撑才能形成同心同德、安分守法的善治局面。

德治与法治在规范与实施体系上相互融通

礼法结合、德法共治是中华传统法治文明的重要内容。德治法治并重的重要思想，在规范体系和实施体系上都得到充分体现。

德治与法治各有其“典”“则”。《尚书·五子之歌》中说：“明明我祖，万邦之君。有典有则，贻厥子孙。”“有典有则”为后世所延续。“典”是指礼法体系的基本经典、基本法则，确定国家治理的主流价值和主要规范。“则”是各种形态的具体规则，规定行为准则、政务标准等。德治之“典”，主要是官方倡导学习的一系列儒家经典。这些既是阐释德治义理的经典，包含大量关于礼的基本规则，也为其他社会规范形式提供基本价值原则。德治之“则”，散见于各种礼仪礼制、乡规民约、风俗习惯、家法族规、行业性规则之中。法治之“典”向上可以追溯到禹刑、汤刑、吕刑等古代刑书汇编。秦汉时期，律的形式日臻完备。唐朝不仅有以刑事法律为主体的唐律，还有法律典则的汇编《唐六典》，法律形式十分丰富。明清两代在律之外制定了大明会典、大清会典。“法治”之“则”，表现为各种政令、条例、事例和司法成案等。这种“德”“法”各“有典有则”的规范体系是相互衔接、相互渗透、综合为治的。正如东汉陈宠所云：“礼之所去，刑之所取，失礼则入刑，相为表里者也。”

德治法治并重不仅体现在规范体系的融通上，还体现在实施体系的完备上。《孟子》说：“天下之本在国，国之本在家，家之本在身。”《大学》以个人道德修养为起点，扩展到天下治平，所谓修身、齐家、治国、平天下。古代中国把家庭、家族视为个人人格养成的亲属团体。家被赋予一定的自治权，亲属之间的纠纷有些可以在家的内部自行解决。地方政府负责本区域内律典、政令的实施，以强制力保障秩序安定，同时又注重道德教化作用。比如，一些朝代的州县和乡里设有彰瘅亭和申明亭，由德高望重的乡绅旌表嘉善、申诫顽劣。国家对大典、大政负责，有专职部门负责核心价值确定、经典注疏正义、官吏选拔考试、税赋标准与征收、学校教育等重大事务。国家还允许乡贤、书院、家族、牙行等团体，以内部章程、规约、自律规则等规范形式实行自治。

古代中国德治法治并重的治理模式，历经千百年而逐渐成为传统。德治和法治都认同儒家伦理观念，在内在价值方面具有共同基础。在规范体系方面，典则相互贯通又各有其用。在组织实施方面，既有国家强制力为保障，又倡导一定范围的自律自治，国家和民间各负其责，大大提升了治理的有效性。

坚持依法治国和以德治国相结合

文化是一个民族区别于其他民族的独特标识，也是一个国家核心价值观孕育形成的深厚土壤。新时代推进全面依法治国，需要立足我国基本国情，从优秀传统法律文化中汲取智慧。

坚持依法治国和以德治国相结合，是中国特色社会主义法治道路的鲜明特点。党的十九大报告指出，坚持全面依法治国，必须“坚持依法治国和以德治国相结合”“提高全民族法治素养和道德素质”。习近平总书记在中央全面依法治国工作会议上强调：“坚持依法治国和以德治国相结合”，并将其作为“坚持建设中国特色社会主义法治体系”的一项具体要求。新时代法治与德治的内涵和方式与古代有很大差异，但在两者结合方式、规范体系融通、组织实施方面，传统治理经验仍有许多值得借鉴之处。我们强调法治和德治不可分离、不可偏废，既重视发挥法治对道德的保障作用，也注重发挥道德对法治的支撑作用，把道德要求贯彻到法治建设中。法治的实现以良法为前提，而良法必须符合基本道德要求。法律的制定、实施、解释和发展不能与道德相分离。道德也需要通过规范化的表达、组织化的实施，才能与法治更好衔接，转化为人人遵守的行为准则。

习近平总书记指出：“核心价值观，其实就是一种德，既是个人的德，也是一种大德，就是国家的德、社会的德。国无德不兴，人无德不立。”坚持依法治国和以德治国相结合，需要完善弘扬社会主义核心价值观的法律政策体系，把社会主义核心价值观要求融入法治建设和社会治理。一方面，要强化法律法规的价值导向，推动核心价值观入法入规。坚持把社会主义核心价值观融入中国特色社会主义法治体系之中，贯穿到法治国家、法治政府、法治社会建设全过程，贯穿到科学立法、严格执法、公正司法、全民守法各环节，使社会主义法治成为良法善治。另一方面，要把社会主义核心价值观的要求转化为具有刚性约束力的法律规定，坚持法律的规范性和引领性相结合，把实践中广泛认同、较为成熟、操作性强的道德要求及时上升为法律规范。比如，我国古代十分重视家教、家风、家训。民法典规定："家庭应当树立优良家风，弘扬家庭美德，重视家庭文明建设。"这是通过立法推动社会主义核心价值观落地生根的有益实践。只有法治与德治充分发挥各自作用，做到融会贯通、相得益彰，才能推动形成法安天下、德润人心的良好局面。

《人民日报》（2021 年 02 月 03 日）

新时代法学研究的使命与担当

王其江

社会大变革的时代，往往也是哲学社会科学大发展的时代。中国特色社会主义进入新时代，这是一个需要理论而且一定能够产生理论的时代，这是一个需要思想而且一定能够产生思想的时代。坚持和发展中国特色社会主义，实现中华民族伟大复兴的中国梦，是前无古人的伟大实践，为法学学术繁荣提供了强大动力和广阔空间。中国法学大有可为，也应该大有作为。

党的十八大以来，广大法学研究者勇立时代潮头，积极为党和人民述学立论、建言献策，切实担负起历史赋予的光荣使命，推动中国法学自信自强、守正创新，为改革发展提供了有力法学支撑。踏上新征程，中国法学需要在问题意识、思路方法、学术成果等方面紧跟时代和实践发展步伐，努力构建中国特色、中国风格、中国气派的法学学科体系、学术体系、话语体系，为坚持和发展中国特色社会主义、建设法治中国作出更多原创性学术贡献。

增强使命意识，为全面依法治国提供深厚学术支撑

全面依法治国是国家治理的一场深刻革命。当代中国法学研究应立足法治中国建设实践，深刻把握全面依法治国的政治方向、重要地位、工作布局、重点任务、重大关系、重要保障，增强责任感使命感，坚持理论和实践相结合，不断取得新成果。

中国特色社会主义实践向前推进一步，法治建设就要跟进一步，法学研究也要与时俱进。社会主义法治建设，要统筹考虑国际国内形势、法治建设进程和人民群众法治需求，同推进国家治理体系和治理能力现代化的要求相

适应。法学研究应深入思考如何不断完善顶层设计、创新和深化全面依法治国实践，持续推进法治领域改革，解决好立法、执法、司法、守法等领域的突出矛盾和问题，加快建设中国特色社会主义法治体系、建设社会主义法治国家，奋力建设良法善治的法治中国。

新中国成立70多年来，我们创造了经济快速发展和社会长期稳定“两大奇迹”，这与我们不断推进社会主义法治建设密不可分。当前，我国已转向高质量发展阶段，但发展不平衡不充分问题仍然突出，重点领域关键环节改革任务仍然艰巨，如创新能力不适应高质量发展要求、民生保障存在短板、社会治理还有弱项等。法学研究应深入思考如何更好发挥法治固根本、稳预期、利长远的保障作用，坚持依法应对重大挑战、抵御重大风险、克服重大阻力、解决重大矛盾，为续写“两大奇迹”新篇章贡献智慧和力量。

中国共产党领导是中国特色社会主义最本质的特征，是中国特色社会主义制度的最大优势，是党和国家的根本所在、命脉所在，是全国各族人民的利益所系、命运所系。面对深刻复杂变化的国际国内环境，艰巨繁重的改革开放和社会主义现代化建设任务，法学研究应深入思考如何提高党依法执政、依法行政能力，确保党在新时代坚持和发展中国特色社会主义的历史进程中始终成为坚强领导核心。

当今世界正经历百年未有之大变局，国际力量对比深刻调整，国际环境日趋复杂，不稳定性不确定性明显增加。特别是近年来，个别国家滥用没有国际法依据的单边制裁和所谓“长臂管辖”，涉外法律斗争形势越来越严峻。随着我国日益走近世界舞台中央，我国企业和公民也越来越多地走向世界。法学研究应深入思考如何善于运用法治思维和法治方式防范化解各类风险隐患，积极应对外部环境变化带来的冲击和挑战，维护我国国家安全，维护我国企业和公民合法权益。

聚焦时代课题，积极贡献法学智慧法学力量

时代课题是理论创新的驱动力。当代中国法学研究要聆听时代声音，回应时代呼唤，认真研究解决重大而紧迫的学术前沿问题，立足中国实际，把

握时代发展脉搏，实现学术创新发展。

深化对习近平法治思想的研究。习近平法治思想擘画了新时代全面依法治国的宏伟蓝图，凝聚了法治建设的中国经验和中国智慧，彰显了社会主义法治的强大生命力和显著优越性，是马克思主义法治理论中国化的最新成果，是全面依法治国的根本遵循和行动指南。在法学研究中，必须把加强习近平法治思想研究作为当前和今后一个时期的首要任务，深化对习近平法治思想理论体系、学科体系、教材体系的研究，不断推出高质量研究成果。围绕习近平法治思想的“十一个坚持”，分专题开展研究，系统阐释习近平法治思想的基本精神、基本内容、基本要求，推出一批高水平学术成果。习近平法治思想是不断发展的、开放的理论体系，要深入研究这一思想的新发展、与中国法治实践的紧密关系，以及对全面依法治国全过程和各方面的指导意义。

深化对全面依法治国理论和实践的研究。围绕党中央提出的重大法治战略、重大立法事项、重点改革举措开展研究。围绕就业、教育、医疗、社保、住房、养老、食品安全、生态环境、社会治安等群众急难愁盼问题以及法治领域群众反映强烈的突出问题加强调查研究，集中进行攻关，为加快推进法治中国建设提出高质量的应用对策建议。增强法学研究的大局观念，服务全面依法治国顶层设计、国家和地方立法工作，服务政法领域全面深化改革，服务平安中国、法治中国建设，服务为党和国家各项工作营造良好法治环境。

深化国家重大战略相关法律问题研究。法学研究要胸怀“国之大者”，与国家发展同频共振。立足新发展阶段，完整、准确、全面贯彻新发展理念，服务构建新发展格局，推动高质量发展，围绕“十四五”时期科技创新、产业发展、国内市场、深化改革、乡村振兴、区域发展、文化建设、绿色发展、对外开放、社会建设、安全发展、国防建设等重点领域法律问题深入研究，对建设共同富裕示范区等国家重大发展战略加强研究，不断提升服务科学决策的能力水平。

深化依规治党相关问题研究。围绕健全党领导全面依法治国的制度和工作机制加强研究，回答好如何通过法治保障党的路线方针政策有效实施等问题，推进党的领导制度化法治化，为坚持党的领导、加强和改善党的领导提供学理支撑。围绕坚持依法治国和依规治党有机统一加强研究，确保党既依据宪法法律治国理政，又依据党内法规管党治党，确保国家法律和党内法规相辅相成、相互促进、相互保障。

深化涉外法治研究。围绕统筹推进国内法治和涉外法治，积极开展国际法治合作，服务涉外法治工作战略布局，对建设新型国际关系、构建人类命运共同体、推动共建“一带一路”高质量发展等相关法律问题加强研究。研究推进我国法域外适用的法律体系建设、构建国际商事纠纷解决机制等，运用法治思维和法治方式有效应对挑战、防范风险，坚决维护我国主权、安全、发展利益，维护我国企业和公民合法权益，为提高涉外工作法治化水平提供学理支撑。

拓展研究思路，更好揭示法治运行内在规律

工欲善其事，必先利其器。当代中国法学研究要做到立足实践发展、回应时代关切，必须在研究思路上继续拓展，在研究方法上不断创新，以宽广的研究视角和综合的研究方法，更好揭示法治运行的内在规律，推动法学研究不断迈上新台阶。

坚持理论与实践相结合。坚持运用马克思主义法治理论的立场、观点、方法，系统总结运用我国社会主义法治建设的鲜活经验，不断深化研究，推进中国特色社会主义法治理论创新发展。坚持从我国国情出发，以我们正在做的事情为中心，从实践中来、到实践中去，准确解读中国现实、回答中国问题，从我国改革发展实践中提出新观点、构建新理论，推出具有中国特色的原创性成果。把论文写在祖国大地上，让法学研究更符合中国实际、更具中国特色，更加有力地服务科学决策、服务党和国家工作大局。

坚持历史与现实相贯通。提高历史思维能力，胸怀中华民族伟大复兴战略全局和世界百年未有之大变局，树立大历史观，从历史大势、时代大潮、全球风云中分析演变机理、探究历史规律，提出因应策略，增强法学研究的系统性、针对性、创造性。中华法系曾在世界法制史上独树一帜，积淀了深厚的法律文化，其中有很多优秀法律文化值得我们借鉴。要坚持不忘本来、吸收外来、面向未来，传承中华优秀传统法律文化，让中华优秀传统法律文

化在新的时代条件下焕发新的生命力。

坚持国内与国际相衔接。随着我国综合国力和国际地位不断提升，国际社会对我国的关注前所未有，同时我国发展面临的外部环境仍然严峻复杂。要树立国际视野，增强理论自信，用中国法治理论阐释中国实践，用中国法治实践升华中国法治理论，提炼标识性学术概念。善于讲好中国法治故事，更加充分、鲜明地展现中国法治故事背后的理论内涵和思想力量。开展国际法学研究交流对话，不断提升中国法学、中国法治在国际上的话语权和影响力。

《人民日报》（2021 年 09 月 13 日）

政治学篇

政治学创新大有可为

李慎明

政治学作为治国理政的学问，其研究应当顺应历史趋势、围绕时代主题、满足人民期待，不断拓展研究领域。习近平总书记在哲学社会科学工作座谈会上的重要讲话中直接和间接多次使用“政治”和“政治学”这两个概念，呼吁包括政治学在内的具有中国特色、中国风格、中国气派的哲学社会科学创新，对政治学发展提出了新要求。

研究领域十分广阔

构建中国特色、中国风格、中国气派的政治学，首先需要弄清什么是政治学。任何学问都是一个国家思想文化上层建筑的有机组成部分，本质上是对经济基础和政治上层建筑的认识与规律探寻，政治学尤为如此。对一个大社会来说，经济、政治和文化是三个基本组成领域。政治学研究的对象，应该是这三者组成中政治层面这一“大政治”，而不是仅仅限定于公共政策、公共管理、人事管理、社会调查与社会统计等方面的“小政治”。如果具体一点说，政治学就是研究国家、阶级、政党、政府、法律、军队、刑罚以及群众、领袖、统一战线等方方面面活动及其联系并上升到规律和本质的学问。

现在，有的学者把政治和政治学的内涵理解得过于狭窄甚至偏颇。把政治学研究的范畴仅限于行政理论、行政组织、财务行政、行政决策等方面，甚至仅限于当代西方政治思潮、西方政治思想史、西方政治制度史、西方行政学说史等，这不利于中国特色、中国风格、中国气派政治学的创新发展。

政治学的外延应当是什么？不能仅就政治学研究政治学。任何社会都是以一定的生产活动为基础的。政治是经济的集中表现。要真正弄清政治，还应学习研究政治经济学，特别是马克思主义政治经济学，研究生产力、生产关系和经济基础，研究所有制和分配，研究人与人之间的关系。政治和文化紧密联系。要真正弄清政治，还需相应地研究文化特别是其中的意识形态。政治学研究者如果把经济、政治和文化看成三个毫不相关的孤立的东西，不研究经济基础和文化，那么，这样的政治学必然是空头政治学。

另外，随着经济全球化深入发展和世界格局深刻变化，国内政治与国际政治日益紧密地联系在一起，彼此之间相互作用、相互影响。中国政治学还应把国内政治与国际政治统筹起来加以研究。只有这样，政治学研究才能真正做到立足中国、放眼世界，立足现实、晓古瞻今。

重大问题亟待回答

习近平总书记在讲话中指出："坚持问题导向是马克思主义的鲜明特点。问题是创新的起点，也是创新的动力源。"他还说："观察当代中国哲学社会科学，需要有一个宽广的视角，需要放到世界和我国发展大历史中去看。"中国政治学的创新同样要坚持问题导向，并把政治学放到世界和中国发展大历史中去创新。

从国际上说，当今时代主题无疑仍是和平与发展。如何在坚持和平与发展的时代主题下，坚持合作共赢理念？至今阴霾未散的国际金融危机的根本原因是什么？各国和各国人民合作共赢的根本出路何在？当今仍在泛滥的恐怖主义的根源是什么？世界多极化的现状及发展趋势是什么？另外，推进"一带一路"建设有什么样的机遇与挑战？等等。这些都应是我国政治学研究者关注和回答的重要问题。

从国内来说，我们政治学研究的直接和根本任务应是为坚持和发展中国特色社会主义政治制度服务。我国的根本制度即国体是工人阶级领导的、以工农联盟为基础的人民民主专政，我国的根本政治制度即政体是人民代表大会制度，我国的政党制度是中国共产党领导的多党合作和政治协商制度，国家结构形式是统一的多民族国家和在单一制国家中的民族区域自治制度。正确认识和处理这些制度的相互关系，不断完善和发展中国特色社会主义政治制度，是我国政治学研究的重大使命。

政治学研究还必须回答坚持中国特色社会主义政治制度和依法治国中的重大理论问题。比如，西方“自由、民主、人权”等各种理论思潮的本质是什么？西方国家向其他国家贩卖这些思潮有哪些方法和途径？如何从理论上、政治上和实践上入情入理地阐明其荒谬性，进而推动中国社会主义民主政治发展？如何不断提高党的领导水平和执政水平、增强拒腐防变和抵御风险能力，使党始终成为中国特色社会主义事业的坚强领导核心？回答这些问题，迫切需要政治学研究更好发挥作用。

把马克思主义的基本原理与当今世情、国情、党情相结合，一切从实际出发，不断解决上述重大理论和实践问题，是中国政治学创新发展的生长点。习近平总书记提出要创新 21 世纪的马克思主义，这个任务十分重要。中国政治学研究完全能够为此作出自己的贡献。马克思主义是我们党和国家的根本指导思想，这是中国政治学研究的根本优势。除此之外，我们还有三种独特的历史资源。一是中国共产党领导中国人民进行革命、建设和改革开放取得重大成就并积累了丰富经验的资源；二是长达百年之久的半殖民地半封建社会多灾多难、积弱积贫苦难历史的资源；三是中华民族五千年辉煌文明没有中断并不断得到发扬光大的资源。另外，包括政治学在内的中国哲学社会科学创新，还有着国内外各个方面资源的滋养。特别是当代中国正经历着我国历史上最为广泛而深刻的社会变革，也正在进行着宏大而独特的实践创新。立足当今中国，无论国际还是国内，历史还是现实，都给我们提供了正反两方面的丰厚资源。只要认真总结各方面的经验教训，结合新实践，我们完全有条件创新和发展包括中国政治学在内的 21 世纪马克思主义。

增强责任感使命感

习近平总书记指出：“这是一个需要理论而且一定能够产生理论的时代，这是一个需要思想而且一定能够产生思想的时代。我们不能辜负了这个时代。”面对中国政治学创新发展的重大课题，政治学研究者应当进一步增强责任感和使命感。

坚定马克思主义信仰。坚持以马克思主义为指导是当代中国哲学社会科学区别于其他哲学社会科学的根本标志，必须旗帜鲜明地加以坚持。马克思主义是我们认识世界和改造世界最锐利的思想武器，是我们党唯一正确的指导思想。如果动摇和取消了马克思主义的指导地位，全党和全国人民就会失去最根本的思想准则，中国政治学研究就会偏离正确方向。

坚定正确的政治立场。习近平总书记指出："为什么人的问题是哲学社会科学研究的根本性、原则性问题。"全心全意为人民服务是我们党始终不变的价值观。离开人民群众和人民群众的根本利益，最终必然一事无成。因此，政治学研究者应摒弃私心杂念，坚定地站在最广大人民根本利益的立场上，勇于和善于回答政治学研究中重大的理论和现实问题。

坚持理论与实践相结合。深入实际、大胆探索和勇于创新是研究者应有的品格。要坚持马克思主义，就必须根据历史条件和社会环境的变化，根据新的实践经验，不断结合自然科学和社会科学最新成果，丰富、完善和发展马克思主义。政治学作为一门治国安邦之学，更需要适应新形势新任务的要求，紧随时代步伐，站在历史高度，坚持正确的政治方向、理论方向和学术方向，从理论与实践的结合上总结和提升马克思主义中国化的经验，在与政治建设和政治发展的互动中繁荣发展中国特色、中国风格、中国气派的政治学。

《人民日报》（2016 年 10 月 17 日）

政治学研究要融入强起来的时代洪流

周光辉

政治学是治国安邦之学，与一个国家的建设、发展密切相关。国家建设为政治学研究提供深厚的实践基础，政治学研究为国家发展提供政治理论支持。国家建设与政治学研究良性互动，能够助推一个国家经济社会持续健康发展。当前，中国特色社会主义进入新时代，中华民族迎来了从站起来、富起来到强起来的伟大飞跃。我国处在全面建成小康社会、实现第一个百年奋斗目标与开启全面建设社会主义现代化国家新征程的历史交汇期，坚持和发展中国特色社会主义的伟大实践为中国政治学发展提供了难得的历史机遇。为全面建设社会主义现代化国家提供有力学术支撑，成为当代中国政治学人必须认真思考的重大课题和勇于承担的历史责任。

回应新的时代要求

从国家治理的角度讲，政治就是设定国家机构及其职权，管理和参与国家事务，确定国家活动的形式和内容。因此，政治学是以国家活动为主要研究对象的，如国家权力、国家职能、国家机构、国家结构、国家利益、国家治理、国家能力等。尽管随着时代变迁，政治学研究内容不断丰富、研究领域不断扩展、研究方法不断创新，但国家建设与发展始终是政治学研究的关键课题。

中国是一个拥有五千年文明历史、13亿多人口、56个民族的发展中大国。中国实现现代化的道路，是以社会主义制度为制度前提和以中国共产党领导为政治前提的中国特色社会主义道路。独特的国情和道路选择，决定了中国的现代化道路既不能照搬西方国家的模式，又没有其他社会主义国家的成功经验可资借鉴。改革开放近40年，中国特色社会主义的创新实践和伟大成功，既超越了传统社会主义模式，更无法用西方政治学理论来解释。而且，在全面建设社会主义现代化国家的征程中，还会遇到各种复杂问题。如何在理论上总结中国发展经验，有效化解未来发展面临的风险，增强发展动力，迫切需要包括政治学在内的中国哲学社会科学提供学术支撑和智力支持。这是时代对中国政治学研究提出的要求。

当代中国正经历着我国历史上最为广泛而深刻的社会变革，也正在进行着人类历史上最为宏大而独特的实践创新。政治学如果不能回应时代要求，不能对当代中国的发展道路和社会变革作出科学解释，不能为中国的发展提供学术支撑，那么，政治学自身的知识价值和学科地位就无法得到承认，中国发展道路的正当性和合理性也会缺失政治学理论上的阐释，结果很可能是中国政治学在实践中失语，在国际上的话语权也会受到削弱。因此，当代中国政治学人应自觉承担起历史责任和时代使命，努力通过知识生产和思想创新，为中国强起来提供政治学上的有力支持。

为强起来提供学术支撑

根据知识的特点，政治学生产的知识可以分为两大类：一类是理论性知识，包括陈述性知识和规范性知识；另一类是实践性知识，包括程序性知识和对策性知识。从政治学知识生产的这两种类型看，政治学可以在理论建构、制度设计、政策咨询三个层面为全面建设社会主义现代化国家提供支撑。

当今时代，政治学要有所建树，就要为全面建设社会主义现代化国家提供理论支撑。从解释理论的角度说，当代中国政治学应对中国特色社会主义政治发展道路作出科学阐释。这种阐释不能仅限于对事实和现象的简单描述，也不能单纯停留在讲好中国故事层面，而要对中国社会主义民主政治发展的经验进行归纳总结，揭示出中国特色社会主义政治发展道路的历史逻辑、理论逻辑、实践逻辑。从人类的认识规律看，概念往往先于理解存在。对于一个复杂现象如果没有形成概念，这种现象就无法更好地被人所理解。中国特色社会主义政治发展道路只有经过概念化提炼和理论确认，中国社会主义民主政治发展的事实和经验才能转化为一般性、普遍性的知识，从而更好地被人们所理解、被国际社会所承认。从规范理论的角度看，中国的现代化道路并不是对西方发达国家发展模式的重复，而是一种新探索。这种新探索需要理论上的确认和指引，在这方面中国政治学研究大有可为。比如，对社会主义核心价值观的内在逻辑形成系统化的理论建构，对以人民为中心发展思想的内在机理和实现形式进行学理论证，对人们日益增长的民主、法治、公平、正义等方面的要求在理论上予以回应，等等。这些理论建构需要吸纳人类政治文明的有益成果，更要对中国现代化建设的实践经验进行理论归纳。

制度以规范形式为人类行为提供约束和激励，从而使人类摆脱了单纯偶然性和任意性的支配，建立起有序的公共生活。制度具有根本性、全局性、稳定性和长期性，如果没有有效的制度供给，国家的持续发展就没有保障。从知识角度讲，制度设计蕴含着程序性知识，形式化的制度是程序性知识的表征。这类程序性知识在一定程度和范围上指导着人类的实践活动，为人们解决“如何做”的问题提供参考答案。全面建设社会主义现代化国家，不仅要实现工业、农业、国防、科学技术等的现代化，还要实现国家治理体系和治理能力现代化。实现国家治理体系现代化是全面建设社会主义现代化国家的必然要求，也为国家持续发展和长治久安提供保障。如何完善国家治理体系、补齐制度短板，需要政治学深入研究，拿出有说服力的学术成果。

政策咨询是指通过专家或智库所掌握、储备的知识和数据，对各种信息资料进行综合性研究开发，并为政府科学决策提供政策性建议的活动。通过科学决策来保证公共政策的合理性、科学性和有效性十分重要。现代社会高度复杂，信息量大，社会关系多变，政府在制定公共政策时面临许多不确定因素，需要多方咨询意见，以避免决策失误。政治学可以发挥其实证、量化分析的优势，从多方面为政府科学决策提供咨询服务。比如，为政府决策提供有关问题、现象、事态情况的综合分析报告；对全局性、长期性问题进行超前研究，做出科学预测，并提出战略性建议；为政府决策机构解决某类问题设计若干可行方案；分析决策实施条件、成本、有利和不利因素以及可能带来的社会影响，提出可供选择的具体实施方案；对政府政策执行情况进行量化评估，为政府作出政策调整和追踪决策提供帮助。

构建中国特色政治学理论体系

中国政治学要为全面建设社会主义现代化国家提供学术支撑，不仅需要理论勇气和学术抱负，更重要的是脚踏实地，为构建中国特色政治学理论体系、学科体系、话语体系进行长期不懈努力。站在为国家强起来提供有力学术支撑的战略高度，中国政治学应增强学术自主性，提高学术研究科学化水平，拓展学术研究视野，推动中国政治学研究取得新进展。

中国政治学应立足中国现代化建设实践，开展原创性研究。主张学术自主性和立足中国现实，不是要自我封闭，更不是否认已有的研究成果，而是强调中国政治学要回应中国现代化建设的重大问题，不能从西方理论出发，不应局限于西方理论中固有的概念和观点，更不能不加辨析地将西方政治学学术议题转化为中国的学术议题。学术的生命力源于实践。中国政治学要真正走出单纯引进、介绍西方政治学的阶段，深入中国现代化建设的实践，从生动鲜活的政治运行中发现问题并提炼出学术议题，通过原创性研究实现理论创新，着力解决中国社会主义现代化建设过程中遇到的重大问题。

对于新时代坚持和发展什么样的中国特色社会主义、怎样坚持和发展中国特色社会主义这个重大理论和实践课题，中国政治学研究须着重关注。这其中有大量问题需要进行科学解答，如一些社会现象需要精确地定量描述，许多政策性问题需要精细化分析，提出具有针对性、可操作性的对策建议。因此，实证研究也是中国政治学应注重的角度和方法。通过定量分析，确定社会现象中有关因素间相互作用的方式和数量关系，提升社会现象分析的精细化和准确化程度，从而提高研究的科学化水平。

政治学研究应以问题为导向，根据解决问题的需要决定采取何种研究方式和方法。跨学科研究和比较研究是拓展政治学研究视野的两种有效方法。要对一些重大问题进行整合研究，就要超越学科界限，充分利用其他学科的知识，进行跨学科合作，从多维度、多层面展开研究，提升研究的实际效果。同样，开展比较研究有助于获得新的学术成果，而且也可为公共政策的制定提供相关依据。为使决策科学、合理，可以将相关事物进行比较，从比较中分析异同、优劣，从而使公共政策的制定更符合事物的规律和实际。需要强调的是，研究中国问题不能把研究视野局限于中国范围，因为中国的现代化进程是人类现代化进程的有机组成部分。中国政治学应加强国际比较研究，不仅要加强与发达国家的比较研究，也要注重与发展中国家的比较研究，在比较中更好地认识中国，通过解决中国问题进而为人类政治文明进步贡献智慧。

《人民日报》（2017 年 12 月 04 日）

构建国际关系理论的中国学派

鲁 鹏

当今时代，世界多极化、经济全球化、社会信息化、文化多样化深入发展，全球治理体系和国际秩序变革加速推进，各国相互联系和依存日益加深。同时，世界面临的不确定性增加，世界范围内发展不平衡不充分的问题进一步凸显。中国共产党自十八大以来，全面推进中国特色大国外交，倡导构建人类命运共同体，促进全球治理体系变革，推动建设相互尊重、公平正义、合作共赢的新型国际关系。伴随着中国国际影响力、感召力、塑造力的提高，中国日益走近国际舞台中央，不断为世界和平与发展贡献中国智慧。与此同时，中国的国际关系理论研究者也更加自信，逐渐跳出以冷战思维、零和博弈、强权政治等为基础的西方传统国际关系理论窠臼，提出有别于西方的创新理论，一系列体现鲜明中国特色、中国风格、中国气派的理论观点正孕育形成，国际关系理论的中国学派建设初见成效。

历史机遇

改革开放初期，一些学者就意识到，构建和发展中国自己的国际关系理论十分重要，并开始在这方面进行努力。但当时的理论构建受到多方面因素制约，学科建设尚处于起步阶段，知识积累不足，中国自身对外交往的经验也不充分。而西方国际关系理论经过长期积累和历史演变，已经在学科内占据主导地位。这使得许多中国学者特别是中青年学者将兴趣主要放在学习和研究西方理论上，而对构建中国自己的理论动力不足。

经过改革开放 40 年的发展，中国逐渐走近世界舞台中央，身份、角色、地位发生变化，需要从大国视野出发进行顶层设计、利益界定、战略规划，并在学术上形成具有中国风格和中国气派的国际关系理论。中国学者据此提出构建国际关系理论中国学派的时代课题。

为了构建起自己的国际关系理论，中国学者开始对西方理论进行反思。冷战后发展起来的一些西方国际关系理论，如文明冲突论、历史终结论，仍然以西方文明为中心来研究国际问题，依据西方经验衡量非西方国家的现代化道路和国际化进程。一些西方学者对发展中国家的力量视而不见，仍然抱着你输我赢的霸权思维模式，在理论上为世界和平与发展设置障碍。中国学者逐渐认识到西方理论与中国现实和发展目标存在较大反差，开始审视西方理论的学术基础和实践效果，质疑其科学性和适用范围。这样的质疑和反思促使中国学者总结中国经验、探索中国理论，促成了学科新成果的取得。

如今，中国国际关系学派的构建迎来了重要的历史机遇期。一是经过一定时期的积累，中国学者已经有了一定的知识储备，并且能够认识到西方理论的不足，从而有针对性地构建中国理论，确保中国学派的创新性。二是新时期中国外交不断开创新局面，特别是党的十八大以来逐渐形成了新型国际关系、人类命运共同体、亲诚惠容的周边外交、正确义利观及国家总体安全观等一系列重要理念，创造性地展开了“一带一路”建设等重大外交实践，为中国国际关系理论研究提供了新鲜中国经验。三是中国学者构建中国学派的学术自信不断增强。学者们从中国优秀传统文化中借鉴智慧，顺应国际社会对新国际关系理论的期待，立足中国外交实践，力图用中国理论、中国话语来研究阐释世界和平与发展面临的主要问题，推动国际关系理论创新突破，逐渐开创研究新局面。

学术贡献

近年来，中国国际关系研究形成了一批厚重的理论成果，对中国外交实践发挥了重要支撑作用。中国学者通过对一系列理念、方针的阐释，从学理层面对新型大国关系和新型国际关系进行探讨，在事关人类共同命运的重要问题上得出与西方主流国际关系理论截然不同的结论，既有中国特色又有时代意义，展现出中国学派的学术价值，更为国际关系发展贡献了中国智慧。

提出国家关系理论新框架。当前，国际体系和国际秩序深度调整，国际力量对比深刻变化，中国与世界的交往更为频繁，对国际事务的参与不断加深，世界也期待中国在国际事务中有更大作为。而一些西方学者仍然以结盟对抗和干涉思维思考国际关系，认为大国之间存在所谓“修昔底德陷阱”，它们以实力为基础并以利益为目标进行竞争，这种观念妨碍新型大国关系和新型国际关系的构建。对此，中国学者指出，中国不会像西方那样将各国视作截然对立的矛盾体，以消灭对方为目标，而是认为彼此可以相互依赖、共存共生。中国主张建立平等相待、互商互谅的伙伴关系，营造公道正义、共建共享的安全格局，谋求开放创新、包容互惠的发展前景，促进和而不同、兼收并蓄的文明交流，构筑尊崇自然、绿色发展的生态体系。这一主张顺应国际社会求和平、谋发展、促合作、要进步的迫切愿望，为破解当下安全与发展难题、推动国际关系健康发展提供了正确思路，也成为构建中国国际关系理论的基石。

提供国际治理体系变革的中国方案。当今世界，不确定性突出，地区热点问题此起彼伏，恐怖主义、网络安全、重大传染性疾病、气候变化等非传统安全威胁持续蔓延，全球治理体系和国际秩序变革加速推进。传统西方国际关系理论仍然要让世界对西方主导的国际关系现状无条件接受，现实主义、自由制度主义及建构主义这三大主流西方国际关系理论都对国际体系存在的问题避而不谈，对全人类面临的共同问题提不出有效解决方案。中国学派在经验事实和理论层面对国际关系现状进行了反思，特别是主张消除西方一元价值观、二元对立思维对国际关系实践的负面影响。中国提出改革现行国际治理体系，主张各方树立共同、综合、合作、可持续的安全观，公平、开放、全面、创新的新发展观。作为负责任大国，中国全面深入参与全球治理进程，推动各国利益共享、责任共担。立足中国外交实践，中国学者总结国家的发展观、安全观、文明观、治理观，为中国参与和引领全球治理体系变革提供理论支撑，为增强我国议程设置权、国际话语权和规则制定权贡献智慧。

提出中国风格的外交理论。国际关系理论中国学派的形成发展与中国外交实践的深入广泛开展是分不开的。特别是党的十八大以来，以习近平同志为核心的党中央把握世界大势，提出了一整套外交新理念新举措新战略，指导中国外交呈现鲜明中国风格、中国特色和中国气派，取得全方位、开创性历史成就。中国学派吸收中国传统文化精华，传承新中国成立以来形成的一系列重大外交政策主张和战略思想，依据中国理论视角，对新时代中国外交实践作出理论总结。中国学派阐明中国外交所遵循的思维逻辑，明确中国对现行国际体系积极参与、贡献和改革的良好愿望，把握推动构建新型国际关系、推动构建人类命运共同体的核心要义，阐明中国在处理大国关系时遵循的相互尊重、公平正义、合作共赢原则，系统解释各领域各方向对外政策的新理念新思想新战略。这不仅有助于消除西方对中国的误解和疑虑、促进中国外交战略的顺利实施，也将为人类政治文明进步作出新贡献。

发展方向

国际关系理论的中国学派建设取得显著成果，但在系统性和完整性方面还存在一定欠缺。今后，中国学派还需在以下几方面作出努力。

提升理论品质。应致力于形成兼具科学性与中国特色的理论体系。中国学派总结了中国对外交往的理论逻辑和实践逻辑，并针对国际体系存在的问题提出改进方案。今后需要将这些相互关联但又彼此不同的议题整合起来，在相关领域实现核心概念共享与核心问题共通，从而将中国学者的理论创新融合起来，形成系统解读国际关系的中国理论体系。同时，还需要理顺这些议题的内在逻辑关系，特别是解决彼此在本体论立场、认识论基础和方法论原则上的一致性问题，提高中国学派的理论逻辑自洽性。此外，还需要从中国优秀传统文化中挖掘更多具有中国特色的概念并赋予其现代内涵，突破中国传统思想与现代国际关系在时空与文化上的界限，形成既能科学解释国际关系现实又具有中国特色的理论体系。

扎根外交实践。理论的生命力很大程度上体现为现实解释力。中国外交是中国学派赖以生存的土壤，因此中国学派需要进一步加强与中国外交的关联性，与外交实践相互支持、相互促进。国家的外交需求推动外交理论创新，而外交理论成果又为国家制定外交政策、拓展外交空间提供支持。实际上，党的十八大以来，中国外交与中国学派的内在联系越发紧密。“一带一路”倡议超越西方国际体系的局限，将中国学派对优化国际治理体系的构思具体化；建设新型大国关系打破国际关系中大国争霸逻辑，印证了中国学派提出的大国之间协调相互关系、维持互动过程的主张；人类命运共同体的提出，则直接为中国学派提供了新的核心概念。在今后的研究中，中国外交与中国学派之间的良性互动需要进一步加强。

推动交流合作。要努力提升中国学派的国际影响力。建设中国学派，不仅要明确中西方理论的差异，更要理解这种差异形成的社会历史过程，增进彼此理解，促进中西方理论的交流融合，并在此过程中增强中国学派在全球学术共同体中的影响力，从而引领全球国际关系学科的发展。中国学者不仅要学会在中西方理论岛之间穿行，更要搭建起中西方理论沟通的桥梁，促进中西方理论的交流与合作。

《人民日报》（2018 年 02 月 26 日）

中国特色公共管理学的建构与发展

陈振明

公共管理是一门综合性与应用性很强的学科。作为管理学门类下的一级学科，其内容涵盖行政管理、社会医学与卫生事业管理、教育经济与管理、社会保障、土地资源管理等。改革开放40年来，在学界与实务界的共同努力下，公共管理作为一门独立学科的地位得以确立，中国特色公共管理学初步形成，影响逐步扩大。在改革开放40周年之际，回顾我国公共管理学发展历程及成就，探索中国特色公共管理学未来发展方向，既是公共管理学科建设发展的需要，也是构建中国特色哲学社会科学学科体系、学术体系、话语体系的内在要求。

发展历程

我国具有悠久的治国理政研究传统，近现代意义上的行政管理学或行政学（即后来的公共管理学）在我国的发展几乎与西方同步。19世纪末20世纪初，西方行政管理学在诞生之初就被引进到中国，并逐步生根和发展。党的十一届三中全会后，一批哲学社会科学学科恢复重建，我国行政管理学也迎来了新的发展机遇。

1979年3月，邓小平同志在党的理论工作务虚会上指出："政治学、法学、社会学以及世界政治的研究，我们过去多年忽视了，现在也需要赶快补课。"响应邓小平同志的号召，张友渔、周世逑、夏书章、丘晓等老一辈政治学与行政学者积极为行政管理学的恢复重建鼓与呼。例如，1982年1月29日，夏书章在《人民日报》发表文章，呼吁"把行政学的研究提上日程"；1982年2—

6 月，中国政治学会委托复旦大学开办全国行政管理学讲习班；1983 年，中国政治学会在济南举行政治行政体制改革研讨会，讨论了政治学与行政学研究的基本问题；1984 年 8 月，国务院办公厅、劳动人事部在吉林省吉林市召开“全国行政科学研讨会”，提出建立有中国特点的行政管理学；1985 年 7 月，《中国行政管理》杂志正式创刊；等等。这些都是推动行政管理学“补课”的典型事件。

在专业及机构设置方面，上世纪 80 年代中期，武汉大学等高校获准设立行政管理本科专业。随后，一批高校建立了行政学或行政管理学的教学与研究机构，有些大学将原来的“政治学系”更名为“政治学与行政管理学系”。1996 年，全国研究生专业目录修订，增加了管理学门类，下设包括公共管理在内的五个一级学科，行政管理学（行政学）从政治学中分离出来，成为公共管理一级学科之下的五个二级学科之首，正式确立了公共管理学科作为哲学社会科学及管理科学重要组成部分的地位。

此后，公共管理学在我国的发展进入快车道，扎根中国实践的中国特色公共管理学逐渐形成。中国特色公共管理学是在我国改革开放进程中逐渐成长起来的，其形成既是学科内在发展规律作用的结果，也受外在社会需要的推动。一方面，我国改革开放和社会主义现代化建设特别是党和国家领导制度及政府机构改革的伟大实践，是中国特色公共管理学兴起的强大动力和催化剂，为学科发展提供了前所未有的历史机遇和研究空间。另一方面，经济全球化、社会信息化的深入发展改变了公共管理的实践模式、理论形态和知识体系，对中国特色公共管理学创新发展提出了新的时代要求。

发展成就

改革开放 40 年来，中国特色公共管理学在学科构建、学术研究、人才培养和知识应用等方面均取得显著进展，成就斐然。

学科框架基本确立。改革开放 40 年，中国特色公共管理学走过一条从本土研究与引进吸收双轨并行到以我为主、不断凸显中国特色的发展轨迹。改革开放是中国特色公共管理学发展的动力源泉，立足国情、坚持问题导向、凸显中国特色是构建中国特色公共管理学的目标与方向。40 年来，我国公共管理学界在马克思主义指导下，深入研究我国公共管理系统、体制、机制、过程与行为，系统总结我国公共管理实践经验，继承和发扬我国治国理政优良传统，密切关注当代中国及世界面临的管理与政策问题前沿，吸收借鉴国外公共管理理论研究的有益成果，推动中国特色公共管理学在基本概念、基本理论和研究方法等方面都取得了长足进步，建立起中国特色公共管理学的基本框架。近年启动编辑的《中国大百科全书》之公共管理学科卷，可以作为中国特色公共管理学框架的一个参考样本。该书编委会经过广泛征求意见，形成了包含如下领域的学科框架：公共组织理论、政府改革与治理、社会组织管理、政策科学、比较行政与全球治理、公共人力资源管理、公共财政与预算、公共信息资源管理、公共管理伦理与法律、风险与危机管理、经济政策与管理、社会政策与社会保障、公共服务管理、资源环境政策与管理等。

人才培养已成规模。我国高校和研究机构成立了一大批公共管理学院或研究院，设立了众多公共管理本科专业和硕士点、博士点，形成了多层次、全方位的人才培养体系。比如，全国目前已设立 48 个公共管理一级学科博士点，培养了一大批研究型人才。又如，公共管理硕士（MPA）专业学位的设置对我国公共管理学科人才培养起到了巨大推动作用。目前，全国大约有 MPA 培养院校 250 所。从 2001 年正式招生到 2017 年 8 月，超过 11.4 万人获得 MPA 学位。

知识应用日益广泛。近年来，公共管理知识及研究成果被大量应用于公共管理实践，在国家治理现代化、行政体制改革与政府职能转变、服务型政府和法治政府建设、干部人事制度改革与公务员制度建设、公共服务、社会治理、应急管理、政府绩效评价和廉政建设等领域发挥出较大作用。

但也应看到，中国特色公共管理学的构建与发展仍处于起步阶段，还存在研究水平不够高、学科边界模糊、理论基础不够扎实、知识体系不够完整、研究方法不够规范、知识与理论创新不足、理论研究落后于实践发展、针对性和实用性不够强、中国特色不够鲜明等一系列问题。究其原因，一是中国特色公共管理学的理论建构与学术创新较为薄弱，一些学者没有处理好自主研究和借鉴外来之间的关系，过于依赖西方公共管理理论、方法和模型，对我国公共管理实践经验的系统总结不够，基于我国国情、能够解释与指导我国公共管理与政策实践的理论成果不足；二是理论研究滞后于实践脚步，在响应国家重大战略需求方面存在不足；三是学术研究主要集中于应用领域，基础性研究不足，缺少具有较大影响的基础性研究成果。

发展方向

当前，中国特色社会主义进入了新时代，这是我国发展新的历史方位。中国特色公共管理学建设要顺应新时代我国发展的现实需要和当代哲学社会科学及管理科学的发展趋势，立足本土、挖掘传统、展望世界，提炼总结我国公共管理的实践经验，从基本概念、基本命题入手，进一步推动中国特色公共管理理论与实践对接，探索“公共管理实践—公共管理话语—公共管理理论—公共管理学科”的学术发展路径，全面构建具有中国特色、中国风格、中国气派的中国特色公共管理学。

坚持以马克思主义为指导。习近平总书记指出：“坚持以马克思主义为指导，是当代中国哲学社会科学区别于其他哲学社会科学的根本标志，必须旗帜鲜明加以坚持。”历史和现实都已证明，马克思主义是科学的理论，迄今依然具有强大生命力。构建中国特色公共管理学，要始终坚持马克思主义的指导地位，以习近平新时代中国特色社会主义思想这一马克思主义中国化最新成果为指引，进一步明确中国特色公共管理学的世界观、方法论和理论基础、理论架构、核心观点。

立足中国实践，坚持问题导向。构建中国特色公共管理学，要做好对改革开放 40 年来特别是党的十八大以来党中央治国理政实践取得的创新经验的研究、总结和提炼工作，丰富中国特色公共管理学的理论内涵。立足中国实践，坚持问题导向，在研究和解决重大现实问题中推进学科话语体系构建与理论创新，用中国话语讲述中国故事，用基于实践的理论创新成果指导新的公共管理实践。

坚持古为今用、推陈出新。习近平总书记指出：“优秀传统文化是一个国家、一个民族传承和发展的根本，如果丢掉了，就割断了精神命脉。我们要善于把弘扬优秀传统文化和发展现实文化有机统一起来，紧密结合起来，在继承中发展，在发展中继承。”“在学习、研究、应用传统文化时坚持古为今用、推陈出新，结合新的实践和时代要求进行正确取舍”。要按照古为今用、推陈出新的原则，对中国历代治国理政的历史传统及思想遗产加以审视和取舍，推动其创造性转化和创新性发展，使其成为构建中国特色公共管理学的思想资源。

秉持中国特色、世界视野。构建中国特色公共管理学，需要积极借鉴国外公共管理研究的有益成果。同时应认识到，坚持中国特色是构建中国特色公共管理学的本质要求和生命力所在。因此，既要突出中国特色，坚持中国立场，发出中国声音，解决中国问题；又要树立全球视野，密切关注国际公共管理研究前沿，积极探索重大国际问题，提高中国特色公共管理学的国际化程度和国际影响力。

《人民日报》（2018 年 06 月 11 日）

在改革开放中成长发展的国际关系学

王存刚

国际关系学是研究国际关系行为体之间相互关系、相互作用以及各种国际体系运行和演变规律的学科。中国国际关系学研究随着改革开放的开启而恢复重建，经过40年发展，取得了优异成绩，积累了丰硕成果。近年来，伴随我国综合国力大幅增强，我国与世界的互动逐渐加深，中国展现负责任大国形象，并为解决人类共同面对的问题和挑战贡献中国智慧。在这个过程中，国际关系学界立足中国与世界交往的重大实践和经验，积极推动理论创新，为中国特色大国外交提供学术支撑。回顾40年来中国国际关系学的发展历程，总结学科发展经验，探讨未来发展方向，对进一步提升国际关系学科的发展层次和质量、更好发挥其对外交实践的智力支撑作用具有重要意义。

取得长足进步

改革开放初期，邓小平同志指出："政治学、法学、社会学以及世界政治的研究，我们过去多年忽视了，现在也需要赶快补课。"从那时起，中国国际关系学进入恢复重建继而快速发展阶段。40年来，经过众多学者的不懈努力，中国国际关系学取得长足进步，并为推动中国外交理论与实践创新作出重要贡献。

马克思主义国际关系理论研究不断推进。马克思主义国际关系理论研究是国际关系学研究的重要内容。40年来，我国马克思主义国际关系理论研究不断推进，多部研究马克思主义国际关系理论的著作陆续出版，国外一些马克思主义国际关系理论的重要著作先后有了汉译本，主题多样、数量可观的马克思主义国际关系理论论文在专业学术期刊上发表，马克思主义理论研究和建设工程设置了多个国际关系教材项目并取得预期成果。

梳理辨析西方国际关系理论。上世纪 80 年代初，一些学者开始向国内学界介绍西方国际关系理论，随后大批西方国际关系理论经典著作的汉译本陆续出版。伴随着西方国际关系理论经典著作的引进，中国学者对西方国际关系理论有了较为全面系统的了解，并对其进行了细致梳理、深入解读、认真辨析。目前，中国学者已经基本完成对西方主流国际关系理论的评介。

研究主题和研究方法日趋丰富。在已有研究成果基础上，结合国际关系的演进状况和中国外交的具体实践，国际关系研究主题日趋丰富。一方面，传统议题研究推陈出新，如国家主权、国家安全、国家利益、时代主题、国际格局、国际体系等方面的研究角度不断扩展；另一方面，新议题不断涌现，如全球治理、新型国际关系等方面研究受到关注。由此，中国学者对国际关系的理解日益深刻，对中国与世界关系的把握更加准确。在研究方法方面呈现多元多样特点，既有对传统人文方法的沿袭，也有对大数据等新方法的尝试。方法意识不断强化、方法运用能力不断提升，有力推动了中国国际关系学的整体进步。

国际关系理论的中国学派建设取得积极进展。能否形成符合学术界公认标准的理论流派，是一门学科成熟与否的重要标志。40 年来，中国学者在构建国际关系理论的中国学派方面持续发力，并不断取得新进展。随着中国经济社会不断发展、综合国力不断增强，中国国际关系学者的理论自信、学术自信日益增强，逐渐跳出以冷战思维、零和博弈、强权政治等为基础的西方传统国际关系理论窠臼，提出构建具有中国特色、中国风格、中国气派的国际关系理论体系，着力打破国际关系理论由西方学者垄断的局面。中国国际关系学者从中华优秀传统文化中汲取智慧，顺应国际社会对国际关系新理论的期待，立足中国外交实践，力图用中国理论、中国话语来研究阐释世界和平与发展面临的主要问题，推动国际关系理论创新突破，逐渐开创了学科发展新局面。

学科建设不断完善。学术机构和学科点是学科发展的两大支柱。改革开放之前，我国仅有少数几所高校设有国际政治系，还有少量国际问题研究机构，学术机构和学科点很不健全。改革开放后，一批新的国际问题研究所成立，一些高校陆续设立国际政治及相关专业的硕士点和博士点。进入21世纪，中国国际关系学科得到更为显著的发展，“一带一路”倡议的提出与实施使得相关学术机构的建设迎来高潮。目前，中国设置国际政治本科及外交学、国际事务等相近专业的高校有近百所，国际问题类研究机构大量涌现。学术机构和学科点建设为国际关系学科发展提供了强有力的机制和人才保障。

积累宝贵经验

回顾中国国际关系学40年的发展可以看到，成绩来之不易，既是学者们共同努力的结晶，也是中国国际关系实践发展的必然结果。40年来，中国国际关系学研究经历了不平凡的历程，也积累了宝贵经验，主要有以下几个方面。

坚持以马克思主义为指导。坚持以马克思主义为指导，是当代中国哲学社会科学区别于其他哲学社会科学的根本标志。40年来，中国国际关系学界坚持以马克思主义为指导，运用马克思主义世界观和方法论观察和分析世界发展潮流、中国发展大势、中国与世界的关系等。在马克思主义及中国特色社会主义理论体系指导下，中国国际关系学研究展现出清醒的理论自觉、坚定的人民立场，并在开创国际关系理论中国学派过程中始终站稳立场、体现特色。

从中国与世界交往实践中获得发展动力。国际关系学具有鲜明的实践属性，它的发展离不开国际关系实践活动。中国国际关系学取得的长足进步，既与国际关系持续发生深刻复杂变化有关，更是由中国全面对外开放特别是开展中国特色大国外交所推动的。可以说，国际关系深刻复杂变化所产生的外部影响，全面对外开放和中国特色大国外交所产生的日益增长的内部理论需求，形成了中国国际关系学持续发展的强劲动力。

正确处理继承和发展、引进和借鉴的关系。以科学的态度对待本来的、外来的知识体系，是一个学科健康发展的基本前提。中华优秀传统文化中包含着许多归纳世界发展演变规律的智慧、处理国家间关系的方法。40年来，中国国际关系学界挖掘和阐释中华优秀传统文化中的外交思想、国际政治思想等，并对其进行理论化建构、实证研究和比较研究。同时，面对西方国际关系理论，中国国际关系学界经历了引进、学习、吸收、批判借鉴的过程。在此过程中，中国国际关系学的主体性不断得到强化、专业性不断得到提升。

营造良好学术生态。学科的健康发展需要良好的学术生态环境，这要靠一批有理想、有担当、有作为的学者来共同努力创造。正是由于几代学者的接力奋斗，中国国际关系学研究的学科体系和学术体系得到了发展完善。中国国际关系学者将在全面建设社会主义现代化强国目标指引下，潜心研究、共同成长，为实现中华民族伟大复兴贡献自己的才智。

开拓发展空间

当今世界格局正在经历大发展大变革大调整，中国与世界的关系也在发生深刻变化。相对于深刻变化的现实，中国国际关系学研究还存在一些不足。比如，在前进道路上，我们遇到了许多以前没有遇到过的问题，包括经济、政治、军事、外交等方面的问题，但国际关系研究中的问题意识还不够强。再比如，对国际关系中历史与现实关系的研究不够，对当今发生的一些问题没有梳理出历史脉络，没能说清前因后果。推动中国国际关系学深入发展，应在批判借鉴国外研究成果的基础上，进一步强化问题意识、坚持问题导向，科学回答我国对外交往和参与全球治理中的重大理论和实践问题，提出正确思路和有效办法。中国国际关系学未来要获得更大发展空间，应在以下几个方面作出努力。

增强主体性。中国国际关系学发展应当具有鲜明的中国特色。而是否具有中国特色，归根到底要看有没有主体性、原创性。中国国际关系学应在系统总结既有经验基础上，秉持包容发展理念，深入发掘中华优秀传统文化资源特别是中国独特的世界观和价值观，努力将中国人对国际关系的独特观察和理解特别是中国特色大国外交的成功实践和思想理论创新成果纳入学科体系。积极参与和设立具有广泛代表性的国际性学术组织，不断推出并牵头组织研究项目，通过多种方式增强中国国际关系学科的自主性，多产出具有原创性和世界影响力的研究成果。

彰显专业性。在信息化时代，国际关系学科发展面临诸多挑战，比如，研究主体更为多元，在专业研究中原有的信息和理论优势不再充分等等。对此，应在知识生产和传播方式、学科方向和专业课程设置、教材体系建设、学术平台打造等多个方面作出改进和努力，彰显国际关系学科的专业性、学术性，突出优势、拓展领域、补齐短板，努力构建全方位、全领域、全要素的国际关系学科体系。

提升创新能力。创新是学科发展、学术进步的永恒主题。应聚焦国际关系演化特别是中国特色大国外交实践中的重大问题，积极借鉴其他学科的新成果和研究方法，加强学科交叉与融合，着力打造易为国际学术界理解和接受的新概念、新范畴、新表述，不断推动国际关系理论中国学派的发展，使中国国际关系学在国际学术界发挥日益重要的作用。

《人民日报》（2018 年 07 月 30 日）

在改革开放中成长的中国行政管理学

贠 杰

行政管理学是研究政府公共管理实践的重要学科。改革开放 40 年来，中国行政管理学学科体系日趋完善，研究层次不断深化，成果数量日益丰富，为促进政府治理科学化、制度化、规范化，推动政府治理体系改革和完善提供了重要理论支撑和智力支持。当前，随着国家治理体系和治理能力现代化的推进，中国行政管理学立足中国实际、主动回应时代需求、强化问题导向，学科发展和学术研究不断取得新进展、迈上新台阶。

与政府治理改革良性互动

行政管理学是一门以政府运行为研究对象、实践特征明显的应用型学科。在改革开放进程中，行政管理学的学科建设、理论建构与政府治理实践呈现出良性互动的发展轨迹。行政管理学既立足于政府治理实践并从中总结经验、提炼问题，又不断在知识、理论、方法上进行创新，为政府治理改革提供有效的理论参照和指导。

改革开放之初，原来处于计划经济体制下的政府管理模式面临转型任务，对行政管理学的理论构建、学科建设、人才培养都提出了新要求。作为政治学二级学科的行政管理学，开启了学科恢复和重建进程。一批重点高校先后设立了行政管理学专业，课程体系逐渐完善，并开展了卓有成效的本科生和研究生教育，为党政部门和教学科研机构培养输送了一批专业化人才。介绍引进西方行政学知识、关注改革中出现的新问题是这一阶段学术研究的重点，行政管理学界在党政机构设置、干部人事制度改革、中外行政改革比较等领域开展研究，为我国政府管理转型提供了必要的理论支持。

党的十四大明确提出建立社会主义市场经济体制的改革目标，为行政管理体制改革和政府职能转变提出了明确方向，这进一步加快了行政管理学的学科建设进程。在这一时期，我国行政管理学学科建设的专业化、职业化程度大幅提升，学科体系、人才队伍建设和理论应用研究不断扩展和加强。1997年，行政管理学由政治学二级学科划转为公共管理二级学科，学科的实践性特征更加突出。行政管理学界在中央与地方关系、政府职能转变、公务员制度建设、机构改革和大部制改革、行政审批制度改革等方面不断深化理论研究、拓展研究视野，为改革实践提供更为系统和富有针对性的指导。

党的十八大以来，中国特色社会主义进入新时代，政府治理改革不断深入，对行政管理学的全面深化发展提出了新的更高的要求。行政管理学积极适应新形势新任务，不断深化理论研究和应用对策研究，加强了对党和国家机构改革、国家监察体制改革、“放管服”改革、建设人民满意的服务型政府、“互联网＋政务”等领域的研究。这一时期，行政管理学界对中国政府治理改革经验进行全面梳理和总结，对西方行政管理理论进行深刻反思，注重加强以我国实践为起点的主体性、原创性研究，着力构建具有自身特色的学科体系、学术体系、话语体系，凸显中国特色成为学科建设的重要方向。

彰显鲜明理论品格

改革开放40年，是中国行政管理学不断发展完善的40年。在这一进程中，行政管理学突出政治引领，坚持以人民为中心的价值导向，立足中国改革开放实践，坚持理论性与实践性相统一，彰显出日益鲜明的理论品格。

突出政治引领。处在改革开放的历史大潮中，中国行政管理学从一开始就与坚持和发展中国特色社会主义制度密不可分，树立起为我们党治国理政提供重要参考的学术追求。因此，坚持党的领导是我国行政体制改革的基本特征，也是行政管理学发展的政治要求。坚持党的领导保证了中国行政管理学沿着正确方向发展，也构成行政管理理论研究的重要组成部分。例如，在政府决策机制、干部人事制度改革、公务员制度建设等诸多研究领域，都要突出党的领导。

坚持以人民为中心的价值导向。改革开放以来，中国政府治理改革始终围绕为人民服务的主题展开，致力于增强人民群众的获得感、幸福感、安全感。与之相适应，行政管理学坚持以人民为中心的价值导向，许多研究都注重考察政府运行过程和体制机制设计如何让人民群众获得更多便利、更好共享改革发展成果。坚持以人民为中心是行政管理学的价值追求，也是其发展的内在动力。

立足中国实际。改革开放初期，中国行政管理学介绍引进了不少西方行政学理论知识和政府管理经验，这对于处于初创时期的中国行政管理学来说是必要的。然而，随之也出现一些研究成果简单照搬西方理论、脱离中国实际的状况。随着改革开放逐步深化，立足中国特色社会主义实践开展理论和应用研究，逐渐在行政管理学界得到普遍认可和深入贯彻。特别是中国特色社会主义进入新时代后，我国行政管理学研究的本土化趋势进一步加强，通过对政府治理中相关理论和实践问题的深入探讨，行政管理学学科体系、学术体系、话语体系更加彰显中国特色、中国风格和中国气派。

坚持理论性与实践性相统一。改革开放以来中国行政管理学的发展，充分展现了理论研究和实践应用的高度统一，是行政管理理论和政府改革实践互动发展的产物。行政管理学既立足于政府治理实践并从中挖掘新材料、发现新问题，又在实践检验中不断丰富提升，关注和聚焦政府改革的重大现实问题，提出有针对性的新观点新论断，从而实现理论研究和实践应用的良性互动。

不断提升学术创新水平

总的来说，改革开放40年来，中国行政管理学学科体系逐渐完善，确立了基本研究范畴和学科框架，形成了相对成熟的教学、科研体系，培养了大批专门人才，推出了一批有重要影响的理论研究和对策研究成果，学术影响力和辐射力不断扩大。同时也应看到，与不断发展的改革实践相比，行政管理学理论研究滞后于实践需要的问题仍然较为突出，学术创新能力仍需提升，在一些重大课题研究上还缺乏原创性成果和突破性进展。出现这种状况的一个重要原因是中国行政管理学发展的本土化程度还不够深，对实践的关注度还不够高。对此，应针对时代发展需要，不断加强中国特色行政管理学学科体系、学术体系、话语体系建设。

在宏观层面，加强行政管理改革战略性研究，总结提炼国家治理现代化中的重大理论和现实问题，确立学科发展的主导方向。坚持学科发展本土化，以更宽广的视野、更长远的眼光思考把握当前政府治理需要解决的一系列重大课题，抓住新时代我国社会主要矛盾的变化，以加强政府改革的系统性、整体性、协同性为基本着眼点，突出行政管理学学科建设和理论研究的综合性、战略性、前瞻性。聚焦推进国家治理体系和治理能力现代化的实现路径，聚焦中国特色社会主义行政管理学的理论建构，聚焦行政管理改革的重大现实需求，坚持基础研究和应用研究融合发展，深化对新时代政府治理改革的规律性认识，不断强化理论研究对实践发展的指导作用。

在微观层面，加强行政管理体制和政府运行机制研究的针对性，不断提升学术创新能力和水平。改革开放 40 年，行政管理学取得丰硕研究成果，其中部分成果具有较高研究水平，但也存在不少缺乏创新性、低水平重复的研究，影响了学术质量提高。在全面深化改革进程中，行政管理学研究要着重解决孤立化、碎片化、表面化问题，从当代中国政府治理实践出发，聚焦行政管理体制和政府运行机制改革，突破对特定个体或具体领域的现象描述，对党和国家机构改革、政府职能转变、国家监察体制改革、中央与地方关系、服务型政府建设、政府绩效评估、大数据在政府治理中的应用等重点问题开展深入系统研究，提炼出有学理性的研究成果，概括出有规律性的实践经验，不断提升为党和国家决策以及政府治理服务的能力。在研究方法上，从以往单一维度的静态研究转向全景式、动态化、精细化研究，促进学科研究方法优化和研究范式转型，不断提升学术创新能力和水平。

《人民日报》（2018 年 10 月 08 日）

立足自身实践完善发展中国政治学

杨光斌

中国政治学自上世纪 80 年代恢复重建以来，通过学习借鉴和自主研究，学科体系、学术体系、话语体系逐步建立和发展起来。改革开放 40 年来，中国政治学直面我国改革发展实践中的重大问题，围绕国家治理展开多层次、多角度研究，不断推进知识创新、理论创新、方法创新，为推进国家治理现代化、完善发展中国特色社会主义制度贡献智慧和力量。

探索构建自己的理论体系

改革开放开启了我国社会主义现代化建设新篇章。从上世纪 80 年代起，包括政治学在内的中国哲学社会科学的各个学科，对现代化理论展开积极的研究探索。

中国政治学开始搭建自己的理论框架，并尝试对改革开放后政治领域中的相关问题进行理论研究。研究对象主要包括民主政治、一国两制、政府职能、干部制度等等，政治学的作用和价值逐渐显现出来，并得到各方面认可。

在学科重建之初，由于自身的知识积累和学术创造能力较为薄弱，大量西方理论成果被翻译、介绍到国内，这对于当时中国政治学的发展来说是必要的。但应看到，社会科学是特定国家或地区在一定历史阶段对特定领域经验的理论化总结，在本质上是一种地方性知识，如果用一种地方性知识指导另一个地方的发展，其结果往往会水土不服。因此，从上世纪 90 年代起，在引介西方政治学成果的同时，中国政治学界也开始反思、批判西方政治学的学术逻辑和话语体系，并基本达成了这样的共识：中国政治学需要建构自主性的学科体系、学术体系和话语体系。

在这一共识下，中国政治学研究者不断进行钻研、探索，在关键概念上逐步建构起自主话语体系。比如对于民主观念，学者们重新进行思考，认识到西方自由主义民主理论产生于特定历史时期，从根本上看是西方国家为了维护自己、否定对手建构起来的，这种具有否定性特征的政治理论只能适用于特定范围。民主运行的社会条件比民主本身更重要，考察民主不仅要看民主的形式，更要注重民主的实际运行效果。一个国家以什么样的思路来谋划和推进民主政治建设，应坚持从国情出发、从实际出发，还要把握长期形成的历史传承、文化传统，着眼于解决现实问题。如果一味照搬他国的民主政治理论，不仅无法解决本国的问题，甚至可能把国家的前途命运葬送掉。

创新是哲学社会科学的永恒主题。扎根于中国历史文化传统和经济社会发展现实基础，中国政治学界积极寻求具有建设性特征的政治理论，以替代西方政治学这一具有否定性特征的理论，其中一个重大创新就是提出并发展了协商民主理论。我国历史上就有协商文化传统，如今又有普遍存在的协商民主实践。协商民主是一种共识型民主，即在重大决策之前进行充分协商、尽可能找到各方面意愿和要求的最大公约数。它能够克服西方自由主义民主模式下党派和利益集团相互竞争、相互倾轧的弊端，是真实提升治理绩效的民主，具有强大生命力。中国政治学者吸收传统协商文化智慧，总结协商民主实践经验，建立并完善协商民主理论。这说明，我们已经从思维方式上跳出了西方自由主义民主理论的窠臼，在话语上对我国社会主义民主政治作出了自己的表述。

围绕治理展开多层次研究

在治理这一关键概念上，中国政治学界提出了自己的理解。治理并非西方当代政治理论和管理理论的专利，中国历来有经世致用的传统，历朝历代在国家治理方面都积累了经验和智慧。今天我们推进国家治理现代化需要汲取传统治理思想的智慧，还要立足现实国情和时代变化，致力于使我们的制度更加成熟更加定型，使各方面体制机制更加科学和完善。在我国进行社会主义现代化建设没有现成经验可以借鉴，不能简单套用西方以个人主义为脉络的治理理论来解释我国的国家治理。按照我国政治学者对治理的理解，治理是社会主义国家政治统治与政治管理的有机结合，治理的目的是确保国家安全和秩序稳定、提升发展效率、促进公平正义，因而更加强调治理的实际效果。

党的十八届三中全会提出，全面深化改革的总目标是完善和发展中国特色社会主义制度，推进国家治理体系和治理能力现代化。中国政治学界围绕国家治理现代化这个主题开展了多层次、多角度研究，产出不少有分量的研究成果。

政府治理研究。国家治理的核心是政府治理，政府治理的内容主要包括政府自身结构的合理性、职能的转变与优化、决策的科学化等。围绕这些内容，中国政治学界对服务型政府的性质、定位、功能等进行研究，提出创新行政管理方式、增强政府公信力和执行力的对策措施；通过分析案例研究决策过程，分析决策机制，提出优化决策流程环节、提升决策科学化民主化水平的建议；研究政府的机构设置和职能配置，围绕建设职能科学、权责法定、执法严明、公开公正、廉洁高效、守法诚信的法治政府提出有针对性的建议。

社会治理研究。社会治理是国家治理的重要领域。当前，我国社会结构正在发生深刻变化，社会矛盾多元多发，政治学者聚焦社会治理中的重要话题进行分析。比如，研究基层协商民主。通过分析社区、乡村的各种协商议事形式、结构、效果等，探索如何完善基层协商民主的协调联动机制、工作机制，如何畅通协商议事渠道、提升协商效果等。再如，研究党和政府在社会治理中的角色、职能。我国社会治理格局是党委领导、政府负责、社会协同、公众参与、法治保障，这就需要研究如何提升党对社会治理的领导能力，如何发挥好各级政府的公共服务、公共管理、公共安全职能等。

乡村治理研究。上世纪 90 年代初兴起的农村问题研究，使中国政治学研究视野得到拓展，基层群众自治制度成为一个重要研究对象。随着乡村振兴战略的提出，健全自治、法治、德治相结合的乡村治理体系成为政治学界关注的问题。完善农村民主选举、民主协商、民主决策、民主管理、民主监督的制度和程序，创新村民议事形式，更好落实群众知情权、参与权、表达权、监督权，这些问题都需要政治学进行相关研究，发挥理论支持作用。

借鉴多种研究方法进行创新

40 年来，中国政治学的成就和作用有目共睹。然而，当下中国政治学研究还存在不少短板和问题，与中国特色社会主义民主政治建设的需要相比还有较大差距。在创新发展政治学方面，我们拥有自己的丰富资源，包括马克思主义的科学指导、中国政治思想史和政治制度史的丰厚底蕴、巨大的制度优势和治理成就、借鉴人类一切优秀文明成果的开放心态，等等。当下需要做的，就是整合这些资源，运用多种研究方法，拓展政治学创新发展的思路。

借鉴历史社会学的研究方法。历史社会学这一学派的研究者认为，社会科学不仅是一种知识体系，也是一种社会活动。因而对社会现象的研究要考量历史因素，在历史分析中建构社会科学的相关理论。这门学科的研究方法可以为政治学理论创新提供借鉴。政治学研究也可以运用历史社会学的视角，关注现代政治现象的历史来源和历史变迁，将现代政治现象与历史发展结合起来，在历史大背景下分析研究政治问题。

从比较政治学中汲取智慧。理论不但来自历史研究，也来自现实研究。比较政治学可以通过对现实的比较研究来推动理论创新。比较政治研究首先应研究国家这个政治共同体是怎么来的；其次研究如何组织国家，即对不同国家的政治制度进行比较研究；再次研究国家是如何治理的，即对不同国家的治理方式进行比较研究。中国政治学应敞开胸怀、立足现实、放眼未来，以宽广研究视角、科学研究方法、多样研究思路推进政治学理论创新。

《人民日报》（2018 年 12 月 10 日）

治理理论研究为治理现代化提供学理支撑

任　勇

治理可以说是当代政治学最重要的研究议题之一。在我国，治理理论研究从20世纪90年代兴起，经历了学习推介、议题拓展、内容深化等不同阶段。随着完善和发展中国特色社会主义制度、推进国家治理体系和治理能力现代化成为全面深化改革的总目标，越来越多的学者参与到治理研究中，对我国国家和社会治理的实践经验进行提炼，着力建构中国政治学自己的治理理论。治理理论研究在实践中不断创新发展，为不同领域的治理实践提供了有力的学理支撑和智力支持。

关注重点领域

“治理”这一概念的产生最早可追溯到13世纪晚期，但它真正进入现代学术研究视野则是在20世纪80年代末。当时面对资本主义国家的福利国家危机以及发展中国家经济增长危机的现实情形，需要对传统的国家、政府角色进行重新定位和调整。治理理论由于在一定程度上适应了这种现实需要，吸引了众多研究者的关注。那时的治理研究是围绕国家、社会、市场的关系展开的，以社会秩序可持续和公共利益最大化为目标，重点关注公共权力获得和运行以及相关主体的参与和互动过程。

我国政治学界从20世纪90年代中期开始关注治理理论。学者们基于我国改革发展的实际需要，结合中国语境和实践对治理理论进行多样化阐述，逐步形成立足本土、借鉴国外的中国治理理论。具体来说，治理研究主要涉及国家与社会、政府与市场的关系，这两对关系成为中国治理理论的重点研究领域。

国家与社会的关系。国家与社会的关系是治理研究的重要内容。改革开放以来，广大人民群众的权利意识不断增强，参与国家和社会事务的积极性日渐高涨，社会组织不断发展壮大。在此背景下，要实现公共利益最大化以及经济社会可持续发展，就不能仅仅依靠国家或政府的力量，还必须更多依靠人民群众，重视社会组织的积极作用，在及时回应人民多样化需求的过程中充分发挥不同利益主体的积极性。政府需要改革机构设置和优化职能配置，重视运用新兴信息技术等手段，更多运用协商、合作等治理方式，实现国家治理与社会调节、居民自治良性互动。

政府与市场的关系。对市场在资源配置中的作用，从最初的辅助性作用到基础性作用再到决定性作用，我们经历了一个认识不断深化的过程。对此，治理研究一方面强调不断深化政府自身改革，减少不必要的微观管理和直接干预，在有效弥补市场失灵的同时，善于运用多种政策工具为市场在资源配置中发挥决定性作用创造条件；另外一方面也强调在一些治理领域充分发挥市场作用，扩大公共服务市场开放，通过政府购买服务、健全激励补偿机制等多种办法，提高公共产品与公共服务领域的资源配置效率，更好满足人们多层次多样化需求，最大程度激发市场活力和社会创造力。

展现自身特色

改革开放带来经济社会快速发展，为治理理论在中国政治学研究中扎根成长提供了机遇。学者们逐渐摆脱简单学习推介的局限，结合中国治理实践对原有治理理论进行本土化改造和提炼。经过多年探索和发展，我国治理理论研究日渐成熟并呈现出以下一些特点。

研究领域不断扩大。改革开放以后，治理理论的形成与发展始终与国家制度和社会转型结合在一起。随着国家、社会、市场的发展变革，人民依法享有和行使民主权利的内容更加丰富、渠道更加便捷、形式更加多样，治理理论研究涉及的行为主体更加多样，所依赖的约束性条件也发生着变化。于是，治理理论能够解释的范围不断扩展，并与不同行为主体和制度场景结合，形成了诸如国家治理、政府治理、社会治理、基层治理、城市治理等研究领域。在这些研究领域，政治学界围绕治理问题，从改革开放的生动实践中提炼出不少具有学理性的新观点、新理论，形成了一大批既有理论支撑又体现不同领域特点的研究成果。

研究方法日益多样。在治理理论研究中，政治学界创新研究方法的自觉性不断提升，在重视规范研究的同时，也重视经验研究。对于规范研究而言，政治学界对治理的基础理论进行深入探讨，诸如继续深入探讨国家建构与治理的关系、社会资本与治理的关系等，以便更有效地运用治理理论来解释改革开放实践。对于经验研究而言，案例研究、定量研究、实验研究、预测研究等现代方法得到广泛应用。最为典型的是在基层治理研究中，有的学者在占有、分析大量案例的基础上，采用大数据手段进行数据收集、分析与应用，实现研究方法的更新升级，提升了治理理论研究的整体性水平。

研究成果扎根实践。无论是政府治理、社会治理，还是基层治理、城市治理，治理理论研究各个领域都与我国经济社会发展实践密切相关。治理理论研究的不少成果直接或间接影响着我国治理改革的实践进程，促进了与此相关的话语体系的变迁，推动着各个领域治理体制与机制创新。例如服务型政府、公共服务均等化、地方治理创新等具体实践，都在不同程度上受到了治理理论研究成果的影响。同时，治理实践中不断涌现出来的新经验、新做法，又为治理理论研究创新提供了增长点。

扩展研究空间

党的十八届三中全会提出，全面深化改革的总目标是完善和发展中国特色社会主义制度、推进国家治理体系和治理能力现代化。党的十九大报告将实现国家治理体系和治理能力现代化作为建成社会主义现代化强国的一个重要目标。这为进一步深化治理理论研究提供了更加清晰的方向，扩展了研究空间。政治学学者应把握新时代的新趋势，推进治理理论研究不断深入。

注重研究的本土化。治理理论要在构建中国政治学中扮演重要角色，就需要结合中国特色社会主义政治发展道路进行整体性研究。在我国，国家治理体系和治理能力现代化是在坚持和加强党的全面领导的前提下进行的。治理理论研究需要重点分析在国家治理、政府治理、社会治理、基层治理等领域如何坚持发挥党总揽全局、协调各方的领导核心作用，实现各项公共事务治理的制度化、规范化、程序化，将加强党的全面领导与国家治理现代化有机结合起来，把我国政治制度优势转化为治理效能，以更好实现党领导人民有效治理现代国家。

聚焦新的时代特征。中国特色社会主义进入新时代，我国社会主要矛盾发生变化，人民群众在民主、法治、公平、正义、安全、环境等方面的要求日益增长，而这些都是治理理论研究需要关注并且能够深入挖掘的领域。其中，以人民为中心的发展思想的提出为治理理论研究指明了方向。在治理实践中，我们正在加快建设人民满意的法治政府、创新政府、廉洁政府和服务型政府，深化“放管服”改革，努力为人民群众提供便捷高效、公平可及的公共服务，这些举措深入推进，让人民群众拥有更多、更直接、更实在的获得感、幸福感、安全感。治理理论研究应聚焦新时代的特征，对这些治理实践给予理论回应，推动研究走深走实。

关注前沿热点问题。我国改革进入攻坚期和深水区，各种发展中的问题亟待解决。治理理论研究需要关注事关国家发展与社会转型的重大前沿热点问题。当前，一个值得关注的问题就是如何有效防范化解重大风险。改革开放以来，面对社会结构深刻调整、利益关系日趋复杂、信息技术迅猛发展所带来的多种风险要素，政治学界应围绕如何防范化解重大治理风险展开研究。可以围绕建立健全风险研判机制、决策风险评估机制、风险防控协同机制、风险防控责任机制等方面，积极研究防范化解治理风险的路径。也可以从治理理论出发，重视提高国家与社会的双重治理能力，充分发挥政府与市场的双重作用，研究构建多层次多主体的复合风险治理机制，有效防范各类风险。

中国治理理论研究是伴随我国治理实践而形成与拓展的，是对以往波澜壮阔的治理变革经验与规律的理论总结，必将在未来全面深化改革的进程中继续创新发展。

《人民日报》（2019 年 03 月 25 日）

展示当代中国国际关系研究的独特魅力

吴志成

新中国的成立开辟了中华民族历史新纪元，也对国际关系发展产生了广泛而深远的影响。当代中国推动建设相互尊重、公平正义、合作共赢的新型国际关系，促进国际关系发生积极变化。伴随着新中国从站起来、富起来走向强起来的历史进程，我国国际关系研究也从跟随学习逐步走向自主创新，日益发展壮大。

积累丰硕研究成果

新中国成立后，我国在世界舞台上发挥着越来越重要的作用，与其他国家的联系和交往日益密切，亟须建立专门机构研究对外关系、培养外交专业人才。上世纪 50 年代，我国创办外交学院，国家有关部门组织力量对苏、美、日和欧洲主要国家进行研究，60 年代又建立一批国际问题研究机构。这一时期的研究主要是评介国际共产主义运动形势，宣传社会主义优越性，并开始对亚非拉地区的国家进行研究。我国学者从马克思主义经典作家的外交理论出发，探讨国家主权原则、“三个世界”理论等议题，推出了一系列服务国际政治和外交需要的对策性研究成果。

改革开放后，我国国际关系研究进入快速发展时期。这一时期，我国作出和平与发展是时代主题的科学研判，坚持走和平发展道路，在对外关系中坚持独立自主的外交政策，中国的发展与世界日益紧密地联系在一起。随着对外开放不断扩大和国际国内形势发展变化，国际关系研究需要解释和应对的问题愈发庞杂。国际关系学界开始翻译引介西方国际关系经典著作，并从学理上探讨国际关系学的研究对象和研究方法。经过不断发展，中国国际关系研究具备了初步学科意识和基本理论阵地，学者们开始提出构建中国国际关系理论体系的倡议。

冷战结束后，经济全球化、世界多极化进程加速，国际政治经济秩序发生深刻变化。世界格局的变革需要从理论上进行解释，这为我国国际关系研究提供了创新发展的动力，出现了不少运用多元范式和方法进行研究的成果。在这个过程中，中国国际关系研究的主体意识不断加强，不少学者有意识地将中国的实际情况摆进去，中国经验和中国智慧成为理论研究的重要内容。

党的十八大以来，面对世界百年未有之大变局和实现中华民族伟大复兴的历史使命，经过知识和理论积累，我国国际关系研究立足本国国情和世界发展大势，理论自信和创新勇气日益增强，对外来理论和方法进行批判式吸收借鉴，对本国重大外交实践经验进行概括提炼和理论升华，形成大量有价值的研究成果。学者们力图打破国际关系研究中西方话语的束缚，加快构建中国特色国际关系理论。中国特色大国外交、构建人类命运共同体、共建“一带一路”、共商共建共享的全球治理观等成为我国国际关系研究的重要命题，我国国际关系研究的主体意识、学科自觉、学术自觉显著增强。

理论发展与实践应用相互促进

回顾和总结我国国际关系研究 70 年发展历程，成绩显而易见：学科体系不断健全，研究队伍不断壮大，研究水平和创新能力不断提高。从研究视角、研究方法到理论范式，我国国际关系研究都取得了丰硕成果，积累了诸多有益经验。

满足重大战略和现实需要是理论创新的动力。我国国际关系研究的进步与各个时期的世界局势、中国与世界关系以及中国外交实践的发展密切相关。如何研判国际局势、评估我国对外战略、把握我国国际地位与作用，都是具有高度理论性与现实性的议题。学者们广泛借鉴国际学术界的有益成果，积极利用科学方法进行研究，特别是立足中国实践发现新问题、提出新解释。理论发展与解决问题相互促进，推动我国国际关系理论体系不断完善、学科建设不断推进，并为中国特色大国外交提供了智力支持。

坚持中国视角、总结中国经验是理论创新的基础。新时代，中国日益走近世界舞台中央。中国如何处理与外部世界的关系，如何更好融入国际社会，成为国内外关注的重要问题。为了回应新时代中国特色大国外交实践中的现实问题，学者们将中国思想文化、历史传统和当代实践融入国际关系研究，在习近平外交思想指引下，努力为国际关系理论提供新概念、新表述，不断创新中国国际关系研究，也推动了世界国际关系理论的发展。

国际学术交流互鉴是促进理论发展的重要条件。新中国成立初期，我国国际关系研究的视角和议题较为单一。改革开放以来，我国学者的自主意识逐渐增强，从翻译引介西方理论到运用既有理论解释现实，再到立足中国实践创新研究路径和理论范式，我国国际关系研究日渐成熟。在交流互鉴中，我国国际关系研究并没有迷失方向，而是有效鉴别西方理论的局限和不足，积极吸收我国外交实践经验，提出具有主体性、原创性的理论观点，逐步形成既服务大国外交需要又与国际学术界开放对话的良好局面。

以充分自觉自信开辟研究新路径

面对当今国际关系发展的新形势新要求，我国国际关系研究还存在一些不足。比如，学科体系、学术体系、话语体系建设水平同我国综合国力和国际地位还不相称；运用马克思主义立场、观点、方法指导研究的功力还不足，学术原创能力总体还不强；国际化、高水平、专业化人才比较缺乏，专业培养教育体系依然不够健全，学术评价体系也不够完善。

创新是国际关系理论发展的关键，也是当今时代深化国际关系研究的必然要求。重大国际关系研究成果往往是在回答和解决国际社会面临的重大问题中形成的。当今世界正处于大发展大变革大调整时期，世界经济政治格局深刻演变，个别西方国家采取保护主义、单边主义政策，导致全球治理的风险和不确定性上升。面对世界秩序重大变迁和全球治理的新挑战，面对我国全面深化改革、扩大开放的伟大实践，我国国际关系研究需要不断提出新思想、新理论、新观点。我国学者正在努力为理解和应对世界格局的变化提供令人信服的理论范式和解释框架，构建具有中国特色的国际关系学科体系、学术体系、话语体系，为推进全球治理体系变革作出自己的贡献。

理论创新的过程实际上就是发现问题、筛选问题、研究问题、解决问题的过程。坚持以问题为导向，需要摒弃学科发展中的封闭保守观念，在回应、解答问题中提出真知灼见，这是促进国际关系理论创新发展的重要途径。新时代国际关系研究必须围绕我国和世界发展面临的重大问题，深入研究中国特色大国外交实践中的重大理论和现实问题，积极探索关系人类前途命运的重大问题，特别要加强对构建人类命运共同体、共建“一带一路”等新思想新实践的研究阐释，不断总结新经验、提炼新理论。

研究队伍建设和人才培养对理论创新极为重要。要树立学术共同体意识，加强核心团队建设，打造学科发展高地，完善包括学术队伍、学术协会、学术评价机制等在内的学科建设机制。在引导研究者提升专业理论素养、拓展前沿理论视野的同时，注重培养多面手，让他们掌握多学科知识，善于将中华优秀传统文化、历史经验、当代实践与国际关系理论概念范式相结合，克服言必称西方的倾向，防止简单照搬西方理论阐释国际现实和中国实践，从而开辟我国国际关系理论自主创新的新路径。

当前，国际学术界对中国国际关系研究的创新发展充满期待，我国学者更应树立充分的理论自信和学术自觉。中国是世界第二大经济体和最大发展中国家，日益提升的综合国力和国际影响力、长期的外交实践经验、深厚的历史文化传统等，为我国国际关系理论的发展奠定了厚实基础。我国学者要坚持科学方法论，增强问题意识、创新意识，探索形成独具特色的概念范畴、规范术语、原则规律和内在逻辑，构建符合国际关系发展本质的理论体系，在与国际学术界的平等对话和理性交流中展示当代中国国际关系研究的独特魅力。

《人民日报》(2019 年 06 月 10 日)

中国政治学在回应时代中创新发展

浦兴祖

对国家政治现象及其运行规律的探究自古以来就受到人们的重视，相关知识与理论源远流长，中华传统文化中就有不少对政治的理解和阐释。不过，作为一门独立学科的政治学，则是在 19 世纪末 20 世纪初才产生的。新中国成立后特别是改革开放以来，中国政治学不断创新发展，积累了丰硕成果，为我国国家建设、经济社会发展、政治文明进步提供了重要学术支撑和智力支持。

逐渐探索成长

新中国成立后，我们党将马克思主义政治学说作为指导国家政治建设的基础理论，推进马克思主义政治学说的基本原则与我国具体实际相结合。上世纪 60 年代起，北京大学、中国人民大学、复旦大学等高校先后建立政治学系，主要讲授马克思主义政治学。后来，有的政治学系改建为国际政治系，研究民族解放运动、国际共产主义运动等。在这一阶段，新中国的政治学获得一定积累。

进入改革开放新时期，邓小平同志指出："政治学、法学、社会学以及世界政治的研究，我们过去多年忽视了，现在也需要赶快补课。" 1980 年底，以老一辈政治学者为骨干，成立了中国政治学会。在此前后，部分省市也组建了地方政治学会。上世纪 80 年代初，北京大学、复旦大学、吉林大学等率先重建政治学专业，各地高校纷纷跟进。与政治学相关的一批教材、专著和译著相继问世。1985 年，中国社会科学院设立政治学研究所并创刊《政治学研究》。到上世纪 90 年代初，我国已培养出多届政治学本科生、硕士生、博士生。至此，政治学的人才、机构、期刊、教材等要素基本具备，开启了全面发展时期。

随着改革开放的深入，中国政治学发展提速增效，取得显著成就。从人才培养看，形成多层次、较完备的教育体系。从学科建设看，政治学独立学科地位获得公认，一个相对稳定的政治学学科体系逐步形成。政治学作为一级学科，下设政治学理论、中外政治制度、科学社会主义与国际共产主义运动、中共党史、国际政治、国际关系、外交学等二级学科，诸多分支学科和交叉学科也不断发展。从学术研究看，学者们积极关注火热的改革开放实践，把握时代脉搏，回应时代课题，产出了一批颇具代表性和影响力的研究成果。从上世纪 90 年代起，在引介西方政治学成果的同时，我国政治学界开始建构具有自主性的学科体系、学术体系、话语体系，发展日渐成熟。

把握重要关系

新中国成立 70 年来，我国政治学能够在比较短的时间内恢复重建、不断发展并取得诸多成就，原因是多方面的。其中，学者们努力探索并科学把握政治学发展中的一些重大关系，对学科发展壮大起到了至关重要的作用。

政治学与政治实践的关系。政治学是研究政治现象及其运行规律的学问。现实中，政治运行往往具有复杂性、严肃性、敏感性，这要求政治学研究者具备科学、理性、严谨、负责的精神，牢记自己的学术使命。在我国，学者们需要立足中国政治实践推动理论创新，加强与政治相关的全局性、前瞻性、战略性问题研究，积极服务经济社会发展。70 年来，我国经济社会发生了历史性巨变，在社会主义民主政治建设方面取得了重大成就，这为政治学创新发展提供丰沃土壤。我国政治学坚持以马克思主义为指导，对新中国的发展历史进行理论总结，对中国特色社会主义政治发展道路的历史逻辑、理论逻辑、实践逻辑进行科学阐释，为党和政府科学决策提供智力支持。正是在这一过程中，中国政治学学科体系不断完善、学术水平不断提升。

中国政治学与西方政治学的关系。改革开放之初，中国政治学恢复重建，我们从西方译介了大量政治学论著，这是必要的。西方政治学对人类政治生活规律进行了一些探索，对我们开展研究具有一定借鉴意义。但随着研究的深入，学者们认识到，西方政治学理论只是反映了特定国家、特定时期政治生活的规律，我们不能生搬硬套。中国政治学扎根中国土壤，以我国实际为研究起点，深入我国社会主义现代化建设实践，从生动鲜活的政治实践中发现问题并提炼学术议题，通过原创性研究实现理论创新，并力图将其中反映人类政治生活规律的内容上升为政治学的一般理论，形成兼具本土性与国际性的中国政治学。

当代政治学与传统政治文化的关系。中华传统文化中蕴含着丰富的治国理政思想，凝结着中国传统的知识智慧和理性思辨，影响了中国政治演进历程。中华传统政治文化中的民本思想、和合思想、天下为公情怀等，在今天仍具有重要价值。对待传统政治文化，应坚持取其精华、去其糟粕，力求科学准确研究和阐释优秀传统政治文化，为当代中国政治制度的完善提供文化滋养。对优秀传统政治文化的研究，有助于中国政治学进一步彰显中国特色、中国风格、中国气派。应努力推动优秀传统政治文化创造性转化、创新性发展，使其与现代政治文明相适应、相协调。

基础研究与应用研究的关系。中国政治学应坚持基础研究和应用研究并重，并注重二者的相互依托、相互促进。基础研究偏重于学理层面，主要围绕基本概念、基本知识、基本原理、基本方法等展开，丰富发展政治学基础知识、理论、方法，是构建和完善政治学学科体系、学术体系、话语体系的根基。应用研究则针对政治发展中的实际问题展开，旨在为解决问题提出应用理论和对策。基础研究越扎实，越能为应用研究提供学术根底和理论支持。而应用研究在贴近现实政治、直接为政治服务的过程中，不断从政治实践中吸取养料，为深化基础研究提供实证参考和经验总结。

规范研究与经验研究的关系。规范研究注重逻辑推理、定性分析和价值判断，经验研究注重实证调查、定量分析和事实判断。两种研究方法各有所长，前者揭示政治现象背后的动因、逻辑，确定政治发展的目标、价值；后者描述政治运行的状态、过程，分析政治运行的成效、不足。与其他社会科学一样，政治学既需要政治学理论、政治哲学、政治思想史等规范研究，也需要公共政策、公共管理和基层政治等方面的经验研究。中国政治学根据不同研究领域的特点采用不同研究方法，从而发挥不同研究方法的长处。比如，基础研究更侧重规范研究方法，应用研究更多运用经验研究方法。随着研究的深入，学者们更加注重将各种研究方法加以综合运用。

继续深入耕耘

习近平总书记在哲学社会科学工作座谈会上的重要讲话中，将政治学列为“对哲学社会科学具有支撑作用的学科”之一，要求加快完善。70年来，中国政治学已经取得许多成就，但从适应国家发展需要来说，还存在不小差距。中国政治学要在过去成就的基础上继续探索，特别需要在基础研究领域深入耕耘。

今天，经验研究方法越来越受重视，一批政治学研究者深入机关、社区、农村，展开卓有成效的应用研究。这值得充分肯定。相对于应用研究领域的“热闹”场景，基础理论研究领域却显得有些“冷清”。基础研究是一个学科发展的基石，是理论创新的支点。把基础研究摆在更加突出的位置，提炼标识性概念，打造具有原创性、时代性的新范畴、新表述、新理论，是中国政治学迈上发展新台阶、扩大学术影响力的关键。

事实上，在政治学基本概念与基础理论方面，还有许多问题需要深入研究回答，这些问题有可能成为未来中国政治学创新发展的生长点。比如，关于政治的形态。有学者认为，政治是与国家公权力运用相关的现象。但这只是对政治的狭义理解。实际上，政治现象受到经济、文化、社会等多种因素影响。在特定条件下，经济、文化、社会等会影响国家权力运行。反过来，国家权力的运行也会对其他社会因素产生影响。不同因素共同作用，政治运行会呈现出更为复杂的状态。对政治形态进行一般规律性研究，能够增强理论说服力和解释力。再如，关于国家治理的主体。推进国家治理体系和治理能力现代化的主体是包括党委、政府、社会组织、公民等在内的多元主体，这样能够为推进国家治理体系和治理能力现代化汇聚更广泛的力量。今后，我们应努力在观察实践的基础上深化学术思考，在改革开放实践中继续发现问题、研究问题、解决问题，凝练出中国政治学的基本概念、基本判断、基本原理等，推动中国政治学研究更加深入、学术境界不断提升。

《人民日报》（2019年08月19日）

将制度理论研究做实做深做透

敬义嘉

人类文明史也是一部制度创制和变迁的历史。在历史长河中，制度对于规范、塑造、调整、优化人的行为和社会关系起到了不可替代的作用。历史和现实都表明，制度建设得好、制度竞争力强，不仅有利于提升人的积极性，也有利于实现国家发展、社会繁荣、人民安居乐业。对于什么样的制度是好制度，古今中外很多思想家都进行了深入思考和探索。这些思想成果既推动制度建设和创新，也带来相关学术理论的繁荣。

新中国成立后，我们党带领人民在社会主义制度建设上进行不懈探索。党的十九届四中全会专题研究坚持和完善中国特色社会主义制度、推进国家治理体系和治理能力现代化的若干重大问题。全会强调，加强制度理论研究和宣传教育，引导全党全社会充分认识中国特色社会主义制度的本质特征和优越性，坚定制度自信。如何坚持和巩固、完善和发展、遵守和执行制度，如何使制度更加成熟更加定型、不断提高国家治理体系和治理能力现代化水平，是制度建设的重要内容，也是制度理论研究面临的重大课题。

把握制度理论研究的历史机遇

研究中国的制度理论，需要从中国制度发展的历史逻辑出发。中国古代产生了丰富的关于国家制度和治理的思想。近代以后，中华民族面临亡国灭种危机，多种政治力量纷纷探寻新的国家制度和国家治理方式，但都没有成功。中国共产党领导中国人民取得新民主主义革命的胜利，实现了民族独立和人民解放，建立了新中国，开始自主探索实践、改革创新社会主义制度。

改革开放后，我们把历史传承、因地制宜、学习借鉴等发展路径有机结合起来，形成了中国特色社会主义道路、理论、制度、文化，中国人民的道路自信、理论自信、制度自信、文化自信不断增强。从历史发展大逻辑着眼，才能正确把握中国制度理论研究的历史使命和发展方向。

在中国特色社会主义制度不断发展完善过程中，学者们坚持继承和创新相统一，吸收借鉴人类制度文明研究成果，同时立足中国实际，积极推进中国制度理论发展完善。我们党在国家制度和国家治理体系上不懈探索的历程，改革开放突破僵化认识、破除体制机制障碍的历程，我们党带领人民创造经济快速发展和社会长期稳定“两大奇迹”的历程等，为我国学者建构自主性的制度理论提供了重要实践支撑。

如今，中国特色社会主义进入新时代，制度理论研究迎来新的历史机遇。2019 年，我国人均国内生产总值突破 1 万美元，社会主义现代化建设不断迈出新步伐。经济社会发展对制度建设也提出更高要求。人民日益增长的美好生活需要和不平衡不充分的发展之间的矛盾需要通过制度建设来不断解决，创新、协调、绿色、开放、共享的发展理念需要融入制度建设中。我国改革进入深水区，更多面对的是深层次体制机制问题，对改革顶层设计的要求更高，对改革的系统性、整体性、协同性要求更强，相应地建章立制、构建体系的任务更重。一系列高度复杂的经济社会问题，需要制度建设予以回应，在这方面我们没有现成经验可以借鉴。因此，学者们应抓住制度研究的历史机遇，担负起制度理论研究的历史使命，通过深入研究，探索如何完善和创新制度以更好深化改革、提高发展质量，将制度理论研究做实做深做透，为解决中国实际问题贡献制度研究成果。

增强制度理论研究的自主性

增强自主性是建构制度理论的前提。扎根本国土壤、汲取丰沛养分，制度理论研究才能具有解释力和指导性。制度理论研究应当立足国家制度建设实践，为国家制度的长期发展提供理论支持。当前，我国制度理论研究要从中国实践中挖掘新材料、发现新问题、提出新观点，努力推出能够满足我国现实需要的制度理论，形成体现原创性、具有时代性的研究成果。

探索有效解决中国问题的制度理论和实践，是发展中国制度理论的关键。中国特色社会主义制度本身的创新性为中国制度理论进行自主性、原创性研究提供了源头活水和丰沃土壤。马克思主义基本原理同中国具体实际的结合，中国制度对中华优秀传统文化的继承和发展，我们党在制度顶层设计和整体实现路径上的智慧，广大人民群众在现实生产生活中积累的实际治理经验等，都是中国制度理论研究的创新生长点。

增强研究的自主性，并不意味着要关起门来另起炉灶。理论是对一般性规律的总结，具有普遍意义。中国特色社会主义制度是植根中国大地的制度体系，无疑具有鲜明的中国特色。从世界角度来看，中国制度建设实践中的成功经验也为人类探索建设更好社会制度贡献了中国智慧和中国方案。研究中国制度，既不能脱离中国实际，也不能脱离世界孤立地考察。中国制度要解决的大量经济、政治、文化、社会、生态方面的问题，也是人类面临的共同问题。在研究中应坚持以我为主、为我所用，学习和借鉴他国制度理论研究的有益成果。同时，用国际社会听得懂的话语和逻辑讲好中国故事，增强中国制度的影响力和感召力，增进国际社会对中国制度的认识和认同，让中国制度为人类发展进步作出更大贡献。

推动制度理论研究迈上新台阶

制度成熟和定型需要经历一个长期过程，同样，自主进行制度理论研究并形成体系化成果也要进行长期的艰辛探索。制度理论通常随着经济社会发展而逐渐发展成熟，制度理论发展也有一个从量变到质变的过程，需要对已有学术成果进行发掘整理，经过长期研究积累才可能实现突破。当前，广大学者应着眼于坚持和完善中国特色社会主义制度、推进国家治理体系和治理能力现代化，进一步构筑中国制度理论的学术体系、理论体系、话语体系，在制度理论研究上不断迈出新步伐。

在制度复杂性日益凸显的情况下，如何实现高质量制度供给，是制度理论研究的重要内容。建立健全国家治理急需的制度、满足人民对美好生活新期待必备的制度，是当前制度建设的重要内容。为此，制度研究的重点应包括如何发挥党的领导核心作用，使制度建设始终坚持正确方向；如何确保各项制度设计充分保障人民当家作主，更加有效体现人民意志、保障人民权益、凝聚人民智慧；如何坚持全面依法治国，建设社会主义法治国家；等等。此外，还应注重研究如何优化群众和专家参与，提高制度从思想到政策、从政策到实践的转化效率，加强制度的回应性，为把我国制度优势更好转化为国家治理效能提供学理支持。

创新是对制度理论研究的重要要求。制度理论研究要对实践作出贡献，关键在于其创新性，能够对中国制度完善发展提供新的解释、新的阐发。制度理论只有增强创新性，才能具备解释力和引领性。中国制度理论创新性的本源在于制度本身具有创新性。应坚持立足中国、借鉴国外，挖掘历史、把握当代，努力融通古今中外各种资源，在提出具有中国立场、中国智慧、中国价值的制度理念、主张、方案等方面积极探索创新。

系统性是理论体系的重要特征。成体系的理论通常是要素完整、逻辑严密、洞察深刻的。在我国进行制度理论研究，涉及经济、政治、文化、社会、生态等各领域，需要打通学科界限，取不同学科研究范式之长，努力在核心议题、基本理论与概念、研究方法、经验归纳等多个方面形成相互呼应和支持的完整体系。同时，还应关注如何在横向、纵向和宏观、中观、微观等层面打造相互衔接、相互融通的制度格局，如何增强制度建设的整体性、系统性、协同性。新技术在制度建设中的应用、机构职能和程序的优化、制度如何促进创新和发挥激励功能等，也是制度理论研究的重要内容。应不断总结已有研究成果，逐步突破研究中的难题，不断增强制度研究自信，推动中国制度理论研究不断迈上新台阶。

《人民日报》（2020 年 02 月 10 日）

推动国际关系学科创新发展

吴白乙

当今世界正经历百年未有之大变局。这一大变局不仅体现在世界多极化加速推进、经济全球化深入发展、世界经济格局深刻演变，还表现为对全球发展和安全的需求日益增长。面对这一新形势，全球治理体系和治理机制还不能完全适应现实需要，在许多领域亟须进一步变革。国际形势的发展演变，既给我国国际关系理论研究提出新课题，也为国际关系学科创新发展提供了历史机遇和广阔空间。我国国际关系理论研究应着眼世界格局变化，回应重大时代问题，弥补传统国际关系理论的不足，在研究中体现中国立场、中国智慧、中国价值，创新发展具有更强解释力和适用性的国际关系理论。

顺应时代发展潮流

现代国际关系学科发展至今不过100多年。过去很长一段时间，国强必霸、零和博弈等传统的国际关系理论，在很大程度上影响着人们对国际关系本质和走向的认识与理解。随着世界多极化、经济全球化、社会信息化、文化多样化深入发展，扩大合作、共同发展成为国际社会的共同愿望，传统的国际关系理论越来越难以适应新的国际格局和时代潮流。

习近平总书记在哲学社会科学工作座谈会的重要讲话中指出："一些理论观点和学术成果可以用来说明一些国家和民族的发展历程，在一定地域和历史文化中具有合理性，但如果硬要把它们套在各国各民族头上、用它们来对人类生活进行格式化，并以此为裁判，那就是荒谬的了。"在瞬息万变的世界形势面前，传统的国际关系理论及以此为基础建构的大量理论及学说，在很多问题上显示出很大局限性甚至严重缺陷。国际关系发展实践呼唤国际关系学科的突破和创新，人们希望从更加科学、更加多元的视角来分析和解释当今国际关系演变规律，为开辟人类发展更加美好的前景提供理论支撑。

经过70多年的奋斗和发展，我国创造了世所罕见的经济快速发展奇迹和社会长期稳定奇迹，为世界和平与发展不断贡献中国智慧、中国力量。与此同时，世界各国相互联系、相互依存程度日益加深，和平、发展、合作、共赢已成为时代潮流。作为一个发展中大国，中国的发展道路、发展经验、理论创新，都值得深入研究。这为我们进一步深化研究、构建中国特色国际关系理论提供了历史机遇。我国国际关系学者要增强道路自信、理论自信、制度自信、文化自信，跳出传统国际关系理论的窠臼，科学认识当前国际关系基本特征、演变规律、发展大势，深入研究中国与世界的互动关系，运用新发展观、新安全观、新合作观、新文明观、新全球治理观等，着力构建符合时代潮流的国际关系学科体系、学术体系、话语体系。

展现自身学科特色

经过长期努力和不懈探索，我国国际关系学科研究不断创新深化，逐步形成了自身特色。

坚持以马克思主义为指导，体现继承性。坚持以马克思主义为指导，是当代中国哲学社会科学区别于其他哲学社会科学的根本标志。国际关系学科创新发展必须坚持以马克思主义为指导，用辩证唯物主义和历史唯物主义的方法认识国际关系内在机理，在理论上阐释国际关系演变规律。

新中国成立后，我们以马克思主义为指导，建立起具有自身特色的国际关系学科，为认识世界发展趋势和确立对外关系方略提供了重要思想支撑。改革开放40多年来，我国国际关系学科取得长足进步，在把握时代主题、应对现实挑战中产生了一批具有鲜明中国特色和国际影响的学术成果。党的十八大以来，我国对外工作砥砺前行，取得历史性成就。在外交实践中，习近平总书记准确把握中国和世界发展大势，深刻思考人类前途命运，提出了一系列富有中国特色、体现时代精神、引领人类发展进步潮流的新理念新主张新倡议，形成了习近平外交思想。推动我国国际关系学科创新发展，必须坚持以习近平外交思想为指导，全面分析我国制度特色、价值理念、外交传统，对构建人类命运共同体、建设新型国际关系、推进全球治理体系变革等作出系统归纳和理论阐释。

坚持立足中国实际，体现自主性。我国是一个有着深厚历史文化传统的文明古国，古代中国在看待和处理国与国关系、一国与天下关系上积淀了丰富智慧，形成了天下为公、和实生物、义利相兼等优秀传统文化理念。当代中国正经历我国历史上最为广泛而深刻的社会变革，我们党积累了丰富治国理政经验，在国际风云变幻中开拓了中国特色大国外交新局面。中国参与全球发展与治理的最新实践，特别是在应对全人类共同挑战、建立大国互动新模式、完善多边合作机制、协调处理地区热点问题等方面的成功经验，为进一步丰富中国特色国际关系理论的概念、话语体系、研究方法等提供了坚实基础。

我国国际关系学科发展要牢牢立足我国实际，坚持和发展具有民族性、自主性、原创性的理论，既善于继承和弘扬中华优秀文化传统，又紧紧围绕中国与世界互动关系的变化，努力提出一套有助于增进各国人民相互理解和认同的知识范式、阐释方法、理论框架，为促进各国携手合作、推动全球治理体系变革作出理论贡献。

坚持跟踪学术前沿，体现时代性。当今世界信息化、智能化深入推进，以大数据、云计算、人工智能为代表的新一轮科技革命使人类生产生活乃至精神体验发生深刻变化，数字化、扁平化的技术趋势也给外交工作增加更多不确定性。当前我国国际关系理论构建的一个重要方面，即在于集中力量、协同创新，推动基础学科与新兴学科、交叉学科有机结合，推动前沿性理论创新突破，形成和增强自身优势。努力拓展知识边界，加强与人口、社会、信息、生态、环境、科学伦理、国际法等领域的交流融通，不断拓宽研究视角。自觉增强学术研究的前瞻性，着眼世界百年未有之大变局下国际关系演变的新范畴、新议程、新形态，针对外交决策模式、对外行为规范、国际合作要约、跨境信息和数据流动管理等方面的变化作出研究论证，及时将其转化为具有普遍意义的思想观点。对于人类命运共同体、共商共建共享的全球治理观、正确义利观等被国际社会高度关注的理念，理应从学术角度将其转化为富有系统性逻辑性的理论论述，使之成为回应当代全球经济发展和社会变革新要求的学理表达。

关注重大学术议题

问题是理论创新的起点。推动我国国际关系理论创新，离不开对当今时代国际关系变动中重大问题和核心议题的回应。回答好这些问题，才能克服既有理论的局限，拓展创新发展的空间。

把国际关系理论研究置于经济全球化深入发展的时代背景下，把握历史趋势，关注主要矛盾。21 世纪国际关系面临的一个重大挑战是人类生产方式日趋全球化与全球治理体系对此回应不足的矛盾，突出表现为全球治理赤字、信任赤字、和平赤字、发展赤字凸显，合作效率有待提升。我国国际关系学科发展要超越以往的思维定式，体现对国际形势的整体性前瞻性把握，将全球治理体系变革的重要性、必然性作为理论突破口，提出更具代表性和感召力的观点和主张。

以辩证和发展的观点分析大国关系演变规律，提出构建新型大国关系的原则、原理和路径。我国国际关系理论研究者应跳出传统理论范式，站在构建人类命运共同体的高度，揭示国家发展和安全与世界和平发展的关联。深刻阐述单一国家无法独自处理世界性难题，要努力促进各国合作共赢的道理。注重发掘和论证不同国家文化交流互鉴的必要性，为发展不冲突不对抗、相互尊重、合作共赢的大国关系提供理论依据。

从世界格局演进趋势看待和思考新兴经济体和发展中国家加快发展的现象，发展中国特色国际政治经济学，讲清楚国际秩序向着更加公正合理方向发展的必然性。重视对国与国之间合作特别是发展中国家合作新动力、新形态、新内涵的理论解读，加强对新型国际合作机制的原理阐释，构建中国视域下更为广泛和均衡的地区及国别研究体系。吸收、整合相关学术资源，加强对科技联合体、跨国企业、非政府组织等新型国际行为体的专门研究，有效回应全球发展和安全治理的新要求。

《人民日报》（2020 年 06 月 08 日）

历史学篇

创新我国史学理论体系与话语体系

姜义华

习近平总书记在哲学社会科学工作座谈会上就加快构建中国特色哲学社会科学提出了明确要求。我国史学贯彻落实习近平总书记重要讲话精神，就要认真审视我国史学发展中存在的问题，坚持体现继承性和民族性、体现原创性和时代性、体现系统性和专业性，大力推进我国史学理论体系与话语体系创新。这是历史研究者的时代责任。

认真审视我国史学理论体系与话语体系的不足

长期以来，许多历史学家为了揭示中国历史的本来面貌，作出了很多努力，取得了很大成绩。但毋庸讳言，解释中国历史的许多基本观念和分析框架都直接来自近代西方，不少又是经过日本阐发再转进中国的。这些新的观念和分析框架推动了中国新史学的形成与发展，却又常常妨碍我们对中国历史本来面貌的认识。至于我们对世界历史的解释更是如此，因为很长一段时间里我们根本没有条件从第一手资料出发直接对世界历史进行深入系统的研究。

然而，近代西方世界对中国历史的认识许多都是很片面的。比如，英国经济学家亚当·斯密在《国富论》中提出了一个很有名的观点，就是中国发展至少从元代以后就已经基本停滞了。他认为，中国是土地最肥沃、耕种最精细、人民最多而且最勤勉的国家，然而许久以来它似乎就处于停滞状态了。德国哲学家黑格尔对中国历史作出了更加彻底的否定性评价。比如，他在《历史哲学》中说，中国历史基本上是没有发展的，中国社会没有像西方社会出现过这样那样的分化，中国是一个专制的、文化已经僵化的国家。亚当·斯密与黑格尔当时所接触到的有关中国历史的知识都非常有限，而且许多知识都相当片面，他们的论断其实很大程度上只是按照他们自己的观念和想象作出的臆断。但这些论断符合西方向东方、向中国进行殖民扩张的需要，因此逐渐成为西方中国观中的主流意识。

日本明治时代在思想界影响最大的是福泽谕吉，他最著名的一部著作就是《文明论概略》，把整个人类文明的发展分为混沌期、野蛮期一直到开化期。在他眼里，中国以及明治维新前的日本都处于文明的未开化期，他就是按照这样一种观点来解释中国历史。日本现代中国学的众多奠基者对中国历史比欧洲学者要熟悉得多，他们不断将亚当·斯密与黑格尔等人关于中国历史的论断进一步具体化、系统化。这些论断在潜移默化中影响着中国的学者。比如，清朝末年的梁启超称中国为“世界中濡滞不进之国”。这样的观点显然是受到亚当·斯密、黑格尔以及当时日本学界流行观点的影响。

苏联在对中国历史、中国社会的解释方面，影响最大的是斯大林。当时，托洛茨基认为中国资本主义的发展程度已经相当高，斯大林认为中国是一个封建主义很强的国家。对中国社会性质和发展程度的估计关系中国革命的对象、动力和发展阶段等问题，所以对中国历史如何解释就成为一个事关重大的政治问题。中国大革命失败后，围绕大革命为什么失败，托洛茨基和斯大林的矛盾和争论一下子激化了。大革命失败的责任谁来负？中国国内、中国共产党内部关于这个问题的争论也很激烈，于是爆发了中国社会性质论战、中国社会史论战、中国农村社会性质论战，最终大体按照共产国际的意见作了结论。后来，苏联共产党在斯大林主持下编写出版了《联共（布）党史简明教程》，宣布该书对马克思主义作出了唯一正确的解释。在很长一个时期，对中国历史的解释事实上只能按照斯大林给出的观点进行。

20 世纪 80 年代以后特别是 90 年代，我国史学理论体系与话语体系有了一个非常大的转变。从美国、欧洲留学回来的一大批学人，在历史研究中引进了许多新的研究方法、研究视角、话语表述。从西方马克思主义到年鉴学派，从结构主义到新社会史、新文化史，都被当作创新的成果介绍进来。他们特别崇尚另辟蹊径的微观研究、个案研究，热衷于解构先前各种被视为本质、共识的观点或认知。这些研究大体上从属于欧美近数十年来所流行的现代及后现代话语体系。他们的研究对我国史学理论体系与话语体系的转变影响很大。

现在，西方的中国学已大大突破了他们的先辈亚当·斯密与黑格尔那些旧说。可是，我们仍有一些学者至今仍常常把这些先辈的旧说当成不可动摇的结论，继续作为研究中国历史的基本前提。对欧美近数十年来所流行的现代及后现代话语体系能否正确解释中国历史及世界历史，我们也缺乏认真的反思。可见，我国史学理论体系与话语体系的创新，首先必须对这些理论和话语进行非常认真的反省，而且必须是全方位的反省。

以马克思主义为指导超越欧洲中心主义的线性和平面历史观

从亚当·斯密、黑格尔到斯大林，他们对中国历史的解释，所秉持的都是一种以欧洲为中心的线性历史观、一种以欧洲近代以来全球扩张为整个思维基点的平面历史观。当代欧美勃兴的后现代史学，对原先欧洲中心主义的线性历史观、平面历史观形成有力冲击。但是，他们拒绝承认历史发展在整体上、本质上的必然性或规律性，使历史研究陷入碎片化、表象化陷阱，最终还是无法从根本上打破欧洲中心主义的线性历史观、平面历史观。

要真正清楚地说明中国和世界的历史，防止历史研究落入碎片化、表象化陷阱，必须有一个建立在历史唯物主义基础上的宏大的历史观，必须对中国和世界历史发展的基本脉络有一个通盘了解，特别是对世界上不同文明、不同国家的发展历史有一个通盘了解。我们要构建能够准确说明历史本来面貌的理论体系与话语体系，必须在一个宏大的视野中对中国全部历史重新加以认识。如果对中国历史的解释仍然只靠一知半解，或者只是凭借对其一个局部、一个片段的了解，不对中国几千年来发展的各个阶段、各个方面有一个全方位的了解，就不可能真正认识中国历史的本来面貌。构建能够准确说明历史本来面貌的理论体系与话语体系，还必须对世界历史重新加以认识。这要求我们不仅仅对欧洲的历史，而且对世界上其他各个地区、各个民族的历史，都有一个同样清晰的、不戴这样那样有色眼镜的、不带固定框架的完整了解。在这方面，马克思给我们作出了很好的榜样。

马克思毕生都十分重视历史研究，这是他在哲学、政治经济学、科学社会主义等众多领域作出一系列创新性理论贡献的坚实基础。他在和恩格斯共同撰写的《德意志意识形态》原稿中有一段名言："我们仅仅知道一门唯一的科学，即历史科学。历史可以从两方面来考察，可以把它划分为自然史和人类史。但这两方面是不可分割的；只要有人存在，自然史和人类史就彼此相互制约。"《德意志意识形态》明确指出："历史的每一阶段都遇到有一定的物质结果，一定的生产力总和，人对自然以及个人之间历史地形成的关系，都遇到前一代传给后一代的大量生产力、资金和环境，尽管一方面这些生产力、资金和环境为新的一代所改变，但另一方面，它们也预先规定新的一代本身的生活条件，使它得到一定的发展和具有特殊的性质。"这些论述非常清楚地说明了历史联系形成的真正原因和历史联系中具有决定性意义的因素，说明了历史联系具有不以人的意志为转移的客观性质。历史研究必须有一个宏大的历史观，就是对于历史联系必须有足够的了解和尊重。

马克思倾注毕生精力撰写的《资本论》，不仅仅是一部经济学著作，而且是一部内容极其丰富的经济史著作，是一部商品、货币以及资本主义产生和发展有血有肉的历史著作，是一部融经济史、政治史、社会史、法制史于一体的历史著作。事实充分证明，对历史的深刻洞察和全面准确的把握，是马克思全部理论创新的科学基石。正因为马克思对历史联系的形成和变迁有着深刻了解，所以他旗帜鲜明地反对将《资本论》中关于西欧资本主义起源的历史概述套用到世界其他地区。尤其是当他晚年将目光越来越多地转向西欧之外其他地区的历史后，越来越强烈地感受到世界不同地区历史发展道路的多样性。

马克思给我们留下了1879—1882年期间所作的《人类学笔记》和1881—1882年期间所作的《历史学笔记》。在《人类学笔记》中，马克思更为集中地研究了印第安人、墨西哥、秘鲁、阿尔及利亚、印度等农村公社和土地所有制演变的过程，研究了家庭、私有制、国家、文明的起源和发展。《历史学笔记》重点关注国家制度的变迁以及国际关系与世界总格局的演变，举凡西罗马帝国的兴亡，蛮族的征服和西欧封建制度的形成，阿拉伯帝国、塞尔柱突厥帝国、成吉思汗帝国和奥斯曼土耳其帝国的兴衰，14世纪中叶以前的北欧和东欧诸国的历史，意大利的社会制度及文艺复兴、宗教改革，尼德兰革命、英国社会演变和资本原始积累，货币成为主导的社会力量，西欧城市与王权的联盟，欧洲的三十年战争等等，都进入了他的视野。与此同时，马克思还另有一批关于各民族经济史的笔记。这是马克思晚年对世界历史一次更广泛的再研究，是为了克服先前目光主要集中在欧洲一隅的缺陷。可惜的是，当时有关中国历史的西文文献太少，马克思未来得及对中国历史作专门研究。

阅读马克思的著作特别是他浩繁的手稿、笔记时，人们不能不为马克思宏大的历史视野、深邃的历史洞察力和极为严谨周密的研究功力所折服。马克思正是通过尽可能全面掌握相关的历史文献和前人的研究成果，经过认真比较、精密考证，将宏观考察与微观分析紧密结合起来，透过表象去了解历史本质，超越纷繁复杂的个别现象去了解历史全貌。马克思的研究清楚地表明，要了解历史的本来面貌，不能依靠概念的演绎，也不能满足于以往的认识，而必须坚持从历史实际出发，吸取各种新的研究成果，充实和修正自己原先的认识，一步步接近历史的本来面貌。马克思以其卓越的研究实践给我们展示了什么是宏大的历史观，怎样才能超越欧洲中心主义的线性历史观、平面历史观。我国史学要创新理论体系与话语体系，应该从马克思的研究实践中得到深刻启迪，坚持以马克思主义为指导，沿着正确的道路前行。

在深化研究中推进我国史学理论体系与话语体系创新

推进我国史学理论体系与话语体系创新，首先要对中国历史进行完整系统的研究。中华文明传承5000年，有丰富完整的第一手文献资料和实物资料可以让我们系统地去研究，这在世界上是独一无二的。我们要真正从中国历史实际出发，对中华文明的整个物质生产过程、精神生产过程、知识生产过程，对中国的经济、政治、文化、社会的制度及其实际运作，对中国人的思维方式、行为方式、审美体系、价值追求等，认认真真地开展自己独立的研究。

我国史学理论体系与话语体系的创新，还有赖于认认真真地研究世界历史，研究其他不同文明和国家的历史。在这方面，我们在国际史学界的话语权很少，因为过去的研究太薄弱了。我们当然要继续反对西方中心主义，但不能因此转为崇奉中国中心主义。按照马克思的说法，世界性联系的形成是一个历史演进过程。过去不同文明之间虽然有交往有冲突，但基本上局限于地域性联系而没有形成世界性联系。近代以来，随着资本主义的扩张、世界市场的形成，不同地域的相互联系越来越紧密。不认清世界上不同文明各自的历史发展脉络，不了解近代以来以西方为中心建立起来的世界联系中各种冲突以及彼此之间的深刻影响，就很难真正了解中国历史。当今时代已真正进入全球史时代，今天的中国已深度融入经济全球化及全球史之中。不深刻了解全球，我们就不可能在经济全球化及全球史发展中获得主动权，当然也就谈不上取得真正有影响力的话语权。因此，大力加强世界史研究已经刻不容缓。

无论中国史研究还是世界史研究，无论宏观研究还是微观研究，我国史学理论体系与话语体系的创新都不能脱离人类从其产生开始就已结成各种各样命运共同体这一基本事实。国家是这样的命运共同体，民族是这样的命运共同体，文明是这样的命运共同体，经济全球化时代整个人类更是这样的命运共同体。人从来不可能单独而孤立地存在，人总是社会的人，人的本质从来就是社会关系的总和。比如，以宗教为中心，历史上形成过各种各样的信仰共同体；以生产资料私有或公有为中心，历史上形成过各种各样的利益共同体。再看中国历史，以人与人的实际生活为中心，形成了个人、家庭、乡里、社群、国家、天下有序联系的家国共同体，通过伦理道德和礼义教化将一群群人集合在一起。习近平总书记指出：“我国哲学社会科学要有所作为，就必须坚持以人民为中心的研究导向。”“要坚持人民是历史创造者的观点，树立为人民做学问的理想，尊重人民主体地位，聚焦人民实践创造”。坚持以马克思主义为指导，运用宏大历史观推进我国史学理论体系与话语体系创新，须臾不能忘记这一基本立场。

历史认识是历史真相、历史过程中所留下的各种资料、历史研究者三个方面积极互动的过程。这是因为客观存在的历史真相、历史联系并不会原原本本直接呈现在人们面前，这就限制了人们对它的认知。而人们借以认识历史真相的历史资料，包括文献资料、实物资料、音像资料、口述资料等等，有的比较完整，有的严重残缺，还有的甚至是伪造的，没有长时间的艰苦努力难以一一考辨清楚。而历史研究者由于知识结构不同，获取资料和处理资料的条件不同，更由于价值取向和利益取向不同，结论难免会产生很大的差异，甚至会截然对立。这就要求在史学理论体系与话语体系创新中严格遵循马克思主义实事求是的科学精神，努力在各种矛盾的陈述中还原历史真相，揭示历史联系的内在规律。也正因为历史认识具有上述特点，任何个人或者学派都不能自诩已经掌握了全部历史真相。在大胆探索、尊重差异、包容多样的同时，开展健康的学术争鸣、学术批评，有利于史学理论体系与话语体系创新。我们不仅应该在国内学术平台上这么做，更要在国际学术平台上非常积极地去这么做。

今天，人们的思维方式、行为方式、生活方式、信息获取方式等和以往已经很不一样了，并且还在不断更新。我国史学理论体系与话语体系如果没有真正有说服力的新的研究成果，没有与时俱进的多样化表达方式，就很难被人们尤其是年轻人所接受，更不可能被其他国家的受众所接受。所以，我国史学理论体系与话语体系创新要有真正的思想创新、理念创新、表达形式创新、传播路径创新。其中，最根本的一点就是做到马克思在《黑格尔法哲学批判导言》中所说的，“理论只要说服人，就能掌握群众；而理论只要彻底，就能说服人。所谓彻底，就是抓住事物的根本。”应当说，这就是我国史学努力的方向。

《人民日报》（2016 年 08 月 22 日）

用中国学术话语构建世界史学科的理论与方法

提升我国世界史研究的影响力和话语权

刘明翰

中国特色社会主义进入新时代，今天的中国正成为影响世界历史发展进程的大国，我们需要有更为开阔的世界视野去完成中华民族伟大复兴的历史使命。国运盛则学术兴。我国的世界史研究正获得空前有利的发展机遇和条件。我们要正视目前世界史学科发展中存在的问题，努力用中国学术话语构建世界史学科的理论与方法，提升我国世界史研究的影响力和话语权。

当前，我国的世界史研究力量还比较薄弱，世界史学科发展还面临不少问题。造成这种状况的原因是复杂的。首先，我国的世界史学科并不是从中国史学科派生出来的分支，它发端于近代“西学东渐”。新中国成立后，我国高等教育模仿苏联的专业设置，将世界史与中国史分立，各高校历史系也随之成立了与中国史各学科相对应的世界史方面的教研室、研究所。可以说，我国世界史学科从诞生之日起，就是从西方的视角来看世界的。还要指出的是，与西方以自己为中心书写世界历史不同，我国的世界史通常是指除中国以外其他国家的历史，也就是没有中国的“世界”的历史。其次，我国的世界史学科还缺乏科学的方法论。新中国成立后，唯物史观对我国史学的影响是极为深刻的，其中最显著的进步是在历史观上的进步。经济基础决定上层建筑、人类社会的历史有规律可循、人民群众是推动历史发展的决定性力量，这些重大理论使我国史学的历史观念有了质的飞跃。但在历史研究中也出现了机械、教条运用唯物史观的倾向，能将唯物史观科学运用到世界史研究中的更少。同时，新中国成立后，不少学者放弃了对中国传统史学理论与方法的研究和传承，这导致我国的世界史研究难以体现中国特色、中国风格、中国气派。改革开放以来，世界史学科整体上取得了长足进步，但缺乏科学方法论的情况尚未得到根本改变，原因在于一些学者又开始热衷于追捧西方史学理论，如兰克学派、年鉴学派等观点成为时尚的学术话语，一些学者在研究方法上总是跟着西方史学理论亦步亦趋。最后，我国的世界史研究者尽管在克服语言不通、文化差异等方面付出极大努力，但必须承认，研究某国史的中国学者与该国史学专家目前仍难以在材料掌握和文化体认等方面相抗衡，在学术研究中仍然处于弱势地位。

我国的世界史研究是在对西方史学的借鉴中产生与发展起来的，这样的借鉴必然要经历一个从简单模仿到批判选择再到自主创新的过程。目前，世界史学科的发展客观上要求我们将理性的批判借鉴升华到自主学术创新层面。新时代，我国世界史研究要进行自主学术创新，不断提升在国际史学界的影响力，需要从各个方面入手，当务之急莫过于在学术体系上摆脱西欧中心论、西方史学理论的束缚和影响，用中国学术话语构建世界史学科的理论与方法。

破除西欧中心论的影响。西欧中心论以及由此演化而来的欧洲中心论、西方中心论，已成为横亘在一些世界史研究者面前难以逾越的障碍。西方学者首先提出全球史观说明，他们也已经意识到以西欧为中心来解释世界历史并不合理。以西欧中心论来考察世界历史，往往会出现一些错误倾向。比如，将给美洲印第安人带来灭顶之灾的殖民侵略美化为史诗般的“地理大发现”，这显然背离了人类文明进步的价值取向。破除西欧中心论，并不是否定西方在世界历史发展的某一时期曾经起过的历史作用，但对于一些谬误则要予以纠正。破除西欧中心论的影响，要求我国世界史研究者在治学思路上要有新突破。研究世界历史不可避免要有一定的视角，而多重视角则可以丰富我们对世界历史的认识。中国是世界历史上具有重大影响力的大国，我国学者当然应该有自己的视角，应该站在世界历史发展整体的高度写出自己的世界史，只有这样的世界史才是中国人应该贡献给世界人民的世界史。另外，在世界史中说明中国的重要地位、历史作用，也是中国史家的责任与义务。这就要求我国的世界史研究者能够运用历史比较的方法进行探讨，追求中外会通的学术境界。在许多领域，如果我们能把中国历史与西欧历史进行比较，不仅能够对西方史家的某些理论模式进行纠正，而且会有新的发现与创新，获得西方史家所不能取得的原创性成果。这样，我国的世界史研究者就不会单方面地只做学生，而是可以与西方国家的研究者互为师友、切磋交流了。

充分发挥唯物史观在世界史研究中的理论基础作用。唯物史观对整个人类历史发展作出了历史哲学意义上的系统思考，从根本上揭示了人类历史发展的原动力和演进趋势。把唯物史观作为我国世界史研究的理论基础，是我国学者参与国际学术对话的优势之一。唯物史观为历史研究提供的是科学的指南，而非具体的历史答案与阐证模式。过去，我们在历史研究中曾有过将其语录化、庸俗化的倾向，这个教训应当深刻汲取，但不能因此就否认唯物史观的指导意义。用中国学术话语构建世界史学科的理论与方法，要从客观的史实出发，科学地运用唯物史观。这一点，必须毫不动摇地坚持下去。

传承和发展中国传统史学理论与方法。中国传统史学所具有的连续性、丰富性在世界史学发展中无出其右者。中华民族是具有高度历史理性的民族，注重以史为鉴，善于用历史理性在变化中把握真理。西方许多学者看不出中国史部典籍中的思想观点所蕴含着的丰富的理论与方法，不理解中国古代史家"寓论断于序事"的表达方式，从而错误地认为中国虽然历史典籍丰富但史学思想贫乏。还要指出的是，中国传统史学的理论与方法很大程度上蕴含在经学当中。中国传统典籍分为经史子集四部，最初史为经之源，史学与经学的密切关系是中国所独有的，也是解读中国传统史学意蕴的重要切入点。当前，我们要以中国学术话语构建世界史学科的理论与方法，需要传承和发展中国传统史学的理论与方法。比如，以《易经》的"通变"思想解读历史变动包括制度的因革损益，以《公羊传》大一统思想论证统一多民族国家的合法性。传承和发展中国传统史学理论与方法的关键是进行创造性转化和创新性发展。史学界应以开放的态度，有鉴别地汲取当代国际史学及社会科学的新理论、新方法，实现中国传统史学理论与方法的创造性转化和创新性发展，从而以当代中国的学术话语去考察人类文明形成与发展的整体轨迹。

回答中国在走向世界舞台中央进程中遇到的重大问题。中国特色社会主义进入新时代，中国在世界上的影响力与日俱增，如何回答中国在走向世界舞台中央进程中遇到的重大问题是对我国的世界史研究者提出的时代任务。随着经济全球化、社会信息化的发展，世界越来越变成一个你中有我、我中有你的命运共同体，迫切要求人类的思维和观念来一次深刻革命。新思维的基础是认为人类具有共同的利益，人与人、国家与国家之间存在一种互相依存的关系，共存共亡、共荣共衰。顺应时代发展大趋势，我国提出构建人类命运共同体，推动“一带一路”建设，这显然突破了西方国家以邻为壑的狭隘视角，是对中国古代“天下一家”思想的创造性转化和创新性发展。我国世界史研究要深入回答中国在走向世界舞台中央进程中遇到的重大问题，充分体现世界史学科的时代价值。这也将为世界史研究提供源源不断的动力。

《人民日报》（2018 年 04 月 23 日）

中国社会大变革与中国史学大发展

王学典

与社会发展历史进程同频共振历来是史学发展的基本规律，改革开放 40 年来的中国史学也是如此。“文革”结束之初，史学界就深度参与了波澜壮阔的思想解放运动，在拨乱反正中起到特殊作用。史学界关于历史动力问题、中国近代史线索问题、洋务运动性质问题等的讨论，既是思想解放运动的成果，又推动思想解放运动不断深化。在此后中国社会大变革的许多重大时刻，史学也一直发挥着积极作用，与时代共进。改革开放以来，中国史学可以说经历了长达 40 年的春天。这 40 年中国史学所取得的辉煌成就，在中国 2000 多年的史学史上写下了浓墨重彩的篇章。当前，中国特色社会主义进入新时代，这为我们回顾改革开放以来史学的发展提供了最佳时间窗口。深刻认识 40 年来中国史学发展的重要趋势以及需要解决的问题，对于新时代中国史学发展无疑大有裨益。

改革开放 40 年中国史学发展的几大趋势

40 年是一个不短的时段。梳理 40 年中国史学发展历程可以看出其一些重要趋势，通过这些趋势可以窥探中国史学发展的一些基本特征，在此仅举其要者。

马克思主义史学重新焕发生机。改革开放之初，我国史学界即开始了对“文革”时期史学的反思。当时一部分学者以 20 世纪 60 年代初期的历史主义去反思“文革”中史学的“以阶级斗争为纲”，“回到 60 年代初期去”成为一些学者的主张。更多的学者则呼吁“回到马克思去”，以马克思经典著作的原义为依据，对马克思主义史学进行正本清源，以消除人们的困惑与误解。放弃“以阶级斗争为纲”是这一时期史学界在拨乱反正方面达成的最大共识。

随着改革开放的深入和思想解放运动的深化，随着西方史学和各种思潮的涌入，中国史学发展面临的外部环境日趋复杂化，马克思主义史学遭遇严峻挑战。因此，如何使马克思主义史学在新时期展现强大生命力就成为必须解决的问题。经过各方努力特别是马克思主义理论研究和建设工程的实施，马克思主义史学巩固了自己的主流地位，推出了一大批高质量的研究成果，体现了唯物史观的科学性，进一步强化了自己的优势和特色。改革开放以来马克思主义史学的发展表明，马克思主义史学要从学术理念上继续强调史学与生活、时代、社会的紧密联系，发挥史学在新的历史创造中的作用，注重“问题史学”“宏观史学”“民众史学”的学术优势与特色。马克思主义史学尤其需要对当代社会发展的主要议题作出深度回应，以彰显唯物史观的理论魅力。

借鉴世界史学有益成果并努力超越。改革开放 40 年来，中国史学发生的另一重要变化是闭关自守的状态被打破，与世界史学的交流日益增多，开始积极借鉴世界史学的有益成果。比如，借鉴年鉴学派的理论和方法。年鉴学派以“总体史”“跨学科”“眼光向下”等为核心主张，将社会学、心理学、经济学等社会科学的方法、工具大量引入史学，推动史学的社会科学化。再如，美国的“中国学”也对中国史学发展产生了影响。这一史学模式借鉴人类学、新文化史的概念和理论开展区域社会史研究，显示出让人耳目一新的阐释力。受这些理论和方法影响，中国史学越来越社会科学化。改革开放以来，中国史学的社会科学化成果主要体现在社会史的全面复兴上。在跨学科治史理念的驱动下，中国史学先后经历了社会学化、经济学化和人类学化，而且在题材上越来越走向民间的历史、区域的历史和底层的历史。在这一过程中，也有个别学者曾出现过拥抱西方史学、放逐“自主叙事”的倾向。但在当前，中国史学已经超越对西方史学的引介与模仿。

乾嘉朴学学风的流行。改革开放之初，史学家在反思“文革”中史学的问题和反对空疏学风时，都不约而同地选择用考据学家或史料派的路数和尺度来观察和评判史学，逐渐形成一股“回到乾嘉去”的史学思潮。这一思潮认为只有归纳才出真知，因而将目光主要集中在史料的搜集和整理上，回避理论思考。在对历史的宏观研究仍占主导地位的上世纪 80 年代，这一史学思潮的影响还比较有限。但到了上世纪 90 年代，许多学者纷纷从对重大历史问题的探讨转向文献考订。从上世纪 80 年代到 90 年代，史学界基本完成了从格外关注宏观理论探讨到埋首实证研究的学风转换，这种学风转换给中国史学发展带来深刻影响。

防止矫枉过正是中国史学发展需要解决好的问题

改革开放以来中国史学的发展成就有目共睹，但不可否认也存在一些亟须解决的问题。深刻认识 40 年来中国史学发展累积的问题，有利于在新时代更好贯彻落实习近平总书记在哲学社会科学工作座谈会上的重要讲话精神，更好促进中国史学发展。

改革开放以来，中国史学发展中的一个突出问题是在处理历史与现实的关系上矫枉过正。改革开放后中国史学发展以拨乱反正开其端，天然地带有远离政治、远离现实的学术倾向。但这种倾向发展到极端，不免走向“以偏治偏”，导致史学逃避现实、埋头故纸堆。“文革”结束后，“古为今用”的治史口号被“为历史而历史”“回到乾嘉去”的新口号所取代。到了上世纪 90 年代，历史研究中的现实因素被一再剔除，学者避之唯恐不及。这一转向的影响一直持续到今天，使得许多史学家遁入象牙塔中，在社会变革最需要历史提供镜鉴时却无动于衷。事实上，“现实”并不必然会阻碍史学发展，在许多情况下还是促进史学发展的积极因素。比如，“二十四史”当中，哪一部脱离了意识形态的需要？又如，如果不是为了“清算帝国主义血账”，又怎么会有《中国近代史资料丛刊》的编纂？史学家亨利·皮朗说，“历史学者的第一要务，是对生活怀有兴趣”。“为现实而历史”则是年鉴学派的信条。刻意将史学与现实隔离开来，显然不利于史学发展。

与远离现实相联系的是重史料轻理论的偏颇。历史研究需要处理好史论关系。“以论带史”无疑应当摒弃，但若重蹈旧史家“重史轻论”的覆辙，滑入“史料即史学”的观念之中，拒绝“理论”和“思想”，显然也不可取。重史料轻理论，忽视重大问题的研究而走向细枝末节的考证，容易导致历史研究的边缘化、微观化和碎片化。重史料轻理论还容易导致一些史学家不断解构宏大叙事，放弃对历史大脉络、大趋势、大走向的关注。即便在有限的理论探讨中，历史理论也逐步让位于史学理论，由对历史进程基本线索的追寻转变为对历史知识一般性质的探求。改变这种状况，要求学者在细化和深化微观研究的同时，下更大的功夫对重大历史问题进行综合概括。

改革开放以来中国史学发展面临的上述问题，与史学发展中存在的“以偏治偏”“矫枉过正”倾向密切相关。“史料即史学”是为了纠“以论带史”之偏，“碎片化”是为了纠片面注重“宏大叙事”之偏。“以偏治偏”在特定情况下有其一定合理性，但如果矫枉过正又会产生一系列副作用。这就要求我们深刻总结新中国成立后特别是改革开放以来中国史学发展的经验，正确认识和处理历史与现实、史料与史观、宏观与微观、政治与学术等重大关系，在一种健康的路向下将中国史学推向新境界。

新时代中国史学再出发

在改革开放40周年之际，史学和其他哲学社会科学一样，正处在整装再出发、再起航的关键时刻。随着中国不断发展，中国学术正面临一个重要转折点，即依托高度的文化自信开辟出一条本土化的学术道路。对中国史学而言，关键是构建一个本土化的中国史体系。

史学本土化的当务之急是坚持以唯物史观为指导，根据本土的经验和材料，通过大规模的综合概括构建“中国历史理论”“中国史观”，从而摆脱西方中心论的束缚。可喜的是，越来越多的学者已经有意识地打破西方中心论，在历史研究中积极贯彻本土化理念。在诸如中国社会形态这些重大问题的讨论中，从中国本位出发已渐成主流。今天，简单用西方理论框架、西方研究模式来呈现中国整体历史的现象在主流史学界已销声匿迹。这是近年来中国史学给人的深刻感受。把中国历史从西方理论框架中解救出来，脱掉长期穿在中国历史身上的并不合身的“洋装”，可以说是近年来中国史研究的一个重大进步。

新时代，中国发展、中华民族伟大复兴对我国史学家有着特别的期待，史学家应有更大历史担当，关注和回应现实所提出的重大问题。中华民族伟大复兴是中华文明的一次伟大复兴，那么，即将复兴的文明究竟具有什么样的内涵、什么样的价值追求就是首先必须回答的重大问题。显然，史学家回答这些问题具有特殊优势。实现中华民族伟大复兴，离不开对中华民族历史发展道路的正确认识，在这方面史学家大有可为。尤其是一些事关国家前途命运重大方略的提出，更为史学家通过研究具有重大现实意义的历史课题去深度参与国家发展进程提供了难得的机遇。比如，“一带一路”倡议的提出，就为史学家提供了参与现实发展的广阔舞台。

中国史学应进一步增强在国际史学界的话语权。作为东亚文化的中心，中国史学曾对日本、韩国和越南等周边国家史学的创立和发展起到过非常重要的作用。自古以来，中国史籍在周边国家一直广泛流布，《史记》一直被这些国家视为编写史书的范本。中国的史馆制度也不同程度促进了朝鲜、日本、越南等国对官方修史的重视。中国古代史书的主要体裁如纪传体、编年体、纪事本末体等，也在中华文明圈内被广泛模仿。这些都说明了中国史学在世界史学史上曾经的辉煌。新时代，中国史学要不断发展，就要在国际史学界增强话语权。近些年，中国史学界为此作出了一些值得赞许的努力，取得一些成效。比如，在第二次世界大战史研究中，以往的历史叙述主要是基于美国视角或欧洲视角，其聚焦点都是在欧洲发生的反法西斯战争，没有或很少关注中国在 1931 年就已经开始的局部抗战，致使中国抗日战争对世界反法西斯战争的重大贡献被严重低估甚至完全遮蔽。近年来，中国学者站在中国立场上，针对第二次世界大战中中国战场的重大作用等推出一系列研究成果，发出洪亮的中国声音，从而对以欧美为主导的第二次世界大战史研究体系形成强烈冲击。这可谓中国史学在重大史学问题上冲破西方话语权垄断的一个范例。

最为重要的是，中国发展为中国史学家增强在国际史学界的话语权提供了有利条件。随着中国综合国力的迅速提升，对国际学术界来说，研究中国问题比以往任何时候都显得重要，中国问题正在成为国际学术界的中心议题。比如，在第二十二届历史科学大会上，“全球视野下的中国”就成为四个主题讨论之首。这种情形必将日益促进国际学术与中国学术的对话和交流，也促使国际学术界对中国学术表现出更多的尊重。中国史学也将在与国际史学界的合作与交流中赢得更大话语权。

《人民日报》（2018 年 09 月 03 日）

牢牢把握清史研究话语权

周　群

历史研究是一切社会科学的基础。坚持和发展中国特色社会主义、实现中华民族伟大复兴的中国梦，历史研究有着不可替代的重要作用。重视历史、研究历史、借鉴历史，是中华民族5000年来生生不息、绵延不绝的一条宝贵经验，也是中国共产党领导中国人民取得一个又一个胜利的重要法宝。当前，加强历史研究特别是中国历史研究，必须高度重视清代历史，牢牢把握清史研究话语权，让清史研究切实发挥以史鉴今、资政育人的功能，为中国特色社会主义事业发展提供历史经验和智慧。

必须高度重视清代历史

清朝是中国封建君主专制统治的最后一个王朝。如果没有建构起对清代历史的正确认识，我们对中国历史的认识必然是不完整、不全面的。无论是从中华民族的历史记忆建构看，还是从清史研究的当代价值看，我们都必须高度重视清代历史、加强清史研究。

清代是构成中华民族历史记忆的重要一环。清代历史，以1644年清军入关开始计，至1912年中华民国成立，时间长达268年。在268年的时间里，中国封建专制主义中央集权制发展到最高峰，统一多民族国家不断得到巩固；中国封建社会的经济得到长足发展，资本主义因素进一步增长；中国传统文化进入了系统总结的新阶段，《四库全书》的编纂客观上为中华民族保存了丰富的传统文化资源；等等。但也正是在清代，中国经历了从一个独立的封建国家到半殖民地半封建社会的历史巨变。清代历史早已通过各种物质的、精神的形式被中国人民所记取，有些则融入了中华民族的血脉里，影响了近代以来中国历史的走向。

清代在治国理政方面既积累了丰富的经验，也有许多深刻的教训，值得我们今天深入研究。明清易代后，清朝最高统治者在吸收和借鉴明朝制度的基础上，迅速重新确立了以正统儒学为核心的政治学说在意识形态领域的独尊地位，进而用以指导政权建设，不但在较短时间内实现了国家统一、重建了社会秩序，而且在此后很长的时间里一直比较有效地维护了大一统的良好局面。这个良好局面的形成，离不开清朝统治者建立的以内阁、南书房、军机处为核心的最高决策和执行机构，离不开其采取的以科举取士、严惩贪渎、养廉等为重要内容的选官治官体系，离不开其实施的以摊丁入亩为重点的税赋改革，更离不开其审时度势所实施的以改土归流、“因其教不易其俗”为方向的边疆、民族和宗教政策。与中国古代的其他封建王朝相比，清朝统治者的治国理政能力算是比较突出的。当然，在实施统治的过程中，特别是雍乾以后，清朝统治者出现诸多失误和错误，如政治上的僵化、文化上的专制、外交上的闭关锁国、重大决策上的失误等，这些都为近代中国的落后挨打埋下了深深的伏笔、带来了直接的恶果。清朝统治者治国理政的经验和教训，可为我们今天的国家治理提供有益的历史镜鉴。

当代中国是由历史上的中国发展而来的。作为距离现今最近的中国封建王朝，清朝奠定了今日中国的版图疆域。当今中国面临的一些问题，有的是从清代发展、演化而来的，有的或多或少可以找到清代的影响因子。尤其是一些涉及边疆、民族和宗教的重大现实问题，甚至与清代有着直接联系。这也使得清史研究与维护国家领土主权完整有着密切关系。还要看到，近些年来，一些意识形态领域的重大舆情，也往往与清代历史直接相关，清史研究事关意识形态安全。因此，如何看待清代历史特别是清代的边疆政策、民族政策、宗教政策，就不仅仅是历史认识问题，而且是具有重大现实意义的时代课题。

科学研判清史研究状况

牢牢把握清史研究的话语权，首先必须科学研判清史研究状况。翻检改革开放 40 年来的清史研究特别是近些年来的清史研究，其状况可以概括为以下两个方面。

首先，清史研究日益繁荣并不断发展。这主要表现在：相关理论不断丰富和发展，如以“过密化”“江南道路”“江南早期工业化”为代表的诸多经济史研究范式，进一步深化了对清代历史的认识；研究领域、研究方向不断拓宽，社会史、经济史、文化史、边疆史全面复兴并深入发展；专业学术机构不断建立，中国社会科学院、中国人民大学、中央民族大学等单位专门从事清史研究的学术队伍不断壮大；清史研究成果多种多样，专业性学术论文、通论性清史著作、专题性学术专著、大型档案历史文献以及电子数据库等不一而足。以 2016 年为例，有学者粗略统计，在汉语出版物范围内，不计博硕士学位论文，公开发表的清史研究相关论文也在 3000 篇以上，出版研究著作 60 余部。在众多研究成果中必须一提的是，2002 年启动的国家清史纂修工程进展顺利，取得不少高质量研究成果，目前已进入收尾阶段。

其次，毋庸讳言的是，清史研究初步繁荣的背后也隐藏着诸多问题，突出体现在：唯物史观虽然处于指导地位，但重实证、轻理论，重微观、轻宏观，重研究、轻应用的倾向比较明显。一些研究满足于对具体事件、人物和材料的考证，使清史研究陷入微观研究之中。一些学者缺乏理论兴趣和经世情怀，对强调宏观历史规律探讨的传统政治史、经济史的研究内容关注不够，对涉及国家领土主权完整、意识形态安全的重大选题着力甚少，使清史研究未能很好发挥资政育人作用。极少数学者对西方学术思潮缺乏应有的警惕，将国外历史虚无主义在清史研究领域的理论变种引入国内，有意无意地与以“超越中国的帝国模式”“内陆亚洲”等为核心概念的所谓西方清史学派进行“对话交流”，影响清史研究走向。正是因为存在诸如此类的问题，近年来尽管有关清史的研究成果层出不穷，但真正有利于正确认识清代历史的有分量的研究成果远远满足不了党和人民的需要，构建真正具有中国特色、中国风格、中国气派的清史研究体系仍然任重而道远。

强化对清史研究的领导

党的十八大以来，我们党进一步加强对意识形态工作的领导，有关部门采取有力措施加强对历史研究特别是清史研究的引导，取得了显著成效。今后，清史学界要始终坚持党对意识形态工作的领导，深入学习贯彻习近平总书记在哲学社会科学工作座谈会上的重要讲话精神，进一步强化领导、加强规划、明确责任，牢牢把握清史研究和宣传工作的主导权和话语权，努力为我们党治国理政提供更多智慧，努力为实现“两个一百年”奋斗目标和中华民族伟大复兴的中国梦提供历史借鉴和精神动力。

一要提高政治站位，始终把坚持正确政治方向和学术导向摆在清史研究的首位。清史学界要对披着学术外衣的政治思潮保持高度警惕，坚决贯彻以人民为中心的研究导向，树立为人民做学问的理想，自觉把个人学术追求同国家和民族的发展紧紧联系在一起，服从服务于党和国家工作大局和根本利益，努力多出经得起实践、人民、历史检验的研究成果。

二要加强理论创新，始终把构建具有中国特色、中国风格、中国气派的清史研究体系作为不懈的学术追求。清史学界要在系统总结长期以来清史研究成果的基础上，始终坚持以马克思主义为指导，提炼、创造出符合清史研究长远发展需要和国家现实需要的原创性理论，为进一步深化清史研究提供理论支撑。

三要注意统筹规划，始终把全国清史研究的课题编制以及成果宣传转化作为重要的意识形态工作来抓。要克服当前清史研究中一定程度存在的闭门造车、自娱自乐问题，克服清史研究成果宣传的个体化、碎片化状态，让真正有高度、有水平、有情怀的优秀清史研究专家走出书斋、走向大众，加大清史研究成果的普及和转化力度，让人们正确认识清代历史，防止历史虚无主义在大众传播领域泛滥。

《人民日报》（2019 年 01 月 14 日）

把对中国历史的认识提升到更高水平

陈其泰

习近平总书记在致信祝贺中国社会科学院中国历史研究院成立时强调："重视历史、研究历史、借鉴历史是中华民族5000多年文明史的一个优良传统。当代中国是历史中国的延续和发展。新时代坚持和发展中国特色社会主义，更加需要系统研究中国历史和文化，更加需要深刻把握人类发展历史规律，在对历史的深入思考中汲取智慧、走向未来。"这一重要论述深刻阐述了历史研究的重大意义，必将成为推动我国史学发展的强大思想动力。新时代坚持和发展中国特色社会主义，必须把对中国历史的认识提升到更高水平。这是当代历史研究工作者的光荣使命。

在马克思主义指导下深入探索中国历史发展道路

把对中国历史的认识提升到更高水平，必须深入探索中国历史发展道路。探索中国历史发展道路是一个十分重大、十分宏阔的课题，必须坚持以马克思主义为指导。习近平总书记在党的十九大报告中提出，发展中国特色社会主义文化必须"以马克思主义为指导，坚守中华文化立场，立足当代中国现实，结合当今时代条件"。这也是我们探索中国历史发展道路必须遵循的原则，特别是要突出21世纪马克思主义、当代中国马克思主义对历史研究的重要指导意义。

中国历史蕴含的经验、智慧和创造精神无比丰富。中华民族的发展既符合人类社会发展的共同规律，又具有本民族的鲜明特点。新时代的中国历史研究，一项极为重要的任务就是以马克思主义为指导，深入探索中国历史发展道路。中国历史的演进经历了哪些阶段，各个阶段的基本特点是什么？在世界各国中，中国封建社会经历的时间最长、发展的程度最高，其主要运行机制是什么，有什么规律性？几千年来促进中华民族多元一体发展的内部动力是什么？中华民族创造了辉煌的文化，其成功的真谛是什么？几千年来中国如何加强与世界各国的联系，并为人类文明发展作出自己的巨大贡献？围绕中国历史发展道路这个总题目，在前辈学者既有成果的基础上不断推出新成果，能够进一步深化对历史规律的认识，激发民族自信心和自豪感。我们要坚持以马克思主义为指导，从历史发展连续性的视角阐明古与今之间的内在关联，揭示其中蕴含的规律，为当前坚定“四个自信”提供历史依据和精神滋养。这一课题意义重大、任务艰巨，可以采取合作研究的形式不断向前推进。

大力加强历史研究中的理论创新

加强理论创新是把对中国历史的认识提升到更高水平的内在要求，也是构建中国特色历史学学科体系、学术体系、话语体系的必然要求，更是当下许多学者共同呼吁的问题。历史研究中的理论是对一种历史现象或对某一历史时段的恰当概括，由于达到本质认识而对具体研究工作具有重要指导意义。我国史学要在新时代谱新篇，应将理论创新摆在重要位置，以理论创新体现我国史学的中国特色、中国风格、中国气派。

新中国成立后特别是改革开放以来，我国学者在研究中国历史时已经提出不少理论主张，对研究工作产生了重要指导作用。譬如，在中国古代史研究领域，提出中华民族多元一体格局、历史文化认同与统一多民族国家发展、中国封建社会发展地区不平衡性和广大边疆地区封建化进程、大宋史观和新“宋学”观、明清时期江南地区早期工业化等，这些理论主张足以说明我们在理论创新上有很好的势头。一种理论的形成又需要有不断提升、完善的过程。举例来说，上世纪 50 年代，我国史学界提出“资本主义萌芽”的观点，引起热烈讨论，成为史学界“五朵金花”之一，并对明清经济史研究起到明显促进作用。此后，曾有研究者提出不同意见，认为“资本主义萌芽”的观点将中国封建社会后期城市繁荣、手工业发达的现象拔高了。在学术上，一种理论观点遭到批评不足为奇，不能因此而不敢进行理论创新。近年来一些学者提出的“江南地区早期工业化”观点，虽然比“资本主义萌芽”观点探讨的范围更广、时段更长，但同样是指明代后期及其以后江南地区商业活跃、商品经济发达，较之传统社会已有了新的经济因素。这说明“资本主义萌芽”这一观点是对客观存在的历史现象的一种概括，具有理论创新价值。至于如何定名、如何恰当评价，则可以自由讨论、各抒己见。

加强理论创新应汲取我国传统史学在历史理论方面的宝贵思想。我国传统史学高度发达，包含着古代史家观察历史所形成的深邃智慧，可以给我们带来宝贵启示，值得深入挖掘，进行创造性阐释，形成融通古今和中西的理论新概括。

不断拓展和深化一些领域的研究

既拥有极其丰富的传世典籍，又拥有大量出土史料，这是我们研究中国历史的最大优势。我们既要善于挖掘新史料，也要善于用好已有史料，不断拓展和深化一些领域的研究，使人们对中国历史的认识更为深入。

新史料能带来大量新的研究成果。新中国成立后特别是改革开放以来，学者们利用新史料取得了丰硕研究成果。比如，在中国古代史研究领域，学者们利用丰富的出土简牍史料，在研究古代事件、官制、赋役、乡里、律令、土地关系、交通、习俗、宗教信仰等方面获得了大量有价值的新成果。利用敦煌文献、吐鲁番文书以及多种古文书，也收获大量学术成果。同时，学者们对大量传世典籍进行深入阐释，相继拓展和深化了中国古代历史理论、古代史学思想、历史编纂学、历史文献学、经史关系等领域的研究，成绩斐然，方兴未艾。利用好传世典籍和出土史料，史学还有很多领域可以进一步拓展和深化。比如，公羊学说就是一个可以拓展的研究领域。儒家公羊学说曾经在思想领域和政治领域扮演过重要角色。公羊学说在西汉时期曾经盛行于世，不对其进行深入研究就很难深入理解西汉时期的思想和政治。东汉以后，公羊学说消沉了1000多年，到了晚清民族危机严重之时又再度“复兴”。康有为等维新派人士更是把它与西方政治学说糅合，变成倡导变法维新的思想纲领。我们要以科学理论为指导，对公羊学说进行系统剖析、总结，发挥其促进国家统一、加强民族团结的当代价值。类似公羊学说这样值得进一步拓展和深化的研究领域还有很多。我们要大力挖掘新的史料，充分利用已有史料，不断深化对中国历史的认识。

拓展和深化一些领域的研究，离不开研究方法的创新。我国史学界在研究方法上已有不少创新，这是我国史学发展的不竭动力。比如，运用传世文献、出土史料与民族史调查三结合的方法，运用比较研究、历史分析、区域研究、田野调查等方法。对于有利于史学研究创新的方法，我们都应当给予大力支持。当然，研究方法的创新又必须坚持以科学理论为指导，发扬优良学风。惟有如此，研究方法的创新才能沿着正确方向前进。

通过打造精品力作提升我国史学的影响力

史学名著是一个时代史学发展的标志性成果，集中体现了史家的史才、史学、史识。判断一个时代史学发展的成就，判断我们对中国历史的认识是不是提升到更高水平，很大程度上要看推出了多少史学名著。习近平总书记在致信祝贺中国社会科学院中国历史研究院成立时，希望中国历史研究院团结凝聚全国广大历史研究工作者，坚持历史唯物主义立场、观点、方法，立足中国、放眼世界，立时代之潮头，通古今之变化，发思想之先声，推出一批有思想穿透力的精品力作。在看望参加全国政协十三届二次会议的文化艺术界、社会科学界委员时，他强调“要坚持以精品奉献人民”。打造精品力作，应成为新时代我国史学发展的重要目标。

新中国成立后特别是改革开放以来，许多史学名家精心编撰的优秀之作，产生了广泛的社会影响，如白寿彝主编的《中国通史》，夏鼐撰著的《中国文明的起源》，侯外庐、邱汉生、张岂之主编的《宋明理学史》，田余庆撰著的《东晋门阀政治》，漆侠撰著的《宋代经济史》，宁可撰著的《中国封建社会的历史道路》等，都可谓精品力作。这些著作继往开来、启迪后人，产生了很大影响。当前，随着中国特色社会主义事业的发展，我国哲学社会科学正处于发展的黄金期。历史研究工作者应以前辈学术名家为榜样，志存高远，潜心钻研，继续奏出 21 世纪中国史学的华彩乐章，提升人们对中国历史的认识。史学名著的产生，除了史家个人的努力，还需要学术部门领导的支持和同行的关心，同时需要进一步优化学术评价体制、发展健康的学术评论。

《人民日报》（2019 年 04 月 01 日）

守正创新　资政育人

——新中国70年历史学的繁荣发展

张海鹏

1949年10月1日中华人民共和国的成立，开启了中华民族历史新纪元，也使我国哲学社会科学发展站到了新的历史起点上。70年来，我国历史学适应新中国发展的需要，牢固树立唯物史观，不断推进学术创新，取得丰硕研究成果，为推动实现中华民族伟大复兴发挥了作用、作出了贡献。

唯物史观的确立翻开我国历史学新篇章

五四运动以后，唯物史观的基本观点一直在影响着我国学术界、史学界，但新中国成立前，唯物史观在历史学领域不占主流地位。新中国成立后，从旧中国走过来的许多历史学家开始认真学习新理论、吸收新知识、改造旧史观，唯物史观的指导地位在我国历史学研究中得到确立。

20世纪50年代，我国广大历史研究工作者在广泛的学术研究和讨论中，积极学习马克思主义理论、唯物史观，探讨中国历史发展的特点和规律。在中国史领域，关于古史分期、中国近代史分期、封建土地所有制、资本主义萌芽、农民战争、亚细亚生产方式、中国封建社会长期延续、阶级斗争与历史主义、民族英雄与爱国主义、历史人物评价等问题，都曾经引起热烈的学术争鸣。这些争鸣都是从唯物史观出发提出的关于中国历史研究的重大课题，涉及如何根据马克思主义社会形态学说研究中国历史分期、如何用阶级观点分析中国历史上的阶级斗争、如何认识人民群众是历史的创造者以及杰出人物的历史地位等。比如，关于中国历史分期，主要讨论中国的封建社会何时开始。不管是提出西周封建说、春秋战国之交封建说，还是提出魏晋封建说，都是从如何理解马克思主义社会形态学说出发的。相关争鸣大都引用马克思主义经典著作、依据中国历史典籍，在引经据典中展开自己的分析，各自立说。这些历史问题本身就极为复杂，不同学者对马克思主义理论的学习和理解程度不同，对中国古代典籍的理解程度也不一样，形成不同的认识是很自然的。关于中国近代史和中国现代史分期的热烈讨论，源于胡绳 1954 年在《历史研究》创刊号上发表的《中国近代历史的分期问题》，相关讨论持续 3 年之久。这次讨论对于中国近代史学界学习马克思主义基本理论和唯物史观、认识近代中国历史的基本线索，产生了很大的推动作用。

这些关于历史专门问题的研究与争鸣，实际上都是新中国成立后关于马克思主义基本理论、关于唯物史观的大学习、大讨论。争鸣之中或许有偏颇，但这种通过史学争鸣学习马克思主义基本理论和唯物史观的方法效果十分明显，一大批历史研究工作者迅速成长起来。在这个时期，老一辈史学家推出了不少重要研究成果，如郭沫若的《奴隶制时代》、范文澜的《试论中国自秦汉时成为统一国家的原因》、李亚农的《中国的奴隶制与封建制》。一大批年轻的史学家也推出了一批有影响的研究成果，如刘大年的《论康熙》、丁名楠等的《帝国主义侵华史》等。

新中国成立后，历史学研究机构的健全是我国历史学不断发展的重要基础。中国科学院成立后，其所属的近代史研究所、考古研究所、历史研究所、世界历史研究所等研究历史的专业学术机构先后建立起来，经济研究所、文学研究所、哲学研究所、民族研究所等也都有专门研究历史的研究组。一大批专门从事历史研究的老中青学者聚集到这些研究机构，形成了我国历史学研究的专业队伍。1977 年 5 月，党中央决定把中国科学院设置的哲学社会科学部独立出来，建立中国社会科学院，隶属中国社会科学院的四个历史方面研究所的队伍迅速扩大，后来还成立专门研究我国边疆地区历史的机构——边疆史地研究中心，现在已经发展为边疆研究所。中国社会科学院成立后，各省、市、自治区都成立了社会科学院，都设有专门研究历史的机构。在高校，综合大学和师范院校普遍设立了历史系（院）。高校历史学教师不仅担负教学任务，大部分教师还承担科研任务，极大推动了历史学的繁荣。此外，党校系统、军队系统、地方志系统等也都设有研究历史的机构。

发起于1949年7月、成立于1951年7月的中国史学会，为团结全国史学界、推动我国历史学发展做了很多工作。从上世纪50年代开始，中国史学会组织编辑大型中国近代史料，陆续出版了由各方面专家主持编辑的近代史系列资料。

我国历史学在改革开放中不断迈上新台阶

党的十一届三中全会以后，我国历史学得益于改革开放的时代大潮，在各个方面都实现了迅速发展，可谓根深叶茂、史苑繁荣。

改革开放后，我国历史学的各个领域，无论是中国古代史、中国近代史、中国现代史、中共党史还是世界史、史学理论研究，都呈现繁花似锦的局面，各个领域都有代表性著作问世。至于各具体领域的学术论文和学术专著，更是不胜枚举。政治、经济、社会、思想文化、对外关系、法律、军事、民族、生态环境、灾害与救灾等领域，都有大量论著问世。以中国通史方面的研究成果为例，就有范文澜、蔡美彪等著的《中国通史》十卷，郭沫若曾任主编后由编写组完成的《中国史稿》七卷，白寿彝总主编的《中国通史》十二卷，林甘泉等主编的《中国经济通史》九卷，龚书铎总主编的《中国社会通史》八卷，郑师渠总主编的《中国文化通史》十卷等。

这一时期我国历史学的发展成就，还体现为在许多重大问题上有了新突破。比如，改革开放后学者们根据大量考古发掘成果，并结合文献史料研究，推动中华文明起源研究取得亮眼成绩。一些学者根据黄河流域、长江流域以及辽河流域的考古发现，把中华文明起源概括为“多元起源，中原核心，一体结构”，得到许多学者的认同。再如，中国近代史、中国现代史的学科概念发生重要变化。按照马克思主义社会形态学说，把半殖民地半封建社会时期的中国历史作为中国近代史，新中国成立后的中国历史作为中国现代史。还如，我国学者在创建世界历史研究的学科体系方面有了明显进展。吴于廑提出世界历史的纵向发展“是指人类物质生产史上不同生产方式的演变和由此引起的不同社会形态的更迭”，而横向发展“是指历史由各地区间的相互闭塞到逐步开放，由彼此分散到逐步联系密切，终于发展成为整体的世界历史这一客观过程而言的”，这一观点产生了重要影响。

改革开放使我国历史研究工作者与其他国家历史学者有了广泛接触，各种国际性学术讨论对于我国历史学发展起到重要推动作用。中国史学会代表团出席了 1980 年及以后历届国际历史科学大会，2015 年还在山东济南成功举办了第二十二届国际历史科学大会。改革开放后国家建立学位制度和博士后研究制度，培养了大量具有相当学术基础的历史学硕士、博士和博士后研究人员，满足了党和国家事业发展对史学人才的需求，也为历史学研究队伍补充了新鲜血液。

改革开放以来，我国历史学之所以能取得丰硕研究成果，一个重要原因就是党和国家事业的快速发展为历史学发展提供了强大支撑，国家综合国力的增强使包括历史学在内的哲学社会科学各学科都从中受益。比如，上世纪 90 年代初成立国家社会科学基金，基金总额逐年扩大，历史学每年都有数以百计的项目获得资助。国家还实施了一系列支持历史学发展的重大工程，如夏商周断代工程、中华文明探源工程、国家清史纂修工程、抗日战争研究专项工程等。这些工程的启动和推进，对于历史学相关领域的研究起到了重要推动作用。例如，2002 年国家启动清史纂修工程，集中政治史、军事史、边疆史、民族史、经济史、科技史、文学史、文化史等领域的老、中、青三代清史专家共襄盛举。在清史纂修过程中，还整理了数量庞大的档案史料和文献资料，编纂出版了“档案丛刊”“文献丛刊”“研究丛刊”“编译丛刊”“图录丛刊”等丛刊。大量档案史料和文献资料整理出版，为学者们的研究提供了极大方便，对于培养青年历史研究工作者也起到了重要作用。如果没有国家强大实力的支撑，这些重大工程是很难开展的。

为构建中国特色历史学不懈努力

党的十八大以来，以习近平同志为核心的党中央高度重视历史研究。习近平总书记在致第二十二届国际历史科学大会的贺信中指出：“历史研究是一切社会科学的基础，承担着‘究天人之际，通古今之变’的使命”，强调“重视历史、研究历史、借鉴历史，可以给人类带来很多了解昨天、把握今天、开创明天的智慧”。2019 年 1 月，习近平总书记在致信祝贺中国社会科学院中国历史研究院成立时，希望广大历史研究工作者要“总结历史经验，揭示历史规律，把握历史趋势，加快构建中国特色历史学学科体系、学术体系、话语体系”，要“立时代之潮头，通古今之变化，发思想之先声，推出一批有思想穿透力的精品力作”，要“充分发挥知古鉴今、资政育人作用”。贯彻落实习近平总书记这些重要指示精神，关键是加快构建中国特色历史学学科体系、学术体系、话语体系。这是新时代我国历史学发展的关键，是新时代赋予广大历史研究工作者的重大使命。

改革开放以来，历史学研究的各个领域大量翻译、引进西方历史学的理论研究成果，在研究历史时借鉴西方史学理论，开展对西方史学理论的学术研究和评论。这种引进和借鉴，对于打开我国历史研究工作者的眼界、拓展我国历史学研究领域、丰富我国历史学研究方法是有好处的。西方学者提出的概念、理论我们可以参考，但切不可作为自己研究的准绳。我国历史学发展要始终坚持以马克思主义为指导，坚持唯物史观，植根于我国史学丰富的理论和实践。这是加快构建中国特色历史学学科体系、学术体系、话语体系的必然要求。

新时代坚持和发展中国特色社会主义对历史学发展提出了新要求。我国历史研究工作者绝不能辜负党和人民的期望，要在构建中国特色历史学学科体系、学术体系、话语体系上不断取得新进展。努力探究中国历史发展的特点，探究中华文明与其他文明究竟有何相同、有何不同，探究中国历史发展的内在逻辑，通过历史研究为我们坚定道路自信、理论自信、制度自信、文化自信提供历史根据。我们要在今天的时代背景下“究天人之际，通古今之变”，写出具有中国特色、中国风格、中国气派的中国通史、世界通史。

《人民日报》（2019 年 06 月 17 日）

与时代同行　为人民立论

——新中国70年中国近代史研究的繁荣发展

王建朗

重视历史、研究历史、借鉴历史是中华民族5000多年文明史的一个优良传统。新中国成立以来，党和国家高度重视历史研究，中国近代史研究取得了丰硕成果，形成了比较成熟的学科体系，呈现欣欣向荣的繁荣景象，并为未来持续发展打下了坚实基础。

中国近代史学科奠定基础并快速发展

关于中国近代史研究，民国时期即有通史著作与专题著作面世。新中国成立后，中国近代史研究进入一个新的快速发展阶段。1950年5月1日，中国科学院近代史研究所正式成立，这是中国科学院设立的第一个历史方面的研究所（1977年5月，党中央决定把中国科学院设置的哲学社会科学部独立出来，建立中国社会科学院）。

新中国成立后，中国近代史研究很快就全面确立了马克思主义的指导地位。以胡绳的《中国近代历史的分期问题》为代表，我国建立起以历史唯物主义为指导的中国近代史学科框架。这一学科框架把太平天国运动、戊戌变法、义和团运动三大高潮作为中国近代历史的主线。此后的中国近代史教科书和论著大都以三大高潮为主线，以八大事件（鸦片战争、太平天国运动、洋务运动、中法战争、中日甲午战争、戊戌变法、义和团运动、辛亥革命）为中国近代史的基本内容。这一学科框架的建立，对于阐述中国近代史的基本发展脉络具有重要意义。

新中国成立后，中共党史和革命史体系逐步建立。胡乔木的《中国共产党的三十年》在这方面具有开创意义。该书把中国共产党前30年的历史分成四个阶段：党的成立和第一次国内革命战争、第二次国内革命战争、抗日战争、第三次国内革命战争和中华人民共和国成立，从而构建了中国共产党前30年历史的基本框架。1956年，李新等开始编写《中国新民主主义革命时期通史》，至1962年先后出版4卷。该书将革命史研究向经济、思想文化、民族等方面拓展，力图更加完整地反映新民主主义革命时期的历史全貌。此后，相关研究进一步深化了人们对中国共产党历史和中国革命的认识。

有计划地整理出版中国近代史资料，是新中国成立后中国近代史研究所做的重要工作，其学术价值至今仍被广泛认可。1951年起，中国史学会编辑出版了《鸦片战争》《太平天国》《回民起义》《捻军》《洋务运动》《中法战争》《中日战争》《戊戌变法》《义和团》《辛亥革命》10种专题史料，加上1978年出版的《第二次鸦片战争》，这11种专题史料共68册、2758万字，为后来的中国近代史研究提供了丰富可靠的资料。

改革开放推动中国近代史研究走向繁荣

“文化大革命”结束后，真理标准问题大讨论引发了全面而深刻的思想解放运动。历史研究者思想的解放和思维方式的更新为中国近代史研究带来新的生机、注入新的活力，推动中国近代史研究走向繁荣。

改革开放后，中国近代史研究进入了一个新阶段。研究者开始认识到，除了从阶级与革命的视角来观察中国近代史，还应从国家与社会发展的视角来观察中国近代史。近代历史上，中国人民既在追求民族独立、人民解放，也在追求国家富强、人民幸福。因此，近代中国追求现代化的努力不可忽视。思想的解放和思维方式的更新使研究者的视野更为广阔，中国近代史研究中曾经存在的畸轻畸重现象得到纠正。研究领域的拓展填补了许多研究空白，为人们全面认识近代中国历史提供了可能，也为中国近代史学科体系的完善提供了契机。

随着改革开放的深入和中国特色社会主义事业的发展，中国近代史研究与时俱进，不断向新的领域拓展，由比较偏重政治史研究发展成各个领域百花争妍的局面，形成了门类齐全的完整的中国近代史学科体系。一些新的学科发展势头迅猛，逐渐成为中国近代史研究的热点领域。以社会史研究为例，改革开放以来，随着时代的发展、现代化的推进，社会史研究蓬勃发展，获得了独立学科地位。中国近代社会史研究虽然起步较晚，但发展迅猛，经过几十年持续发展，其研究成果的数量已居于中国近代史研究各分支学科的前列。

改革开放以来中国近代史研究的繁荣不仅体现为学科体系逐渐完整，还体现为各类专题研究不断深化。今天的中国近代史研究已经进入精耕细作阶段，人们对于中国近代史的认识更加全面准确。例如，研究者通过对中国共产党建党历史的系统梳理，更正了党的一大召开时间、出席人数等基本史实，使中国共产党建党历史研究得以深化。又如，通过对抗战时期中国共产党在敌后抗日根据地施政的深入考察，研究者指出，中国共产党在抗日根据地成功进行了民主实践，为新中国成立后我们党治国理政提供了有益借鉴。再如，对于抗战时期中国国际地位的提升进行了精细研究，相关研究成果被学界和社会各界逐步认可。

在汲取宝贵经验基础上推动中国近代史研究大发展

回顾新中国成立 70 年来中国近代史研究的发展历程，我们可以总结出许多宝贵经验。这些宝贵经验既是过去中国近代史研究繁荣发展的重要原因，也是未来中国近代史研究得以持续发展的重要保证。我们要在汲取宝贵经验基础上推动中国近代史研究大发展。

中国近代史研究与党和国家事业发展息息相关。70 年的发展历程表明，一方面，党和国家事业发展与社会需求为中国近代史研究提供了强大动力；另一方面，中国近代史研究成果又不断丰富人们的认识、开阔人们的视野，推动党和国家事业发展。70年来，中国近代史研究总是及时回应社会需求。比如，改革开放后，随着党和国家工作中心转移到经济建设上来，研究者对于近代以来的现代化进程给予前所未有的关注。新时代坚持和发展中国特色社会主义，更加需要系统研究中国历史和文化，更加需要深刻把握人类历史发展规律，在对历史的深入思考中汲取智慧、走向未来。在这方面，中国近代史研究更是责无旁贷。我们要始终坚持以马克思主义为指导，通过研究引导人们正确认识中国近代史上的重大问题，为坚定“四个自信”提供有力学理支撑。

新中国成立以来中国近代史研究的繁荣发展，还得益于学术交流和对话。不同意见的交流与讨论是学术发展的重要动力，学术对话所呈现的科学精神和求实态度对学术研究的推动作用是显而易见的。新中国成立以来特别是改革开放以来，中国近代史研究领域的学术对话日益广泛深入。通过学术对话，越来越多的学者认识到历史是丰富多彩的，对于历史的观察也应该是多视角多方位的，这对于深化中国近代史研究、构建更为兼容并包的中国近代史学科体系产生了巨大作用。对外学术交流的拓展也是中国近代史研究繁荣发展的重要原因。改革开放以来，我国史学界积极引进国外史学新理论新方法，将其作为可以攻玉的他山之石。随着中外学术交流的深入，这种引进逐步摆脱最初的好奇和简单套用，日益形成理性的态度，既不一概排斥，也不囫囵吞枣、全盘接受，而是根据中国实际加以吸收借鉴，从而促进了中国近代史研究的深入发展。

经过新中国成立 70 年来的发展，中国近代史研究已经形成了比较成熟的学科体系，达到了新的学术高度。尤为重要的是，中国近代史研究已经形成了一支高素质的研究队伍。今天，新时代中国特色社会主义的发展既对历史研究提出了更高要求，也为历史研究提供了广阔舞台，中国近代史研究一定会有更加繁荣的未来。

《人民日报》（2019 年 07 月 29 日）

鉴古知今　学史明智

——新中国70年中国古代史研究的繁荣发展

卜宪群

新中国成立70年来，在党的领导下，中国古代史研究者坚持以马克思主义唯物史观为指导，取得了丰硕研究成果，为揭示中国历史的独特发展道路与规律、深化全社会对中国古代历史文化的认识、服务我们党治国理政的需要、向世界展示悠久灿烂的中华文明都作出了独特贡献。

唯物史观指导地位的确立使中国古代史研究不断谱写新篇章

中国古代史是指从原始社会到1840年鸦片战争爆发为止的中国历史。中华民族5000多年文明史留下的史料浩如烟海，众多史学家撰著了汗牛充栋的史学典籍。1949年新中国成立后，中国古代史研究不断焕发新的生机、取得新的成就。改革开放前，中国古代史研究取得的重大成就主要可以概括为以下三个方面。

确立唯物史观的指导地位。新中国成立后，马克思主义经典著作更多更系统地被翻译和引进，马克思主义唯物史观成为史学研究的指导思想，进入科研机构和学校讲台。在郭沫若、吕振羽、翦伯赞、范文澜、侯外庐等马克思主义史学家艰辛探索的基础上，更多史学工作者开始自觉学习研究唯物史观，并以这一科学理论为指导，研究中国历史上的重大问题。与此同时，一大批坚持唯物史观的研究和教学机构、学会和刊物纷纷创立，对中国古代史研究产生了重要促进作用。例如，中国科学院历史研究一、二所和中国史学会成立，《历史研究》《史学月刊》《安徽史学》《文史哲》《史学集刊》《历史教学》等杂志创办。这一时期，坚持以唯物史观为指导的研究人才队伍也逐步建立起来，新的学术生态开始形成。

探讨中国历史上的重大问题。中国古代史分期问题、中国封建土地所有制形式问题、中国封建社会农民战争问题、中国资本主义萌芽问题、汉民族形成问题，这五个重大问题研究以马克思主义社会形态理论、阶级分析方法等为指导，关注中国历史上长时段、重大历史时期的政治、经济、社会、思想变化，探寻这些变化与现象背后的深层原因，揭示其性质与意义。五个重大问题研究讨论的主题主要集中在中国古代史领域，这些讨论大大深化了人们对中国古代历史的认识，推动马克思主义与中国历史具体实际的结合，有助于人们从宏观上、理论上把握中国历史的发展规律。五个重大问题研究以及由此引发的中国封建社会长期延续原因、亚细亚生产方式、历史主义与阶级观点、历史遗产继承、历史人物评价、史论关系等理论问题的大讨论，在中国历史资料挖掘、中国古代历史问题研究意识培育方面都达到了前所未有的高度，并初步构建起新中国中国古代史的学科体系、学术体系、话语体系，其所关注的问题与积累的资料成为后来中国古代史很多分支学科的生长点。

大量学术成果为中国古代史奠定了较好学科基础。唯物史观的指导地位确立后，众多历史学名家和史学新晋撰著、编辑、校订出版了大量学术著作，诸如：范文澜的《中国通史简编》修订本第一、二、三编出版，翦伯赞主编的全国高等学校文科教材《中国史纲要》出版，吕振羽的《简明中国通史》修订出版，郭沫若主编的《中国史稿》启动编写，尚钺的《中国历史纲要》出版，侯外庐主编的多卷本《中国思想通史》出版，对“二十四史”进行整理。此外，相关断代史、专门史论著也不断涌现，如杨宽的《古史新探》和《战国史》、唐长孺的《魏晋南北朝史论丛》和《魏晋南北朝史论丛续编》、王仲荦的《魏晋南北朝隋初唐史》、谷霁光的《府兵制度考释》、韩国磐的《隋唐的均田制度》、傅衣凌的《明代江南市民经济试探》、史念海的《河山集》等，史学领域呈现百花齐放的局面。这些学术成果为中国古代史奠定了较好学科基础，其中很多都是经典之作，是我们今天研究中国古代史仍然要学习参考的内容。

改革开放让中国古代史研究迎来新的春天

1978年党的十一届三中全会后，在解放思想、实事求是思想路线指引下，经过拨乱反正，广大史学工作者不断开拓创新，中国古代史研究迎来新的春天。改革开放40多年来，党对历史研究的高度重视、国家经济实力的不断增强，为中国古代史研究提供了政治和经济上的保障，中国古代史在学科建设、人才培养、对外交流、成果出版等方面都取得了更加骄人的成就。

对唯物史观的理解更加全面深刻。在社会形态理论上，学者们认识到人类社会历史发展过程的复杂性与多样性，对包括中国在内的许多国家的社会形态作出了更加合理、更有说服力的解释。在强调历史唯物主义是中国古代史研究理论指导的前提下，中国古代史研究者深入中国历史实际，从具体史料出发研究具有中国特点的历史发展道路，构建自身的史学理论体系。改革开放后，围绕五个重大问题研究，围绕亚细亚生产方式、中国封建社会长期延续、历史人物评价、民族关系等问题的再探讨，无论是对唯物史观的认识，还是将唯物史观与中国历史实际相结合，都较之前有了明显进步。

研究理论和方法日益完善。改革开放后，中国古代史研究不断向纵深发展。在马克思主义历史理论和史学理论指导下，在科学汲取古今中外优秀史学理论和方法的基础上，在新资料大量发现、整理、刊布的情况下，政治史研究、经济史研究、社会史研究、思想史研究、文化史研究、民族史研究、史学理论与史学史研究、中外关系史研究、历史地理研究、边疆史地研究等都开始形成自身的研究理论和方法。以甲骨文、简帛、敦煌吐鲁番文书、徽州文书、碑刻与图像资料以及众多民间文书为代表的新出文献，极大丰富了中国古代史的史料。环境史、医疗史、疾疫史、社会生活史等新兴学科、交叉学科异军突起，让中国古代史学科体系日益完善。

学术成果极为丰硕。通史编纂反映着一个时代整体的历史认识水平。郭沫若去世后由尹达主持的《中国史稿》全部出齐，范文澜去世后由蔡美彪主持的《中国通史》顺利完成，白寿彝主编的《中国通史》在20世纪末圆满完成，中国社会科学院历史研究所编纂的面向社会大众的五卷本《中国通史》获得良好反响，曹大为等总主编的《中国大通史》也已面世。这些通史在编纂理念与方法上都有创新之处。此外，政治史、经济史、社会史、思想史、文化史、史学史等领域也都有专门性的通史出版。断代史研究反映着历史研究的深度与厚度。自先秦至明清大都有相关著作问世，而且很多是奠基之作，极大丰富了我们对相关断代史的认识。

肩负起新时代的学术使命

党的十八大后，中国特色社会主义进入新时代。习近平总书记强调："新时代坚持和发展中国特色社会主义，更加需要系统研究中国历史和文化，更加需要深刻把握人类发展历史规律，在对历史的深入思考中汲取智慧、走向未来。"新时代新使命，中国古代史研究者要肩负起自己的学术使命，为实现"两个一百年"奋斗目标、实现中华民族伟大复兴的中国梦贡献力量。

坚持唯物史观在中国古代史研究中的指导地位。习近平总书记指出："坚持以马克思主义为指导，是当代中国哲学社会科学区别于其他哲学社会科学的根本标志"。从时间上看，在中华民族 5000 多年文明史中，中国古代史占据着主要时间段，中国古代史研究在中国历史研究中有着特殊地位。新时代的中国古代史研究必须坚持以唯物史观为指导，深刻揭示中国古代历史的丰富内涵与发展规律。这不仅是党和国家事业发展的需要，也是提升我国哲学社会科学整体发展水平的需要。为此，中国古代史研究者应继续在唯物史观的学习上下大力气，掌握唯物史观的核心要义，真正将唯物史观与中国历史实际紧密结合起来。

自觉将中国古代史研究与新时代党和国家需要、人民需求结合起来。习近平总书记指出："历史是一面镜子，鉴古知今，学史明智。重视历史、研究历史、借鉴历史是中华民族 5000 多年文明史的一个优良传统。"新时代中国古代史研究者的重要职责，就是要从历史的角度阐释好走中国特色社会主义道路的历史必然性，从历史中汲取智慧、把握规律，为坚持和发展中国特色社会主义发挥自身的学科作用；就是要坚持史学研究为人民服务的导向，把中国古代史研究与广大人民群众的精神文化需求紧密结合起来。

为构建中国特色哲学社会科学学科体系、学术体系、话语体系贡献力量。

中国特色哲学社会科学学科体系、学术体系、话语体系建设离不开历史科学“三个体系”建设。中国古代史研究者要按照习近平总书记“立足中国、借鉴国外，挖掘历史、把握当代，关怀人类、面向未来”的要求，坚持以马克思主义为指导，汲取中华优秀传统文化资源，借鉴国外哲学社会科学资源，努力构建起体现继承性、民族性，体现原创性、时代性，体现系统性、专业性的中国古代史学科体系、学术体系、话语体系。

《人民日报》（2019 年 08 月 26 日）

探索史学历史　促进史学发展

——新中国 70 年史学史研究的繁荣发展

瞿林东

每一门学科都有自身的历史，文学有文学史，哲学有哲学史，史学有史学史。中国史学史以研究和阐述中国史学的发展过程及其规律为主要任务。新中国成立后，中国史学史研究以马克思主义为指导步入新的探索与发展时期。

探索与发展历程

在中国史学史上，关于史学史的意识乃至史学史的思想，早已有之。20 世纪 20 年代，梁启超在《中国历史研究法补编》中首次提出研究中国史学史的问题。受梁启超影响，有些学者开始进行这方面研究。20 世纪 40 年代有几部中国史学史研究的专著面世，包括王玉璋的《中国史学史概论》、魏应麒的《中国史学史》、金毓黻的《中国史学史》。这几部著作反映了中国史学史研究草创时期的学术成果。新中国成立后，中国史学史研究迈上探索与发展之路。

20 世纪五六十年代，是中国史学史研究为新的探索与发展奠定理论基础的时期，其标志是 1961 年全国文科教材会议后史学界关于史学史研究的大讨论。北京、上海、广州、西安等地的许多史学工作者参与研讨，就中国史学史研究的对象和任务、范围和内容以及发展规律等问题，发表各自的见解。在这次大讨论的推动下，涌现出一批很有学术价值的论文，起到了在新的历史条件下探索史学史研究路径的作用。如耿淡如的《什么是史学史》一文，就史学史的定义、对象和任务作了比较全面的阐述。署名师宁的文章《简论为什么要研究中国史学史》指出：中国史学“无论在史学理论方面，还是在历史编纂学方面，都有自己的灿烂的成绩和创造性的发展”，在今天仍有其科学价值。白寿彝在《中国史学史研究任务的商榷》一文中指出：“阐明规律和总结成果，是我国史学史研究的两大经常任务”，史学史研究者必须详细占有资料和不断提高理论水平，必须善于区别精华和糟粕。在这里，作者把史学史研究的主体、客体和主客体关系都讲到了。同时，根据全国文科教材会议制订的计划，北京和上海一些高校历史系开始招收中、西史学史专业研究生，培养这方面的研究人才。

党的十一届三中全会后，中国史学史研究踏上新的发展之路。一些高等学校和中国社会科学院成立了史学史研究机构，1981 年《史学史资料》更名为《史学史研究》并向国内外公开发行，史学史专业硕士研究生和博士研究生的培养逐年增加，加之全国性的中外史学史研讨会经常举办、海峡两岸史学史研究者的学术交流不断扩大。在这些因素的共同作用下，史学史研究形成生机盎然的局面，研究成果不断积累、研究领域不断开拓。

党的十八大以来，以习近平同志为核心的党中央团结带领全党全国各族人民推动党和国家事业取得历史性成就、发生历史性变革，中国特色社会主义进入了新时代。中国历史学同哲学社会科学其他学科一样，面临新的时代要求，肩负重大历史责任。中国史学史作为中国历史学的一个分支学科，也面临着新的发展机遇。比如，积极探索学科体系、学术体系、话语体系构建的方法和路径已成为史学发展的主要趋势之一，这就要求史学史对我国史学的学术遗产作认真清理，并对其中的优秀内容进行转化和发展，为当前史学发展所用，以彰显史学的继承性与民族性。这对于中国史学史发展而言是新的发展机遇。

取得显著成就

走过 70 年的探索与发展之路，中国史学史研究在以下几个方面取得显著成就。

系统撰述类型多种多样。一般说来，系统的中国史学史撰述，旨在总揽全局、疏通脉络、揭示规律，而各种专著则又各有侧重、风格不一。概括说来，系统的中国史学史专著有以下几种类型。第一种类型是20世纪80年代初最先面世的两部著作，即朱杰勤著《中国古代史学史》和刘节著《中国史学史稿》，它们都以断代史观念为框架进行撰述。之后出版的张孟伦著《中国史学史》大致同此。第二种类型是以社会形态划分作为撰述内容的框架，如尹达主编的《中国史学发展史》，在理念上与此书相近者有施丁著《中国史学简史》。第三种类型是以断代史的观念与各断代时期史学的特点及其发展进程相结合，作为撰述的框架，如白寿彝主编的6卷本《中国史学史》、乔治忠著《中国史学史》、谢贵安著《中国史学史》。第四种类型是以断代史的观念与各断代时期史学的特点及其发展态势和特质相结合，作为撰述的框架，如仓修良著《中国古代史学史》、瞿林东著《中国史学史纲》等。第五种类型是把中国史学史概括为3个阶段形成整体框架，即："从'史'的产生到第一次系统总结"（先秦至唐前期）；"分支系列发展，古典史学的终结"（中唐至清中期）；"社会格局屡变，史学不断更新"（晚清至民国），参见谢保成著3卷4册《增订中国史学史》。由此可见，撰述内容在结构上的不同类型，反映了研究者对于史学史的整体把握与发展状态的不同认识，显示出各自的特点。但它们之间也有基本的共同点，即都彰显了中国史学发展的连续性和成果积累的丰富性。

断代与专题研究异彩纷呈。断代与专题研究的开拓，是中国史学史研究深入发展的表现。数量众多的断代史学史与专题史学史，以及史家传记、史学名著评介、史学史资料编年、史学史文献整理等专著不断涌现，形成异彩纷呈的发展态势。首先，断代史学史研究不断取得进展。先秦史学史、秦汉史学史、秦汉魏晋南北朝史学史、汉唐间史学史、六朝史学史、隋唐五代史学史、宋代史学史、辽金元史学史、明代史学史、明清史学史等，这些断代史学史研究各具特色，如许殿才著《秦汉史学研究》内容充实、分析深刻；胡宝国著《汉唐间史学的发展》思路开阔、立论新颖。其次，专题史学史研究成果非常丰富。如关于官修史书研究，分别有唐、宋、明、清的官修史书研究（包括明清实录研究），论述朝廷修史制度、作用、成就及其局限。关于修史制度研究，有牛润珍著《汉至唐初史官制度的演变》、王记录著《清代史馆与清代政治》，等等。这里要特别提到的是，胡逢祥等著3卷本《中国近现代史学思潮与流派（1840—1949）》，是一个史学群体积20余年之功而成的鸿篇巨制，对中国近现代史学思潮与流派作了详尽的论述。此外，还有两个重要的专题史学史研究。一是关于系统论述中国马克思主义史学和新中国史学成就的论著，如桂遵义著《马克思主义史学在中国》、张剑平著《新中国史学五十年》《中国马克思主义史学研究》，等等。二是关于少数民族史学的研究。尤其值得关注的是史金波、关志国所著《中国民族史学史纲要》一书，这是中国第一部较为系统全面地论述中国少数民族史学史的著作。

20世纪80年代以来，还有一些学者出版了中国史学史研究论集，因研究对象不同、视角不同，可谓“百家争鸣”、各具特色。如朱维铮著《朱维铮史学史论集》、李红岩著《中国近代史学史论》、瞿林东著《唐代史学论稿》具有一定的代表性。需要指出的是，20世纪50年代以来，港、台地区的学者在中国史学史研究领域多有建树，如李宗侗著《中国史学史》、杜维运著《中国史学史》《与西方史家论中国史学》《中西古代史学比较》，等等。

理论研讨日趋热烈

改革开放以来，中国史学史的理论探讨受到关注和重视，这是史学史研究走向更高发展阶段的表现。这是因为史事反映人们的感性认识，理论则反映人们的理性认识，是认识史学的高级阶段。

关于马克思主义史学的理论研究。改革开放以来尤其是近20年来，这方面的研究成果不论在数量上还是在研究深度上，都呈现出不断发展的趋势。1983年，《历史研究》编辑部编的《建国以来史学理论问题讨论举要》一书出版。陈其泰主编的《中国马克思主义史学的理论成就》是力图在这方面作出总结的著作。于沛主编的《马克思主义史学理论论丛》，以及现已出版5辑的系列论集《马克思主义史学理论研究》，汇集了近年来这方面的研究论文，讨论范围宽广，多有别出心裁之作。朱佳木主编的《唯物史观与新中国史学发展》反映了唯物史观在历史学各领域研究中的指导作用。此外，于沛主编的6卷本《马克思主义史学思想史》，纲领宏大、论述翔实，是一部开创性著作。

关于中国古代史学的理论研究。20 世纪 60 年代，白寿彝提出史学遗产中“有正确的历史观点”，这推动了关于中国古代史学的理论研究。瞿林东主编的 3 卷本《中国古代历史理论》第一次系统地揭示了中国古代史学中的历史理论遗产。吴怀祺主编的 10 卷本《中国史学思想通史》是这一领域极具规模的首创之作。中青年学者在这方面的著作主要有:《魏晋南北朝史论研究》《明代历史理论研究》《18 世纪中国史学的理论成就》《中国近代史学理论的形成与演进（1902—1949）》等。李振宏著《当代史学平议》，是一部具有较强现实性的理论著作。这些理论成果，对新时代中国特色历史学基本理论建设具有重要参考价值。

***　***

新中国成立 70 年来，中国史学史研究伴随着伟大祖国前进的步伐不断探索发展、开拓进取，在研究者的认识、著作的类型、理论的发掘以及专业人才的培养等诸多方面呈现日新又新的态势。在新时代，中国史学史应继续推进各方面研究走向深入，并着重发挥自身连续性发展的特点和成果丰富的优势，努力在中国特色历史学学科体系、学术体系、话语体系构建中作出应有的贡献。

《人民日报》（2019 年 11 月 04 日）

不断深化中国古代制度史研究

卜宪群

中国在人类社会发展史上曾经长期处于领先地位，在漫长的历史进程中创设了许多值得珍视的制度。中华文明能够长期延续、不断发展的一个重要原因，就在于内涵丰富、各具特色的制度逐步发展成为一整套制度体系，为国家治理提供了制度保障。中国古代制度史一直是历史研究的重要内容。今天，不断出现的新问题、新材料、新方法、新理论推动中国古代制度史研究焕发勃勃生机、呈现繁荣局面。

中华文明素有重视制度建设的传统

制度是指“要求大家共同遵守的办事规程或行动准则”，也指“在一定历史条件下形成的政治、经济、文化等方面的体系”。中华文明素来重视制度建设，重视制度体系与治理体系相统一，重视制度体系与治理体系的继承和创新。

中华文明素来重视制度建设。周灭殷后，殷遗民箕子向周武王提出了“洪范九畴，彝伦攸叙”的制度安排构想。“彝伦”指法则，“攸叙”指正常秩序。“彝伦攸叙”，是指构建合理有序的政治与社会秩序。反之则“彝伦攸斁”，也就是政治与社会秩序遭到破坏。“彝伦攸叙”倡导制度设计要适应常理、施行顺遂的变化观，是历代都遵循的关于制度制定的重要思想。明清之际，思想家王夫之曾总结说：“彝伦攸叙，虽有不善者寡矣；彝伦攸斁，其于善也绝矣。”西周开始，关于制度建设重要性的认识史不绝书。如《尚书·周官》说“制治于未乱，保邦于未危”，《管子·法法》说“太上以制制度”，《周易·彖辞》说“节以制度”,《左传·襄公二十八年》说“为之制度，使无迁也”,《商君书·壹言》说“凡将立国，制度不可不察也”,《荀子·儒效》说“法先王，统礼义，一制度”,《荀子·王制》说“是使群臣百姓皆以制度行”。约成书于战国时期的《周礼》,本身就是制度思想之作，其开篇“惟王建国，辨方正位，体国经野，设官分职”，讲的也是制度建设的重要性，对中国古代政治制度建设产生了重大影响。先秦的内外服制、分封制、礼制、世卿制、郡县乡里制、军功爵制、官僚制等，都是各种制度建设思想的实践形态。秦汉大一统国家建立后，维护和巩固大一统秩序的各项制度更加完善，构成了中华文明制度体系的核心内容。

中华文明高度重视制度体系与治理体系相统一。制度体系需要通过治理体系体现出来，治理体系是对制度体系完善与否的检验，二者是有机统一的。《尚书·周书·周官》说“议事以制，政乃不迷”，这里的“政”就是治理体系。有了制度，治理才不会迷失方向。中国先秦时期已经有了丰富的“治”与“治理”思想，有了“治”与“乱”的区别。秦汉以后，重视“治理”作为一种政治文化传统，在政治家、思想家那里得到肯定并不断延续，并被更多地引入政治实践领域，形成了富有中华文明特色的治理体系，体现在政治、经济、法令、文化、社会、军事、生态等诸多方面。

中华文明高度重视制度体系与治理体系的继承和创新。《商君书·壹言》说“制度时，则国俗可化，而民从制”，贾谊《过秦论》说“察盛衰之理，审权势之宜，去就有序，变化因时，故旷日长久而社稷安矣”，都是强调制度体系与治理体系在继承的基础上进行创新的重要性。中国古代经历了不同社会形态，也经历了很多次改朝换代，但在制度体系与治理体系上大都能够做到继承与创新的有机统一。以贵族等级分封制为代表的先秦国家制度体系和治理体系，在春秋战国以后已经不适应时代发展的需要，以中央集权制、郡县制为代表的大一统国家制度体系与治理体系应时而生；源自秦汉的中央集权制，在魏晋南北朝、隋唐、宋辽金元明清还在创新发展，不断显示出继承性和创新性有机统一的特点。

制度史研究向为史家所重

中华文明悠久的制度建设史、制度在历史发展进程中发挥的重要作用，都促进了中国古代的制度记录与整理，激发了史家对制度史研究的极大热情，制度史研究一直是我国史学研究的重要领域。

在中国传统文献中，制度的记录与整理是一项重要内容。在反映先秦历史的《尚书》《左传》《国语》《周礼》《逸周书》《仪礼》《礼记》《管子》等书中，就有许多关于制度的记载。中国第一部纪传体通史《史记》中的《礼书》《乐书》《律书》《天官书》《封禅书》等“八书”，记载了不少自先秦至汉初的制度沿革，开创了历代“正史”重视制度记录之先河。《汉书》继承这一传统，以“志”“表”的形式，系统记录了西汉一代法律、职官、行政区划、祭祀等制度。补入《后汉书》的“八志”，在制度记录的体例上更加完善统一，具有重大历史价值。“二十四史”中确有部分史书因时代原因而无志书，但统一王朝建立后，往往都会补上这一缺憾。如《晋书》补《三国志》缺“志”之不足，从而使各时期制度状况能够延续不断记录下来。隋唐以后，更加重视制度的记录、整理、研究。唐代杜佑的《通典》、刘秩的《政典》、苏冕的《会要》，开创了典制体政书通史和断代史之先河。《通典》编纂历时 30 余年，以 200 篇的鸿篇巨制，分为食货、选举、职官、礼、乐、兵、刑法、州郡、边防等九类，记录了上自轩辕唐虞三代、下迄唐天宝年间（部分延至肃、代之际）的制度演变，影响至巨。此后，南宋郑樵的《通志》、宋元之际马端临的《文献通考》与《通典》并称为“三通”。此后，历代典制体政书编纂续之不绝，至民国时完成《清续文献通考》，被合称为“十通”，与“会要”“会典”等体裁互为补充，是反映历代制度沿革的重要史料。

与丰富的制度记录并驾齐驱，中国古代制度史研究也有悠久的传统。古人虽不以“制度史”命名，但从不同角度进行了制度史研究。如《周礼》一书，虽然不能被完全视为周代制度本身，但实际上是一部以自己思想体系研究“制度史”的产物，只不过与我们今天制度史研究的表达方式与范畴有所区别而已。其实，除官府文书档案等直接材料之外，无论正史中的制度记录，还是典制体政书中的记载，都带有史家自己的剪裁选择，不能完全等同于制度本身。还需要注意的是，古今对“制度”的理解固有差异，古人确有“制度”与“人事”不分的特点，但也不可一概而论，诸如《后汉书·百官志》《汉官仪》之类，还是以狭义的制度为主的。同样，近代以来的制度史研究固然有时代赋予的色彩，也存在重制度而轻人事的现象，但并非不重视人事，如钱穆在《中国历代政治得失》前言中就说：“要讲一代的制度，必先精熟一代的人事。”再如《隋唐制度渊源略论稿》《东晋门阀政治》等将制度与人事研究相结合的佳作也不少见。

中国古代制度史研究是20世纪以来特别是新中国成立以来我国史学研究的重要内容。改革开放后，因新理论、新方法的引入和新史料的发现，中国古代制度史研究出现了大发展局面。一方面，以政治制度为主体的各项制度研究日益深化、细化，制度史研究的领域大大拓宽；另一方面，对制度史研究的理论方法探讨与存在问题的反思愈益引起关注。“活的制度史”、制度与“日常统治”、“制度史观”等问题的提出，对深化制度史研究均有启发意义。但正如学者所说，无论哪种思考，“都要坚持以唯物史观为指导”，这是当代中国史学发展的根本方向。

中国古代制度史研究极具当代价值

中国传统史学素有经世致用的特点，制度史研究也不例外。杜佑称《通典》编纂“实采群言，征诸人事，将施有政”；杜佑友人李翰在为《通典》所作序文中认为，《通典》能够“以为君子致用，在乎经邦”，就是阐明制度史研究的现实意义。一个国家选择什么样的制度与其历史底蕴和文化传统有关。中国特色社会主义制度与中国古代制度当然有着本质区别，但中国古代制度及其在传承中华文明方面的历史经验，对今天坚持和完善中国特色社会主义制度、推进国家治理体系和治理能力现代化仍有重要借鉴意义，这也是中国古代制度史研究的当代价值所在。

习近平总书记指出：“中国特色社会主义制度和国家治理体系具有深厚的历史底蕴”。深厚的历史底蕴自然涵盖中华民族自古以来逐步形成的一整套国家制度和国家治理体系。探讨中国特色社会主义制度和国家治理体系与中华民族自古以来逐步形成的一整套国家制度和国家治理体系之间的内在逻辑关系，是新时代中国古代制度史研究的新方向、新命题。比如，探讨中国古代德主刑辅与今天坚持依法治国和以德治国相结合、建设社会主义法治国家之间的关系，探讨中国古代尚贤用能与今天坚持德才兼备、选贤任能、聚天下英才而用之之间的关系，探讨中国古代协和万邦与今天构建人类命运共同体之间的关系，探讨中国古代追求天人合一与今天建立和完善生态文明制度体系、促进人与自然和谐共生之间的关系，探讨中国古代坚持“要在中央”与完善坚定维护党中央权威和集中统一领导的各项制度的关系，等等。探讨这些关系，从中国古代制度中汲取智慧，有利于坚持和完善中国特色社会主义制度、推进国家治理体系和治理能力现代化。

制度是中华文明发展的标志性载体，是社会形态与社会阶段划分的重要标志，制度史是中国古代史研究的重要内容。习近平总书记强调：“加快构建中国特色历史学学科体系、学术体系、话语体系。”深化制度史研究在加快构建中国特色历史学学科体系、学术体系、话语体系方面具有引领作用。我们要汲取古人在制度史研究方面的优良传统，结合新的时代要求不断开辟制度史研究新境界，充分彰显制度史研究的当代价值。这既是加快构建中国特色历史学学科体系、学术体系、话语体系的内在要求，也是推动中华优秀传统文化创造性转化、创新性发展的必然要求。

《人民日报》（2020 年 06 月 22 日）

从百年党史中汲取党史学科发展的智慧

王炳林

历史蕴含着丰富智慧。中国共产党历来重视学习党史，善于从党史中汲取前进的智慧和力量。在这个过程中，党史作为一门独立的学科也逐步发展起来。党史学科有着明确的研究对象、严谨的学术体系，产生了丰硕的研究成果。推动党史学科发展，对于深化党的历史研究和宣传、科学总结党的历史经验、加强党员干部党性修养、提高党的领导水平和执政水平等，都具有不可替代的作用。认真总结百年来党史研究的宝贵经验，对于新时代推动党史学科发展具有重要意义。

加强党的领导为党史学科发展提供根本保障

党史学习和研究工作从一开始就是在党中央的直接领导和亲切关怀下开展的，这是党史学科发展始终坚持正确方向的根本保障。新民主主义革命时期，党中央作出《关于若干历史问题的决议》，毛泽东同志、周恩来同志、刘少奇同志、朱德同志、陈云同志等带头学习和研究党史，发表了一系列重要讲话和著作，奠定了党史学科的理论基础。新中国成立后，党史学习研究工作扎实开展，《中国共产党的三十年》等一些重要党史著作出版。改革开放后，邓小平同志主持起草《关于建国以来党的若干历史问题的决议》，发表一系列重要讲话，指明了党史研究的正确方向。江泽民同志对努力学习中国历史特别是中国近现代历史和党的历史作出深刻论述。胡锦涛同志要求广大中青年干部进一步学习党的知识和党的历史，深入了解党的优良传统和作风。党的十八大以来，习近平总书记围绕加强党史学习研究发表的一系列重要论述，立意高远、内涵丰富、思想深刻，为新时代推动党史学科发展提供了根本指针。

延安时期，党中央设立干部教育部，后来又专门成立中央学习组，毛泽东同志任组长，并要求各级党组织也设立相应机构，加强对党史学习和研究的领导。改革开放后，党中央成立党史工作领导小组，并成立了专门从事党史工作的中央党史研究室，县级以上地方都成立了从事党史研究和资料搜集整理等工作的研究机构，为党史学科发展提供了组织保障。高校和一些研究单位也有专门从事党史研究的机构和人员。各地还成立了中共党史学会，组织党史工作者有计划开展党史研究。2010 年 6 月，《中共中央关于加强和改进新形势下党史工作的意见》下发。随后全国党史工作会议在北京召开。以中共中央名义制定和下发关于党史工作的文件，在我们党的历史上是第一次；由党中央召开全国党史工作会议，在我们党的历史上也是第一次，这极大地促进了党史学科的发展。2018 年 3 月，党中央将中央党史研究室、中央文献研究室、中央编译局的职责整合，组建中央党史和文献研究院，统筹党史研究、文献编辑和著作编译资源力量，打造党的历史和理论研究高端平台。

1942 年毛泽东同志发表《如何研究中共党史》，对党史研究的对象、内容、研究方法以及党的历史分期等问题进行了系统阐释，为党史学科发展提供了理论指导。我们党以“决议”形式总结党的历史经验，对重大历史事件、重要理论问题和重要人物作出评价，为党史学科发展提供了指导原则。1945 年党的六届七中全会通过《关于若干历史问题的决议》，1981 年党的十一届六中全会通过《关于建国以来党的若干历史问题的决议》，充分体现了我们党的远见卓识和政治上的成熟，也为党史学科发展指明了正确方向。在我们党百年华诞之际，党中央决定在全党开展党史学习教育，党史学科发展迎来了新的春天。习近平总书记在党史学习教育动员大会上的重要讲话、在庆祝中国共产党成立 100 周年大会上的重要讲话，是党史学科发展的根本指针。党的十九届六中全会将重点研究全面总结党的百年奋斗的重大成就和历史经验问题，必将有力推动党史学科发展。可以说，党的创新理论一直指导着党史学科健康发展。

树立正确党史观为党史学科发展提供根本遵循

历史观是史学的核心和灵魂。坚持正确历史观，才能透过现象看到本质，科学探究人类历史发展的规律。马克思主义唯物史观揭示了人类社会发展规律，是科学的历史观。党史研究一开始就是在唯物史观的指导下进行的。蔡和森的《中国共产党史的发展（提纲）》、瞿秋白的《中国共产党历史概论》等，以唯物史观为指导叙述中国共产党的发展历程。毛泽东同志的《中国革命和中国共产党》《新民主主义论》等一系列著作，就是运用唯物史观研究党史的经典之作。正确党史观是在唯物史观指导下形成的研究党史的理论原则和根本方法。新时代树立正确党史观，就要坚持以习近平新时代中国特色社会主义思想为指导，系统学习和研究党的历史。

坚持实事求是原则。习近平总书记指出："实事求是，是马克思主义的根本观点，是中国共产党人认识世界、改造世界的根本要求，是我们党的基本思想方法、工作方法、领导方法。"历史是客观存在的，研究党史必须坚持实事求是原则，求真求实、探求本源，既不能因为记录成就而回避失误和曲折，也不能因为探索中的失误和曲折而否定取得的成就，而要从实际出发作出符合实际的判断。

坚持具体问题具体分析。任何历史行为和人物活动都会受到历史条件的限制。坚持具体问题具体分析，要求把历史问题放在当时的社会背景和历史条件下进行研究，从而作出符合历史实际的客观评价，不能用今天的时代条件、发展水平、认识水平去衡量和要求前人，否则就会陷入历史虚无主义泥潭。

坚持大历史观。历史的长河奔腾不息，历史、现实、未来不可分割。研究历史要将其看作一个普遍联系和相互作用的统一整体。树立大历史观，就要从历史长河中探究历史规律，以宏阔的国际视野把握历史大势。习近平总书记注重把党的历史与中华民族5000多年文明史、世界社会主义500多年发展史、中华民族近代以来180多年的历史结合起来考察，运用大历史观揭示历史规律、把握历史趋势。把学习党史与学习新中国史、改革开放史、社会主义发展史有机结合起来，就要运用大历史观来总结历史经验，不断深化对共产党执政规律、社会主义建设规律、人类社会发展规律的认识。

运用科学方法。工欲善其事，必先利其器。辩证唯物主义和历史唯物主义是马克思主义的世界观和方法论。以这一根本方法为指导所形成的马克思主义社会科学方法论，为社会科学研究提供了基本原则和科学路径。党史学科作为社会科学的重要组成部分，既要采用社会科学一般方法，也要善于运用比较史学、个案研究、口述史学等具体研究方法。这些研究方法都对党史学科发展产生了重要推动作用。

整理运用好史料为党史学科发展提供坚实基础

史料是历史研究的基础和前提。党的历史资料记录着党团结带领全国各族人民不懈奋斗的光辉历程和伟大成就，蕴含着百年大党风华正茂的成功密码，珍藏着中国共产党人百年来坚守初心使命的生动故事，具有存史资政育人的巨大功能。

我们党历来重视档案资料的保管和利用，为党史学科发展奠定了坚实基础。早在 1927 年 10 月，党中央就正式成立文件保管处，后来又成立中央文库，周恩来同志直接联系。中央文库收集和保管了从 1922 年起到 1933 年党中央从上海迁至江西瑞金为止的中央和各地党组织的文件、中国工农红军档案、中华苏维埃政府文件等，共 2 万余件，为我们党保存了极为珍贵的档案资料，也为党史学科发展奠定了坚实的史料基础。1937 年，中央军委发布《关于征集红军历史材料的通知》，要求广泛征集各根据地红军的文件材料。延安时期，毛泽东同志主持编辑了《六大以前》《六大以来》两部历史文献集，包括党的决议、会议纪要等共计 400 多万字。新中国成立后，党和政府成立专门机构，加强党史文献的搜集整理。改革开放以来，各种档案资料的整理汇编更是应有尽有。习近平总书记高度重视红色资源的挖掘和运用，强调“要把红色资源利用好、把红色传统发扬好、把红色基因传承好”。各地积极推进红色资源的抢救、修复、整理和数字化工作，进一步加大红色档案的接收和征集工作力度，为党史学科发展夯实了资源基础。

培养人才为党史学科发展提供力量支撑

党的历史是资政育人的生动教科书。新民主主义革命时期，我们党就在党校系统开设党史课程，至今党校系统仍然是开展党史教育的重要阵地。同时，陕北公学等根据地的大学系统也开设党史课程，形成了一支专门从事党史研究的队伍，培养了大批党史工作者。新中国成立后，高校的政治理论课不断充实，开设了中共党史课程，1986 年课程名称改为中国革命史。无论中国革命史还是目前高校开设的中国近现代史纲要课程，教学的主体内容都是中共党史。为培养党史研究人才，一些高校设置中共党史专业，为党史教学培养师资，为党史学科发展培养人才。改革开放后，我国设立了中共党史专业的硕士点和博士点，目前已经形成本—硕—博学位授权点齐全、培养层次完整的学科体系。一些高校还设置了党史专业博士后流动站，培养了大批党史研究人才。

党史学科的发展历程表明，党史学科发展状况与高校开设中共党史专业和课程是紧密相关的。在高校开设中共党史专业和课程，培养理想信念坚定、业务知识扎实、学术功底深厚的专业人才，为党史学科发展提供源源不断的人才支撑，有力促进了党史学科持续健康发展，更好发挥资政育人的重要作用。

《人民日报》（2021 年 09 月 27 日）

牢牢把握新时代中国史学研究的重要指针

余新华

党的十八大以来，习近平总书记围绕重视历史、研究历史、借鉴历史、把握历史等作出一系列重要论述，贯通学史、治史、用史的方方面面，涵盖党史国史、中华民族史、世界史各个领域，体现着当代中国共产党人对历史和历史科学的深刻把握。习近平总书记关于历史科学的重要论述，视野宏大、立意高远、思想深邃、内涵丰富，是习近平新时代中国特色社会主义思想的重要组成部分，是新时代中国史学研究的重要指针和基本遵循。广大历史研究工作者要深入学习贯彻习近平总书记关于历史科学的重要论述，加快构建中国特色历史学学科体系、学术体系、话语体系，更好发挥知古鉴今、资政育人的作用，为实现中华民族伟大复兴贡献力量。

创新发展马克思主义历史理论

习近平总书记指出："坚持以马克思主义为指导，是当代中国哲学社会科学区别于其他哲学社会科学的根本标志，必须旗帜鲜明加以坚持。"马克思主义历史理论为构建中国特色历史学学科体系、学术体系、话语体系提供了深厚的思想、理论和方法指引。习近平总书记关于历史科学的重要论述是对马克思主义历史理论的创新发展，为推动新时代中国史学守正创新提供了科学指导。深入学习贯彻习近平总书记关于历史科学的重要论述，就要在新时代不断创新发展马克思主义历史理论。

加强马克思主义史学史研究。一部中国马克思主义史学史，就是一部马克思主义历史理论同中国史学实际不断结合的历史。从五四时期唯物史观的初步传播、20世纪二三十年代的中国社会史论战，到新中国成立后的“五朵金花”讨论，到20世纪80年代以后社会史、环境史、文化史、医疗史、妇女史等新兴学科的兴起，几代历史研究工作者坚持马克思主义立场观点方法，研究分析中国历史和现实问题，建立和发展了中国马克思主义史学的研究范式和话语体系，形成了丰富的马克思主义历史理论中国化理论成果和实践经验，对此我们要认真予以总结。一方面，进一步深化马克思主义史学史研究，系统整理和研究中国马克思主义史学发展历程和学术谱系。另一方面，充分利用改革开放以来史学研究的丰硕成果，认真学习习近平总书记关于中华民族、中国历史、中国道路等的重要论述，对一些重大历史问题及相关观点，如中华民族的起源与形成、中国封建土地所有制、中国近代化道路等，进行深入研究和阐释，为马克思主义历史理论创新发展开辟新视野。

加强马克思主义历史理论与当代社会历史实践的关系研究。与马克思、恩格斯所处的时代相比，当今社会的内部结构更加复杂，不仅政治、经济、文化等领域界限变得越来越模糊，而且各领域内部的结构关系也在很大程度上被打破重组。与此同时，人工智能等新技术的发展挑战着既有的认知框架和实践逻辑，新经济的强劲发展、国际战略格局的重大变化等也使当今时代与过去相比呈现许多不同特征。这样的社会现实要求史学研究与时代同步伐，为时代问题提供解答。因此，我们要丰富研究视角、研究范式和理论范式，也要有效提升解释力，从纷繁复杂的变革过程中把握历史与现实的内在联系，为史学研究拓展新的研究路径，不断创新发展马克思主义历史理论。

围绕实现中华民族伟大复兴加强对重大历史问题研究

习近平总书记指出：“新时代坚持和发展中国特色社会主义，更加需要系统研究中国历史和文化，更加需要深刻把握人类发展历史规律，在对历史的深入思考中汲取智慧、走向未来。”深入学习贯彻习近平总书记关于历史科学的重要论述，推动新时代中国史学守正创新，要求历史研究工作者明确自身肩负的历史使命和时代责任，找准前进方向和研究着力点，特别是要围绕实现中华民族伟大复兴加强对一些重大历史问题研究。

进一步揭示中华文明起源和发展的历史脉络。习近平总书记强调："把我国文明起源和发展以及对人类的重大贡献更加清晰、更加全面地呈现出来"。100年来，经过几代考古学人筚路蓝缕的探索，中华大地上百万年的人类史已经得到证实，5000多年文明史的脉络更加清晰，但其中还有许多未知领域和空白有待我们去发现、研究和填补。比如，如何理解中华文明的发生和发展机制？维系中华文明不间断发展的动力是什么？如何把握传说和文献中的三皇五帝时代？广大历史研究工作者要坚持"国家是文明社会的概括"这一马克思主义经典论述，在此基础上，进一步揭示中华文明起源和发展的历史脉络，做好与世界其他文明的比较研究，进而更好地阐释中华文明发展道路的历史逻辑和风格特点，更好展示中华文明对世界文明的重大贡献。

深入挖掘中华优秀传统文化的当代价值。习近平总书记指出："在历史长河中，中华民族形成了伟大民族精神和优秀传统文化，这是中华民族生生不息、长盛不衰的文化基因，也是实现中华民族伟大复兴的精神力量，要结合新的实际发扬光大。""如果没有中华五千年文明，哪里有什么中国特色？如果不是中国特色，哪有我们今天这么成功的中国特色社会主义道路？"历史上，中华民族孕育出了辉煌灿烂的中华文明，形成了博大精深的中华优秀传统文化，如以爱国主义为核心的民族精神，以大一统思想、民本思想、德法思想、仁政思想等为代表的思想智慧，以中央集权制、郡县制、科举制、监察制等为代表的国家治理制度等。新时代中国史学需要结合新的时代条件，对中国古代思想史、政治史、经济史、文化史、制度史展开深入研究，揭示中华文明一脉相承、一以贯之的精神内核与文化基因，推动中华优秀传统文化创造性转化和创新性发展，为中华民族伟大复兴提供丰厚的历史滋养和智力支持。

为不断铸牢中华民族共同体意识提供学术支撑。习近平总书记指出："加强中华民族大团结，长远和根本的是增强文化认同，建设各民族共有精神家园，积极培养中华民族共同体意识。"一部中国史，就是一部各民族交融汇聚成多元一体中华民族的历史，就是各民族共同缔造、发展、巩固统一的伟大祖国的历史。历史充分证明，没有中华民族大团结，中华民族伟大复兴就无从谈起。中华民族共同体意识，是国家统一之基、民族团结之本、精神力量之魂。新时代中国史学要自觉肩负起铸牢中华民族共同体意识这一使命，阐释各民族共同开拓辽阔疆域、创造灿烂文化、培育伟大精神的历史过程，揭示各民族文化上兼容并蓄、经济上相互依存、情感上相互亲近以及休戚相关、命运与共的历史必然，梳理中华民族多元一体格局的历史逻辑，探索中华民族非凡凝聚力、向心力、生命力和创造力的深厚源泉。

为推动构建人类命运共同体贡献历史智慧。习近平总书记指出："和平、和睦、和谐是中华民族5000多年来一直追求和传承的理念，中华民族的血液中没有侵略他人、称王称霸的基因。"当今世界正经历百年未有之大变局，面对"世界怎么了、我们怎么办"的时代之问，习近平总书记深刻洞察人类前途命运和时代发展大势，提出构建人类命运共同体的重要理念。新时代中国史学需要在探索历史上中国对外交往的思想理念、制度建构和实践活动等方面持续发力，不断阐扬"以和为贵""协和万邦""和而不同""求同存异""海纳百川""讲信修睦""天下为公"等价值理念的当代价值，深入挖掘陆上和海上丝绸之路的历史内涵，清晰描绘中西文明交流互鉴的历史轨迹，深刻揭示中国走和平发展道路的历史逻辑。

推动学科融合发展

习近平总书记希望我国广大历史研究工作者继承优良传统，"整合中国历史、世界历史、考古等方面研究力量，着力提高研究水平和创新能力，推动相关历史学科融合发展"。深入学习贯彻习近平总书记关于历史科学的重要论述，要求我们打破学术壁垒、推动学科融合发展。这是新时代中国史学守正创新的必由之路。

新时代中国史学要探索的问题，许多都是人类历史和当今时代必须面对的重大理论问题，研究阐述这些问题，单靠传统的史学理论、研究方法和手段是难以奏效的，需要更加广阔的研究视野、更加多样的研究手段、更加系统的研究方法、更加多元的史料支撑、更多学科的协作协同。当今时代，学科之间融合、渗透和相互依存的发展趋势在不断加强。新时代中国史学要正视这种趋势，赶上学术发展潮流，冲破学科藩篱，主动与相关学科展开互动和交融，善于借鉴其他学科的理论、方法和有益成果，对人类历史进行多维度、多层面的分析和观察，得出更加客观、全面、可信和更能经得起历史检验的结论。

要继续推动历史学内部各学科的融合与创新发展，比如，促进中国史与世界史、考古学与文献学的有机融合；推动历史学与其他人文社会科学的融合，不断拓展思想史、政治史、经济史、文化史、社会史的研究范围；推动历史学与自然科学的融合发展，加快医疗史、环境史、科技史等学科融合。此外，人工智能和大数据已深度融入当今世界发展，新时代中国史学应积极利用人工智能和大数据，不断开辟史学研究的新视野、新思路。

当今世界正处于百年未有之大变局，中华民族伟大复兴正处于关键时期。广大历史研究工作者要深刻理解把握习近平总书记关于历史科学的重要论述的核心要义、精神实质、丰富内涵、实践要求，努力掌握贯穿其中的马克思主义立场观点方法，充分认识构建中国特色历史学学科体系、学术体系、话语体系的重要意义，不断推动新时代中国史学守正创新。

《人民日报》（2021 年 11 月 08 日）